教育部高等学校道路运输与工程教学指导分委员会
"十三五"规划教材

道路规划与几何设计

主　编　方守恩　陈雨人
主　审　程建川

人民交通出版社股份有限公司
北　京

内 容 提 要

本教材在参考现已出版的相关教材基础上，结合同济大学近十年来的有关研究成果和教学理念，打造具有同济大学特色的道路工程专业的本科生主干课程教材。课程内容始终以服务于国民经济建设为前提，坚持学以致用的原则，注重道路交通基础设施本质安全和运行效率，从"道路几何实体""附属设施"和"路侧环境"三个维度践行主动安全的目标，立足专业特点，紧密联系当前科技发展水平，面向工程实际，注重实践创新能力的培养。本教材主要着眼于道路规划与几何设计的基本理论和实际方法，而有关附属设施和路侧环境将在其他关联教材中体现。根据学科总体规划，道路交通基础设施规划与设计的相关内容在研究生阶段延伸为《道路设施规划设计理论与方法》，从而形成比较完整的教材系列。

本教材可以作为道路桥梁渡河工程专业、交通工程专业和土木工程的道路方向专业必修课程的教学用书，也可以供从事道路工程设计、施工、管理等有关人员的参考。

本教材和标准、规范分离，注重概念、方法和理论，淡化具体指标，一般情况下不会因标准、规范等指标的修改而改版。

图书在版编目(CIP)数据

道路规划与几何设计 / 方守恩,陈雨人主编. — 北京：人民交通出版社股份有限公司, 2021.7
ISBN 978-7-114-17249-6

Ⅰ.①道… Ⅱ.①方…②陈… Ⅲ.①道路工程—规划②道路工程—设计 Ⅳ.①U412

中国版本图书馆 CIP 数据核字(2021)第 073789 号

教育部高等学校道路运输与工程教学指导分委员会"十三五"规划教材
Daolu Guihua yu Jihe Sheji

书　　名：	道路规划与几何设计
著 作 者：	方守恩　陈雨人
责任编辑：	李　瑞
责任校对：	孙国靖　宋佳时
责任印制：	张　凯
出版发行：	人民交通出版社股份有限公司
地　　址：	(100011)北京市朝阳区安定门外外馆斜街 3 号
网　　址：	http://www.ccpcl.com.cn
销售电话：	(010)59757973
总 经 销：	人民交通出版社股份有限公司发行部
经　　销：	各地新华书店
印　　刷：	北京虎彩文化传播有限公司
开　　本：	787×1092　1/16
印　　张：	30.75
字　　数：	672 千
版　　次：	2021 年 8 月　第 1 版
印　　次：	2023 年 4 月　第 2 次印刷
书　　号：	ISBN 978-7-114-17249-6
定　　价：	75.00 元

(有印刷、装订质量问题的图书由本公司负责调换)

前言

本教材是按照《教育部高等学校道路运输与工程教学指导分委员会关于公布第一批"十三五"规划教材编写大纲审定结果的通知》[教指委道运字[2018]3号]审定的第一批"十三五"规划教材编写大纲编写的。

本教材是同济大学道路交通基础设施系列教材之一,总体上分为"道路几何实体""附属设施"和"路侧环境"三个方面,强调道路交通基础设施本质安全和运行效率并重,在设计理论上逐步由单纯依据动力学需求向同时考虑主动安全和满足驾驶人行为需求方面转变,在设计模式上由传统的平纵横二维设计向同时考虑驾驶人信息感知与行为响应的多视角设计模式转变,在设计方法上由传统CAD技术向BIM技术转变,使得学生既掌握传统经典设计理论,同时又可以了解伴随交通强国和智慧交通发展变革而产生的新概念新知识,为适应行业的快速发展做好准备,体现"继承过去,适应当下,远眺未来"的总体思路。本教材作为既继承传统经典理论又开拓创新设计理念的第一版,将体现当前同济大学道路规划与几何设计的最新理念。

本教材共分为十二章,其中方守恩编写第一章,张兰芳编写第三、五、九、十和第十二章第七节,王俊骅编写第二、十一章,余博编写第十二章一、二、五节,其余由陈雨人编写并负责统稿。

本教材由东南大学程建川教授主审,在此表示衷心的感谢!

本教材在编写过程中参考了有关标准、规范、教材和论著(见参考文献),在此谨向有关编著作者同仁表示由衷的敬意!衷心感谢教指委分委会和人民交通出版社股份有限公司相关同志的指导和帮助。

研究生汪凡、林坤辉、杨元骏、李婧、秦宇婷、甘力僧、钱殷慧、谢圣滨、谢欣益、雷一鸣、武雅婷、任蔚溪、张君香和王升钊参与了文字整理和插图编绘工作,在此一并表示感谢!

由于编者水平和能力有限,书中不当和诸多不足之处,敬请批评指正,以便进一步修改完善。

编　者

2020 年 8 月 21 日

目录

第一章 绪论 ·· 001
第一节 本课程主要内容及在学科发展中的地位 ·························· 001
第二节 交通运输系统与道路交通 ·· 002
第三节 道路交通发展与未来 ··· 004
第四节 道路规划设计阶段主要任务 ·· 007
第五节 道路分类与分级 ··· 008
第六节 道路规划设计控制要素 ·· 012
习题与思考题 ·· 024

第二章 汽车行驶理论 ··· 025
第一节 概述 ··· 025
第二节 汽车牵引力和行驶阻力 ··· 027
第三节 汽车的动力特性与加减速性能 ····································· 035
第四节 汽车行驶稳定性 ·· 043
第五节 汽车的制动性能与行车视距 ·· 049
第六节 连续下坡路段大货车受力与轮毂温度模型 ······················ 055
第七节 汽车行驶特性和道路线形设计的关系 ···························· 066
习题与思考题 ·· 067

第三章 道路规划 ·· 068
第一节 概述 ··· 068
第二节 调查与分析 ··· 070

第三节	交通需求预测方法	072
第四节	城市道路规划	074
第五节	公路网规划	080
第六节	项目可行性研究	089
习题与思考题		096

第四章　平面设计 ……………………………………………… 097
　　第一节　概述 …………………………………………………… 097
　　第二节　直线 …………………………………………………… 099
　　第三节　圆曲线 ………………………………………………… 102
　　第四节　缓和曲线 ……………………………………………… 107
　　第五节　平面线形设计及成果 ………………………………… 113
　　第六节　曲线段视距保证 ……………………………………… 129
　　习题与思考题 …………………………………………………… 132

第五章　纵断面设计 …………………………………………… 134
　　第一节　概述 …………………………………………………… 134
　　第二节　纵坡设计 ……………………………………………… 136
　　第三节　竖曲线设计 …………………………………………… 141
　　第四节　爬坡车道和避险车道 ………………………………… 149
　　第五节　纵断面设计方法与成果 ……………………………… 156
　　习题与思考题 …………………………………………………… 166

第六章　横断面设计 …………………………………………… 167
　　第一节　道路横断面组成及类型 ……………………………… 167
　　第二节　车道宽度与曲线段加宽设计 ………………………… 172
　　第三节　路拱与曲线段超高设计 ……………………………… 187
　　第四节　横断面设计及成果 …………………………………… 200
　　习题与思考题 …………………………………………………… 207

第七章　道路线形质量检验及平纵组合设计评价 …………… 208
　　第一节　概述 …………………………………………………… 208
　　第二节　道路平纵线形组合设计要点 ………………………… 211

  第三节 道路几何线形设计质量评价 ……………………………… 218

  第四节 基于模拟驾驶的路线几何质量评价 …………………………… 232

  习题与思考题 ……………………………………………………………… 241

第八章 道路方案与总体设计 …………………………………………………… 242

  第一节 总体设计概述 …………………………………………………… 242

  第二节 道路布局与方案比选 …………………………………………… 244

  第三节 道路总体设计标准与指标 ……………………………………… 251

  第四节 道路选线 ………………………………………………………… 253

  第五节 纸上定线 ………………………………………………………… 282

  第六节 实地定线 ………………………………………………………… 298

  第七节 实地放线 ………………………………………………………… 304

  习题与思考题 ……………………………………………………………… 308

第九章 道路平面交叉口 …………………………………………………………… 309

  第一节 概述 ……………………………………………………………… 309

  第二节 交叉口规划 ……………………………………………………… 314

  第三节 交叉口交通组织设计 …………………………………………… 324

  第四节 交叉口视距与转弯设计 ………………………………………… 331

  第五节 交叉口拓宽设计 ……………………………………………… 334

  第六节 交叉口渠化设计 ……………………………………………… 340

  第七节 环行交叉口设计 ……………………………………………… 342

  第八节 交叉口立面设计 ……………………………………………… 346

  第九节 平面交叉口设计步骤与算例 …………………………………… 354

  习题与思考题 ……………………………………………………………… 360

第十章 立体交叉设计 ……………………………………………………………… 362

  第一节 概述 ……………………………………………………………… 362

  第二节 立交的常用形式 ……………………………………………… 364

  第三节 互通式立交的通行能力 ……………………………………… 373

  第四节 立交的规划布置和方案设计 ………………………………… 375

  第五节 立交主线及匝道几何设计 …………………………………… 382

第六节	匝道端部设计	393
第七节	立体交叉设计算例	405
习题与思考题		409

第十一章 不同类型道路设计案例 411
第一节	山区高速公路设计案例——邢汾高速公路	411
第二节	干线公路设计案例——浙江省S23省道改建工程	421
第三节	城市道路设计案例——上海市黄石路改建工程	425

第十二章 面向未来的道路规划与几何设计新概念 430
第一节	驾驶韵律特征	430
第二节	运行速度概率分布特征	436
第三节	道路规划设计中的可靠性评价方法	438
第四节	多视角融合的道路几何设计方法	447
第五节	面向超高速公路的曲线段超高设计	455
第六节	道路勘测新技术	462
第七节	国土空间规划背景下的道路规划	475
习题与思考题		481

参考文献 482

第一章 绪论

本章主要介绍了道路运输系统特色,道路运输发展概况及我国道路交通发展趋势,道路规划设计程序,道路分类、分级与技术标准,道路设计控制要素等。通过本章学习,学生将了解交通运输系统特色和我国道路发展情况,熟悉道路设计的阶段划分和相应任务,掌握道路分类、分级及技术标准的主要内容,理解道路设计的控制要素及设计依据。

第一节 本课程主要内容及在学科发展中的地位

道路是一条带状的空间三维结构物,一般包括路基、路面、桥涵、隧道等工程实体。从专业角度看,道路设计可分为几何设计和结构设计两大部分。其中道路几何设计的主要任务是,在研究汽车行驶与道路各几何要素关系的基础上,在保证设计速度、规划交通量的情况下,确定出适应地形和其他自然条件的主要技术标准、道路的空间位置和几何形状(尺寸)以及其他结构物的位置,并处理好道路与周围环境的关系等。

道路几何设计受到人、车、路和环境等诸多因素的影响和约束。道路交通特性、驾驶人的心理状态与道路几何设计都有着密切的关系,为了能综合满足行车安全、快速、经济、舒适和美观等要求,需要在设计时深入调查,综合研究各方面产生的作用,从而设计出技术先进、方案合理、坚固耐用、经济节约的道路。因此,实际上本课程涉及人、车、路、环境的相互关系,驾驶人的心理和视觉特性、沿线景观、交通与环境的相互关系、交通安全、汽车行驶特性与动力性能、交通流量和交通特性,这些都和道路的几何设计有直接关系。对于空间三维实体的道路,设计时应作为整体考虑,但是从方便性出发,通常把它剖解为道路的平面、纵断面和横断面分别研究处理,在明确平、纵、横这三个基本几何组成各自要求的基础上,再结合安全、经济、环保、美观及地形和其他自然条件等进行综合考虑。

综上所述,本课程涉及面广泛,不仅有道路几何设计方面的相关知识,还包括车辆行驶理论、交通安全、驾驶人行为、交通与环境相互作用等内容。因此,道路规划与几何设计是一门综合性很强的课程,类似建筑学科里的建筑学。书中提到的不少规定,都来源于生产实践的经验总结,有些规定随着人们认识水平的提高、技术的进步而不断变化,学习本课程时应重点理解这些规定的原理和作用,而不应放在这些规定的具体数字上。为了使学生初步掌握道路综合规划与几何设计方法,加深对理论的理解,纸上定线课程作业和野外勘测实习是本课程必不可少的教学环节。

第二节　交通运输系统与道路交通

一、交通运输体系

由于社会生产与消费的需要,为了实现人与物的移动,人们必须克服空间上的阻碍,为具体实现这种移动提供运输,我们把实现这种服务的物质生产全过程称为交通运输。

交通运输是国民经济的基础,是联系工业和农业、城市和乡村、生产和消耗的纽带,是国民经济的大动脉。交通运输的发展,有利于促进整个社会的经济发展和人民物质文化生活水平的提高,有利于加强国防建设。按照运输线路和工具的不同,交通运输体系可分为铁路运输(火车)、道路运输(汽车)、水路运输(轮船)、航空运输(飞机)及管道运输五种。铁路运输运量大,运程远,在交通运输中起着主要作用;水路运输成本低,但运速较慢并受到航道的限制;道路运输机动灵活、分布广,对于客货运输,特别是短途运输有着显著的效益;航空运输速度高、运输快,对于运送旅客、紧急物资及邮件起着重要作用;管道运输由于受管线的限制,仅适用于液态、气态和散装粉状物(如石油、煤气、水泥等)的运输。上述不同的运输方式各有所长,只有合理分工、协调配合、取长补短,才能组成一个综合的交通运输系统,为社会生产和消费服务。

目前我国的交通运输发展以铁路为骨干,道路为基础,充分利用内河、沿海和远洋运输资源,积极发展航空事业,已形成具有不同功能、远近结合、四通八达、全国统一的综合交通运输网络体系。

二、道路运输的特点

道路运输机动灵活,周转迅速,而且容易普及,它可以将物资、商品直接运到市场、仓库、工矿企业和农村田头,在城市和乡村、生产和消费之间架起桥梁,减少中转装卸环节,方便人民群众,既是一个独立的运输体系,又是对铁路、水运、航空运输方式的补充。道路运输在中短途和实现"点对点"运输方面有较大优势,在厂矿企业内部及城市交通中,道路运输是最主要的运输方式。

道路运输与其他运输方式相比,具有以下特点:

(1)机动灵活,直达门户。这是其他运输方式不具备的。

(2)运送速度快,适应性强。道路运输可避免中转重复装卸,能满足各方面多种运输需要,不受批量限制,不受时间约束,对贵重物品、易碎物品、防腐保鲜货物的中短途运输,尤为适宜。

(3)为其他运输方式集散、接运客货。如果缺少道路运输的联结作用,其他运输方式的功能将受到极大的影响。

(4)道路运输的技术特性简单,车辆易于驾驶,投资回收快。

(5)道路运输在客运上有很大优势。这不仅表现在道路运输的机动灵活和直达门户方面,还表现在客运成本低、投资小、收效大和舒适方便等方面。目前,在我国道路客运设施尚未得到根本改善的条件下,道路年客运运输量仍占全国总年客运量的70%以上,有的省份则高达90%。在抢险、救灾及战时,道路运输更是最有效的运输方式。

三、道路运输的地位与作用

道路运输是交通运输的重要组成部分,它能实现物质产品和人员交流,是确保社会生产生活正常运转的基本条件之一。它以广泛性和机动灵活性,深入到社会生活的政治、经济、军事、文化教育以及人们日常生活的各个方面,因此,它对经济和社会的发展起着重要的保障和促进作用。

货物由生产地到消费地、旅客由出发地到目的地,这些运输过程的完成一般需要几种运输工具分工协作,才能完成并达到经济、合理、有效的目的。在此过程中,总是离不开道路运输的衔接、补充和纽带作用。由于道路运输的灵活性和可达性,可以把各种运输方式连接成网,成为一个分工合作、协调发展的综合运输体系,充分发挥交通运输业在经济和社会发展中的重要作用,并提高综合运输能力和效益。道路运输的这种独特作用,是其他各种运输方式所不能替代的,它在经济和社会发展中的重要地位是毋庸置疑的。

世界各国经济发展的历史证明,道路运输是商品经济发展的重要保障。经济发达国家,其交通运输特别是道路运输必定很发达,道路运输发展水平是衡量和反映一个国家和一个地区经济发展水平的主要指标之一。改革开放以来,我国高速公路网的规划建设和汽车工业的发展,带来了道路运输事业的振兴,有力地促进了商品经济的发展和社会生产力的进一步提高。

发展道路运输,有利于促进地区间、部门间、企业间的物资交流,促进社会生产及整个国民经济的繁荣;有利于改善人民群众的出行条件,提高人民的物质文化生活水平;有利于促进各地区经济和文化的繁荣,加强各地人民的交流与团结;有利于加强边疆地区的建设和防务,巩固国防。

第三节 道路交通发展与未来

一、我国道路建设现状

1. 我国公路建设的现状

我国公路建设始于 20 世纪初,与其他发达国家相比,起步并不算晚。但 1949 年前的公路建设发展缓慢,到 1949 年全国公路通车里程仅约 8 万 km,且大部分分布在沿海地区。新中国成立以后,公路事业才逐步得到发展,并迈入现代化建设时期。1949 年后,我国的公路建设大致经历了"通达工程"建设期(1950—1978)、"提高等级"建设期(1979—1997)和"完善路网"建设期(1998—2019)。

(1)"通达工程"建设期(1950—1978)

这一阶段,我国的国民经济建设全面展开,百废待兴,国民经济基础十分薄弱且长期处于计划经济的体制环境制约下,国家对公路交通的基础性和先导性作用认识不足,导致投资严重不足,公路建设资金十分匮乏。这一时期公路建设的任务是"以通为主",公路建造技术和工艺水平相对落后,公路建设标准多为三、四级公路。但是通车里程增长迅速,截至 1976 年,全国公路通车里程达到 82.3 万 km。

(2)"提高等级"建设期(1979—1997)

这个时期,我国经济开始步入持续、快速、健康发展的轨道,综合实力日趋增强,公路基础设施建设发生历史性转变,主要表现在:①公路建设得到中央和地方各级政府的重视,公路建设的重要性逐步为全社会所认识;②在统一规划的基础上,开始有计划地建设全国公路基础设施,明确了全国干线公路网布局;③公路建设在扩大总规模的同时,重点加强了质量,高等级公路迅速发展,公路基础设施的总体技术水平得到提高;④公路建设资金来源趋于多元化,提高养路费征收标准、开征车辆购置附加费、允许高等级公路收费还贷等政策的出台,保证了公路建设资金的来源。

这一时期,公路建设由以前的"以通为主"向"提高公路的快速性"转变,主要任务是提高公路等级、质量和通行能力,开始建设高速公路,以满足国民经济对公路交通的需求。截至 1996 年底,我国的公路通车总里程超过 118 万 km,高速公路和一级公路超过 15 万 km,路网等级全面提高。

(3)"完善路网"建设期(1998—2019)

这个时期,国家采取了积极的财政政策,以扩大内需推动国民经济快速稳步地增长,行之有效的措施包括大规模启动基础建设项目,这给公路建设带来了前所未有的发展机遇,加之交通增长对公路建设的强烈要求,修建高速公路成为公路建设的主旋律。截至

2019年,全国公路总里程已达501.25万km,其中高速公路达14.96万km,居世界第一,国、省道总体技术状况达到良好水平,路网日趋完善。

总的来看,经过多年的发展,我国的公路建设取得了巨大的成就:一是路网密度大大提高;二是农村公路建设成就显著;三是公路、桥梁、隧道建造技术不断提升甚至超越国际先进水平,建造了一批标志性工程,如港珠澳大桥、杭州湾大桥、秦岭特长隧道、世界最长的沙漠公路塔里木沙漠公路等;四是高速公路建设成就突出。

2. 我国城市道路发展现状

新中国成立70多年来,我国经历了世界历史上规模最大、速度最快的城镇化进程。随着城市的快速发展,我国大规模地对原有城镇进行了建设和改造,制定、调整和完善了城市道路网规划,进行了大规模的城市道路改建、拓宽和绿化,修建了大量立体交叉、人行天桥和地下过街通道,在大小江河上建造了大批桥梁和过江隧道,各大城市纷纷修建了中长距离的快速路和环城快速干道,普遍采用了点、线控制的交通管理系统,部分地区还引进了先进的面控系统。

我国城市及城市道路建设发展迅速,到2018年末,我国常住人口城镇化率达到59.58%,6个城市的市辖区人口超过1000万人,100万人以上的大城市有161个;公共汽电车运营线路总里程119.9万km,每万人拥有公共交通车辆13.09台;全国城市道路总长度达43.2万km,道路面积854268.2万m^2,人均城市道路面积16.7m^2。

二、我国道路交通发展规划

为科学发展我国公路、水路交通,2001年交通部根据我国国民经济和社会发展的长远规划,制定了长期发展规划,提出通过"三个发展阶段"实现公路现代化的奋斗目标。目前,第一阶段和第二阶段目标已经实现,第三阶段目标是将在21世纪中叶基本实现公路交通运输现代化。

2019年9月19日,中共中央、国务院印发《交通强国建设纲要》,明确了"从2021年到21世纪中叶,我国将分两个阶段推进交通强国建设"的发展目标。到2035年,基本建成交通强国。现代化综合交通体系基本形成,人民满意度明显提高,支撑国家现代化建设能力显著增强;拥有发达的快速网、完善的干线网、广泛的基础网,城乡区域交通协调发展达到新高度;基本形成'全国123出行交通圈'(都市区1小时通勤、城市群2小时通达、全国主要城市3小时覆盖)和'全球123快货物流圈'(国内1天送达、周边国家2天送达、全球主要城市3天送达),旅客联程运输便捷顺畅,货物多式联运高效经济;智能、平安、绿色、共享交通发展水平明显提高,城市交通拥堵基本缓解,无障碍出行服务体系基本完善;交通科技创新体系基本建成,交通关键装备先进安全,人才队伍精良,市场环境优良;基本实现交通治理体系和治理能力现代化;交通国际竞争力和影响力显著提升。到21世纪中叶,全面建成人民满意、保障有力、世界前列的交通强国。基础设施规模质量、技术装备、科技创新能力、智能化与绿色化水平位居世界前列,交通安全水平、治理能力、文明程度、国际竞争力及影响力达到国际先进水平,全面服务和保障社会主义现代化强国建设,人民享有美好的交通服务。"

《交通强国建设纲要》对道路交通发展提出了"基础设施布局完善、立体互联"的目标;完善城市群快速公路网络,加强公路与城市道路衔接;完善城市快速路、主次干路、支路级配和结构合理的城市道路网,打通道路微循环,提高道路通达性,完善城市步行和非机动车交通系统,提升步行、自行车等出行品质,完善无障碍设施;全面推进"四好农村路"建设,加快实施通村组硬化路建设,建立规范化可持续管护机制。

三、道路交通发展趋势

1. 我国公路运输的发展趋势

新中国成立以来,公路交通运输事业发生了翻天覆地的变化,我国公路运输发展的总趋势是:

(1)我国公路运输发展和世界各国公路运输发展的趋势是一致的,可用 S 形生长曲线来描述。S 形生长曲线包括产生(低速增长)、发展(高速增长)和稳定 3 个阶段。我国公路运输事业在 20 世纪 80 年代以前基本处于低速增长阶段,20 世纪 80 年代初开始高速发展,这一发展趋势已延续至今天。

(2)传统公路设施向智慧公路发展,将数字化技术应用于传统公路设施。智慧公路具备智能、快速、绿色、安全四大要素。2018 年,交通运输部发布《关于加快推进新一代国家交通控制网和智慧公路试点的通知》(交办规划函〔2018〕265 号),提出基础设施数字化、路运一体化车路协同、北斗高精度定位综合应用、基于大数据的路网综合管理、"互联网+"路网综合服务、新一代国家交通控制网 6 个智慧公路试点主题,划定北京、河北、吉林、江苏、浙江、福建、江西、河南以及广东 9 个智慧公路试点地区,推进新一代国家交通控制网和智慧公路建设。

(3)公路质量不断提升,公路网规模扩大,城市群快速公路网络不断完善,公路与城市道路衔接逐渐加强。

2. 国外公路运输的发展趋势

(1)公路运输比重增加。经济发达国家交通运输总的发展趋势是,公路运输在各种运输方式中所占比重越来越大。许多国家早已打破了以铁路运输为中心的局面,公路运输已发展成为各种交通运输方式的最主要力量,引起了运输结构的根本改变。目前,欧美、日本等国的汽车客货运量都超过了铁路。从发展看,公路运输在各种运输方式中所起的作用将继续加强。

(2)进一步提高公路建设的质量和水平。在许多国家,公路网已建成,工作重点即从增加数量转向提高质量,大力修建高速公路,为运输高速化及大运量运输创造条件。

(3)载重汽车向大(小)型、高速、专用和列车化方向发展。为适应大宗货物和短途小批量货物的运输需要,载重汽车不断向大、小型两头发展,以求得较好的经济效果。此外,为提高运输条件和装卸条件,最大限度减少装卸时间和提高货运质量,各国还大力发展专用车辆运输,如各种平板车、集装箱车等。许多国家都在大力推行汽车运输列车化。在以轴载限制道路承载能力的情况下,用增加车轴的方式来提高载货量已成为共同趋势。

(4) 广泛采用先进的运输组织形式,实现管理现代化。积极发展集装箱运输,组织汽车运输与其他运输方式直达联运,提高装卸机械化程度等。同时,在汽车运输组织与管理工作中广泛采用现代数学、计算机和无线电技术,实现管理现代化。

(5) 重视环境保护。新建和扩建工程中注意环境保护工程。

3. 城市道路的发展趋势

城市道路建设包含工程造价、交通服务、环境保护和可持续发展等多个层次,随着社会进步和生活水平提高,城市道路建设的未来发展趋势将实现从主要关注机动车出行向全面关注人们生活方式转变,从红线控制设计向街道空间规划转变,从单纯工程设计向城市空间环境设计转变,从强调交通功能向平衡城市发展转变。此外,随着信息技术的引入和迅速发展,以智能交通为主体的新一代城市道路体系将更加以人为本、更加重视可持续发展,同时具备更高的韧性,可以更好地应对各种突发事件。

第四节　道路规划设计阶段主要任务

道路工程在实施建设过程中必须严格遵守从设想、选择、评估、决策、设计、施工到竣工验收、投入生产的基本建设程序,科学地总结建设工作的实践经验,反映工程建设的客观自然规律和经济规律。

下面简要介绍道路工程可行性研究阶段、设计阶段的主要任务及内容。

一、道路工程可行性研究

可行性研究是工程建设前期工作的重要内容之一,它为建设项目的决策和计划任务书的编制提供重要依据。所有的大中型项目,都应进行可行性研究。可行性研究视工程的规模一般分为两个阶段,即初步可行性(预可行性)研究和工程可行性研究,对小型不复杂的工程亦可直接进行工程可行性研究。

预可行性研究通过实地调查或勘探,研究建设的必要性和建设时间,初步确定项目走廊带,对建设规模、技术标准、建设资金和经济效益等进行分析论证,编制研究报告。可行性研究根据充分的调查研究,并通过必要的测量与地质勘察,对多个可能的建设方案从经济、技术、安全、环境等方面进行综合论证比选,确定项目起、终点,提出推荐方案,确定建设规模,估算项目投资并分析投资效益,编制相应研究报告。

二、道路工程设计阶段及其主要内容

一般来说,根据工程的性质、复杂程度等具体情况,可采用一阶段设计、两阶段设计或三阶段设计。

(1)一阶段设计即一阶段施工图设计,适用于技术简单、方案明确的小型建设项目。

(2)两阶段设计分为初步设计和施工图设计,适用于一般建设项目。

(3)三阶段设计分为初步设计、技术设计和施工图设计,适用于技术复杂、基础资料缺乏和不足的建设项目或建设项目中的个别复杂困难路段、特大桥、互通式立体交叉、隧道等。

施工图设计的主要任务是对批准的推荐方案进行详细设计以满足施工的要求。其主要内容包括对审定的修建原则、设计方案、技术决定加以具体和深化,最终确定各项工程数量,提出文字说明和适应施工需要的图表资料以及施工组织计划,并编制施工图预算。

两阶段设计和三阶段设计中的初步设计应根据批准的可行性研究报告、设计任务书(或测设合同)和初测资料编制。主要内容包括拟定修建原则、选定设计方案、计算工程数量和主要材料数量、提出施工方案、编制设计概算、提供文字说明及图表资料。初步设计在选定方案时,应对路线的走向、控制点和方案进行现场核查,征求沿线地方政府和建设单位意见,基本落实路线布置方案。一般应进行纸上定线,赴实地核对,落实并放出必要的控制线位桩。对复杂困难地段的路线、互通式立体交叉、隧道、特大桥、大桥等,应选择两个或两个以上的方案进行同深度、同精度的测设工作和方案比选,根据《公路项目安全性评价规范》(JTG B05—2015)进行安全评价,提出推荐方案。

三阶段设计中的技术设计应根据批准的初步设计和定测资料编制。技术设计阶段的主要任务是对重大、复杂的技术问题进一步落实设计方案。主要内容包括通过科学试验、专题研究,加深勘探调查及分析比较,解决初步设计中未解决的问题,落实技术方案,计算工程数量,提出修正的施工方案,修正设计概算。

第五节 道路分类与分级

一、道路的分类

道路是供各种车辆(无轨)和行人等通行的工程设施。按道路使用特点分为城市道路、公路、厂矿道路、林区道路和乡村道路;公路按行政级别分为国道、省道、县道、乡道和专用公路;城市道路按功能划分为快速路、主干路、次干路和支路。

1. 按使用特点划分

公路,是指连接城市、乡村和工矿基地等,主要供汽车行驶,具备一定条件和设施的道路。

城市道路,是指在城市范围内,供车辆及行人通行的,具备一定技术条件和设施的道路。城市道路是城市组织生产、安排生活、搞活经济、物质流通所必需的交通设施,也是城市市政设施的重要组成部分。

厂矿道路,指主要为工厂、矿山运输车辆通行的道路,通常分为厂内道路、厂外道路和露天矿山道路。厂外道路为厂矿企业与国家公路、城市道路、车站、港口相衔接的道路或是连接厂矿企业分散的车间、居住区之间的道路。

林区道路,指修建在林区的主要供各种林业运输工具通行的道路。由于林区道路的位置、交通性质及功能不同,林区道路的技术要求应按专门制定的林区道路工程技术标准执行。

乡村道路,指修建在乡村、农场,主要供行人及各种农业运输工具通行的道路,由县统一规划。由于乡村道路主要为农业生产服务,一般不列入国家公路等级标准。

2. 按行政级别划分

公路,是指连接城市、乡村和工矿基地等,主要供汽车行驶,具备一定条件和设施的道路。公路按其重要性和使用性质可划分为:国家干线公路(简称国道)、省级干线公路(简称省道)、县级公路(简称县道)、乡级公路(简称乡道)以及专用公路等。

国道,是指在国家干线网中,具有全国性的政治、经济和国防意义,由国家统一规划,并经确定为国家级干线的公路。

省道,是指在省公路网中,具有全省性的政治、经济和国防意义,并经确定为省级干线的公路,由省(自治区、直辖市)公路主管部门负责建设、养护、改造。

县道,是具有全县(县级市)的政治、经济意义,连接县城和县内主要乡(镇)、主要商品生产和集散地的公路,以及不属于国道、省道的县际间公路,由县、市主管部门负责修建、养护和管理。

乡道,是主要为乡(镇)村经济、文化、行政服务的公路,以及不属于县道以上公路的乡间或与外部联络的公路。

专用公路,由工矿、农林等部门投资修建,专供或主要供其使用的公路。

在城市、厂矿、林区、港口等内部的道路以及旅游点内部的道路,都不属于公路范畴,但穿过小城镇的路段仍属公路。

3. 按功能划分

快速路,是为城市中大量、长距离、快速交通服务的重要道路,对向车道设置分隔带,有自行车通行时,加设两侧带。进出口应采用全控制或部分控制。与高速公路、快速路、主干路相交时采取立体交叉,与交通量较小的次干路相交可采用平面交叉,在过路行人集中的地方设置人行天桥或地下通道。

主干路,是连接城市各主要分区的干路,是城市道路网的骨架,以交通功能为主。自行车交通量大时,宜采用机动车与非机动车分隔形式,如三幅或四幅路。主干路两侧不宜设置吸引大量车流、人流的公共建筑物的出入口。

次干路,是城市的交通干路,兼有服务功能。次干路与主干路结合组成城市道路网,具有集散交通的作用。次干路两侧可设置公共建筑物的出入口,并可设置机动车和非机动车的停车场、公共交通站点和出租车服务站等。

支路,为次干路与街坊路的连接线,解决局部区域交通,以服务功能为主。支路可与平行快速路的道路相接,但不得与快速路直接相接。支路需要与快速路交叉时应采用分离式立体交叉。

二、公路分级与技术标准

1. 公路等级的划分

公路按交通行业标准《公路工程技术标准》(JTG B01—2014)(简称《标准》),根据公路使用任务、功能和适应的交通量分为高速公路、一级公路、二级公路、三级公路、四级公路五个等级。

(1)高速公路为专供汽车分方向、分车道行驶,全部控制出入的多车道公路。高速公路的年平均日设计交通量宜在15 000辆小客车以上。

(2)一级公路为供汽车分方向、分车道行驶,可根据需要控制出入的多车道公路。一级公路的年平均日设计交通量宜在15 000辆小客车以上。

(3)二级公路为供汽车行驶的双车道公路。二级公路的年平均日设计交通量宜为5 000~15 000辆小客车。

(4)三级公路为供汽车、非汽车交通混合行驶的双车道公路。三级公路的年平均日设计交通量宜为2 000~6 000辆小客车。

(5)四级公路为供汽车、非汽车交通混合行驶的双车道或单车道公路。双车道四级公路年平均日设计交通量宜在2 000辆小客车以下;单车道四级公路年平均日设计交通量宜在400辆小客车以下。

2. 公路等级的选用

确定一条公路建设标准的主要因素是公路的使用任务、功能、路网规划和交通量。因此,在确定公路技术等级以前,首先应做好可行性研究,掌握该公路各路段的近期、远期交通量。

公路是带状建筑物,沿途的社会环境、经济环境和自然环境可能有很大的差异,其地形、地物以及交通量不会完全相同,甚至会有很大的差别。因此,对于一条比较长的公路,可以根据沿途情况的变化和交通量的变化,分段采用不同的车道数或不同的公路等级。

公路等级选用应遵循以下原则:

(1)公路技术等级选用应根据路网规划、公路功能,结合交通量论证确定。

(2)主要干线公路应选用高速公路。

(3)次要干线公路应选用二级以及二级以上公路。

(4) 主要集散公路宜选用一、二级公路。
(5) 次要集散公路宜选用二、三级公路。
(6) 支线公路宜选用三、四级公路。

对于不符合技术标准规定的已有公路,应根据需要与可能的原则,按照公路网发展规划,有计划地进行改建,提高通行能力及使用质量,以达到相关等级公路标准的规定。

3. 公路工程技术标准

公路工程技术标准,是根据一定数量的车辆在道路上以一定的行车速度行驶时,对路线和各项工程提出的技术要求逐步总结规定而成的。它是根据科学理论,同时总结公路设计、修建的经验而拟定的,它反映了我国公路建设的技术方针和标准要求,因此在设计公路时都应遵守。各级公路的主要技术指标汇总见表1-1。

各级公路主要技术指标汇总表　　　　表1-1

公路等级	高速公路			一级公路			二级公路		三级公路		四级公路	
设计速度(km/h)	120	100	80	100	80	60	80	60	40	30	30	20
车道宽度(m)	3.75	3.75	3.75	3.75	3.75	3.50	3.75	3.50	3.50	3.25	3.25	3.00
车道数	≥4			≥4			2		2		2(1)	
停车视距(m)	210	160	110	160	110	75	110	75	40	30	30	20
圆曲线最小半径(最大超高=4%)	810	500	300	500	300	150	300	150	65	40	40	20
最大纵坡(%)	3	4	5	4	5	6	5	6	7	8	8	9

注:本表引用自《公路工程技术标准》(JTG B01—2014),本表为简单汇总,所列各项指标应按有关条文规定选用。

公路技术标准大体可归纳为三类,即:线形标准、载重标准、净空标准。对路线来说关键是线形标准。由于我国幅员辽阔,各地地理位置和自然条件各不相同,故对《标准》的掌握、应用,应视具体情况,在满足基本要求的前提下,结合实际灵活应用。

公路技术标准的正确应用取决于两个阶段:一是在计划任务书编制阶段,公路技术等级的选定要正确合理。因为计划任务书是进行勘测设计的主要依据,在技术等级选定以前,一定要征询各方面的意见,深入实地进行踏勘调查,掌握第一手资料,然后结合目前和远景的使用要求,慎重地进行选择,如果确定不当,偏高或偏低,不仅直接影响公路建成后的使用效果,也直接影响工期和造价。二是根据计划任务书中已选定的技术等级,在勘测设计过程中,对各项具体指标要正确合理地掌握。实践证明,计划任务书中技术等级选定的正确,不等于公路技术标准具体掌握的合理。所以在布线时应在方案上多下功夫,力求最优方案,避免以降低标准来减少投资的错误途径。

一条较长的公路往往跨越不同的地带类型,连接不同运量的集散点。确定公路技术等级和技术标准时,还应密切结合路线所经地区的地形以及路段之间的运量大小,可以全线采用一个技术等级,也可适当分段采用不同的技术等级和标准。《公路路线设计规范》(JTG D20—2017)规定,同一公路项目可分段选用不同的技术等级。同一技术等级可分段选用不同的设计速度。不同技术等级、不同设计速度的设计路段之间应选择合理的衔接位置或地点,过渡应顺适,衔接应协调。

三、城市道路分级与技术标准

根据《城市道路工程设计规范(2016版)》(CJJ 37—2012)规定,城市道路按其在道路网中的地位、交通功能以及对沿线服务功能的不同,分为快速路、主干路、次干路和支路四个等级。各级道路应符合如下规定:

(1)快速路应设置中央分隔、全部控制出入、控制出入口间距及形式,应实现交通连续通行,单向设置不应少于两条车道,并应设有配套的交通安全与管理设施。快速路两侧不应设置吸引大量车流、人流的公共建筑物出入口。

(2)主干路应连接城市各主要分区,应以交通功能为主。主干路两侧不宜设置吸引大量车流、人流的公共建筑物的出入口。

(3)次干路应与主干路结合组成干路网,应以集散交通的功能为主,兼有服务功能。

(4)支路宜与次干路和居住区、工业区、交通设施等内部道路相连接,应解决局部地区交通,以服务功能为主。

第六节 道路规划设计控制要素

道路线形和结构设计的标准必须与道路上行驶汽车的性能如速度、数量、大小、轻重等相适应。这些反映车辆特性的数据是道路几何设计和结构设计的基本依据。在道路几何设计中,基本的设计依据是设计车辆、设计速度、设计交通量及道路服务水平。

一、设计车辆

1. 基本概念

作为道路设计依据的具有代表性的车型叫设计车辆。其外廓尺寸、载质量、运行性能等直接关系到行车道宽度、弯道加宽、道路纵坡、行车视距、道路净空、路面及桥涵荷载的选取确定,对决定道路几何尺寸和结构具有极其重要的意义。

2. 设计车辆的规定

(1)我国公路设计车辆

根据我国公路上行驶车辆的具体情况、汽车发展远景规划和经济发展水平,出于经济和实用的考虑,设计车辆的外廓尺寸是按现有车型的尺寸进行统计后,以满足85%以上车型的外廓尺寸作为设计标准综合确定的。公路设计所采用的各种设计车辆外廓尺寸见表1-2。

公路设计车辆外廓尺寸(单位:m)　　　表1-2

车辆类型	总 长	总 宽	总 高	前 悬	轴 距	后 悬
小客车	6	1.8	2	0.8	3.8	1.4
大型客车	13.7	2.55	4	2.6	6.5+1.5	3.1
铰接客车	18	2.5	4	1.7	5.8+6.7	3.8
载重汽车	12	2.5	4	1.5	6.5	4
铰接列车	18.1	2.55	4	1.5	3.3+11	2.3

注:本表引用自《公路工程技术标准》(JTG B01—2014);铰接列车的轴距(3.3+11)m,其中3.3m为第一轴至铰接点的距离,11m为铰接点至最后轴的距离。

(2)我国城市道路设计车辆

我国城市道路机动车设计车辆外廓尺寸见表1-3。

城市道路机动车设计车辆外廓尺寸(单位:m)　　　表1-3

车辆类型	总 长	总 宽	总 高	前 悬	轴 距	后 悬
小客车	6	1.8	1.6	1.0	2.7	1.3
大型车	12	2.5	4	1.5	6.5	4
铰接车	18	2.5	4	1.7	5.8+6.7	3.8

注:本表引自《城市道路工程设计规范(2016版)》(CJJ 37—2012);(1)总长为车辆前保险杠至后保险杠的距离;(2)总宽为车厢宽度(不包括后视镜);(3)总高为车厢顶或装载顶至地面的高度;(4)前悬为车辆前保险杠至前轴轴中线的距离;(5)轴距,双轴车时为前轴轴中线至后轴轴中线的距离,铰接车时分别为前轴轴中线至中轴轴中线的距离及中轴轴中线至后轴轴中线的距离;(6)后悬为车辆后保险杠至后轴轴中线的距离。

我国城市道路非机动车设计车辆外廓参考尺寸见表1-4。

非机动车设计车辆外廓参考尺寸(单位:m)　　　表1-4

车 辆 类 型	总 长	总 宽	总 高
自行车	1.93	0.6	2.25
三轮车	3.40	1.25	2.25

注:本表引自《城市道路工程设计规范(2016版)》(CJJ 37—2012);(1)总长,自行车为前轮前缘至后轮后缘的距离;三轮车为前轮前缘至后厢后缘的距离;板车、兽力车均为车把前端至车厢后缘的距离。(2)总宽,自行车为车把宽度;其余车种均为车厢宽度。(3)总高,自行车为骑车人骑在车上时,头顶至地面的高度;其余车种均为载物顶部至地面的高度。

二、设计速度

1.基本概念

设计速度又称为设计车速,是指道路几何设计所采用的车速,是用于设计各等级公路受限制部分(最小平曲线半径、最大纵坡等)的主要依据,是"气候条件良好、交通密度小、汽车运行只受道路本身条件(几何要素、路面、附属设施等)影响时,中等技术驾驶人能保持安全顺适行驶的最大行驶速度"。设计车速是道路几何设计(如确定平曲线半径、超高、纵坡坡度、坡长、视距等)的基本依据。作为技术指标,直接决定了道路的线形几何要素,同时又与道路的重要性、经济性有关,是用来体现道路等级的一项重要指标。

2. 设计速度的规定

影响设计速度的因素很多,主要有地形、地区、设计交通量、汽车的技术性能、驾驶人的适应性、行车的安全性和经济性等。

在规定设计速度时,主要考虑汽车的以下几种车速:

(1) 汽车行驶的最高车速

汽车的最高车速是受汽车的动力性能、机械性能及汽车构造的限制所能达到的最高车速。设计速度的规定必须与汽车所能行驶的最高车速相适应,并考虑道路上行驶的多数汽车的要求。

(2) 汽车的经济车速

经济车速是指新出厂的汽车在一般道路上行驶时,所测定的最经济(耗油少、轮耗小)车速。一般解放牌 CA1090 型载货汽车的经济车速为 35~45km/h。

(3) 汽车的平均技术速度

平均技术速度是指汽车在道路上行驶的平均速度。在一条道路上,各路段的技术条件不同,如在平曲线最小半径路段、最大纵坡路段上或视距不良地段等,由于道路条件限制,汽车有着不同的行车速度,通常称之为技术速度。各路段技术速度的平均值,即表示该路段上实际行车的车速。根据观测,平均技术速度由于一系列行车条件的限制,一般很难达到设计速度。设计速度较高时,平均技术速度取为设计速度的 60%~70%,设计速度较低时取为设计速度的 80%~90%。

由于各国设计车辆和地形条件的差异,关于设计速度选用的规定和方法各不相同。目前主要有行政方式和统计法两种。

我国《公路工程技术标准》(JTG B01—2014)中规定的各级公路的设计速度见表1-5。

各级公路的设计速度(单位:km/h)　　　　表 1-5

公路等级	高速公路			一级公路			二级公路		三级公路		四级公路
设计速度	120	100	80	100	80	60	80	60	40	30	30	20

公路设计速度的选用应符合下列要求:

①高速公路设计速度不宜低于 100km/h,受地形、地质等条件限制时,可选用 80km/h。

②作为干线的一级公路,设计速度宜采用 100km/h;受地形、地质等条件限制时,可采用 80km/h。作为集散的一级公路,设计速度宜采用 80km/h;受地形、地质等条件限制时,可采用 60km/h。

③高速公路和作为干线的一级公路的局部特殊困难路段,且因新建工程可能诱发工程地质病害时,经论证,该局部路段的设计速度可采用 60km/h,但长度不宜大于 15km,或仅限于相邻两互通式立体交叉之间的路段。

④作为干线的二级公路,设计速度宜采用 80km/h;受地形、地质等条件限制时,可采用 60km/h。作为集散的二级公路,设计速度宜采用 60km/h;受地形、地质等条件限制时,

可采用40km/h。

⑤三级公路设计速度宜采用40km/h;受地形、地质等条件限制时,可采用30km/h。

⑥四级公路设计速度宜采用30km/h;受地形、地质等条件限制时,可采用20km/h。

我国城市道路设计速度参见表1-6。

城市各级道路设计速度(km/h)　　　　表1-6

道路等级	快速路			主干路			次干路			支路		
设计速度	100	80	60	60	50	40	50	40	30	40	30	20

注:本表引自《城市道路工程设计规范(2016版)》(CJJ 37—2012)。

当旧路改建有特殊困难,如商业街、文化街等,经技术经济比较认为合理时,可适当降低设计速度,但应考虑夜间行车安全。

三、运行速度

1. 基本概念

运行速度指气候条件良好、交通密度小、汽车运行只受道路本身条件(几何要素、路面、附属设施等)的影响时,中等技术驾驶人的实际行驶速度。通常取85%分位行驶速度作为运行速度。

基于运行速度正态分布假设,平均速度以上一个标准差范围内的行驶速度被认为是安全的驾驶速度,一个标准差为0.341,即约84.1%(50%+0.341)的驾驶人的运行速度是安全的,为便于计算,在实际中取85%分位速度为运行速度。通过速度的累计频率曲线估算85%分位速度为运行速度,如图1-1所示。

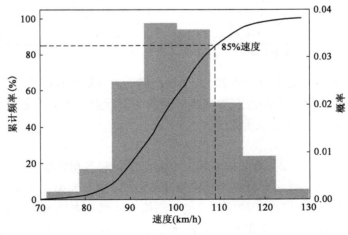

图1-1　85%分位速度示意图

2. 运行速度预测方法

运行速度预测方法的核心是运行速度模型,设计者将初拟路线的几何要素值代入模型后可得运行速度曲线,基于此控制相邻线元指标值的平滑过渡,保证几何设计的一致性和连续性。此外,还可以用运行速度来确定超高率和视距。由于运行车速与实际车辆运行情况更吻合,有助于提升公路安全性,许多原本采用设计速度方法的国家在设计阶段增加了运行速度检验环节。

3. 运行速度模型

(1)代表车型

公路设计阶段运行速度预测所采用的代表车型应符合表1-7的规定。

运行车速代表车型　　　　表1-7

车　型	高速公路、一级公路	二级公路、三级公路
小型车	轴距≤7m且比功率>15kW/t	轴距≤3.5m
大型车	轴距>7m或比功率≤15kW/t	轴距>3.5m

注:本表引自《公路项目安全性评价规范》(JTG B05—2015)。

(2)道路单元划分

根据平曲线半径和纵坡大小等,可将公路划分为平直路段、纵坡路段、平曲线路段、弯坡组合路段、隧道路段和互通式立体交叉路段等。

平直路段、纵坡路段、弯坡组合路段划分宜符合表1-8的规定。

路段单元划分原则　　　　表1-8

车　型	纵　断　面	平　面	
		圆曲线半径>1 000m	圆曲线半径≤1 000m
小型车或大型车	纵坡<3%	长度>200m 平直路段 长度≤200m 短平直路段	平曲线路段
	纵坡≥3%	纵坡路段	弯坡组合路段

注:本表引自《公路项目安全性评价规范》(JTG B05—2015)。

隧道路段宜为驶入隧道洞口前200m至驶出隧道洞口后100m。

互通式立体交叉区主线路段宜为减速车道渐变段起点至加速车道渐变段终点,匝道路段为匝道与主线连接点到匝道终点。

(3)计算方法

进行运行速度v_{85}计算时,首先确定第一个路段单元起点初始运行速度v_0,然后根据运行车速预测模型计算出第一个路段单元末端速度v_{85},以此作为第二个路段单元起点初始速度,而后代入第二个路段单元到运行速度预测模型计算其末端速度。如此,依次以上一个单元的末端速度作为下一个单元的初始速度迭代计算,直到最后一个路段单元结束。运行速度预测模型宜根据工程项目所在地区类似公路观测结果建立,并进行参数标定,《公路项目安全性评价规范》(JTG B05—2015)中给出了不同类型路段单元的运行速度预测模型作为参考。

四、交通量

1. 基本概念

交通量指单位时间内通过道路某一断面的交通实体数量,又叫交通流量。交通量可以按年、日或小时计,其单位为辆/日或辆/小时。车辆数量是按各种交通车辆不同折算系数换算成小客车后的总和。

(1) 年平均日交通量(双向)

年平均日交通量指一年 365 天内观测交通量结果的平均值,按下式计算:

$$N = \frac{一年交通量总和}{365}(辆/日) \qquad (1-1)$$

年平均日交通量是计算设计小时交通量的依据,它也是决定路线等级及项目规划时期的主要依据(但不能直接作为路线几何设计之用)。

(2) 最大日交通量(双向)

最大日交通量指一年 365 天中交通量的最大值,用以研究道路交通不均匀情况。

(3) 高峰小时交通量

高峰小时交通量指一年中(或一日内)的最大小时交通量,用以研究道路交通不均匀情况。

(4) 日平均小时交通量

日平均小时交通量指一日内通过车辆数按小时的平均值。

(5) 设计交通量

设计交通量为预期到设计年限末,用以作为道路设计依据的交通量,有设计年平均日交通量和设计小时交通量。我国《标准》规定采用设计小时交通量作为道路设计依据。

(6) 第 30 位小时交通量

第 30 位小时交通量指全年 8 760 小时中,交通量从大到小按序排列(图 1-2),位置为第 30 位的小时交通量。同理排第 20、40 位的小时交通量叫第 20 位小时交通量、第 40 位小时交通量。

2. 设计交通量的规定

(1) 公路设计交通量

①设计小时交通量

设计小时交通量(辆/小时)是指预期到设计年限末,用以作为道路设计依据的以某小时为计算时段的单位交通量。

设计小时交通量是确定公路等级、评价公路运行状态和服务水平的重要参数。大量的道路交通量变化图式表明,在一天及全年期间,每小时交通量的变化是相当大的。如果用一年中最大的高峰小时交通量作为设计依据,那肯定是浪费,但如果采用日平均小时交通量则不能满足实际需要,造成交通拥挤,甚至阻塞或发生交通事故。设计交通量的取值应既保证交通安全畅通,又使工程造价经济、合理,这就需借助一年中每小时交通量的变化曲线来指导确定最合乎设计使用的小时交通量。据调查资料分析,第 30 位小时交通量与年平均日交通量的比值 k(称为设计小时交通量系数)比较稳定,一般约为 15%。我国现行《公路工程技术标准》规定,将全年小时交通量从大到小按序排列,公路设计小时交通量一般采用第 30 位小时交通量为设计依据,或根据当地调查结果控制在第 20～40 位小时交通量之间。

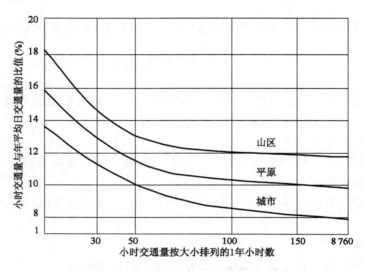

图 1-2　年平均日交通量与小时交通量关系曲线

②公路远景预测年限设计交通量(适应交通量)

公路远景预测设计年限既要考虑适应一定时期内的交通需求,又要兼顾公路投资和结构物使用年限。《标准》规定将高速公路、一级公路设计交通量预测年限均规定为 20 年;二、三级公路按 15 年预测;四级公路交通量较小,设计年限可根据实际情况确定,不排除合理的延长或减少。

远景设计年限交通量是由现行的年平均日交通量,按设计年限以一定增长率推算而来,具体方法在《交通工程学》中介绍。

(2)城市道路设计交通量

①设计小时交通量

设计小时交通量按下式计算:

$$N_h = Nk\delta \tag{1-2}$$

式中:N_h——设计小时交通量,pcu/h;

　　　N——设计年限的年平均日交通量,pcu/d;

　　　k——设计高峰小时交通量与年平均日交通量的比值,当不能取得年平均日交通量时,可用有代表性的平均日交通量代替;

δ——方向的不均匀系数,即主要方向交通量与断面交通量的比值,一般取 0.5 ~ 0.6,具体应用可根据当地的交通量观测资料确定。

年平均日交通量或平均日交通量与 k、δ 取值均应由各城市观测取得。未进行观测的城市可参照性质相近的邻近城市的数值选用。新辟道路可参照性质相近的同类型道路数值选用。不能取得时,k 值可采用 11%,δ 值可采用 0.6。

确定设计年限的年平均日交通量时,应综合考虑现有交通量、正常增长交通量、吸引交通量和发展交通量等。

②设计年限

道路交通量达到饱和状态时的城市道路设计年限规定如下:快速路、主干路为 20 年;次干路为 15 年;支路为 10 ~ 15 年。

五、通行能力和服务水平

1. 通行能力

道路的通行能力亦称道路交通容量,是指车辆以正常情况下可以接受的运行速度行驶,在保证行车舒适、车流无阻碍的条件下,单位时间内通过道路上某一断面处的最大交通量,以辆/小时或辆/日计。当道路上的交通量等于该道路的通行能力时,就会出现运行拥挤现象,这时,所有车辆就会以大致相同的速度跟随行驶,超车无法实现,一旦发生干扰就会造成交通阻塞或断续运行。当道路上的交通量小于该道路的通行能力时,就可以为驾驶人驾驶操作创造一定的自由权,就会有超车的可能。

影响通行能力的主要因素有道路条件、交通条件、汽车性能、气候环境等。在设计道路时,必须使道路具有足够的通行能力来满足在该路上远景行车密度的要求。

交通量和交通密度,前者是固定地点,在一定时间内通过的车辆数;而后者则是固定时间(一般以平均昼夜计算),在一定长度路段(例如 10km)上的车辆数量,它反映了道路上车辆的密集程度。一条道路上车辆行驶的流量、速度、密度曲线关系如图 1-3 所示,如设交通量为 Q(辆/小时)、交通密度为 K(辆/h)、路段平均车速为 v(km/h),则它们之间的关系见式(1-3)。

$$Q = Kv \tag{1-3}$$

(1)基本通行能力

基本通行能力是指在理想条件下,单位时间内一条车道或一条车道某一路段可以通过的小客车最大车辆数,是计算各种通行能力的基础。理想条件包括道路本身和交通两个方面,即道路本身车道宽、侧向净宽足够及平纵线形、视距良好;交通方面即路上只有小客车行驶,没有其他车型混入且不限制车速。现有道路基本上没有合乎理想条件的,所以道路上可能通过的车辆数一般都低于基本通行能力。

基本通行能力的计算可采用"车头时距"或"车头间距"推求。车头时距是指连续两车通过车道或道路上同一地点的时间间隔,车头间距是指交通流中连续两车之间的距离。

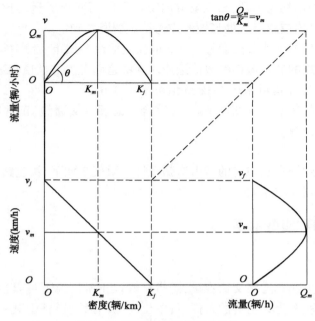

图 1-3　流量、速度、密度关系曲线

(2) 可能通行能力

可能通行能力指考虑现实道路和交通条件与理想条件的差距,对影响通行能力的各种因素(如车道宽、侧向净宽和大型车混入后)进行相应修正后的通行能力。

(3) 设计通行能力

设计通行能力是指道路交通的运行状态保持在某一设计的服务水平时,单位时间内道路上某一路段可以通过的最大车辆数。它是实际道路可能接受的通过能力,考虑了人为主观对道路的要求,按照道路运行质量要求及经济、安全和出入口交通条件等因素而确定的。

2. 服务水平

驾驶人感受公路交通流运行状况的质量指标,主要以道路最大服务交通量与基本通行能力之比综合反映道路的服务质量。在道路上交通量少,行车自由度就大,反之就会受到限制,这是一个简单的事实。服务水平指用路者在不同的交通流状况下,所能得到的速度、舒适性、经济性等方面的服务程度。我国将道路服务水平划分为六级,以交通流状态为划分条件,定性地描述交通流从自由流、稳定流到饱和流和强制流的变化阶段。

(1) 一级服务水平

交通流处于完全自由流状态,交通量小,速度高,行车密度小,驾驶人能自由地按照自己的意愿选择所需速度,行驶车辆不受或基本不受交通流中其他车辆的影响。在交通流内驾驶的自由度很大,为驾驶人、乘客或行人提供的舒适度和方便性非常优越。较小的交通事故或行车障碍的影响容易消除,在事故路段不会产生停滞排队现象,很快就能恢复到一级服务水平。

(2) 二级服务水平

交通流处于相对自由流的状态,驾驶人基本上可以按照自己的意愿选择行驶速度,但是要开始注意到交通流内其他使用者,驾驶人身心舒适度水平很高;较小的交通事故或障碍的影响容易消除,在事故路段的运行服务情况比一级差些。

(3) 三级服务水平

交通流状态处于稳定流的上半段,车辆间的相互影响变大,选择速度受其他车辆的影响,变换车道时驾驶人要格外小心;较小的交通事故的影响仍能消除,但事故发生路段的服务质量大大降低,严重阻滞时后面形成排队车流,驾驶人心情紧张。

(4) 四级服务水平

交通流处于稳定流范围的下限,但是车辆运行明显地受到交通流内其他车辆的互相影响,速度和驾驶的自由度受到明显限制。交通量稍有增加就会导致服务水平的显著降低,驾驶人身心舒适度水平降低,即使较小的交通事故的影响也难以消除,会形成很长的排队车流。

(5) 五级服务水平

为拥堵交通流的上半段,其下是达到最大通行能力时的运行状态。对于交通流的任何干扰,例如车流从匝道驶入或车辆变换车道,都会在交通流中产生一个干扰波,交通流不能消除它,任何交通事故都会形成长长的排队车流,车流行驶灵活性极端受限,驾驶人身心舒适度水平极差。

(6) 六级服务水平

为拥堵流的下半段,是通常意义上的强制流或阻塞流。交通设施的交通需求超过其允许的通过量,车流排队行驶,队列中的车辆出现走走停停现象,运行状态极不稳定,可能在不同交通流状态间发生突变。高速公路服务水平分级见表1-9。

高速公路服务水平分级和最大服务交通量 表1-9

服务水平等级	V/C 值	设计速度(km/h)		
		120	100	80
		最大服务交通量 [pcu/(h·ln)]	最大服务交通量 [pcu/(h·ln)]	最大服务交通量 [pcu/(h·ln)]
一	$V/C \leq 0.35$	750	730	700
二	$0.35 < V/C \leq 0.55$	1 200	1 150	1 100
三	$0.55 < V/C \leq 0.75$	1 650	1 600	1 500
四	$0.75 < V/C \leq 0.90$	1 980	1 850	1 800
五	$0.90 < V/C \leq 1.00$	2 200	2 100	2 000
六	$V/C > 1.00$	0~2 200	0~2 100	0~2 000

注:本表引用自《公路路线设计规范》(JTG D20—2017)。V/C 是在基准条件下,最大服务交通量与基本通行能力之比。基本通行能力是五级服务水平条件下对应的最大小时交通量。

六、其他

1. 道路建筑限界

道路建筑限界指的是为保证车辆和行人正常通行,规定在道路的一定宽度和高度范围内不允许有任何设施及障碍物侵入的空间范围。

道路建筑限界由净高和净宽两部分组成。

净高即净空高度,是指在道路横断面范围内保证安全通行所必须满足的竖向高度。净高应考虑汽车装载高度、安全高度及路面铺装等因素确定。我国载重汽车的装载高度限制为 4.0m,外加 0.5m 的安全高度,一般采用 4.5m 的净高。考虑到大型设备运输的发展、路面积雪和路面铺装在养护中的加厚等因素,规定高速公路和一、二级公路的净高为 5.0m,三、四级公路为 4.5m。三、四级公路的路面类型若为砂石路面时,考虑今后路面面层需要改造提高,净空高度可多预留 20cm。一条公路应采用相同的净高,当构造物位于凹形竖曲线上方时,长大车辆通过会形成悬空而降低构造物下有效净高,设计时应注意保证有效净高的要求;公路下穿时应保证公路距构造物底部任意点均应满足净高的需要。城市道路最小净高要求为:各种机动车 4.5m,小客车 3.5m,自行车和行人 2.5m。

净宽是指在道路横断面范围内保证安全通行所必须满足的横向宽度。净宽包括行车带、路肩、中间带、绿化带等宽度。路肩在净空范围之内,因此道路上各种设施(标志、护栏等)均应设置在右路肩以外的保护性路肩上,而且必须保证其伸入部分在净高以上。设于中间带和路肩上的桥墩或门式支柱不应紧靠建筑限界设置,应留有设置防护栏位置(不小于 0.5m)的余地。

桥梁、隧道及高架道路的净空一般应与路段相同,有时为了降低造价需压缩净空时,其压缩部分主要体现在侧向宽度上。但在桥梁、隧道中需设人行道,且当人行道宽度大于侧向宽度时,其增加的宽度应包括在净宽之内。人行道、自行车道、检修道与行车道分开设置时,其净高一般为 2.5m。

2. 道路用地

道路用地是指为修建、养护道路及其沿线设施而依照国家规定所征用的土地。道路用地的征用,必须严格遵守国家有关的土地法规。在道路用地范围内不得修建非路用建筑物。依据道路横断面设计的要求,在保证其修建、养护所必须用地的前提下,尽量节省每一寸土地。

(1)城市道路用地范围

城市道路用地范围为城市道路红线宽度以内的范围。

(2)公路用地范围

①填方地段为公路路堤两侧排水沟外边缘(无排水沟时为路堤或护坡道坡脚)以外,挖方地段为路堑坡顶截水沟外边缘(无截水沟为坡顶)以外,不小于 1m 的土地范围;在有条件的地段,高速公路、一级公路不小于 3m,二级公路不小于 2m 的土地范围。

②桥梁、隧道、互通式立体交叉、分离式立体交叉、平面交叉、交通安全设施、服务设施、管理设施、绿化以及料场、苗圃等应根据实际需要确定用地范围。

③在风沙、雪害等特殊地质地带,设置防护设施(防护林、种植固沙植物、防沙、防雪栅栏)及反压护道等设施时,应根据实际需要确定用地范围。

3. 道路红线

道路红线是规划的城市道路的用地边界线,是划分城市道路用地和城市其他建设用地的分界控制线。道路红线宽度的组成包括:通行机动车、非机动车和行人交通所需的道路宽度;铺设地下、地上工程管线和城市公共设施所需增加的宽度;种植行道树所需的宽度。规划道路红线就是确定道路的边线,全面规定各级道路、广场、交叉口等的用地范围,便于道路设计、施工及两侧建筑物的安排布置,也是各项管线工程设计、施工和调整的主要依据。

在大城市级别以上的城市,快速路及服务于机动车通勤的交通性主干路道路红线以 50~60m 为宜,主干道道路红线以 36~50m 为宜,主要为道路两侧生活用地服务的次干路不宜大于 30m,支路的宽度在 24m 以下为宜,在规划时必须注重密度的提升而非宽度的增加。确定道路红线时,要考虑道路性质是交通性还是生活性、过境性还是区域性,是否为景观性道路,流量对道路机动车道数的要求,两侧用地对人行道、自行车道宽度的要求等。

4. 道路设计年限

道路设计年限是指道路设计交通量达到饱和时的年限。《标准》规定,高速公路和一级公路设计交通量预测年限为 20 年,二、三级公路设计交通量预测年限为 15 年,四级公路可根据实际情况确定。《城市道路工程设计规范(2016 版)》(CJJ 37—2012)规定,快速路、主干路设计年限为 20 年,次干路设计年限为 15 年,支路为 10~15 年。

5. 荷载

《标准》规定公路汽车荷载由车道荷载和车辆荷载组成,分为两级:公路-Ⅰ级和公路-Ⅱ级。公路-Ⅰ级车道荷载的均布荷载标准值为 $q_k = 10.5 \text{kN/m}$,集中荷载标准值根据桥涵计算跨径大小确定。公路-Ⅱ级车道荷载的均布荷载标准值和集中荷载标准值为公路-Ⅰ级车道荷载的 0.75 倍。各级公路桥涵设计的汽车荷载等级应符合表 1-10 的规定。

汽车荷载等级　　　　表 1-10

公路技术等级	高速公路	一级公路	二级公路	三级公路	四级公路
汽车荷载等级	公路-Ⅰ级	公路-Ⅰ级	公路-Ⅰ级	公路-Ⅱ级	公路-Ⅱ级

注:本表引用自《公路工程技术标准》(JTG B01—2014)。

《城市道路工程设计规范(2016 版)》(CJJ 37—2012)规定,道路路面结构设计应以双轮组单轴载 100kN 为标准轴载。对有特殊荷载使用要求的道路,应根据具体车辆确定路面结构计算荷载。

6. 驾驶人特性

驾驶人是道路交通"人、车、路、环境"系统中的重要因素。基于"以人为本"道路设计原则,从驾驶人视觉感知与行为需求特性角度进行道路规划设计,是提升道路安全的关键。驾驶人对于道路交通环境信息的认知是多方面的，往往综合视觉、听觉和其他感知能力来获取信息，做出驾驶行为判断。相关研究表明，驾驶人在很大程度上（80%～90%）都是依赖视觉对道路交通环境信息进行感知的。在动态驾驶环境中，驾驶人通过视觉接收道路信息的刺激，在大脑处理分析后指导驾驶人操纵车辆，这一过程的时间称为驾驶人反应时间。动态行车状态下大脑对于不同刺激的判别时间各不相同，因此驾驶人在运动状态下的视觉特性与静态不同。随着车速的增加，驾驶人的注视点更加集中在较远的道路区域，对于车前较近的道路环境区域更难察觉；视野范围随着车速的增加而迅速变窄；对于道路环境的注视时间随车速增加而减少；视觉刺激量随着车速提高而增高，驾驶人反应时间延长。

另一方面，驾驶人的心理反应受道路交通环境直接影响，继而影响驾驶人的判断和决策，最终表现为驾驶行为变化。驾驶人的心理反应表现在多项心理指标的变化上，例如心率、心电、脑电等。其中，心率在驾驶人心理研究中应用最广泛，研究表明心率指标与驾驶人性格、驾驶风格和环境变化存在直接关联，道路环境的突变会导致驾驶人心率变化，驾驶紧张程度加剧。而当驾驶任务难度相比驾驶者能力越大时，驾驶人心理负荷越高，驾驶行为更显激烈。

人们常说的"车感"一词就是指驾驶机动车的韵律。驾驶人会根据感知的视觉道路环境有意识或者无意识地寻求一种自己感觉安全和舒适的节奏，这种韵律体现了驾驶人的行车状态，可以称为驾驶韵律。驾驶韵律基于驾驶人感知道路环境信息并产生行为响应而形成，这个过程中包含了驾驶人对道路环境的理解，同时也显示了其行为判断与决策，因此道路环境的设计好坏可以直接体现在驾驶韵律中。具体表现在驾驶人高速驾驶时道路条件可提供必要的技术保障；在存在行车风险的地方，能够明确警示或者抑制驾驶人高速行驶的愿望，使道路设计要素与驾驶人期望相适应；在道路条件变化的地方能够圆润平顺，具有安全性且不失必要的舒适性。

1-1　交通运输方式有哪些？道路运输的特点是什么？

1-2　高速公路与一般公路相比有哪些特点？它在公路运输中的地位和作用是什么？

1-3　什么是道路？它包括哪些主要种类？

1-4　公路和城市道路的等级是怎样划分的？各级公路与城市道路的主要技术指标有哪些？

1-5　公路勘测设计为什么要分阶段进行设计？针对不同情况如何选用设计阶段？

1-6　道路设计的控制要素有哪些？主要作用是什么？

1-7　公路等级选用时应考虑哪些主要因素？

第二章

汽车行驶理论

本章主要介绍了汽车行驶理论相关知识,包括汽车行驶原理、使用性能和行驶性能。通过本章的学习,学生将掌握汽车在行驶过程中受力情况、动力特性、行驶稳定性、制动性和行车视距等相关知识;了解汽车在连续长大下坡路段大货车受力与轮毂温度模型。

第一节 概述

道路主要是为汽车行驶服务的,道路几何设计应以满足汽车行驶的要求为前提。汽车行驶总的要求是安全、迅速、经济与舒适,因此,在道路几何设计时,需要研究汽车在道路上的行驶特性及其对道路几何设计的具体要求,这是道路线形几何设计的理论基础,是制定道路线形几何标准的理论依据。

一、我国汽车工业的现状和发展趋势

1. 车辆的吨位持续增长

公路运输在所有的运输方式中占有着举足轻重的地位。2009—2016年,我国各种运输方式的货运量均呈现一定程度的增长,其中尤以公路运输突出,其货运量常年占有75%以上的比重(数据来自《中国统计年鉴》)。而根据交通运输部发布的《2020年交通运输行业发展统计公报》显示,我国截止到2020年末,拥有载货汽车1 110.28万辆,15 784.17万吨位。其中,普通货车414.14万辆,4 660.76万吨位,专用货车50.67万辆,

590.60 万吨位,牵引车 310.84 万辆,挂车 334.63 万辆。从图 2-1 可以看出,2016—2020 年我国载重货车的整体数量下降,但是吨位呈现明显的增长,可见随着汽车行业的发展,货车的载重性能有了明显的提升。货车性能的提升使得道路的设计需要进行相应的转变。

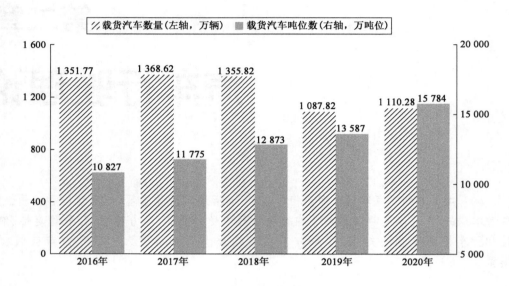

图 2-1　2016—2020 年全国载重货车拥有量

2. 主导车型的转变

高速公路的几何线形设计,以道路的设计速度、交通量、通行能力、服务水平等各因素为基础依据,进行相关指标的计算,而在计算过程中车辆无疑是最直观的主体,因此主导车型的性能极大程度地影响了指标的最终确定。

公路纵坡线形设计中采用的坡度、坡长等指标,主要是以载重货车的动力性能以及爬坡能力决定的,以主要的代表车型为研究对象,分析其在纵坡上的爬坡能力,从而确定较为合适的指标。我国《公路路线设计规范》(JTG D20—2017)采用的是功率重量比为 5.1 kW/t(货车的功率与整车总质量的比值)的主导车型为基准车辆进行计算设计。

但随着车辆制造业的发展,我国的载重货车车型发生了很大的变化,轴数与辅助制动的方式相比以前都有了明显的提高。编者通过 2018—2019 年在我国西部地区大量高速公路的实地调查中发现,在我国的山区主要以四轴以及六轴车为主要的货运车辆;在南方车辆以东风天龙为主导车型,而在北方车辆以解放为主导车型,且在山区进行货运的车辆,功率以及制动性能比 21 世纪初都有了长足的提升。东风 EQ140 是我国 21 世纪初常见车型,东风 EQ5208XXY2 的 3 轴厢式货车、东风 DFL5311CCQAX4 等是目前我国常见的货车型号,见表 2-1。随着汽车制造业的发展,货车动力性能有望进一步提升。

常见车型参数　　　　　　　　表 2-1

常见车型	东风 EQ140	东风 EQ5208XXY2	东风 DFL5311CCQAX4
车货总质量(t)	8	20.9	31
轴数	2	3	4
车辆外廓尺寸(mm)（长×宽×高）	12 000×2 500×4 000	11 890×2 470×3 695	11 990×2 500×3 900（牵引车）
发动机最大功率(kW)	74.4	155	250
最高时速(km/h)	90	85	98
外观			

二、汽车行驶理论与道路几何设计的关系

汽车行驶理论是在分析汽车行驶基本规律的基础上，研究汽车的行驶原理、使用性能及行驶性能，从而进一步分析影响汽车行驶性能的各种因素，最大限度地从道路几何设计以及其他行车条件等方面发挥其使用功效。

汽车行驶总的要求是安全、迅速、经济与舒适。道路线形的合理设计可使汽车行驶的要求得到满足。在研究汽车行驶过程中各种作用力的平衡和行车稳定性的基础上，需要合理地选用圆曲线的半径和设置纵、横坡度，并提高车轮与路面间的附着力，以保证汽车行驶的安全性。在道路几何设计时控制好圆曲线半径、最大纵坡及其坡长，合理地设置缓和坡段和超高，并尽可能地采取大半径曲线及平缓的纵坡，保证平面上足够的视距和安全净空、纵断面上合理的竖曲线、横断面上足够的通行宽度，并尽可能地减少平面交叉等，都可有效提高汽车行驶速度，从而保证了汽车行驶的经济性。合理地组合平纵线形，采用适合视觉要求的曲线半径，并注意线形与道路沿线景观、绿化的协调，可保证汽车行驶畅通，提高舒适性。

如上所述，道路几何设计与汽车行驶时各主要使用性能密切相关，因此汽车行驶性能是道路几何设计的基础。

第二节　汽车牵引力和行驶阻力

一、汽车发动机原理

汽油发动机将汽油燃烧的能量转化为动能来驱动汽车行驶，通过在发动机内部燃烧

汽油来获得动能。传统四冲程汽油发动机工作须经过进气、压缩、做功、排气四个过程：把可燃混合气（或新鲜空气）引入气缸；然后将进入气缸的可燃混合气压缩，压缩接近终点时点燃可燃混合气；可燃混合气着火燃烧膨胀，推动活塞下行实现对外做功；最后排出燃烧后的废气。这四个过程一组为发动机的一个工作循环，工作循环不断地重复，就实现了能量转换，使发动机能够连续运转，如图2-2所示。

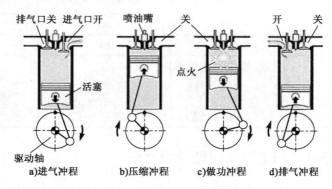

图2-2 四冲程活塞发动机工作原理图

1. 进气冲程

活塞在曲轴带动下从上止点向下止点运动，这时排气门关闭，进气门打开。随着活塞下移，气缸内容积增大，压力减小，在气缸内形成一定的真空度，空气和汽油混合物通过进气门被吸入气缸，并在气缸内进一步形成可燃混合气。

2. 压缩冲程

进气结束终了，曲轴继续旋转，带动活塞从下止点向上止点运动，这时进、排气门均关闭，气缸内成为封闭容积。随着活塞移动，气缸容积不断减小，可燃混合气受到压缩，压力和温度不断升高，当活塞到达上止点时压缩行程结束。

3. 做功冲程

做功冲程包括燃烧过程和膨胀过程，在这一行程中，进气门和排气门仍然保持关闭。当活塞位于压缩行程接近上止点（即点火提前角）位置时，安装在气缸盖上的火花塞产生电火花，点燃可燃混合气，火焰迅速传遍整个燃烧室，同时放出大量的热能。燃烧气体的体积急剧膨胀，温度和压力急剧升高，最高压力可达 $3.0 \sim 6.5$ MPa，最高温度可达 $2\,200 \sim 2\,800$ K，高温高压气体膨胀，推动活塞从上止点向下止点移动，通过连杆使曲轴旋转并输出机械能，除了用于维持发动机本身继续运转外，其余用于对外做功。随着活塞向下运动，气缸内容积增加，气体压力和温度逐渐降低，当活塞运动到下止点时，做功行程结束，气体压力降低到 $0.35 \sim 0.5$ MPa，气体温度降低到 $1\,200 \sim 1\,500$ K。

4. 排气冲程

可燃混合气在气缸内燃烧后生成的废气必须从气缸中排出去以便进行下一个进气冲

程。排气行程开始时,排气门开启,进气门仍然关闭,曲轴通过连杆带动活塞由下止点向上止点运动,此时废气在自身剩余压力和活塞的推动下,经排气门排出气缸之外。活塞越过上止点后,排气门关闭,排气行程结束。

受排气阻力的影响,排气终止时,气体压力一般仍高于大气压力,为 0.105～0.12MPa,温度为 900～1 100K。

一个工作循环完成后,曲轴继续旋转,活塞从上止点向下止点运动,又开始了下一个新的循环过程。四冲程汽油机经过进气、压缩、做功、排气四个行程完成一个工作循环,这期间活塞在上、下止点间往复运动了四个行程,相应地曲轴旋转了两圈。

在实际汽油机的进气过程中,进气门早于上止点开启,迟于下止点关闭。在排气冲程中,排气门早于下止点开启,迟于上止点关闭。进气门早开晚关的目的是为了增加进入气缸的混合气量,排气门早开晚关的目的是为了减少气缸内的残余废气量,也会相应增加进气量。

发动机对外输出的扭矩称为有效扭矩 M,单位为 $N \cdot m$。有效扭矩与外界施加于发动机曲轴上的阻力矩相平衡。发动机对外输出的功率称为发动机的有效功率 P,单位为 kW,它等于有效扭矩与曲轴角速度的乘积。发动机的有效功率可以通过台架试验方法测定。在试验台上测定有效扭矩和曲轴转速,可以运用以下公式算出发动机的有效功率:

$$P = \frac{M\omega}{10^3} = M\frac{2\pi n}{60} \times 10^{-3} = \frac{Mn}{9549} \tag{2-1}$$

式中:ω——曲轴的角速度,弧度/sec;

n——曲轴转速,转数/min。

用上柴 SC5DK180Q3 发动机做示功试验,当节气门(油门)开最大时,获得曲轴不同转速时的有效扭矩值,见表2-2。如果把有效功率、有效扭矩和燃油消耗率三者与曲轴转速之间的关系绘成曲线,当节气门(油门)全开时得到的一组特性曲线就称为发动机的外特性,而把在节气门其他开度情况下得到的特性称为部分特性。图2-3 即为上述上柴 SC5DK180Q3 发动机的外特性曲线(不包括燃油消耗率曲线)。

上柴 SC5DK180Q3 发动机的外特性　　　　表2-2

转速(r/min)	扭矩(N·M)	功率(kW)	比油耗(g/kW·h)
2 300	565.52	136.21	215.28
2 200	571.46	131.65	212.78
2 100	582.71	128.14	217.95
2 000	595.72	124.77	214.51
1 900	619.93	123.35	215.29
1 800	646.69	121.9	227.71
1 700	659.07	117.33	223.4
1 600	667.19	111.79	216.83
1 500	682.66	107.23	220.94

续上表

转速(r/min)	扭矩(N·M)	功率(kW)	比油耗(g/kW·h)
1 400	670.64	98.32	219.31
1 300	656.34	89.35	210.69
1 200	636.03	79.93	214.17
1 100	585.63	67.46	230.46
1 000	503.71	52.75	248.89
900	459.5	43.31	261.63
800	398.57	33.39	271.11

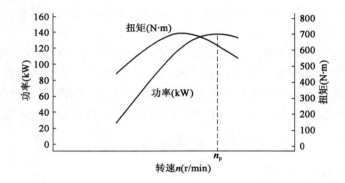

图 2-3　上柴 SC5DK180Q3 发动机的外特性曲线

如果把发动机的外特性曲线用三次抛物线拟合,则可用如下的外特性近似公式表示。

$$P = P_{\max}\left[\alpha_1 \frac{n}{n_p} + \alpha_2 \left(\frac{n}{n_p}\right)^2 - \alpha_3 \left(\frac{n}{n_p}\right)^3\right] \tag{2-2}$$

式中：$P_{\max}$——发动机的最大功率,kW；

　　　n_p——发动机最大功率所对应的曲轴转速,r/min；

　　　$\alpha_1, \alpha_2, \alpha_3$——拟合曲线的参数。

二、传动系统

汽车发动机与驱动轮之间的动力传递装置称为汽车的传动系统,如图 2-4 所示。它应保证汽车具有在各种行驶条件下所必需的牵引力、车速,以及保证牵引力与车速之间协调变化等功能,使汽车具有良好的动力性和燃油经济性;还应保证汽车倒车要求,以及左、右驱动轮适应差速要求,并使动力传递能根据需要平稳地结合或彻底、迅速地分离。传动系统包括离合器、变速器、传动轴、主减速器、差速器及半轴等部分。

离合器的主要功能为:①使汽车发动机与传动系逐渐结合,保证汽车平稳起步。②可暂时切断发动机与传动系的联系,便于发动机的起动和变速器的换挡,以保证传动系换挡时工作平顺。③限制所传递的转矩,防止传动系过载。

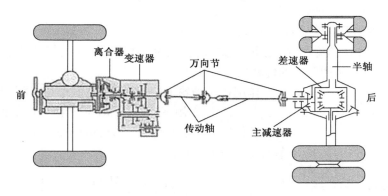

图2-4 货车前置后驱动的布置方案

变速器的主要功用为:①实现变速变矩;②实现汽车倒驶;③必要时中断动力传输;④实现动力输出。

万向传动装置的功用为在汽车上任何一对轴间夹角和相对位置经常发生变化的转轴之间传递动力。在以下位置须设万向传动装置:①变速器(或分动器)与驱动桥之间;②变速器与离合器或与分动器之间;③转向驱动桥和断开式驱动桥中;④转向操纵机构中。

驱动桥的主要功用为:将万向传动装置(或变速器)传来的动力经降速增扭、改变动力传递方向(发动机纵置时)后,分配到左右驱动轮,使汽车行驶,并允许左右驱动轮以不同的转速旋转。驱动桥是传动系的最后一个总成,它由主减速器、差速器、半轴和桥壳组成。

三、汽车的动力平衡

汽车在路上行驶时会遇到抵制汽车运动的各种阻力,因而汽车必须具备足够的驱动力(即牵引力),以克服这些阻力,才能维持行驶。

以 F_t 表示汽车的驱动力,$\sum F$ 表示汽车行驶时遇到的各种阻力之和,则汽车行驶的基本条件为:

$$F_t = \sum F \tag{2-3}$$

1.汽车的驱动力

汽车发动机运转时产生的扭矩经过传动系统传递到驱动轮,由于传动系统"降速增扭"的作用,使驱动轮获得的扭矩 M_t 大为增长,可用公式(2-4)表示如下。

$$M_t = M \cdot i_k \cdot i_o \cdot \eta \tag{2-4}$$

式中:M_t——驱动轮的扭矩,N·m;

M——发动机的扭矩,N·m;

i_k——变速器的传动比;

i_o——主传动器的传动比;

η——传动系的机械效率,一般为 0.8~0.9。

解放牌 CA-141 汽车采用五挡机械式变速器,从 I-V 挡,相应的传动比 i_k 为 7.7、4.1、2.34、1.51 和 1.0;主传动器的传动比 i_o 为 5.9。

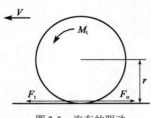

图 2-5 汽车的驱动

作用在驱动轮上的扭矩 M_t 使车轮对路面产生一个圆周力 F_o,在 F_o 的作用下,地面对车轮产生一个大小相等方向相反的反作用力 F_t,即为使汽车行进的驱动力 F_t(图 2-5)。汽车的驱动力公式见式(2-5)。

$$F_t = \frac{M_t}{r} = \frac{M \cdot i_k \cdot i_o \cdot \eta}{r} \tag{2-5}$$

式中:F_t——汽车的驱动力,N;

r——车轮的工作半径,m,即车轮在滚动时的实测半径。解放牌 CA-141 汽车车轮的滚动半径 r 为 0.482m。

汽车驱动轮的转速 n_t 由于变速器和传动器的增速作用,由曲轴转速 n 计算得出为:

$$n_t = \frac{n}{i_k \cdot i_o} \tag{2-6}$$

通过式(2-5)和式(2-6),可计算出汽车的行驶速度 V(以 km/h 计)为:

$$V = \frac{2\pi \times 60}{1000} \cdot r \cdot n_t = 0.377 \times \frac{r \cdot n}{i_k \cdot i_o} \tag{2-7}$$

由于驱动力 F_t 是扭矩 M 或是功率 P 的函数[通过式(2-5)和式(2-1)的换算],车速 V 是曲轴转速 n 的函数[通过式(2-6)和式(2-7)进行换算],可以通过外特性曲线转换为驱动力 F_t 随着车速 V 变化的曲线图,如图 2-6 所示。

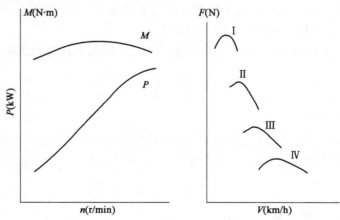

图 2-6 由外特性曲线图转换为驱动力曲线图

从驱动力图上可以看出,当汽车采用较高排挡、较大车速行驶时,汽车的驱动力就要相应地降低,此时汽车的爬坡能力和加减速能力都会降低。

2. 汽车的行驶阻力

汽车的行驶阻力可分为四种,即滚动阻力、空气阻力、坡度阻力和惯性阻力。汽车在平路上以匀速行驶时,只需要克服滚动阻力和空气阻力。

(1) 滚动阻力

滚动阻力是车轮在路面上滚动时所引起的阻力,当汽车在平路上以匀速和较低车速行驶时,滚动阻力是最主要的一种阻力。影响滚动阻力大小的因素有路面的种类、行驶车速、轮胎结构和气压、道路弯道半径等。引起滚动阻力的主要原因在于汽车在行驶时轮胎和路面都产生一定的变形,消耗了能量,产生功率损失。

滚动阻力 R_f 可以用滚动阻力系数 f 与汽车的总质量的乘积来表达,见式(2-8)。

$$R_f = g \times f \times G \text{ (N)} \tag{2-8}$$

滚动阻力系数可通过在道路上或专用设备上进行汽车试验获得,其值约为 0.01 ~ 0.05,主要随路面的类型而定。当车速大于 100km/h 时,滚动阻力系数会随车速的升高而较显著地增加。当轮胎气压较低时,滚动阻力系数增加 10% ~ 20%。汽车在小半径弯道上行驶时,滚动阻力系数也会明显地增加。图 2-7 显示滚动阻力系数随各有关因素变动的大致情况。

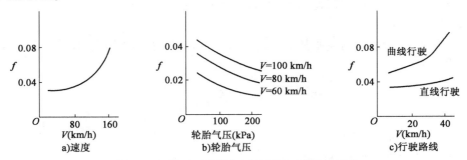

图 2-7 滚动阻力系数随各有关因素变动情况示意图

值得注意的是,当汽车在小半径弯道上高速行驶时,滚动阻力系数将会增加好几倍,但是目前在这方面进行实测和研究的工作做得很少,还较缺乏有效数据。

(2) 空气阻力

汽车在空气中运动,空气会对汽车行驶产生阻力,空气阻力 R_w 主要与汽车的车型和迎风面积以及行车速度有关,一般可按下式表示:

$$R_w = \frac{1}{2} K A \rho v^2 \tag{2-9}$$

式中:A——汽车的迎风面积,m^2;

v——汽车与空气的相对速度,无风时即为汽车的行驶速度,m/s;

K——空气阻力系数,它可以通过风洞试验测得,与车身的形状和表面光洁度有关;

ρ——空气密度,一般取 $1.2258 \mathrm{N \cdot s^2/m^4}$。

对汽车挂车的空气阻力,一般可按每节挂车的空气阻力为其牵引车的20%折算。通过试验可以知道随着车速的增加,空气阻力增加很快。现代汽车的行驶速度很高,因而空气阻力对汽车动力性能的影响,日益受到重视。对于载重汽车,当车速大于90km/h时,空气阻力将大于滚动阻力;对于轿车,当车速大于60km/h时,空气阻力将超过滚动阻力,并急剧地增加。因此,在高速公路上,当轿车高速行驶而空气阻力和滚动阻力都达到很高的程度时,将大大降低汽车的应变能力,给交通安全带来隐患。

(3)坡度阻力

在具有纵坡的路面上,当汽车上坡时,其重力在平行于路面方向的分力,形成汽车行进上坡阻力 R_i;下坡时相反,形成下坡助力,以负号表示。坡度阻力可以用下式表示:

$$R_i = g \times i \times G \tag{2-10}$$

式中:R_i——坡度阻力,N;

G——汽车的总质量,kg;

i——纵坡坡率,%;

g——重力加速度,$\mathrm{m/s^2}$。

由于坡度阻力和滚动阻力都是与道路状况有关的阻力,所以常合并称为道路阻力,而把滚动阻力系数与坡度的代数和 $f \pm i$ 称为道路阻力系数。

(4)惯性阻力

当汽车变速行驶时,需克服其变速运动所产生的惯性力,称为惯性阻力。惯性阻力可以用下式表示:

$$R_j = \delta \frac{G}{g} a \tag{2-11}$$

式中:R_j——惯性阻力,N;

G——汽车的总重量,kg;

g——重力加速度,$\mathrm{m/s^2}$;

a——汽车的加速度,$\mathrm{m/s^2}$。

式(2-11)中的 δ 称为惯性力系数,可用下式计算:

$$\delta = 1 + \delta_1 + \delta_2 i_k^2 \tag{2-12}$$

式中:δ_1——汽车车轮惯性力的影响系数,一般取 0.03~0.05;

δ_2——发动机飞轮惯性力的影响系数,一般小客车取 0.05~0.07,载重车取 0.04~0.05;

i_k——变速箱速比。

第三节 汽车的动力特性与加减速性能

一、汽车的牵引平衡与附着条件

汽车在道路上行驶,必须满足两项条件,其一是汽车的牵引力能克服行驶中的各项阻力;其二是驱动轮与路面之间应有足够的附着力。

当汽车在路上行驶时,须克服遇到的滚动、空气、坡度和惯性等阻力,这些阻力的大小主要决定于道路条件和车速情况,汽车的牵引力在各项阻力间的分配就称为汽车的牵引平衡。汽车在一般的行驶情况下,由驱动轮产生的牵引力来克服全部阻力,即:

$$F_t = R_f + R_w + R_i + R_j \tag{2-13}$$

或

$$\frac{Mi_k i_o \eta}{r} = G(f+i) + \frac{KAv^2}{21.15} + \delta \frac{G}{g} a \tag{2-14}$$

上两式即为牵引平衡方程式,利用此两式可以研究和分析汽车在行驶状态下驱动力是如何分配于各项阻力而获得平衡的。当驱动力等于各种行驶阻力之和,汽车即保持等速行驶。当驱动力大于阻力之和时,汽车即加速行驶,达到新的平衡后,又在较高的车速下保持等速行驶。当驱动力小于阻力之和时,汽车即减速行驶,直至停车。所以汽车的牵引平衡是汽车能持续运动的必要条件之一。

汽车能在路上行驶的另一必要条件是,发动机作用在驱动轮上的牵引力的最大限度至多等于驱动轮与路面之间的附着力,即:

$$F_t \leq \varphi \times Z \tag{2-15}$$

式中:Z——作用在驱动轮上的路面法向反作用力,即汽车后轴车载的法向分力;

φ——驱动轮与路面之间的附着系数。

如果汽车在路上不能满足式(2-15)的条件,则汽车将在路面上打滑而失去控制。汽车后轴车载法向分力 Z 的大小与多种因素有关,包括汽车的总体布置和轴距(影响汽车前后轴的重量分配)、道路的坡度、汽车装载的重心位置(如重心较高汽车下坡时后轴法向力减小)等。附着系数 φ 则与路面的粗糙程度、路面的潮湿和泥泞情况、轮胎结构和气压、汽车行驶速度等有关,其值按试验测定,在 $0.4 \sim 0.7$ 之间。

汽车在弯道上行驶时有侧向力,有时还有侧向风力,其极限值也不能超过横向附着力。横向附着力为汽车总载重乘以横向附着系数,横向附着系数也须通过试验确定,其值约为纵向附着系数 φ 值的 $0.6 \sim 0.7$ 倍。

汽车在一定的道路和环境条件下作各种等速、加减速、制动、改变方向等行驶操作,对它的纵向和横向稳定性必须进行详细的分析研究。特别在加减速、制动、上下坡道行驶时，各种阻力增大，采用较大驱动力，而路面又无法提供足够的附着力时，汽车将打滑并失去控制，甚至造成交通事故，因此对汽车行驶时的牵引平衡和附着条件，及其所有参数和相关的影响因素，都应展开详细的分析研究，以提高道路的安全性能。

二、动力因数和动力特性图

牵引平衡公式可用来分析研究汽车的各种动力性能。如把其中的空气阻力 R_w 一项移往左边，可以称 $F_t - R_w$ 为剩余驱动力，它可以表征汽车在行驶中克服坡度和进行加速的能力，但剩余驱动力的绝对值尚不足以直接评比不同汽车的动力性能。例如，两辆同样大小驱动力的汽车，其中具有载重量小的汽车必然具有较好的动力性能。因此，采用无量纲的指标"动力因数 D"来表达汽车的动力特性，更便于评价各种汽车的动力性能和研究分析与汽车动力性能有关的道路行车问题，可用下式表示：

$$D = \frac{F_t - R_w}{G} = (f+i) + \frac{\delta}{g}a \tag{2-16}$$

式中：D——动力因数，即指某型汽车在海平面高程上，满载情况下，每单位车重克服道路阻力和惯性阻力的性能，无量纲。

将有关公式代入式(2-16)，得

$$D = \frac{F_t - R_w}{G} = \frac{M\gamma\eta_T}{rG} - \frac{KAv^2}{21.15G}$$

式中，驱动力 F_t 为节流阀全开的情况，实际上在节流阀部分开启的时候，要对驱动力进行修正。修正系数用 U 表示，称为负荷率，即：

$$F_t = U\frac{M\gamma\eta_T}{G} \tag{2-17}$$

式(2-16)修正为：

$$D = \frac{F_t - R_w}{G} = U\frac{M\gamma\eta_T}{rG} - \frac{KAv^2}{21.15G} = \frac{U\gamma\eta_T}{rG}\left[M_{\max} - \frac{M_{\max} - M_N}{(n_N - n_M)^2}\left(n_M - \frac{v\gamma}{0.377r}\right)^2\right] - \frac{KAv^2}{21.15G}$$

可以把 D 表示为 v 的二次函数，即：

$$D = Pv^2 + Qv + W \tag{2-18}$$

式中：$P = -\frac{1}{G}\left[\frac{7.036U\gamma^3\eta_T(M_{\max} - M_N)}{r^3(n_N - n_M)^2} - \frac{KA}{21.15}\right]$；

$Q = \frac{5.305U\gamma^2\eta_T n_M}{r^2 G(n_N - n_M)^2}(M_{\max} - M_N)$；

$$W = \frac{U\gamma\eta_{\mathrm{T}}}{rG}\left[M_{\max} - \frac{M_{\max} - M_{\mathrm{N}}}{(n_{\mathrm{N}} - n_{\mathrm{M}})^2}n_{\mathrm{M}}^2\right];$$

$M_{\max}$——最大扭矩；

M_{N}——最大功率对应的扭矩；

n_{N}——最大功率对应的转速；

n_{M}——最大扭矩对应的转速。

于是可以把 $D = f(V)$ 绘制成曲线图，称为汽车的动力特性图。我国常见大型货车的动力特性图如图 2-8 所示。

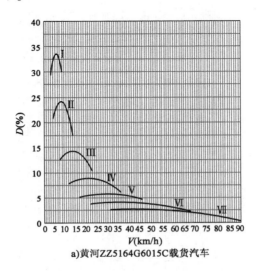

a) 黄河ZZ5164G6015C载货汽车

b) 东风EQ1161K3G载货汽车

图 2-8

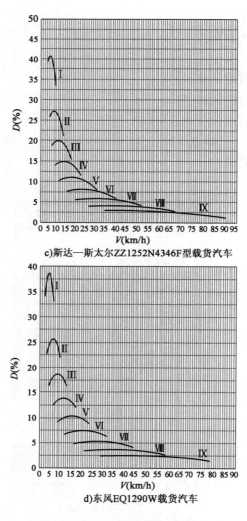

图 2-8 常见大型货车的动力特性图

三、汽车的主要动力性能指标

汽车的动力性能决定各种行驶条件下汽车的最高行驶速度及达到该速度的快慢程度。汽车的动力性能越好,就会具有较高的车速、较好的爬坡能力和加速能力。因此汽车的主要动力性能指标包括:①在各种行驶条件下的最高行驶速度;②在各个挡位时的最大爬坡度;③在加速过程中的加速度、加速时间和加速距离。使用汽车动力特性图可以分析这些指标,以下分别进行研究。

1. 最高车速

使用动力特性图分析某一汽车在道路上匀速行驶时的动力性能指标,如把随车速略微变化的滚动阻力系数用曲线 f 表示，则采用Ⅳ挡可以达到的最高车速为 V_{max}，如图 2-9 所示，因为可从式(2-16)中看出此时的剩余动力因数为 $D-f$。

在道路实际测定中，一般车速并不会达到如图 2-9 中分析得到的理论期望最高车速，这是由于驾驶人在行车中一般把节气门并不开足，节气门关闭的越小，发动机的适应性和操作性能就越好，耗油量也越少，汽车工作的稳定性和经济性得到改善。节气门关小时，发动机的功率减小，外特性图就要改变。此时就不能使用按汽车外特性制作的动力特性图，因为其中的空气阻力是不随功率减小而变化的。建议采用按图 2-10 所示的驱动力图来分析，图中的虚线为节气门开度减小时驱动力降低后的曲线，此时Ⅳ挡能达到的最高车速为 V'。

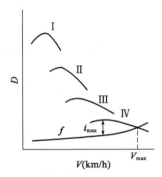

图 2-9 用动力特性图判定车速

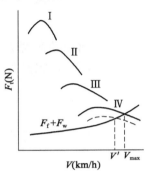

图 2-10 按驱动力图判定车速

2. 爬坡能力

使用动力特性图可以分析汽车在各个挡位时的最大爬坡度。如图 2-9 所示，可引水平线与各个挡位的动力特性曲线相切，获得各个挡位情况下的最大动力因数值 D_{max}，即意味着汽车所能克服的最大阻力。在任何挡位下，汽车能够爬升的最大坡度 i_{max} 为 D_{max} 减去相应的滚动阻力系数 f。汽车在遇到较大坡度时就可以采用较低的挡位以较低的车速上坡。

这里所论述的最大爬坡度，是在等速行驶上坡条件下确定的。在实际行驶中，汽车在上坡前一般都会预先加速，利用惯性冲坡，因此，实际爬坡应与加速共同进行分析。另外，还须注意在某些情况下汽车驱动轮可能打滑，此时动力特性也将受到路面附着条件的限制，不能充分运用所有的动力性能。

3. 加速时间和加速距离

加速性能是汽车动力性能中最重要的指标，因为它能迅速提高速度，增加汽车行驶的灵活性和超车能力。汽车的加速性能越好，则使用低速挡的时间越短，因而平均行驶速度越高。评价加速性能的指标有加速度、加速时间和加速距离。

有了动力特性图，就可以绘出行驶加速度曲线。根据式(2-16)，当汽车在平坡上行驶时($i=0$)，可以得到加速度 $a(m/s^2)$ 为：

$$a = \frac{g}{\delta}(D-f) \quad (2-19)$$

上式中，D 和 f 都是随速度 v 而变化的函数，以 a 为纵坐标，v(单位转换为 m/s)为横坐标,可以绘制成如图2-11的行驶加速度曲线。对不同排挡,加速阻力系数 δ 随不同的 i_k 而变化,因此应对每一排挡分别计算绘制。从图中可以看出,在低挡位时(Ⅰ、Ⅱ挡)的加速能力大于在高挡位时的加速能力;就同一挡位来说,随着车速的提高,加速能力也相应地降低。根据有关资料,轿车的最大加速度在起步时可达到 $3\mathrm{m/s^2}$,在一般行车状态时为 $2\mathrm{m/s^2}$,在高速情况下这一值可能小于 $1\mathrm{m/s^2}$。载重车的加速性能较低,起步阶段不到 $0.4\mathrm{m/s^2}$,在 $100\mathrm{km/h}$ 时的加速度小于 $0.1\mathrm{m/s^2}$。

加速时间是指提高汽车行驶速度到达指定水平的加速过程所需的时间,其值可以通过对加速度值倒数 $(1/a)$ 的积分取得,即:

$$t = \int \mathrm{d}t = \int_{v_1}^{v_2} \frac{1}{a} \mathrm{d}v \tag{2-20}$$

采用图解的方法,可以绘制图2-11的倒数曲线,如图2-12所示;然后再绘制积分曲线,如图2-13所示,即为汽车加速时间曲线。

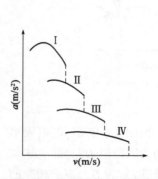
图2-11 汽车行驶加速度曲线

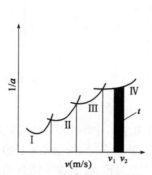
图2-12 加速度倒数曲线

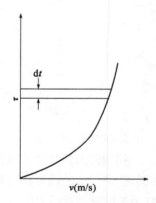
图2-13 汽车加速时间曲线

加速行程是指汽车提高行驶速度达到指定水平的加速过程中所经过的路程,由 $\mathrm{d}s = v\mathrm{d}t$ 以及加速度 $a = \mathrm{d}v/\mathrm{d}t$,得:

$$\mathrm{d}s = \frac{v}{a}\mathrm{d}v \tag{2-21}$$

设初速 v_1,终速 v_2,对上式积分,并用 v 表达上述公式,得:

$$S = \frac{1}{12.96}\int_{v_1}^{v_2} \frac{v}{a}\mathrm{d}v \tag{2-22}$$

在式(2-22)中,当 $v_1 > v_2$,$a < 0$ 时,该式计算的便是减速距离。通过图解积分可以绘制汽车的加速行程曲线,如图2-14所示。

以上仅提供图解计算汽车动力性能的概略方法,所绘制曲线图都是示意性的,进行深入研究时需要选定特定的车型,获得各种试验参数,才能得到具体的结果。

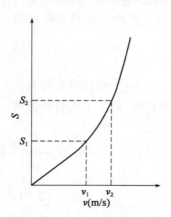
图2-14 汽车加速行程曲线

四、加速性能

在双车道公路上行驶的车辆意图超车时,汽车加速性能的好坏将直接决定超车所需的路段长度。在设计交叉口信号灯时,汽车加速性能是一项影响信号周期设定的重要因素。在交通流被阻断时,汽车的加速性能信息可用于估计如何恢复正常的交通。在分析燃油消耗和行程时间价值时,需要提供有关汽车加速性能的信息。因而,汽车加速性能是道路几何设计和交通设计必须考虑的一项重要影响因素。

汽车在平坡直道上行驶的最大加速度,可按下式计算:

$$a_{lv} = \frac{gP}{W} - \frac{R_f + R_w}{W} \quad (2\text{-}23)$$

式中:a_{lv}——在平坡路段上速度为 $v(km/h)$ 时的最大加速度,m/s^2;

R_f——滚动阻力,kg;

R_w——空气阻力,kg。

由上式可知,汽车的加速性能主要依赖于汽车的质量功率比 W/P。由于滚动阻力和空气阻力随行驶速度提高而增大,加速性能则随行驶速度增大而降低。

利用上式,可推算出不同质量功率比的小客车和半挂式组合货车在平坡路段上加速时的最大加速度,包括从起步加速和从不同初速度加速到某个速度时的最大加速度,如表2-3所列。分析列表数值可以看出,影响加速度性能的最主要因素是车辆的质量功率比,随着质量功率比的增加,车辆的加速性能下降,其起步时的最大加速度降低。例如,W/P 为 11.35kg/hp 的小客车起步时的最大加速度为 2.83~2.38 m/s²;而 W/P 为 15.89kg/hp 的小客车起步最大加速度下降为 2.07~1.68 m/s²。同时,小客车的质量功率比性能优于半挂式组合货车,其加速性能也大大优于半挂车。如 W/P 为 181.6kg/hp 的半挂车起步时的最大加速度仅为 0.40~0.21 m/s²,远低于小客车的最大加速度。此外,还可从表列数值看到,随着起始速度的提高,行驶阻力(滚动阻力和空气阻力)增大,最大加速度降低。如 W/P 为 11.35kg/hp 的小客车从起步加速到 16km/h 时的最大加速度为 2.83m/s²,而从 80km/h 加速到 96km/h 时(相同的加速幅度),最大加速度下降为 1.71 m/s²。

平坡路段上车辆的最大加速度　　　　表 2-3

车辆类型	质量功率比 W/P(kg/hp)	在下述速度范围(km/h)内的最大加速度(m/s²)								
		0~16	0~32	0~48	0~64	0~80	32~48	48~64	64~80	80~96
小客车	11.35	2.83	2.71	2.59	2.50	2.38	2.38	2.16	1.92	1.71
	13.62	2.38	2.29	2.19	2.07	1.98	1.98	1.77	1.58	1.37
	15.89	2.07	1.98	1.89	1.80	1.68	1.71	1.52	1.34	1.16
半挂车	45.4	0.88	0.70	0.67	0.61	0.49	0.64	0.46	0.30	0.18
	90.8	0.55	0.49	0.46	0.37	0.30	0.40	0.24	0.15	0.12
	136.2	0.40	0.40	0.37	0.33	0.18	0.30	0.18	0.09	—
	181.6	0.40	0.37	0.33	0.21	—	0.27	0.12	—	—

道路纵坡度是影响汽车最大加速度的另一个重要因素。在纵坡路段上的最大加速度要比平坡路段上的小，其下降值可按下式确定：

$$a_{gv} = a_{lv} - \frac{ig}{100} \tag{2-24}$$

式中：a_{gv}——在纵坡路段上速度为 v(km/h)时的最大加速度，m/s²；

i——纵坡坡度，%。

表 2-4 列出了按式(2-24)和表 2-3 推算出的小客车和半挂车在坡道上上坡时的最大加速度数据。可以看出，随着纵坡度增加，最大加速度下降，例如，起步加速的小客车在平坡时的最大加速度为 2.29m/s²，而在 10% 纵坡路段上的最大加速度下降为 1.31m/s²。而且，起始加速的速度越高，最大加速度下降的幅度越大。半挂式货车由于加速性能差，在较陡的纵坡路段上，甚至不能在坡道上加速或保持已有速度。例如，表中 W/P 为 90.8kg/hp 的半挂车在 6% 纵坡的路段上无法加速，在 4% 纵坡路段上不能在行驶速度达 32km/h 后加速或保持此车速。

坡道上车辆在不同速度范围内的最大加速度(m/s²)   表 2-4

速度变化 (km/h)	小客车(13.6kg/hp)					半挂车(90.8kg/hp)			
	0%	2%	4%	6%	10%	0%	2%	4%	6%
0～32	2.29	2.10	1.89	1.71	1.31	0.49	0.30	0.09	*
32～48	1.98	1.80	1.58	1.40	1.01	0.40	0.21	*	*
48～64	1.77	1.58	1.37	1.19	0.79	0.24	0.06	*	*
64～80	1.58	1.40	1.19	1.01	0.61	0.15	*	*	*
80～96	1.37	1.19	0.97	0.79	0.40	0.12	*	*	*

注：* 表示货车不能加速或保持速度。

利用表 2-3 和表 2-4 中的数据，可绘制出汽车以最大加速度起步时的行程时间与达到速度的关系曲线，供道路或交通设计时应用。

五、减速性能

汽车在行驶时，如果驾驶人松开加速踏板，由于需消耗部分功率以克服行驶阻力，即便不踩制动踏板，汽车也会自动减速，特别在汽车由平坡或下坡转为升坡路段，或者由直线转入急转弯路段时减速更为明显。车速越高，行驶阻力越大，这种自动减速便越多，例如，在汽车以 110km/h 的速度行驶时，驾驶人一旦松开加速踏板，车速便会按 0.97m/s² 的减速度自动下降。

在看见行人、障碍物或停车信号时，驾驶人需踩制动踏板以减速。正常情况下的制动减速，汽车的减速度以客车乘客的舒适感为度，通常不超过 3.0m/s²。此减速度被用于估计停车信号前的合理停车时间和路段长度，以及确定信号灯黄灯或黄灯加红灯的间隔时间。

遇见紧急情况时，驾驶人往往会猛踩制动踏板，使刹车鼓或刹车盘被完全锁住。这时,车辆的减速度取决于轮胎与路面接触面上的有效摩阻系数。此摩阻系数是一个变量,随路面类型(表面粗糙程度)、路表干湿状况、轮胎状况(胎面花纹、磨损程度)以及制动时的车速而变。客车在不同条件下的摩阻系数代表值列于表2-5。摩阻系数在数值上与车轮被抱死时的最大减速度(以重力加速度表示)相等,即摩阻系数为0.4时,最大减速度便为0.4g,或3.92 m/s²。最大减速度主要用于估算在紧急情况下的最小停车视距,表2-5中也列出了与各摩阻系数值相对应的最小停车距离。表中的建议值为美国州公路和运输官员协会提出的停车视距标准,其中包括2.5s驾驶人感觉反应时间。

摩阻系数和最小停车距离　　　　　表2-5

路 表 面	行驶速度 (km/h)	摩 阻 系 数			最小停车距离(m)		
		表面干燥		表面潮湿	表面干燥		表面潮湿
		新轮胎	严重磨损轮胎	建议值*	新轮胎	严重磨损轮胎	建议值*
沥青混凝土 沥青砂 水泥混凝土	32	0.76 0.75 0.73	0.60 0.57 0.50	0.40 0.40 0.40	5.5 5.5 5.5	6.7 7.0 8.2	10.1 10.1 10.1
沥青混凝土 沥青砂 水泥混凝土	48	0.79 0.79 0.78	0.57 0.48 0.47	0.35 0.35 0.35	11.6 11.6 11.6	16.1 19.2 19.5	26.1 26.1 26.1
沥青混凝土 沥青砂 水泥混凝土	64	0.75 0.75 0.76	0.48 0.39 0.33	0.32 0.32 0.32	21.6 21.6 21.3	33.8 41.8 49.4	50.8 50.8 50.8
所有路面	80 96 113	— — —	— — —	0.30 0.29 0.28	— — —	— — —	84.7 126.1 177.8

注:* 美国州公路和运输官员协会建议。

采取紧急制动而车轮被完全抱死时,车辆(特别是货车)会由于侧向摩阻力小而失去控制。安装微处理器控制的防抱死制动系统,可以减少车辆失控的可能性和增加轮胎与路表面间的摩阻力。

第四节　汽车行驶稳定性

汽车行驶的稳定性从不同方向来看,有纵向稳定性和横向稳定性两种。从丧失稳定的方式来看,有滑动稳定性和倾覆稳定性两种。分析和确保汽车行驶的稳定性对于合理设计汽车结构尺寸、正确设计公路线形、保证行车安全、提高运输生产率、减轻驾驶人的疲劳强度,有着十分重要的意义。

影响汽车行驶稳定性的因素主要有汽车本身的结构参数、驾驶人的操作技术以及道路与环境等外部因素。

一、汽车行驶的纵向稳定性

图 2-15 为汽车等速上坡时的受力情况,惯性阻力为零,因车速低可略去空气阻力和滚动阻力。图中 G_α 为汽车总重力,α 为坡道倾角,h_g 为重心高度,Z_1 和 Z_2 为作用在前、后轮上的法向反作用力,X_1 和 X_2 为作用在前、后轮上的切向反作用力,L 为汽车轴距,L_1 和 L_2 为汽车重心至前、后轴的距离,O 点为汽车重心,O_1 和 O_2 为前、后轮与路面接触点。

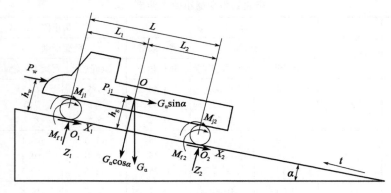

图 2-15 汽车等速上坡受力图

1. 纵向倾覆条件分析

产生纵向倾覆的临界状态是汽车前轮法向反作用力 $Z_1 = 0$,此时,汽车可能绕 O_2 点发生倾覆现象。对 O_2 点取矩并让 $Z_1 = 0$ 得

$$G_\alpha \cos\alpha_0 L_2 - G_\alpha \sin\alpha_0 h_g = 0$$

$$i_0 = \tan\alpha_0 = \frac{L_2}{h_g} \tag{2-25}$$

式中:α_0——汽车产生纵向倾覆时,道路纵向极限坡度角;

i_0——汽车产生纵向倾覆时,道路的纵坡度。

当坡道倾角 $\alpha \geq \alpha_0$(或道路纵坡 $i \geq i_0$)时,汽车可能发生纵向倾覆。由式(2-25)可知,纵向倾覆的稳定性主要与汽车重心至后轴的距离 L_2 和重心高度 h_g 有关。L_2 越大,h_g 越低,纵向稳定性越好。

2. 纵向滑移条件分析

对后轮驱动的汽车,根据附着条件,驱动轮不产生纵向倒溜的状态是下滑力与附着力平衡。

$$G_\alpha \sin\alpha_\varphi = Z_2 \varphi$$

其中对点 O_1 取矩,可得

$$Z_2 L = G_\alpha \cos\alpha_\varphi L_1 + G_\alpha \sin\alpha_\varphi h_g$$

$$Z_2 = \frac{G_\alpha \cos\alpha_\varphi L_1 + G_\alpha \sin\alpha_\phi h_g}{L}$$

$$\tan\alpha_\varphi = \frac{L_1 + h_g \tan\alpha_\phi}{L}\varphi$$

因为 h_g、$\tan\alpha_\phi$ 较小,可忽略不计,且 $\frac{L_1}{L} \approx \frac{G_d}{G_\alpha}$ 则

$$i_\varphi = \tan\alpha_\varphi = \frac{G_d}{G_\alpha}\varphi \tag{2-26}$$

式中:α_φ——汽车产生纵向倒溜时,道路极限坡度角;

i_φ——汽车产生纵向倒溜时,道路的总坡度;

G_d——驱动轮的轴重,N。

由上述分析可知,当坡道倾角 $\alpha \geq \alpha_\varphi$(或道路纵坡度 $i \geq i_\varphi$)时,汽车可能产生纵向滑移。i_φ 的大小主要取决于驱动轮荷载 G_d 与汽车总重力 G_α 的比值以及附着系数 φ 值,详见式(2-26)。

3. 纵向稳定性的保证

分析式(2-25)和式(2-26),一般 L_2/h_g 接近于 1,而 $\varphi G_d/G_\alpha$ 远远小于 1,所以:

$$\frac{G_d}{G_\alpha}\varphi < \frac{L_2}{h_g} \quad 即 \quad i_\varphi < i_0$$

也就是说,汽车在坡道上行驶时,纵向倒溜现象往往发生在纵向倾覆之前。为保证汽车行驶的纵向稳定性,道路几何设计应满足不产生纵向倒溜为条件,这样,也就避免了汽车的纵向倾覆现象出现。因此,汽车行驶时纵向稳定性的条件为:

$$i < i_\varphi = \frac{G_d}{G_\alpha}\varphi \tag{2-27}$$

只要设计的道路纵坡坡度 i 满足上式条件,当汽车满载时一般都能保证纵向行驶的稳定性。但在运输中装载过高时,常由于重心高度 h_g 的增大而破坏纵向稳定性条件,所以,应对汽车装载高度有所限制。

二、汽车行驶的横向稳定性

1. 汽车在平曲线上行驶时受力分析

如图 2-16 所示,汽车在平曲线上行驶时会产生离心力,其作用点在汽车的重心,方向水平背离圆心。离心力大小为:

$$C = \frac{G_\alpha v^2}{gR} \tag{2-28}$$

式中:C——离心力;

R——圆曲线半径;

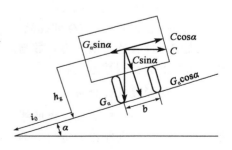

图 2-16 平曲线上汽车行驶的受力图

v——汽车行驶速度；

G_α——汽车重力。

离心力对汽车在平曲线上行驶的稳定性影响很大，它可能使汽车向外侧滑移或倾覆。

将离心力 C 与汽车重力 G 分解为平行于路面的横向力 Y 和垂直于路面的竖向力 X：

$$Y = C\cos\alpha - G_\alpha\sin\alpha \tag{2-29}$$

$$X = C\sin\alpha + G_d\cos\alpha$$

因为

$$\sin\alpha \approx \tan\alpha = i_0 \quad \cos\alpha \approx 1$$

所以

$$Y \approx C - G_\alpha i_0 \tag{2-30}$$

式中：α——路面横坡坡脚，一般很小；

i_0——路面横坡坡度。

将离心力代入式(2-30)得

$$Y = \frac{G_\alpha v^2}{gR} - G_\alpha i_0 = G_\alpha\left(\frac{v^2}{gR} - i_0\right) \tag{2-31a}$$

$$R = \frac{v^2}{g\left(\dfrac{Y}{G_\alpha} + i_0\right)} \tag{2-31b}$$

横向力和竖向力是反映汽车行驶稳定性的两个重要因素，横向力是不稳定因素，竖向力是稳定因素。由于同样大小的横向力作用在不同重量汽车上其稳定性程度是不一样的，因此，采用横向力系数来衡量稳定性程度，其意义为单位车重上受到的横向力，即

$$\mu = \frac{Y}{G_\alpha} = \frac{v^2}{gR} - i_0 \tag{2-32}$$

用速度 V(km/h) 表达上述公式，则为：

$$\mu = \frac{V^2}{127R} - i_0 \tag{2-33a}$$

$$R = \frac{V^2}{127(\mu + i_0)} \tag{2-33b}$$

式中：R——平曲线半径，m；

μ——横向力系数；

V——行车速度，km/h；

i_0——横向坡度，或横向超高。

式(2-33)表达了横向力系数与车速、平曲线半径及超高之间的关系。该值越大，汽车在平曲线上的稳定性越差。

2. 横向倾覆条件分析

汽车在倾斜的横坡面上做曲线运动时，由于横向力的作用，可能使汽车绕外侧车轮触地点产生向外横向倾覆的危险。为使汽车不产生倾覆，必须使倾覆力矩小于或等于稳定力矩。即

$$Yh_g \leq (G_\alpha \cos\alpha + C\sin\alpha)\frac{b}{2} \approx (G_\alpha + C i_0)\frac{b}{2} \quad (2\text{-}34)$$

因 Ci_0 比 G_α 小得多,可略去不计,则：

$$\mu = \frac{Y}{G_\alpha} \leq \frac{b}{2h_g} \quad (2\text{-}35)$$

式中：b——汽车轮距,m；
　　　h_g——汽车重心高度,m。

将式(2-33)代入式(2-35)并整理,得：

$$R \geq \frac{V^2}{127\left(\dfrac{b}{2h_g} + i_0\right)} \quad (2\text{-}36)$$

利用此式可计算汽车在平曲线上行驶时,不产生横向倾覆的最小平曲线半径 R 或最大允许行驶速度 V。

3. 横向滑移条件分析

汽车在平曲线上行驶时,因横向力的存在,可能使汽车沿横向力的方向产生横向滑移。为使汽车不产生横向滑移,必须使横向力小于或等于轮胎和路面之间的横向附着力,即

$$Y \leq (G_\alpha \cos\alpha \pm C\sin\alpha)\varphi_h \approx G_\alpha \varphi_h \quad (2\text{-}37)$$

$$\mu = \frac{Y}{G_\alpha} \leq \varphi_h \quad (2\text{-}38)$$

式中：φ_h——横向附着系数,一般为 $(0.6 \sim 0.7)\varphi$。

将式(2-33)代入式(2-38)并整理,得：

$$R \geq \frac{V^2}{127(\varphi_h + i_0)} \quad (2\text{-}39)$$

利用此式可计算出汽车在平曲线上行驶时,不产生横向滑移的最小平曲线半径 R 或最大允许行驶速度 V。

4. 横向稳定性的保证

由式(2-35)和式(2-38)可知,汽车在平曲线上行驶时的横向稳定性主要取决于横向力系数 μ 值的大小。现代汽车在设计制造时重心较低,一般 $b \approx 2h_g$,即 $\dfrac{b}{2h_g} \approx 1$,而 $\varphi_h < 0.5$,所以 $\varphi_h < \dfrac{b}{2h_g}$,也就是汽车在平曲线上行驶时,在发生横向倾覆之前先产生横向滑移现象。因此,在道路几何设计中应保证汽车不产生横向滑移,同时也就保证了横向倾覆的稳定性。只要设计采用的值满足式(2-38)的条件,一般在满载情况下就能够保证汽车横向稳定性。但装载过高时可能发生倾覆现象。

三、汽车行驶的纵横向稳定性

汽车行驶在一定的小半径平曲线上时,较直线上增加了一项弯道阻力,对上坡的汽车耗费的功率增加,使行车速度降低;对下坡的汽车有沿纵横合成坡度方向倾斜、滑移和装载偏重的可能,这对汽车的行驶是危险的。为此,对合成坡度的最大值应加以限制,以利于行车的稳定性。

如图 2-17 所示,汽车行驶在纵坡为 $i(\tan\alpha)$ 和超高横坡为 $i_h(\tan\beta)$ 的下坡路段上,作用在前轴上的荷载为:$W_1 = \dfrac{G(L_2\cos\alpha + h_g\sin\alpha)}{L}\cos\beta$

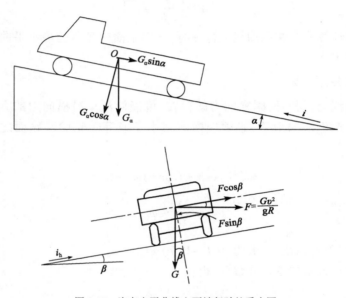

图 2-17 汽车在平曲线上下坡行驶的受力图

离心力 F 分配在前轴上的荷载为:$W_2 = \dfrac{Gv^2 L_2}{gRL}\sin\beta$

因倾角 β 很小,则前轴总荷载 ΣW 为:$\Sigma W = W_1 + W_2 = G\left(\dfrac{L_2 + h_g i}{L} + \dfrac{L_2 v^2}{gRL}i_h\right)$

在平直路段上,作用于前轴的荷载为:$W' = \dfrac{L_2}{L}G$

在有平曲线的坡道上,前轴荷载增量与 W 的比值为:$I = \dfrac{\Sigma W - W'}{W'} = \dfrac{h_g}{L}i + \dfrac{v^2}{gR}i_h$

对载重汽车,一般 $\dfrac{h_g}{L} \approx 1$,则:

$$I = i + \dfrac{v^2}{gR}i_h \tag{2-40}$$

在直坡道上 $i_h \approx 0$，则 $I=i$。即汽车沿直坡道下坡时，前轴荷载增量与在平直路段前轴荷载的比率等于该路段的纵坡度。

在曲线上如果也以直线上相同大小的最大纵坡 i_{max} 作为控制，则下式成立：

$$i + \frac{v^2}{gR}i_h \leq i_{max} \tag{2-41}$$

将 $v(\mathrm{m/s})$ 化成 $V(\mathrm{km/h})$ 并整理，得：

$$i \leq i_{max} - \frac{v^2}{127R}i_h \tag{2-42}$$

此式即为汽车沿纵横组合方向行驶时的稳定条件，也即最大纵坡在平曲线上的折减条件。

第五节 汽车的制动性能与行车视距

一、汽车制动性能

汽车的制动性能是指汽车在行驶过程中强制性降低车速以致停车，或在下坡时保持一定速度行驶的能力。汽车的制动性能直接关系到汽车的行驶安全，与路线设计的行车视距、山区公路中陡坡长度及缓和坡段的设置等有关。

1. 制动平衡方程

汽车制动时，给车轮施加制动力以阻止车轮前进，在紧急制动时制动力最大，而制动力可达到的最大值取决于轮胎与路面之间的附着力。在附着系数较小的路面上，若制动力大于附着力，车轮将在路面上滑移，易使制动方向失去控制。所以，作用在汽车上的最大制动力可按下式计算：

$$P_{T(max)} = G\varphi \tag{2-43}$$

式中：G——分配到制动轮上的汽车重力，现代汽车全部车轮均为制动轮，$G = G_\alpha$；

φ——路面与轮胎之间的附着系数，与轮胎、路面及制动条件等有关。

汽车制动减速行驶时，作用于车轮上的力矩方向与行驶方向相反，其余各项运动阻力与牵引行驶时一样。因此，这时汽车的运动力平衡方程为：

$$-P_T = R_f \pm R_i + R_w + R_j \tag{2-44}$$

制动初速度不高及速度下降迅速时，空气阻力可略去不计，即 $R_w \approx 0$，式（2-44）可简化为

$$P_T + R_f \pm R_i + R_j = 0$$

即

$$G_\alpha \varphi + G_\alpha f \pm G_\alpha i + \delta \frac{G_\alpha}{g}a = 0$$

$$a = -\frac{g}{\delta}(\varphi + f \pm i) \qquad (2\text{-}45)$$

式中：a——制动减速度，m/s²。

2. 制动距离

由式(2-45)得

$$S = -\frac{\delta}{g(\varphi + f \pm i)}\int_{V_1}^{V_2} V\mathrm{d}V = \frac{V_1^2 - V_2^2}{254(\varphi + f \pm i)} \qquad (2\text{-}46)$$

式中：V_1——制动初速度，km/h；
V_2——制动终速度，km/h。

当制动到汽车停止时 $V_2 = 0$，则

$$S = \frac{V_1^2}{254(\varphi + f \pm i)} \qquad (2\text{-}47)$$

从式(2-47)可以看出，决定汽车制动距离的主要因素是：最大制动减速度即附着力，制动起始速度。附着力越大、起始速度越低，制动距离越短。

二、行车视距

为保障行车安全，驾驶人应能随时看到汽车前方相当远的一段路程，一旦发现前方路面上有障碍物或迎面来车，能及时采取措施，避免相撞。这一必需的最短距离称为行车视距。行车视距是否充分，直接关系到行车的安全与速度，是道路使用质量的重要指标之一。在道路平面上的暗弯(处于挖方路段的平曲线和内侧有障碍物的平曲线)、纵断面上的凸形竖曲线以及下穿式立体交叉的凹形竖曲线上，都有可能存在视距不足的问题，如图2-18所示。

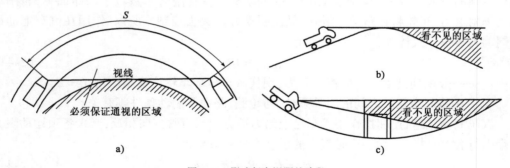

图2-18 影响行车视距的路段

根据驾驶人发现障碍物或迎面来车时采取措施的不同，可将行车视距分为以下几种：

(1)停车视距：汽车行驶时，驾驶人自看到前方有障碍物时起，至到达障碍物前安全停止，所需的最短距离。

(2)会车视距：两辆车相向行驶，驾驶人自看到前方车辆时起，至安全会车时止，两辆

汽车行驶所需的最短距离。

（3）错车视距：在没有明确划分车道线的双车道道路上，两对向行驶汽车相遇，自发现后采取减速避让措施至安全错车所需的最短距离。

（4）超车视距：在双车道道路上，后车超越前车时，自开始驶离原车道处起，至可见对向来车并能在超车后安全驶回原车道所需的最短距离。

上述四种视距中，前三种属对向行驶，第四种属同向行驶。第四种需要距离最长，需单独研究。而前三种中，以会车视距最长，只要保证会车视距，停车视距和错车视距就能得到保证。根据计算，会车视距约等于停车视距的2倍，因此只需计算出停车视距即可。

计算视距首先需明确"目高"和"物高"。"目高"是指驾驶人员眼睛距地面的高度，规定以车体较低的小客车为标准，根据实测采用1.2m。"物高"如果从偏于安全方面考虑，物高应为"零"，即驾驶人应看到前方一定距离的路面（称作"路面视距"），这样势必在纵断面设计中要加大凸形竖曲线半径，可能是不经济的；如果从经济方面考虑，取汽车顶部的高度，则又会因看不见比汽车低的障碍物而导致车祸。考察道路上可能出现的各种障碍物，除前面所说的迎面来车外，还有横穿道路的行人、前面车辆上掉下的货物以及因挖方边坡塌方滚下的石头等，再考察汽车底盘离地的最小高度，它的变化在0.14~0.20m之间，故规定物高为0.10m。

下面就停车视距、会车视距和超车视距分别进行讨论。

1. 停车视距

停车视距是指自驾驶人员发现前方有障碍物到汽车在障碍物前停住所需要的最短距离。停车视距可分解为反应距离和制动距离两部分来研究。

（1）反应距离

反应距离是当驾驶人员发现前方的障碍物，经过判断决定采取制动措施的那一瞬间到制动器真正开始起作用的那一瞬间汽车所行驶的距离。在这段时间过程中，也可分为"感觉时间"和"反应时间"来分析并用试验测定。感觉时间在很大程度上取决于物体的外形、颜色，驾驶人的视力和机敏度以及大气的可见度等。在高速行车时的感觉时间要比低速时短一些，这是由于高速行驶时警惕性会更高的缘故。根据测定的资料，设计上一般取感觉时间为1.5s，制动反应时间取1.0s。感觉和制动反应的总时间$t=2.5$s，在这个时间内汽车行驶的距离为：

$$S_1 = \frac{V}{3.6} \cdot t \tag{2-48}$$

式中：V——汽车行驶速度，km/h。

（2）制动距离

制动距离是指汽车从制动生效到汽车完全停住这段时间内所走的距离，为：

$$S_2 = \frac{V^2}{254(\varphi + \psi)} \tag{2-49}$$

式中：φ——路面与轮胎之间的附着系数，与轮胎、路面及制动条件等有关；

ψ——道路阻力系数。

故停车视距为：

$$S_{停} = S_1 + S_2 = \frac{V \cdot t}{3.6} + \frac{V^2}{254(\varphi + \psi)} \tag{2-50}$$

计算停车视距所采用的 φ 应是能充分保证行车安全的数值，一般按路面在潮湿状态下的中值计算。设计速度为 120～80km/h 时，V 采用设计速度的 85%；设计速度为 60～40km/h 时，V 采用设计速度的 90%；设计速度为 30～20km/h 时，采用设计速度。不同设计速度下公路和城市道路的停车视距参见表 2-6 和表 2-7。

公 路 停 车 视 距　　　　　　　　　　　　　　表 2-6

设计速度(km/h)	120	100	80	60	40	30	20
停车视距(m)	210	160	110	75	40	30	20

城市道路停车视距　　　　　　　　　　　　　　表 2-7

设计速度(km/h)	100	80	60	50	40	30	20
停车视距(m)	160	110	70	60	40	30	20

注：上述停车视距没有考虑纵坡对货车视距的影响，对于下坡路段停车视距需要根据坡度大小对停车视距进行验算。

2. 会车视距

会车视距指两辆对向行驶的汽车在同一车道上及时制动所必需的距离。会车视距由三部分组成，如图 2-19 所示，即双向驾驶人反应时间所行驶的距离、双向汽车的制动距离以及安全距离。根据计算分析得知，会车视距约等于停车视距的二倍，故一般只需计算出停车视距即可。

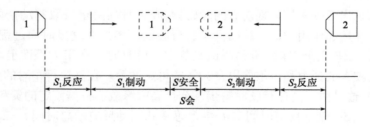

图 2-19　会车视距

如果以 V_1 和 V_2 表示两辆汽车的车速，则

$$S_{会} = \frac{V_1 + V_2}{3.6} \cdot t + \frac{V_1^2}{254(\varphi + \psi)} + \frac{V_2^2}{254(\varphi + \psi)} \tag{2-51}$$

如果两汽车车速相同，均为 $V(\mathrm{km/h})$，并在同一纵坡路段上行驶（即一辆上坡，一辆下坡），则

$$S_{会} = \frac{V \cdot t}{1.8} + \frac{V^2}{127(\varphi + \psi)} \tag{2-52}$$

3. 超车视距

在一般双车道公路上行驶着各种不同速度的车辆,当快速车追上慢速车以后,需要占用供对向汽车行驶的车道进行超车。为了保证超车时的安全,驾驶人必须能看到前面足够长度的车流空隙,以便在相邻车道上没有出现对向驶来的汽车之前完成超车而不阻碍被超汽车的行驶。这种快车超越前面慢车后再回到原来车道所需要的最短距离称为超车视距,如图 2-20 所示。

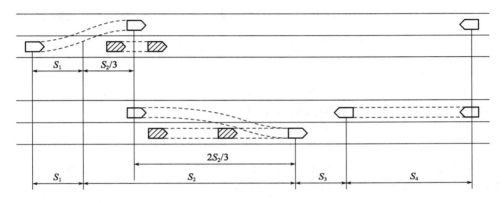

图 2-20　超车视距

超车视距的全程可分为四个阶段：

(1) 加速行驶距离 S_1

当超车汽车驾驶人经判断认为有超车的可能,于是加速行驶移向对向车道,在完全进入该车道之前的行驶距离为 S_1。

$$S_1 = \frac{V_0}{3.6} \cdot t_1 + \frac{1}{2} a \cdot t_1 \tag{2-53}$$

式中：V_0——被超汽车的速度,km/h；

t_1——加速时间,s；

a——平均加速度,m/s²。

(2) 超车汽车在对向车道上行驶的距离 S_2

$$S_2 = \frac{V}{3.6} \cdot t_2 \tag{2-54}$$

式中：V——超车汽车的速度,km/h；

t_2——在对向车道上的行驶时间,s。

(3) 超车完成后,超车汽车与对向汽车之间的安全距离 S_3

这个距离视超车汽车和对向汽车的行驶速度不同采用不同的数值,一般取 $S_3 = 15 \sim 100$m。

(4) 超车汽车从开始加速到超车完成时对向汽车的行驶距离 S_4

$$S_4 = \frac{V}{3.6}(t_1 + t_2) \quad (2\text{-}55)$$

以上四个距离之和是比较理想的全超车过程,但距离较长,在地形比较复杂的地段很难实现。实际上计算所需的时间时,只考虑超车汽车从完全进入对向车道到超车完成所行驶的时间即可保证安全。因为尾随在慢车后面的快车驾驶人往往是在未看到前面的安全区段就开始了超车作业,如果进入对向车道之后发现迎面有汽车开来而超车距离不足时还来得及返回自己的车道。因此,对向汽车行驶时间大致为 t_2 的 2/3 就足够了,即:

$$S_4' = \frac{2}{3} \cdot S_2 = \frac{2}{3} \cdot \frac{V}{3.6} \cdot t_2 \quad (2\text{-}56)$$

于是,最小必要超车视距为:

$$S_{超} = S_1 + S_2 + S_3 + S_4' \quad (2\text{-}57)$$

在地形困难或其他原因不得已时,可采用:

$$S_{超} = \frac{2}{3} \cdot S_2 + S_3 + S_4' \quad (2\text{-}58)$$

V 采用设计速度,设超车汽车和对向汽车都按设计速度行驶。被超汽车的速度 V_0 较设计速度低 5~20km/h,各阶段的行驶时间据实测大致为:$t_1 = 2.9~4.5s$;$t_2 = 9.3~10.4s$,以此进行计算得超车视距,见表 2-8。

公 路 超 车 视 距　　　　　　表 2-8

设计速度(km/h)	80	60	40	30	20
超车视距(m)	550	350	200	150	100

4. 各级公路对视距的要求

在一条公路的车流中,经常会出现停车、错车、会车和超车,特别是我国以混合交通为主的双车道公路上更是如此。在各种视距中,以超车视距为最长,如果所有暗弯和凸形变坡处都能保证超车视距的要求于安全当然最好,但事实上是很难做到的,也是不经济的,故对于不同的公路按其实际需要有不同的规定。

停车视距是最起码的要求,无论是单车道、双车道,有分隔带或无分隔带,各级公路都应该保证。对于快、慢车分道行驶的多车道公路可不要求超车视距。有中央分隔带的公路不存在错车和会车问题。在路中央画线,严格实行分道行驶的双车道公路保证停车视距即可。但是,我国目前绝大多数双车道公路中央都不画线,且有众多的非机动车干扰,汽车多在路中间行驶,当发现对面有汽车驶来时,方回到自己的车道上,若避让不及有时还得双双停下,所以我国规定二、三、四级公路的视距不得小于停车视距的两倍。对向行驶的双车道公路要求有一定比例的路段保证超车视距。

为保证必要的视距有时需作大量的开挖和拆迁工作,在交通量不大的低等级公路上,对于不能保证会车视距的路段,也可以采取其他的措施以防止会车事故的发生,如在路中心画线或设置高出路面的明显标志带,强调"各行其道""靠右边走""转弯鸣号"等。

停车视距、会车视距以及超车视距,应根据不同的道路等级和设计条件采用,一般有如下规定:

(1)高速公路以及一级公路中,由于有中央分隔带,汽车的行驶不会受到对向来车的干扰,因此不需要考虑会车视距以及超车视距,仅需要满足停车视距的要求。

(2)二级、三级、四级公路,一般需要满足会车视距的要求。在工程困难的地段,也需要满足停车视距的要求,但需设置一定的分隔措施,例如设置实线、分隔带等设施,或将车道分离。

(3)二级、三级、四级公路应间隔一段距离,结合地形设置满足超车视距的路段,尤其是在只有两车道相向行驶的公路上,一般应不少于总路段的10%~30%。

(4)城市道路应满足停车视距,在有会车可能的路段应满足会车视距。

第六节 连续下坡路段大货车受力与轮毂温度模型

一、制动器的制动性能

大货车制动失效是我国长大下坡路段事故发生的主要原因。车辆在繁重的工作条件下制动时,即使采用辅助制动措施,制动器也要长时间连续地进行较大强度的制动,才能控制车速,这导致制动器温度常在300℃以上,有时甚至高达600~700℃。制动器温度上升后,摩擦力矩会有显著下降,这种现象称为制动器的热衰退。热衰退是不可避免的现象,只是程度上有所差别。

一般大中型汽车的制动器以铸铁作制动鼓,石棉摩擦材料作摩擦片组成。铸铁的成分、金相组织、硬度及石棉材料成分、工艺过程和结构对摩擦片的摩擦性能都有影响。石棉摩擦材料都含有有机聚合物,如合成树脂、天然或合成橡胶等,生产过程中它们都是在加温加压的条件下固化的,为了提高材料的耐热能力,通常在使摩擦材料保持良好、均匀的摩擦性能与耐磨能力的前提下,尽量提高加热温度。在正常和中等负荷的制动情况下,摩擦片的温度一般都小于生产时的最高温度(如摩擦片温度不超过200℃),石棉材料与制动鼓的摩擦系数约为0.3~0.4,此时摩擦系数是稳定的。但在重负荷的情况下,摩擦片往往温度很高,大大超过制造时的最高温度,于是材料中的有机物发生分解,产生一些气体和液体,它们在两接触面间形成润滑作用的薄膜,使摩擦系数下降,即称为热衰退现象,如图2-21所示。

另外,当制动系统的温度升高后,不仅导致摩擦片的摩擦系数减小,也会导致制动鼓变形扩大,并最终与摩擦片分离。这种变形使原来制动鼓与摩擦片之间紧密的咬合变松,只能依靠边缘互相联动。这些都使得制动系统的有效性大大降低,相同情况下,车辆的制动距离将会明显增大。

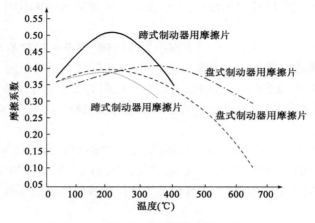

图 2-21　摩擦片的摩擦系数与温度的关系

二、车辆受力分析

对大货车下坡过程进行受力分析,首先应该清楚大货车的行驶状态。大货车在线形及交通状况较好的高速公路长大下坡路段行驶时,车速是基本恒定的,并且大都保持在 40~60km/h 范围内,在连续下坡过程中,除了使用制动器制动外,还采用发动机制动或排气制动方式以辅助制动。

根据这一分析,在对连续下坡的大货车进行受力分析时,假设大货车保持匀速直线运动,车速为 $V(km/h)$,并且下坡坡度较大,在使用主制动器的同时采用了发动机制动或排气制动的辅助制动方式。

1. 大货车的受力平衡分析

根据以上假设,将大货车作为受力分析对象,其受力情况如图 2-22 所示。

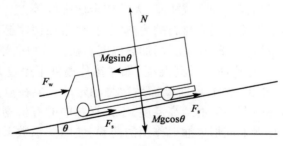

图 2-22　大货车下坡受力示意图

由受力平衡分析得:

$$F_w + F_s = Mg \times \sin\theta \tag{2-59}$$

式中:F_w——空气阻力,N;

F_s——大货车所有车轮受到的地面摩阻力之和,N;

M——车辆总重,kg;

g——重力加速度,m/s^2;

θ——下坡路段轴线与水平面的角度,°。

由公路纵坡坡度的定义可知坡度 $i = \tan\theta$,则 $\sin\theta = \dfrac{i}{\sqrt{1+i^2}}$,代入式(2-59)得空气阻力、路面摩阻力和车重的关系为:

$$F_w + F_s = \frac{Mgi}{\sqrt{1+i^2}} \tag{2-60}$$

2. 空气阻力

大货车在行驶过程中,迎面空气质点的压力、车后的真空吸力及空气质点与车身表面的摩擦力均阻碍其前进,这些力统称为空气阻力。汽车行驶速度越高,空气阻力对汽车行驶的动力性能影响越大,相关试验及理论分析表明:在车速为80km/h时,空气阻力与滚动阻力几乎相等;当速度为150km/h时,空气阻力相当于滚动阻力的2~3倍,如图2-23所示。因此,空气阻力的影响不可忽略。

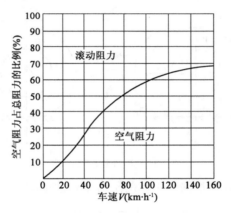

图 2-23 车辆空气阻力与滚动阻力之比

由空气动力学的研究和试验可知,汽车在空气中运动时所产生的空气阻力可用下式计算:

$$F_w = \frac{1}{2}AC_D\rho_a v^2 \tag{2-61}$$

式中:A——大货车迎风面积(即正投影面积),m^2;

C_D——空气阻力系数,它与大货车的流线线型有关;

ρ_a——空气密度,kg/m^3;

v——大货车与空气的相对速度 m/s,近似为大货车的行驶速度。

将车速 v(m/s)换算为 V(km/h),则空气阻力为:

$$F_w = 0.03858AC_D\rho_a V^2 \tag{2-62}$$

3. 路面摩阻力

大货车在下坡过程中,车轮和路面相互作用,使车辆受到路面摩擦阻力的作用。车轮所受摩阻力大小与车辆的行驶状态有关,当汽车在路面自由滑行时,车轮所受路面摩阻力等于车辆自由滑行时车轮受到的滚动阻力;当汽车制动时,二者并不相等。

(1)大货车自由滑行时的滚动阻力

当汽车在高速公路自由滑行时,在路面摩阻力产生的各种原因中,胎面橡胶的弹性变形是主要因素。汽车轮胎与路面的接触区域将产生法向和切向的相互作用力,并相应地使轮胎和支承路面变形,在高速公路上主要是轮胎变形。当轮胎变形时,由于弹性迟滞现象,处于压缩过程的轮胎前面接地部分的变形大于处于恢复过程的轮胎后部的变形,所以与路面作用的法向反作用力也是不均匀的,同样是前面大于后面,从而使反作用力的合力向前移了一个距离 a,反作用力 F_z 大小等于轮胎所受法向荷载 W。其作用效果相当于产生力矩 N_z,阻碍车轮的滚动。欲使车轮滚动,必须在车轮中心加一推力 F_P,它与地面切向反作用力 F_f 构成一个力矩从而克服力矩 N_z,此地面切向反作用力即为车轮滚动阻力,滚动阻力产生原理如图 2-24 所示。

图 2-24 滚动阻力产生原理

根据以上分析,轮胎弹性迟滞所引起的阻碍车轮滚动的力矩可按式(2-63)计算:

$$N_z = F_f R_d \tag{2-63}$$

滚动阻力与轮胎的结构、材料、气压、路面种类以及行车速度有关。当计算条件为高速公路和大货车车轮(子午线轮胎)时,高速公路路面摩阻力较小,大货车一般轮胎气压较高,因此滚动阻力主要和车速相关,如图 2-25 所示。

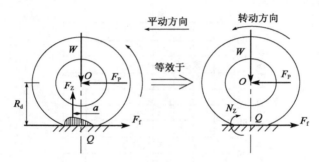

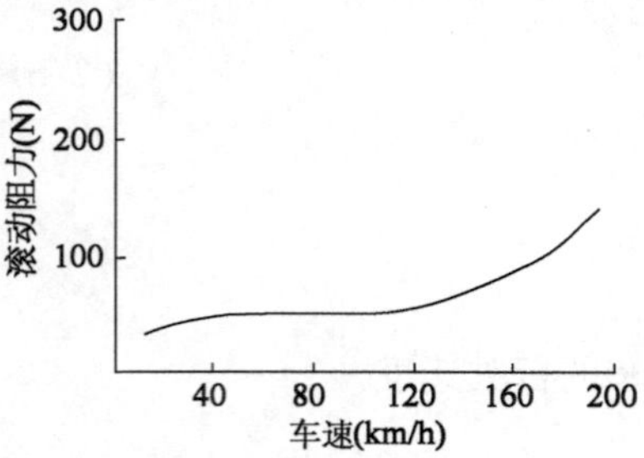

图 2-25 轮胎滚动阻力随车速的变化

根据经验,当大货车行驶时,车速较低,滚动阻力系数 f 与行驶速度成正比关系,可用下式估算:

$$f = 0.0076 + 0.000056 \times V \tag{2-64}$$

当大货车没有采用任何制动方式时,车轮的滑移率为零,此时大货车所受的地面摩阻力即为车轮滚动阻力,可按式(2-65)计算,轮胎迟滞力矩可按式(2-66)计算。

$$F_s = F_f = (0.0076 + 0.000056 \times V) Mg \tag{2-65}$$

$$N_z = (0.0076 + 0.000056 \times V) Mg R_d \tag{2-66}$$

（2）大货车制动时的路面摩阻力

当大货车在下坡过程中持续制动时，车轮上还会有纵向力的作用，在轮胎与路面的接触点处将会产生纵向相对运动或相对运动的趋势，从而使轮胎中心的纵向速度与其圆周上的线速度产生差异，这种差异的大小可用滑移率来表示。由于轮胎是一个弹性体，且轮胎与路面的接触区域是一个面积较大的近似矩形，在纵向力的作用下，轮胎可通过接触区域的局部切向弹性变形来产生与路面间的摩擦力。但此时轮胎与路面的接触区域没有发生宏观相对运动，因此摩擦仍可看作是静摩擦。此时摩擦力的大小与滑移率有关，滑移率可由下式计算：

$$S_b = \frac{\omega_1 - \omega_2}{\omega_1} \times 100\% \tag{2-67}$$

式中：S_b——车轮滑移率；

ω_1——车轮自由滚动时的角速度，rad/s；

ω_2——车轮发生滑移时的角速度，rad/s。

在货车制动计算条件下，影响路面摩阻力的主要因素是车轮滑移率，其大小随轮胎与路面间的摩阻系数（路面摩阻力与车轮承载力之比，也称制动系数）的变化而变化，如图 2-26 所示。

通过理论计算求车轮滑移率比较困难，并且路面摩阻力与滑移率的函数关系也较难计算。根据前文中关于大货车下坡时的受力平衡分析及式（2-60）和式（2-62），路面摩阻力可按式（2-68）计算如下：

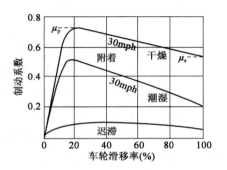

图 2-26　车轮滑移率随制动系数的变化

$$F_s = \frac{Mgi}{\sqrt{1+i^2}} - 0.03858 A C_D \rho_a V^2 \tag{2-68}$$

4. 后轮制动器的制动力矩

（1）后轮的转动平衡分析

前面分析并计算了车轮与路面的摩阻力，但是制动器制动力并不等于路面摩阻力，为了分析主制动器的制动力，需要对车轮进行受力分析。由于主制动器只产生阻止车轮转动的力矩，所以只分析车轮的转动即可。

假设大货车匀速直线下坡，车轮除了做匀速直线运动外，还做匀速转动，转动以车轮几何中心，即车轴中心线为中心。此时对车轮转动产生影响的有：路面摩阻力、因轮胎迟滞而产生的力矩、主制动器产生的制动力矩、大货车辅助制动系统产生的制动力矩。后轮所受转动力矩如图 2-27 所示。

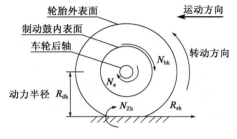

图 2-27　车轮转动的力矩分析图

由于车轮匀速转动,因此合转矩为零,力矩平衡方程为:

$$F_{sh} \times R_{dh} = N_e + N_{bh} + N_{Zh} \tag{2-69}$$

式中:F_{sh}——所有后轮所受到的地面摩阻力,N;

R_{dh}——后轮的动力半径,m;车轮在没有荷载情况下的半径称为自由半径,车轮的动力半径近似等于车轮承受荷载并滚动时轮胎旋转轴相对于其行驶路面的高度;

N_{bh}——所有后轮制动器所产生的制动力矩,N·m;

N_e——由发动机传动到车轮的制动力矩,N·m,发动机制动时记为N_{e0},排气制动时记为N_{e1};

N_{Zh}——所有后轮因轮胎迟滞而产生的力矩,N·m。

通常汽车的前后轮制动力(指路面对车轮的摩阻力)并不相等,前轮制动力占车轮总制动力的百分比称为制动力分配系数,后轮的路面摩阻力可按式(2-70)计算。

$$F_{sh} = (1-\beta) F_s \tag{2-70}$$

式中:β——大货车制动力分配系数。

将式(2-70)代入式(2-69),则制动平衡方程的表达式转化为:

$$(1-\beta) \times F_s R_{dh} = N_e + N_{bh} + N_{Zh} \tag{2-71}$$

(2)后轮弹性迟滞产生的力矩

经上文分析,当车轮滑移率为零时,车轮的迟滞力矩可按式(2-66)计算,则大货车后轮的迟滞力矩可按式(2-72)计算。

$$N_{Zh} = (0.0076 + 0.000056V) M_h g R_{dh} \tag{2-72}$$

式中:N_{Zh}——所有后轮滚动产生的迟滞力矩,N·m;

M_h——所有后轮所承受的重量,kg。

汽车驱动轮和从动轮都有弹性迟滞现象,都存在式(2-72)描述的关系。但是当汽车采取制动措施时,情况有所变化。当大货车制动时,由于路面摩阻力F_s的增大,汽车轮胎接地部分发生变化,与路面的接触面积减小,图2-24中的路面反作用力F_z的作用点向后移,在汽车荷载不变的情况下,弹性迟滞产生的力矩减小。而当汽车保持匀速行驶时,坡度越大车轮所受路面摩阻力越大,F_z的作用点向后移越大,因弹性迟滞而引起的轮胎阻力矩就越小,因此假设N_z与坡度i关系如式(2-73)。

$$N_{Zh} = (0.0076 + 0.000056V) M_h g R_{dh} \times \sqrt{1-i^2} \tag{2-73}$$

(3)发动机制动及排气制动的制动力矩

大货车通常都采用四冲程柴油机作为发动机,不同状况下其外做功情况不同。

假设试验车发动机处于制动最大功率(完全不燃烧燃油),则在发动机制动和排气制动时其飞盘输出的制动扭矩如下:

$$N'_e = k_2 r_e^2 + k_1 r_e + k_0 \tag{2-74}$$

式中:N'_e——发动机飞盘输出的制动扭矩,N·m;发动机制动时记为N'_{e0},排气制动时记为N'_{e1};

r_e——发动机转速,r/s。

试验车不供油发动机制动时,$k_2 = 0.0501, k_1 = 1.0475, k_0 = 66.34$;

不供油排气制动时,$k_2 = 0.1239, k_1 = -1.3504, k_0 = 133.58$。

(4)后轮制动器制动力矩

根据后轮转动平衡分析,所有后轮制动器制动力矩可由式(2-75)计算:

$$N_{bh} = (1-\beta) \times F_s R_{dh} - N_e - N_{zh} \tag{2-75}$$

根据车辆的传动系统特征,发动机转速从发动机传至车轮时经过了两次降速,第一次为变速器减速(即通过挡位变速),第二次是后桥中的主减速器减速,发动机转速与车轮转速的关系为:

$$r_e = i_0 i_k r_t \tag{2-76}$$

式中:r_t——汽车后轮的转速,r/s;

i_k——变速器位于k挡时的传动比;

i_0——主减速器传动比。

而汽车的后轮转速可由式(2-77)计算:

$$r_t = \frac{V}{3.6 \times 2\pi R_t} \tag{2-77}$$

式中:R_t——大货车后轮的滚动半径,m。

由式(2-76)、式(2-77)可得,发动机转速与车速的关系如下:

$$r_e = \frac{i_0 i_k V}{7.2\pi R_t} \tag{2-78}$$

N'_e是N_e经传动系统传至发动机的,在传动过程中,车轮滚动力矩由于转速增加而反比例降低,同时,为了克服传动系统中各部件的摩擦,有一部分功率N_T被消耗,则:

$$N_e = \frac{N'_e i_0 i_k}{\eta} \tag{2-79}$$

式中:η——汽车传动系统的机械效率,$\eta = 1 - N_T/N_e$。

将式(2-78)代入式(2-79)得:

$$N_e = \left[k_2 \left(\frac{i_0 i_k V}{7.2\pi R_t} \right)^2 + k_1 \frac{i_0 i_k V}{7.2\pi R_t} + k_0 \right] \times i_0 i_k / \eta \tag{2-80}$$

式(2-68)、式(2-73)、式(2-80)代入式(2-75),所有后轮制动器制动力矩为:

$$N_{bh} = (1-\beta) \times \left(\frac{Mgi}{\sqrt{1+i^2}} - 0.03858 A C_D \rho_a V^2 \right) \times R_{dh} -$$

$$(0.0076 + 0.000056V) M_h g R_{dh} \times \sqrt{1-i^2} - N_e \tag{2-81}$$

假设汽车具有后轮制动器个数为n,则单个后轮制动器的制动力矩N_{bh0}为:

$$N_{bh0} = \left[(1-\beta) \times \left(\frac{Mgi}{\sqrt{1+i^2}} - 0.03858AC_D\rho_a V^2 \right) \times R_{dh} - \right.$$
$$\left. (0.0076 + 0.000056V)M_h g R_{dh} \times \sqrt{1-i^2} - N_e \right]/n \tag{2-82}$$

三、失控车辆的纵向受力分析

汽车在有纵坡的道路上行驶时，有产生纵向倾覆和纵向滑移的危险。根据前面的分析，汽车在坡道上行驶时，在发生纵向倾覆之前，首先发生纵向滑移。所以，汽车行驶时纵向稳定的条件为：

$$i < i_\phi = \frac{G_k}{G}\varphi \tag{2-83}$$

式中：i——道路纵坡度；

i_ϕ——产生纵向滑移临界状态时的道路纵坡度；

G——汽车总重力；

G_k——驱动轮荷载；

φ——附着系数。

只要设计的道路纵坡度满足上式条件，当汽车满载时一般都能保证纵向行驶的稳定性。在道路纵坡度满足上式条件的下坡道路中，虽然汽车发生纵向倾覆和纵向滑移的可能性比较小，但是随着速度的增大、坡度的增长，汽车的制动极易失效，汽车的冲击力和能量非常大，高速到达坡底进入弯道时，极可能因转向不及、制动失灵而引起重大恶性交通事故。若此时遇到碰撞或是横向倾覆，对车辆和人员造成的后果不堪设想。

失控车辆下坡时，作用在车辆上影响车辆速度的力主要包括牵引阻力、发动机阻力和制动力。建立受力分析模型时，考虑最坏的情况，即车辆已经脱挡并且制动系统已经失效，所以发动机阻力和制动力应被忽略，主要考虑牵引阻力。牵引阻力包含四类：惯性阻力、坡度阻力、滚动阻力和空气阻力。其中惯性阻力和负的坡度阻力起着维持车辆运动的作用，而滚动阻力和空气阻力起着阻碍车辆运动的作用，如图2-28所示。

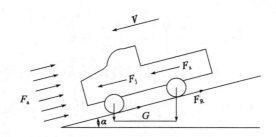

图 2-28 失控车辆下坡时的受力分析图

F_j-惯性阻力；F_s-坡度阻力；F_a-空气阻力；F_R-滚动阻力；α-下坡坡度；G-汽车总重。

根据失控车辆下坡受力分析图,可得出失控车辆在下坡时的受力情况为:

$$F = F_j + F_s - F_a - F_R \tag{2-84}$$

通常,$F_j + F_s > F_a + F_R$,即 $F > 0$。由于汽车在下坡时受到的合力沿着坡道向下,所以车辆产生加速度,导致速度不断增加。伴随着速度的增加,车辆的冲击力和动能也越来越大。如果此时采取措施使车辆安全停下来,需要巨大的反力,克服巨大的动能。比如,假设失控车辆到达坡底弯道处的车速为 80km/h,车辆总重 50t,若要让失控车辆在 60s 内停下来,则需克服的反冲力为:

$$F_f = \frac{mV}{t} = \frac{50 \times 80}{60} = 18.519 \,(\text{kN})$$

需要克服的动能为:

$$W = \frac{1}{2}mV^2 = \frac{1}{2} \times 50 \times 80^2 = 12345.679 \,(\text{kJ})$$

即便失控车辆到达坡底弯道处的车速为 60km/h,在 60s 内让其停下来所需的反力和需克服的动能也非常巨大:

$$F_f = \frac{mV}{t} = \frac{50 \times 60}{60} = 13.889 \,(\text{kN})$$

$$W = \frac{1}{2}mV^2 = \frac{1}{2} \times 50 \times 60^2 = 6944.444 \,(\text{kJ})$$

四、制动器温度预测模型

根据前文所述,大货车以速度 V 在坡度为 i 的路段下坡时,其制动鼓一方面由于制动摩擦力而吸热,另一方面由于热辐射和对流换热而散热,而制动鼓温度被近似视为是均匀的,因此制动鼓温度 T 是行驶时间 t 的函数。

根据传热学理论,可以通过假设制动器摩擦片与制动鼓之间的相关参数,求解获得制动器的升温速率和散热速率,进而求得试验车制动器的升温预测理论模型:

$$T = \left(T_0 - \frac{C}{h_R A_{g2}}\right) \exp\left(-\frac{h_R A_{g2}}{m_g c_g} t\right) + \frac{C}{h_R A_{g2}} \tag{2-85}$$

其中,$C = P_{bh0} + h_R A_{g2} T_a$

$h_R = 5.224 + 1.5525 V e^{-0.0027785 V}$

$$R_{bh0} = 0.95V \times \frac{(1-\beta) \times \left(\frac{Ggi}{\sqrt{1+i^2}} - 0.03858 A C_D \rho_a V^2\right) \times R_{dh} - (0.0076 + 0.000056V) G_h g R_{dh} \times \sqrt{1-i^2} - N_e}{3.6 n R_t}$$

$$N_e = \left[k_2 \left(\frac{i_0 i_k V}{7.2\pi R_t}\right)^2 + k_1 \frac{i_0 i_k V}{7.2\pi R_t} + k_0\right] \times i_0 i_k / \eta$$

式中：V——大货车的行驶速度，km/h；
　　　G——车辆总重，kg；
　　　i——下坡坡度；
　　　t——行驶时间，s，与下坡长度和车速相关；
　　　i_k——变速器位于 k 挡时的传动比；
　　　T_0——制动鼓初始温度，℃；
　　　g——重力加速度，m/s²；
　　　ρ_a——空气密度，kg/m³；
　　　A——大货车迎风面积，m²；
　　　C_D——大货车空气阻力系数；
　　　i_0——主减速比；
　　　i_k——各挡减速比；
　　　n——后轮制动器个数；
　　　η——传动效率；
　　　G_h——所有后轮承受质量之和，kg；
　　　β——制动力分配系数；
　　　R_{dh}——后轮动力半径，m；
　　　R_t——后轮滚动半径，m；
　　　A_{g2}——制动鼓外表面积，m²；
　　　m_g——制动鼓质量，kg；
　　　c_g——制动鼓的比热容，kg·℃；
　　　T_a——制动鼓周围空气平均温度，℃。

试验车不供油发动机制动时，$k_2=0.0501$，$k_1=1.0475$，$k_0=66.34$；

试验车排气制动时，$k_2=0.1239$，$k_1=-1.3504$，$k_0=133.58$。

当坡度变化时，用前坡坡底时制动鼓温度作为初始温度 T_0，并重新计时。

上述温度理论模型是根据经典的物理学理论和相关的室内试验结果所推导得出的，在计算过程中，做了一定的假设和简化。因此，须通过连续下坡路段轮毂温度实测试验对该模型进行修正，如图 2-29 所示。主要方法为：将制动器升温试验的试验条件代入，预测制动器在路段上各点的温度，预测点与试验中的测温点一致，将预测结果与试验数据相对比，并利用试验数据结合理论分析对温度理论模型进行修正和检验，从而得到与实际相符的温度模型。

根据对发动机制动和排气制动条件下的制动器温度预测理论模型的修正，得到符合试验实际情况的制动器温度预测模型。模型最终表达如下：

（1）当 $i \leq i_0$ 时，

$$T=(T_0-80)\exp\left(-\frac{h_R A_{g2}}{m_g c_g}t\right)+80 \tag{2-86}$$

（2）当 $i > i_0$ 时，

$$T = \left(T_0 - \frac{C}{h_R A_{g2}}\right)\exp\left(-\frac{h_R A_{g2}}{m_g c_g}t\right) + \frac{C}{h_R A_{g2}} \tag{2-87}$$

其中，$C = P_{bh0} + 80 h_R A_{g2}$

$h_R = 5.224 + 1.5525 V e^{-0.0027785V}$

$$R_{bh0} = 0.95V \times \frac{(1-\beta) \times \left(\dfrac{Ggi}{\sqrt{1+i^2}} - 0.03858 A C_D \rho_a V^2\right) \times R_{dh} - (0.0076 + 0.000056V) G_h g R_{dh} \times 0.02/i - kN_e}{3.6 n R_t}$$

$$N_e = \left[k_2\left(\frac{i_0 i_k V}{7.2\pi R_t}\right)^2 + k_1 \frac{i_0 i_k V}{7.2\pi R_t} + k_0\right] \times i_0 i_k / \eta$$

图 2-29　轮毂温度实测

试验车不供油发动机制动时，$k_2 = 0.0501, k_1 = 1.0475, k_0 = 66.34, k = M/M_0$；
试验车排气制动时，$k_2 = 0.1239, k_1 = -1.3504, k_0 = 133.58, k = 1$。

假设当坡度大于 8 挡发动机制动能够克服的最大下坡坡度时制动器开始工作，发动机制动时，$i_0 = 0.000215V + 0.011645$；假设当坡度大于 8 挡排气制动能够克服的最大下坡坡度时制动器开始工作，排气制动时，$i_0 = 0.000265V + 0.011512$。

在运用该模型预测大货车连续下坡时的制动器升温状况时，若下坡过程中坡度变化，需用前坡坡底时制动器温度作为初始温度 T_0，并重新计时。

第七节　汽车行驶特性和道路线形设计的关系

为了达到安全舒适的行车目的，道路线形设计需要满足汽车行驶特性的要求，道路线形设计的质量好坏直接影响车辆行驶的安全性，主要反映在平面线形和纵断面线形设计等方面。基于汽车动力学特性的道路线形设计方法，经过多年应用和发展，已成为最为经典的道路线形设计方法。

设计速度是基于汽车动力学进行道路线形设计的关键控制指标。基于设计速度完成的道路线形设计，在理想状态条件下可以精准地反馈出汽车行驶特性，表现为运行速度和设计速度的吻合，但是客观情况并非如此，两者之间往往相差比较大，这也是目前基于汽车动力学特性进行道路线形设计存在的弊端。如何做到既继承经典，又有效解决弊端，是当前需要深入思考和研究解决的问题。

一、和道路平面线形设计的关系

汽车在平面曲线上行驶，由于受到离心力的作用，行车的稳定性和舒适性会受到影响，因此需要对弯道曲线半径加以限制，以免产生横向滑移和倾覆，同时还需要解决横向力的过渡渐变问题，从而提高舒适性。道路平面线形设计中会采用缓和曲线来达到曲率的逐渐变化，进而使得横向力可以过渡变化，提高舒适性，另外在横坡上需要采用超高来抵消部分离心力。汽车行驶特性和道路平面线形设计的圆曲线、缓和曲线、横坡超高，以及相连接直线的相关指标的确定和选择密切相关。

二、和道路纵断面线形设计的关系

汽车的爬坡能力是有限的，坡度越陡、坡长越长，汽车上坡的行车速度会显著下降，可能导致发动机水箱"开锅"，丧失爬坡能力，同时随着坡度增加，会出现纵向滑移和倾覆的风险。而在下坡的时候，频繁制动，制动器容易发热而失效，造成交通事故。因此需要对纵坡坡度和坡长的取值进行限制。同时由于存在竖向离心力的情况，以及满足视距等要求，在道路纵断面线形设计中需要设置竖曲线。这些指标的确定都和汽车的行驶特性相关。

上述关系阐述的基本都是针对平面线形和纵断面线形单项指标的选取要求，但是实际的道路线形是平、纵组合在一起的，在实际道路线形设计中，仅仅正确选择最小圆曲线半径、最大坡长和最大坡度等单项指标，也不一定能够设计出高质量的道路线形，这里还涉及平纵组合协调性、前后单元的一致性以及和周围环境的融合性等多方面的问题需要考虑。但是道路几何设计需要满足汽车行驶特性要求是必须的，问题的关键是如何从中寻找到最佳解。

2-1　汽车的动力特性包括哪几个方面？
2-2　解释汽车牵引力和行驶阻力的概念。
2-3　论述汽车行驶稳定性要求。
2-4　解释汽车制动性能和行车视距的概念。
2-5　论述汽车动力学特性与道路线形设计的关系。

第三章

道路规划

通过本章学习,使学生掌握道路规划的目的和基本方法,道路规划的目的是通过对现状道路交通的调查和评价以及对未来发展需求的预测分析,发现存在的问题和不足,从而制定合理的目标,提出适应此发展需求的对策和策略以及实施计划。理解道路规划是综合交通规划的一个重要组成部分,系统地、全面地研究道路交通系统的内在规律,为道路交通工程项目的投资、建设提供科学的决策依据。

第一节 概述

道路规划是指经过调查分析,在预测未来交通需求的基础上,规划道路交通网络并加以实施和修正的全过程。其目的在于协调各种运输方式间的关系,在有限的资金和资源条件下,对道路交通系统的建设、布局、营运从整体上做出合理的安排,以适应社会与经济发展的需要。

一、道路规划的目的和指导思想

道路交通规划的主要成果是路网规划方案。道路规划的目的是通过对现状道路交通的调查和评价以及对未来发展需求的预测分析,发现存在的问题和不足,从而制定合理的目标,提出适应此发展需求的对策和策略以及实施计划。制定科学、合理和可行的路网规划方案。

为了估计不同性质的土地使用和可能产生的运输需求,并能较好地求得两者之间的平衡,需要通过系统分析对未来的交通网络提出多种可行的方案。研究制订路网规划方案以及相应的交通对策,需要考虑的因素很多,其实施结果对区域内的社会经济发展、土地利用开发、人民生活以及交通运输系统本身的效益和效果有深远的影响,因此,进行交通规划时须参考以下一些指导思想:

(1)要有明确的目标和必要的前提。在进行路网规划之前,要对区域内的土地利用性质、社会经济特征、国民经济发展计划、区域或城市总体规划有很好的理解和掌握,在此基础上,提出区域内交通规划明确的战略目标。

(2)要有全局观念和发展眼光。现代交通是一个复杂的系统工程,必须从全局和整体出发,将区域内外的交通运输和各种交通方式视为一个相互联系的有机整体,进行全面的综合分析,从整体上、系统上进行宏观控制和规划,以提高交通规划的综合效益。

(3)要有工程经济观点。在制订道路网规划和交通对策时,应在不影响交通规划战略目标的前提下,认真考虑如何充分利用现有基础设施,做到经济效益和社会效益的统一。

(4)要有群众观点。今天的交通问题已成为一个涉及各行各业和千家万户的社会问题。在交通规划的全过程中,需要各方面的支持和协助,因此,所制订的交通规划方案及对策也应接受社会各方的审议和批评。

二、道路规划的基本步骤

制订道路规划方案的过程一般分为如下几个步骤:

1. 输入数据

以系统定量分析为基本手段的现代路网规划都需借助计算机来完成。在利用计算机进行路网规划分析时需要输入如下一些基本资料:

(1)区域内的人口、土地利用和社会经济预测资料。这些资料一般可以由区域或城市总体规划和社会经济发展计划(纲要)来提供。如果不能提供,或不合要求,则需要进行补充调查研究。

(2)交通预测资料。

(3)初始道路网络一般指区域或城市的现状道路网络。

2. 方案准备

根据对区域内的土地利用、社会经济、交通需求预测、现状路网交通质量的评价,提出规划年区域内道路网改建、新建、调整、补充等一系列方案。

3. 交通分配

将不同的规划方案输入计算机,把规划年的交通量分配到这些路网上,再进行交通质量评价。

4. 交通质量评价

根据对规划路网交通供应特性和分配到路网上的交通需求量之间的比较评估,得出该方案在规划年可能的交通负荷和服务水平,并同规划目标比较,判断该方案是否可行。

若可行则进行可行方案的效益分析和综合评价;若不可行,则回到方案准备阶段,输入一个新的规划方案,继续进行以下各阶段评价。

5. 可行方案的效益分析和综合评价

在具体规划工作中,由于公路和城市道路的性质与功能不同、所处的环境不同、人口和工农业的集中程度不同,所以公路和城市道路在规划方法和内容上也各不相同。

第二节 调查与分析

社会经济系统、交通设施服务系统和道路交通活动系统是交通运输系统分析的三要素。道路交通规划过程中,需要掌握三者的现状资料并进行预测,建立定量、定性关系,求得要素之间的协调与平衡发展。在进行定量分析和预测之前,首先要进行资料的调查研究,收集必要的基础数据。

一、社会经济调查

交通系统是直接为社会经济服务的,反之,社会经济状况又对道路交通规划产生影响。社会经济调查是根据规划的需要,对所规划区域内的社会经济状况进行全面的调查。社会经济调查的步骤通常分为准备阶段、采集阶段和整理汇总阶段。调查任务分为综合社会经济调查和个别社会经济调查。

综合社会经济调查是对全国或某一地区、某一城市的社会经济现状和远景发展所做的全面调查,目的是获取区域性全面交通规划所需的基础资料。个别社会经济调查则是指对拟新建或改建的某一道路或构造物的相关调查,其目的在于确定客货运量的大小,拟定路线的走向、技术等级和标准,确定施工程序以及论证投资效果等。

综合社会经济调查的内容包括:
(1)行政区划、分区规划、隶属关系、管辖范围、影响区域等。
(2)土地利用。包括土地特征、建筑物类型和密度、开发程度、规划用地等。
(3)人口。包括总量、分布、构成、增长状况等。
(4)国民经济。包括国民平均收入、总产量、各行业产值、投资状况等。
(5)产业。包括产业结构、布局、资源、运量等。
(6)客货运输量。包括运量、周转量、各运输方式所占的比重等。
(7)交通工具。包括拥有量、增长情况、构成比例等。
(8)自然情况。包括地形、地质、土壤、气候、名胜古迹、自然资源等。

二、交通设施和服务能力调查

(1)道路网总体状况统计(总长度、总面积、密度、面积率、各级道路比重、质量等)。

(2) 路段状况统计（长度、线形、等级、车道划分、分隔设施、路面质量、侧向及竖向净空等）。
(3) 交叉口设施状况统计（形式、几何布置、控制状况、分隔渠化措施等）。
(4) 公交线网设施状况统计（路线长度、经过区域、设站情况、车辆配备等）。
(5) 附属设施状况统计（各停车场的位置、停车容量、面积、停车方式、开放时间等，各加油站规模、面积等）。
(6) 交通管制设施状况（交通标志、标线，信号，公安交警的配备，行人过街设施等）。

三、交通实况调查

道路交通系统的服务对象是客、货以及运输客货的车辆。制定完善的道路交通规划，应掌握客、货、车辆的出行规律以及其在道路网上的分布情况。相应调查内容包括：起讫点调查、交通量调查、货物流动调查以及公共交通调查等。

1. 起讫点调查

起讫点调查，又称 OD 调查。OD 取自英文单词 Origin（起点）和 Destination（终点）的第一个字母。其目的是了解掌握研究区域内客流和货流的交通特性，通过收集各类出行的分布与数量方面的资料，从中推算远景年的交通量，为交通规划提供基础数据。起讫点调查主要包括客流出行调查、货流出行调查和机动车出行调查。OD 调查根据不同调查内容和要求可以采用多种多样的方法，最常用的是如下几种方法：

(1) 家访调查。对居住在调查区内的居民，进行抽样家访，由调查员当面了解该户中包括学龄儿童在内所有成员一天的出行情况。
(2) 发表调查。一般用于机动车出行调查。将调查表由公安交警发至驾驶人手中，由其逐项填写。
(3) 路边询问调查。在主要道路或城市出入口上设调查站，让车辆停下，询问该车的出行情况。
(4) 公交月票调查。对购月票的公交乘客发表调查，了解月票使用者的出行情况。
另外，还有明信片调查法、电话询问法、车辆牌照调查法等。

2. 交通量调查

在选定的时间段内，通过路段某一点或某一断面的交通体（双向）的数量，称为交通量，其中时间段一般等于或大于一小时。交通体是指机动车、非机动车和行人。车流加人流等于交通量。交通量不是固定值，与观测的时间和地点有关，并且依赖土地使用的性质、人口数、职工数、经济指标、服务水平和气候条件。交通量调查主要用于收集规划市域范围内的主要道路的典型断面高峰小时和全天流量、流向数据，以及各条道路流量时变资料。另外在进行交通量调查时，应把所有车型换算成标准车型。

3. 货物流动调查

货物流动调查的目的是为分析预测货物发生（即各交通区域的货物运入、运出量）、分布(即各交通区域之间及各交通区域与外地之间的货物来往量)提供必要的基础数据。调查内容包括货源的分布、货物品种、运量、起讫点和运输方式等。调查方法常采用:①发表调查;②采访调查。

4. 公共交通调查

(1)确定公共交通线网上乘客分布规律,为公交线网优化提供依据。
(2)确定各公共交通线路的乘客平均乘距及乘客平均乘行时间。
(3)确定公共交通车辆的满载率、车载量,用于建立居民出行量与车流量之间的换算关系。

调查方法有:①站点调查法;②随车调查法。

第三节　交通需求预测方法

在道路规划中,交通预测的目的是为道路规划方案设计、评价和比选服务的,其主要结果是交通构成(客货比例、车型比例等)、交通分布(流向)及与规划时段相对应的各路段交通量。准确合理的交通预测结果在公路建设项目实施阶段还将作为公路设计的依据。

交通需求预测的技术领域很广,主要有两类典型的分析方法,即四阶段预测法和非集计模型(即个人选择模型)预测法。

第一类需求预测方法是欧美发达国家在20世纪50年代为了满足交通规划与建设的需要而开始研究开发的,到了70年代已经基本形成代表性的"四阶段"交通需求预测模式,称为四阶段模型。

尽管近几十年来,基于四阶段模型的交通需求预测模型在交通规划领域得到了广泛的应用,但它也存在一些缺点。最根本的问题是四阶段模型系统本质上并非是有关行为的,也就是说实际上它是与出行行为不一致的理论,其应用结果会导致在模型系统中使某些变量产生不协调(如一个协调组成部分所假定地从一个小区到另一个小区的出行时间,可能和系统的后续组成部分所假定的时间不一致)等问题。

为了改进这些缺点,更加明确地描述人们选择的行为,使交通需求向概念化和模型化方向发展,即产生了非集计模型预测法。

一、四阶段模型

四阶段交通需求预测系统一般由四个子模型组成:出行生成、出行分布、方式划分、交通分配。出行生成预测是指对每一个小区产生和吸引的出行数量的预测。即预测发生在每一个小区的出行端数量。换言之,出行生成预测是预测研究对象地区内,每一个小区的全部进出交通流,但并不预测这些交通流从何处来到何处去。出行分布预测是指从起点小区到终点小区(OD)的交通量的预测。方式划分预测是指对每组起、终点间各种可能的交通方式(轨道交通、公共汽车、自行车等)所承担的比例的预测,即预测出行者采用何种交通方式出行。交通分配是将每种交通方式的起、终点(OD)之间的客流量通过各自有关的模型网络分配在特定线路上。四个子模型形成一个序列,前一个子模型的输出结果为后一个子模型的输入数据,提供从起点到终点以及采用某种交通工具通过某条路线的交通流的预测结果。这个预测模型简明易懂,使用方便。

四阶段模型分为交通生成预测模型、交通分布预测模型、方式划分预测模型、交通分配预测模型,见表3-1。方式划分预测可以在分布预测之前,但生成预测、分布预测、分配预测总是依次进行的。在具体的交通预测中,有些预测模型是分阶段相互独立的,有些模型则是将多个阶段的模型综合在一起的。例如,生成预测与方式划分预测综合在一起,分布预测与方式划分预测综合在一起。

四阶段法各阶段预测模型分类　　　　　表3-1

交通生成	交通分布	方式划分	交通分配
回归分析模型	增长系数模型(均衡增长率法、平均增长率、Fratar法、Detroit法、Furness法)	分担率曲线法(转移曲线法)	均衡模型(户均衡分配模型、随机分配模型)
增长率模型	综合法(重力模型法、多元回归法、机会模型)	概率模型	非均衡模型(全有全无法、容量限制法、多路径概率法)
类型分析模型		重力模型的转换模型	

二、非集计模型

非集计模型(Disaggregate Model)是强调其与集计模型(Aggregate Model)的不同而命名的,通常也称为非集计行为模型(Disaggregate Behavioral Model)、个人选择模型(Individual Choice Model)或离散选择模型(Discrete Choice Model)。

非集计模型的基本假设是当出行者面临选择时,他对某种选择的偏好可以用被选择对象的"吸引度"或"效用值"来描述,以被选择对象的属性和决策者的特征函数来表征。一般来说,决策者总是选择具有最大效用的方案(如交通方式或路径)。但是,效用不能被直接观察和测量,影响效用值的因素包含许多随机成分,因此,在建模时应将效用当做随机变量来处理。这也就意味着选择模型只能反映出选择某种对象的概率,而不能反映具体的选择结果。

非集计模型(离散选择模型)是基于效用最大和随机效用两个概念建立起来的,最常见的两个离散选择模型为多元Logit模型和多元Probit模型。

三、两种模型的比较

四阶段模型和非集计模型两种模型的比较情况见表3-2。

四阶段模型与非集计模型的比较　　　　　　　　　表 3-2

模型类别	四阶段模型	非集计模型
调查单位	单个出行	单个出行
分析单位	小区	个人(家庭,企业)
调查效率	需要的样本数多	需要的样本数较少
因变量	小区统计值(连续量)	个人的选择结果(离散量)
考虑个人属性的难度	困难	容易
模型标定方法	回归分析等	极大似然估计法等
计算工作量	比较小	比较大
适用范围	标定模型用的小区	任意
政策表现能力	小区平均值的变化	各个自变量的变化
捕捉交通现象的方法	出行的产生与吸引	出行频率
	出行分布	目的地选择
	交通方式划分	交通方式选择
	交通分配	路径选择

第四节　城市道路规划

一、城市道路网规划的基本要求

城市道路网规划是以城市现状、用地规划为基础的。每一个城市路网的形成,都是在一定的社会历史条件与自然环境的双重作用下,以适应当时的政治、经济、文化和社会发展,解决生产、生活交通往来的需求逐步演变而来的。因此,对道路网规划的基本要求是：结合用地布局现状、阶段发展规划、自然地理环境和交通特征进行经济合理地道路网规划,使其适应随着生产、生活发展而增长的交通运输需求,并引导城市环境的逐步改善。

1. 综合考虑道路使用者的不同要求,协调城市道路的各项功能

为了满足高效能组织社会生产、搞活流通、方便生活的交通需要,首先要求城市各主要用地分区之间有供各类车辆安全、便捷、通畅行驶的道路网,以保证客货运输的通畅和运营经济、节省时间。

与公路显著不同的是,城市道路不仅承担交通功能,同时还有提供公共空间、承担防灾救灾等多重功能。另外,城市道路还要适应交通方式多样化,满足行人、非机动车、公共交通等不同交通方式的需求。

2. 结合地形、地质水文条件,合理规划城市干道走向,减少灾害、节约用地

城市干道的选线布置,必须结合地形、地貌与工程地质水文条件,并考虑到与其他道路、相毗邻街坊、已有大型公共建筑的出入联系要求,尽可能获得较平顺而土石方工程量

又不大的线路走向,从而为行车、排水、路基稳定创造良好条件。

选线时,当主、次干道线形有矛盾时,次干道应服从主干道线形平顺的需要。当路线途经地质条件不良地段,原则上应绕越调整路线以节约工程造价。对城市中起关键性作用的主干道,为了交通流畅、运营经济,必要时可考虑修建高架桥、护坡挡墙工程以及隧道等措施来解决线形平顺的需要。此外,干道选线应注意尽可能少占高产农田、菜地,减少拆迁工作量。

3. 考虑城市环境与建筑艺术要求,改善城市环境质量

道路不仅是城市的交通地带,它与自然环境、沿街主要建筑群体、绿化布置的有机协调配合,对体现整洁、舒适、美观、大方的城市艺术面貌有着重要作用。因此,对干道规划应有一定的造型艺术要求。所谓造型艺术是指通过路线的平顺、曲折起伏,两旁建筑物的进退、高低错落和绿化配置以及公用设施、照明安排等来协调道路立面、空间的组合、色调与艺术形式,从而给居民整洁、舒适、开朗的美的感受。

4. 要注意满足各种工程管线的布置要求

规划城市道路走向、路幅宽度、控制标高和纵坡时,要适应今后各种管线综合协调安排的要求,使工程管线敷设尽可能做到相互间净距合理、纵坡恰当,且有利于维护方便和工程经济。

二、城市道路的等级划分

城市道路以在道路网中的地位,交通功能以及对沿线建筑物的服务功能,分为快速路、主干路、次干路、支路四个等级见《城市道路工程设计规范(2016版)》(JJ 37—2012)。

1. 快速路

快速路是城市中快速、大运量的交通干道,应为过境及中长距离的机动车交通服务;应采用中央分隔、全部控制出入、控制出入口间距及形式、配套交通安全与管理设施,实现连续交通流,单向设置不应少于两条车道;快速路两侧不应设置吸引大量车流、人流的公共建筑物的出入口。与快速路交汇的道路数量应严格控制,快速路与快速路或主干路相交应设置立交;快速路两侧不设置公共建筑出入口,并严格控制路侧带缘石断口;快速路机动车道不应占道停车,两侧应考虑港湾式公交停靠站。

快速路承担城市中大运量、长距离、快速交通服务,并与其他干道构成系统,且应与城市高速公路有便捷的联系。规划人口超过200万以上的大城市和长度超过30km的带形城市应设置快速路。快速路可呈"井"字形或"廿"字形切入城市。对人口在50万~200万的大城市,可根据城市的用地形状和交通需求确定是否建设快速路。快速路可呈"井"字形在城市中心区的外围切过。

2. 主干路

主干路是构成城市主要骨架的交通性干道,主要用于城市各分区之间的联系,承担中

远距离的交通出行任务,以交通功能为主,并控制交叉口间距;主干路上的机动车与非机动车应当分道行驶,交叉口的机动车与非机动车分隔带应连续;主干路两侧不应设置公共建筑出入口,并严格控制路侧带缘石断口;主干路横断面形式应贯彻机、非分流思想,将非机动车逐步引出主干路,实现主干路主要为机动车交通服务的功能;主干路机动车道不应占道停车,机动车道两侧应考虑港湾式公交停靠站。

3. 次干路

次干路兼有"通"和"达"的功能,以集散交通功能为主,兼有服务功能,次干路应与主干路结合组成干路网,以承担城市分区内的集散交通为主;次干路两侧可设置公共建筑物的出入口,但相邻出入口的间距不宜小于80m,且该出入口位置应在临近交叉口的功能区之外;次干路两侧可设置大量的公共服务设施,并可设置机动车和非机动车停车场;次干路上可设置较多的公交线路,机动车道两侧应考虑港湾式公交停靠站和出租车服务站。

4. 支路

支路应为次干路与街坊路的连接线,解决局部地区交通,以服务功能为主,主要承担近距离出行、非机动车出行的交通任务,还承担着联系集散道路、作为城市用地临街活动面的作用;部分支路还承担着设置公交线路的作用,应满足公共交通线路行驶的要求。支路可与次干路、居住区、工业区、市中心区、市政公用设施、交通设施等内部道路连接;支路不能与快速路机动车道直接连接,在快速路两侧的支路需要连接时,应采用分离式立体交叉跨过或下穿快速路。支路两侧公共建筑物的出入口位置宜布置在临近交叉口的功能区之外。

三、路网等级结构规划的指导原则

1. 远近分离原则——不同距离出行者的需求

国内外长期经验表明,从快速路到支路,各级道路里程的比例关系应为"金字塔"形,即各级道路里程(密度)从快速路到支路逐渐增加。由于长期以来我国城市道路建设中,重视干路、轻视支路,城市道路网等级结构没有形成合理的"金字塔"形,而是形成"倒三角"型或"纺锤"型,普遍缺少次干道和支路,其中又以支路的缺乏更为突出。道路等级结构在道路规划建设中应给予高度的重视,逐步改变目前城市中普遍存在的不合理的路网等级结构。一般大城市快速路、主干道、次干道、支路的里程比例可采用1∶2∶4∶8,中等城市主干道、次干道、支路的里程比例可采用1∶2∶4,小城市干道、支路的里程比例可采用1∶2。

2. 通达分离原则——穿越与到达交通的需求

出行者通过某一地点的交通目的不同,一个是快速通过,一个是慢速进出。路段两侧开口过多,车辆不断进出会影响道路的通行效率,所以"通、达"要适度分离。

3. 快慢分离的原则——不同交通方式的需求

城市道路存在多种交通方式,为了提高道路的交通效率,应把快慢交通分离,为不同交通方式的出行提供适当的通行权,减少相互影响。

4. 容量协调的原则——减少低效运行的需求

低等级道路进入高等级道路的交通需求应小于或等于高等级路网的最大容量,低等级道路的进口通行能力应大于或等于高等级道路的流出量,要满足金字塔形路网密度级配,这样可以有效减少干线道路的拥堵。

5. 道路功能划分原则——减少公共空间功能与交通功能冲突

城市各类用地都需要出入口与道路连接,来解决交通的问题。支路要提供足够的长度,供城市活动出入,再通过支路与干路连接。

四、城市道路网规划技术指标

1. 非直线系数

分区之间的交通干道应短捷(接近于直线),但实际情况不可能完全做到。衡量道路便捷程度的指标称为非直线系数(或称曲度系数、路线增长系数),指道路起、终点间的实际长度与其空间直线距离之比值。交通干道的非直线系数应尽量控制在 1.4 之内,最好在 1.1~1.2 之间。

应该指出的是,用非直线系数指标衡量城市交通便捷与否并不是对所有城市均适用,特别是对山城或丘陵地区的城市,可不必强求。

2. 道路网密度

为使城市各分区用地之间交通联系方便,应有足够数量的道路。道路作为城市总平面的骨架,其数量和分布既要满足交通发展的要求,也应该结合城市的现状、规模和自然地形条件,尽可能有利于建筑布置和环境保护等规划要求。城市道路的数量、长度、间距等能否与城市交通相适应,可用城市道路网密度来衡量。

城市道路网密度是城市各类道路总长度与城市用地面积之比值。

从理论上讲,扩大道路网密度,有利于城市交通。但实际上若密度过大,则造成城市用地不经济,增加城市建设投资,并且会导致交叉口过多而影响车辆行驶速度和道路通行能力。因此,进行城市道路网规划时,道路网密度必须和城市客、货运输交通量的大小,工业和居住生活用地划分的经济合理性等因素综合考虑。一般说来,道路网密度与城市的规模是密切相关的,各类不同规模城市的道路网密度参考值见表 3-3。

不同规模城市的干线道路网络密度及等级选择要求　　　　表 3-3

规划人口规模(万人)	干线道路网络密度(km/km^2)	最高等级干线道路
≥200	1.5~1.9	Ⅰ级快速路或Ⅱ级快速路
100~200	1.4~1.9	Ⅱ级快速路或Ⅰ级主干路
50~100	1.3~1.8	Ⅰ级主干路
20~50	1.3~1.7	Ⅱ级主干路
≤20	1.5~2.2	Ⅲ级主干路

3. 道路面积密度

道路网密度指标未考虑各类道路不同宽度对交通的影响,也未考虑其他道路交通设施如广场、停车场等对交通的影响,所以它还不足以衡量城市道路系统是否适应交通需要。道路面积密度又称道路面积率或道路用地率。道路面积密度是各类道路总用地面积与城市用地总面积(平方公里)之比值。

由道路面积密度可以看出一个城市对道路交通的重视程度及该城市道路交通设施的建设情况。世界上主要发达国家的大城市道路面积率一般多在20%以上,而我国主要大城市道路面积率多在10%以下。一般城市道路用地面积应占城市建设用地面积的8%~15%,对规划人口在200万以上的大城市,宜为15%~20%。

4. 居民拥有道路面积密度

居民拥有道路面积密度又称城市人均道路面积,它是反映每个城市居民拥有道路面积的技术指标。居民拥有道路面积密度等于城市各类道路总用地面积与道路服务地区城市人口的比值。

对于此项指标,我国城市与世界发达国家城市相比也存在一定差距。规划城市人口人均占有道路用地面积宜为$7 \sim 15 m^2 /$人,其中,道路用地面积宜为$6.0 \sim 13.5 m^2 /$人,广场面积宜为$0.2 \sim 0.5 m^2 /$人,公共停车场面积宜为$0.5 \sim 1.0 m^2 /$人。

五、城市道路的基本形式

城市道路路网形式从几何平面构图分析,一般可分为方格网(包括方格加对角线)式、环形放射式、自由式和混合式等几种。

1. 方格网(棋盘)式

方格网式道路系统划分的用地,多为规则的矩形,即在城市用地内每隔一定幅度距离设置接近平行的干道,在主、次道之间再布置必要的服务分区内部主路或居住区道路,从而使路网方格内形成大小适当的街坊。这种道路网的特点是街坊比较整齐方正,没有突出的市中心交通枢纽,整个系统通行能力较大,有利于安排小区、建筑以及辨识方向,且便于机动灵活地组织车辆交通和道路定线。其缺点是对角线方向没有便捷的联系,道路曲度系数达1.27~1.41,若没有交通管制也易造成不必要的穿越中心区的交通。

我国许多古城以及大城市的旧城区,如西安、太原等城市,其道路网基本属于方格网形,图3-1是锡林浩特市的路网图。

对平原地区规模不大的中等城市和小城市,特别是县镇,方格网形路网是一种较多采用的形式。实际布局中,应注意结合地形、城市现状与用地规划及空间发展方向来进行布设应用,不宜机械追求几何构图。

图 3-1　方格网式路网（锡林浩特）

2. 环形放射式

环形放射式路网的特点是在充分利用旧城路网的基础上，由旧城中心四周引出放射性干道，并加上若干从内向外的多圈环城干道组成一个联结旧城、新区、卫星城区与对外公路相贯通的环形放射式道路系统（图 3-2）。

图 3-2　环形放射式路网（巴黎）

这种路网的优点是有利于市中心区或旧城与新区、卫星城之间的直接联系和城市各发展新区之间的沿环路快速交通，从而避免不必要客、货车流穿越市中心或交通拥挤的旧城区。放射式路网的布置应注意区分交通联系需求,放射性干道应停止于旧城内环或紧邻第二环,以免将车流过多引入市中心。此外,要结合城市自然环境、现状及新区间的相互吸引实际交通量来设置环路,有可能是中环、切向环或多边折线式,放射干道不一定在城市用地各个方向都有。环路圈数的多少取决于城市规模。

环形放射式多用于大城市及特大城市,且外环及主要放射干道多规划成快速路。对于中小城市,当以旧城为中心逐步向外发展时,也常有设置止于中心内环的放射路与供过境交通用的切向环路相结合的布局作法。至于一般县镇,只需在方格网基础上合理布设沿城镇边缘与过境公路切向衔接的局部环路即可,无须考虑这种形式。

3. 自由式

自由式路网,其道路多结合自然地形,形成弯曲曲折不定的几何图式。我国重庆、青岛以及许多山区城镇的道路网大多是自由式布局(图3-3)。

图3-3 自由式路网(青岛)

4. 混合式

混合式路网通常指方格网加上环形放射路混合组成的路网。国内北京、上海的旧城中心均为方格网式道路,通过发展规划建设外环放射路,从而形成混合式路网。

这种路网如若规划得当,可以综合方格网式与环形放射式路网的优点,是大城市最适宜的路网发展形式。一些组团式布局的中等城市也有采用这种形式的做法,只不过环少、放射路也较少而已。

第五节 公路网规划

一、公路网规划的基本内容

公路网规划一般可分为全国公路网规划和地区公路网规划。全国规划指导地区规划,地区规划补充全国规划。地区交通规划是地区建设发展规划的基本内容之一,地区公路网规划是地区交通规划的重要组成部分。公路网规划是以运输联系为依据,分析研究客货运量及交通量的变化,以工程经济及运营经济的原则结合地形、地物拟定路线的布局,并通过技术经济综合评价,最后确定规划方案。公路网规划的主要内容为:

1. 公路网现状分析

综合区域的自然地理条件、社会经济发展水平和交通运输布局进行宏观系统分析,特别是对公路网现状的等级、交通现状和运营与管理现状进行调查、分析与评价。

2. 社会经济发展预测

对区域自然资源及生产力布局,城镇及人口分布,产业结构与经济发展水平进行调查分析,运用多种方法对社会经济发展趋势做出科学预测。

3. 交通量预测

在区域社会经济发展的分析与预测基础上,研究综合运输与社会经济发展的相互关系,依据历史资料采用多种方法建立数学模型,对综合运输量、旅客运量流向、货物流量流向,特别是道路运输的流量流向分布做出预测。

4. 路网的布局与优化

结合生产力布局、城镇分布及道路网现状特点,依据一定原理,对路线走向、主要控制点做出多种布局方案,经过技术经济比较,选定最优方案。确定方案时,除比较运输效益和基建投资外,还需要进一步计算修建道路之后运输费所节约的国民经济积累。此外,还应注意到那些不能用货币表示的社会效益,如经济、文化等联系上的改进,道路吸引区的扩大,地价的上升,新企业的增加等。

5. 公路网规划的建设总体安排

根据建设基金,交通量分布及路线地位、功能等条件,对规划方案中的各条路线、路段作出建设序列安排。

6. 实施公路网规划的对策与措施

对道路规划实施中的资金、技术、材料等重要问题,需在前期的可行性研究工作中研究论证。对规划实施的管理,提出基本对策与措施。

7. 公路网规划的综合评价

综合评价包括技术评价、经济评价、社会发展影响评价、国防安全评价、环境影响评价等。

二、公路网规划的基本方法

公路网规划要以全国综合运输网、全国公路网规划和交通发展战略为依据,在认真做好社会经济调查、交通量调查、公路网现状调查的基础上,积极采用国内外行之有效的规划方法和科学的分析计算方法,做好发展预测和方案论证工作;要建立健全数据库,充分利用历史资料,重视数据采集、整理、运用的科学性,做到定性分析和定量计算相结合;要采用多种分析计算方法,做好多方案比选以验证工作成果,使分析论证和规划方案建立在扎实可靠的基础上。

公路网规划方法的研究主要集中在网络合理规模、布局优化理论和综合评价体系三个方面。各国学者根据本国的经济发展和交通情况,提出了不同的公路网规划理论与方法。在公路网规划研究方面,目前主要采用以下几种方法:

1. 以研究 OD 流为基础的规划方法

该方法以微观经济学理论为基础,通过现状 OD 调查、交通数据采集和历史资料分析,研究区域经济在时间和空间上的发展对交通需求的影响,建立需求预测模型。运用系统的原理和方法,从经济发展分析入手,通过交通需求的吸引和发生量预测、OD 分布预测、运输方式分担预测和路网交通量分配预测四个步骤,把公路网规划同经济发展有机地联系起来,是目前最成熟、应用最广泛的一种方法。我国省、市区域公路网规划大都以四步骤模型作为未来交通量预测分析的工具。

采用这种方法需要有正确的 OD 流资料。其主要问题是采集资料时间周期长、成本高,且技术方法本身在理论上也存在需进一步研究和探讨的问题。

这种方法通过在未来交通需求增长条件下对各规划路网方案的运行分析,使用流量、车速、饱和度等技术指标对规划方案进行评价和比选,但对规划方案的产生过程不能提供技术支持。四阶段法的有效性较多依赖于 OD 流资料,分析结果偏重于以改善交通运行状况为目的的网络和线路优化。OD 流向流量法流程图如图 3-4 所示。

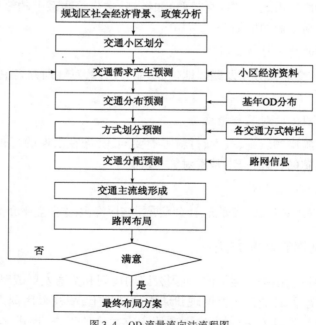

图 3-4　OD 流量流向法流程图

2. 以通达为目标的节点法

这种方法是将路网规划问题分解成路网节点的选择和路网线路的选择两部分进行。美国、德国和日本等国在进行国家干线公路网规划时都采用这种方法。美国把所有五万人口以上的城市作为路网节点；德国把所有五万人口以上的城市和90%的五万以下人口的城市作为路网节点；日本则把十万人口以上的城市作为路网节点。在路网节点间线路的选择上，美国规定节点间线路应尽可能通过人口稠密的城市和农村，应尽可能通过工业集中地区和发达的农业地区，应尽可能通过汽车保有量较高的地区，应尽可能包含军事交通线路和交通繁忙线路；德国规定节点间线路应是交通繁忙线路，应通过经济开发区，应与邻近地区（国家）相连；日本规定节点间线路应通过交通繁忙、沿线人口密度较大的地区。节点法工作流程如图3-5所示。

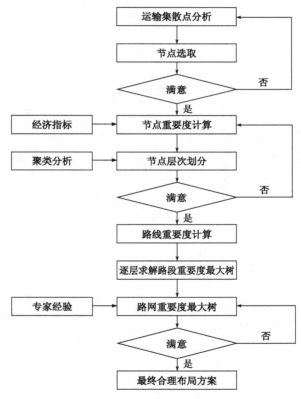

图3-5　节点法工作流程图

不同地区、规模和不同层次的路网规划对节点的选择可以有不同的依据，其核心是通过交通、经济要素的综合考虑建立节点重要度模型和节点间连线重要度模型，作为网络布局的依据。由于城镇体系发展、土地开发和交通网络之间存在必然的联系，这类方法能够比较好地解释土地利用、交通需求与交通设施之间的关系，可以体现网络的整体服务要求而不仅仅是交通需求。这类方法的优点是概念明确，计算简单。然而，节点选择重要度模型建立过程中定性成分相对较多,无法对线路布局和方案总规模进行确定的优化分析。

3. 总量控制法

总量控制法的基本思想是从宏观整体出发,以现状公路网的道路与交通特征参数分析和综合评价现状公路网;以区域内道路交通总需求来控制公路网建设总规模;以区域内社会经济发展和生产力分布特点,并结合综合交通运输规划,来确定路网的总格局和分期实施方案。作为一种宏观规划方法,总量控制法的优点是可以科学地把握网络总规模,总体上属于"供给追随型"规划思想,即根据"需求"决定"供给"水平,但对线路布局和优化也缺乏合理的方法和有力的分析工具。总量控制法流程如图3-6所示。

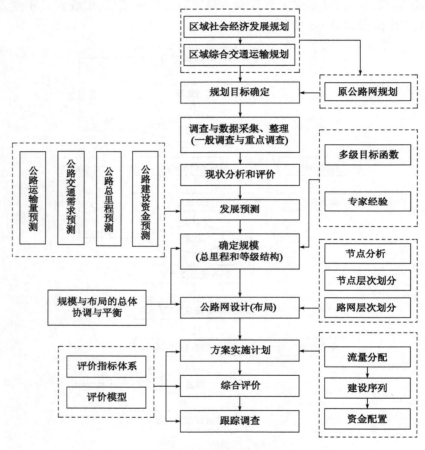

图 3-6 总量控制法流程图

4. 交通区位布局法

通过对规划区域的经济地理特征、经济发展模式和资源的分布、需求情况的分析,找出规划区域内交通产生的高发地带,作为交通区位线,即区域的交通走廊。该方法优点是从交通的源头出发,强调交通对经济发展的引导作用,适合于区域的远期交通规划。缺点是对于干线重要程度只能予以定性描述,无法进行定量分析和优化。

5. 类比分析法

主要根据典型发达国家公路交通发展与社会经济的关系,分析典型发达国家公路交通发展轨迹,通过回归分析和单因素分析等定量分析手段,研究分析公路发展阶段、公路网里程和结构。该方法概念简单明确,但由于各国家和地区存在一定差异,仅可作为一种方法参考利用。类比法技术流程示例如图 3-7 所示。

6. 专家经验法

专家经验法是在区域交通规划前期所采用的主要布局方法。该方法主要是根据权威专家与当地专家、领导的经验来确定道路的走向,从而确定整个道路网络的分布,这种方法完全依赖于专家和领导的经验,依靠主观定性分析来判断,缺乏定量分析的科学依据,目前已基本不单独使用。但需要说明的一点是专家的经验是非常重要

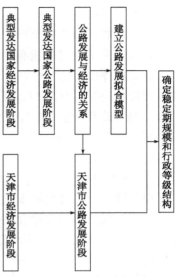

图 3-7　类比法流程图

的,特别是在经济快速增长时期,定量预测难以达到所要求的精度,往往还要依靠专家的经验来弥补其不足。

三、公路网规划评价

1. 评价内容

在公路网规划研究的现状分析、布局优化和综合评价阶段中,都涉及评价的内容,可分别称为现状评价、方案评价和综合评价。这三个评价阶段之间存在一定的内在联系,也遵循一定的顺序关系,如图 3-8 所示。

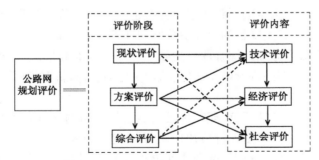

图 3-8　公路网规划评价体系示意图

注:评价内容栏的有向箭头,实线表示重点,虚线表示非重点

(1)先进行现状评价,为方案设计提供依据及信息;
(2)然后对拟定的备选方案进行方案评价和比选;

(3)最后对选定的建设方案进行综合评价,为有关部门决策提供依据。

2. 评价的分类

在现有的规划研究资料中,一般把公路网规划的评价分为技术评价、经济评价和社会评价。有时为了突出环境和生态的重要性,还把环境影响评价从社会评价中单列出来。

在现状评价、方案评价、综合评价三个评价阶段中,都可以包含技术评价、经济评价、社会评价的内容,但评价工作重点有很大差别。目前,在有些规划文本中,会忽视不同评价阶段的目的和特点,从而导致评价过程中评价指标及评价方法选用不当的情况。按图3-8的方式表现公路网规划的评价体系,主要意图是强调:由于各评价阶段的目的、原则、重点有所不同,评价工作内容有较大差别。

(1)现状评价

现状评价是对公路网现状进行评价的过程。它也称为现状分析或诊断分析,主要目的是为了发现公路网本身存在的问题,为下一步规划工作中的交通需求预测及公路网方案设计提供信息或依据,拓展思路;其工作重点是针对"有问题"(不好的、欠缺)的方面进行分析评价,而对公路中"好"(适应、充足)的方面一带而过,不做深入考虑。

现状评价阶段,评价工作内容主要是技术评价,也会有少量的社会评价(宏观的社会、经济、环境方面的定性分析)。

(2)方案评价

方案评价,是对备选方案进行分析、比较、抉择的过程。其主要目的是为了比选较好方案,当然这种"好"的尺度是建立在已经选定的评价准则和评价指标体系基础上的;其主要工作内容是制定"选择标准"(即评价指标及评价方法)以及获取"选择标准"所必需的数据。由于其主要目的是"选择"方案,故可以把工作重点放在备选方案之间不同的方面,而对它们相同的方面可以不做深入分析。

方案评价是一种过程性评价,是一种通过评价不断完善备选方案的过程。

(3)综合评价

综合评价是对已经选定的公路网建设方案进行全面评价的过程,包括技术、经济、政治、生态环境等方面。其主要目的是评价公路网在各规划期如期实施后达到的整体水平,其工作重点是宏观效果方面。综合评价的结果可用于政府高层决策,根据评价资料及信息,与公路以外的经济部门进行横向比较,从而决定对公路部门的建设投资额或制定相关政策。

综合评价是一种状态性评价,即评价已经确定的公路网方案实施后各方面达到的整体水平。综合评价是一种事后评价,暂时不会影响建设方案的变更。

在不同的目的及工作重点下,选择的评价指标是不同的。因此,对不同类型的评价,需根据其目的选用合适的评价指标体系及评价方法,从而提高工作效率及效果。

3. 技术评价

综合上海、江苏、山东、扬州、南京等省市公路网规划研究报告,汇总得到如表3-4所示的现状分析评价指标体系。

公路网规划现状分析评价指标汇总表 表3-4

特征类别	技术评价指标	目的和用途
道路特征	网容量	路网总的交通能力,影响拥挤度
	网等级	路网平均等级,影响拥挤度、速度、舒适度
	路面铺装率	反映路面状况,影响舒适度、速度
交通特征	网流量	反映需求,影响拥挤度
	网平均车速	反映车速,影响总出行时间
	网时间	反映总的出行时间
	车辆构成	反映需求,影响需求预测、车速、等级配置
	网车流密度	反映路网车流密集程度,与车速及流量有关
服务水平	网拥挤度	反映拥挤程度,指导路网方案设计
	里程饱和率(里程拥挤率)	总量指标,指导路网规模估算
	事故率	仅对微观的路段及交叉口设计有影响。由于造成事故的因素众多,实际上在路网规划中很难考虑
通达程度	网连通度	网络节点连通强度,反映网化程度,公路网节点的平均通达程度
	节点通达性	反映节点的通达程度
	线网覆盖深度	反映网络化程度
路网规模	网密度	反映公路网规模,分为面积、人口、经济等
	公路网理想规模接近度	反映设计公路网与目标公路网的关系
	各技术等级的公路规模比例	反映公路网内部体系之间的协调程度
	各行政等级的公路规模比例	与公路管理有关
公路网衔接	节点至高速公路出入口距离	与城市体系的衔接
	与交通枢纽的连接	
	与外省市公路的连接	
	与城市干线道路的连接	
	节点间最短路时间或距离	离中心城、离高速公路匝道、离干线公路
路网适应性	假设需求发生变化时路网的适应情况	反映设计路网对变化的需求的适应程度或敏感程度

(1)方案评价阶段的技术指标选取

方案评价阶段,目的是为了取舍方案。在选取技术评价指标时应注意:

①指标体系的完备性。指标体系应代表方案全部的效益,但实际上很难做到,所以常以规划目标为前提制定若干评价准则,评价指标体系应能够全面反映评价准则所要求的各种效益。公路网方案的指标不外乎效益和费用两方面。从效益方面看,可从社会(政府所代表的全体人民)、管理者(公路局)、用户(使用公路的用户,车主或乘客)几方面考虑。

从费用方面看,主要是公路网方案的建设成本和维修成本。

②评价指标的独立性。为了减少多指标综合过程中的人为误差,需要在考虑指标体系完备性的原则下尽量选择相互独立的指标,尽量减少复合性的指标(即可以由其他一项或多项指标表示的指标)。

③重在比较方案间的差异。方案评价的主要目的是在同等条件下取舍方案,因此,可以对方案间效益相同的部分不设立评价指标,而重点比较方案间的不同效益部分。

(2)综合评价阶段的技术指标选取

在综合评价阶段,技术评价指标的选用要体现目标性、整体性,即:

①与规划目标直接相关的指标,如网可达性、路网平均等级、路网连通性等。

②反映路网整体服务水平的指标,如路网平均速度、路网饱和度、路网适应性等。

4. 经济评价

公路网规划经济评价是从国民经济的角度分析公路网规划的经济效益,通常主要考虑那些能够量化的直接经济效益。有关的评价指标有:效益费用比、净收益、内部收益率、投资回收期等。

公路网建设在国民经济方面的直接效益包括:

(1)路网建成后,由于服务水平的提高使车辆出行时间节省产生的效益;

(2)路网建成后,由于路网密度增加、布局改善,使得车辆出行距离节省所产生的效益。

一般采用有无(基年与各规划期的路网)对比的评价方法。

(1)在现状评价阶段,由于现状路网是即将被发生较大改变的设施,其已经投入的资金的利用效率在以前曾经做过经济评价,因此实际上很少做经济评价。

(2)在方案评价阶段,由于各方案的投资数量及投资场所有所不同,会影响到资金的来源及其利用效率,因此一般要对备选方案做比较性的经济评价。

(3)在综合评价阶段,一般对推荐的规划方案进行经济评价。在安排路网实施计划时,还要对资金来源、资金缺口进行分析和估算。

在进行方案评价时,先计算各方案的投资、运营成本、运营时间等参数,然后计算两方案间的直接效益差额,进行经济指标计算和比较。两个备选方案间的直接效益差额可以分四类分别计算:货物运输成本降低效益、旅客运输成本降低效益、货物在途时间节约效益、旅客在途时间节约效益。

5. 社会评价

公路网规划的社会评价所包含的内容很广,包括规划公路网所产生的除技术评价、经济评价之外的所有方面,如政治、文化、生活环境、生态环境、难以定量描述的经济等方面的影响。每个地区的情况不同,对上面各方面产生的影响程度也有所不同。此外,在公路网规划中需时刻贯彻"可持续发展"的思想,注重环境效益评价及生态效益评价。

6. 综合评价方法

当采用多指标的评价体系选择方案时,必然要对这些指标进行综合分析。综合评价的方法有价值分析法、单纯矩阵法、层次分析法、层次熵决策分析法、模糊综合评判法、多目标决策分析法、基于神经网络的综合评价方法等。具体方法可参见相关的参考资料。

第六节 项目可行性研究

可行性研究是公路建设项目前期工作的重要组成部分,是建设项目立项、决策的主要依据。道路建设项目可行性研究主要是在对该地区社会、经济发展及路网状况等进行充分地调查研究、评价预测和必要的勘察工作的基础上,对项目建设的必要性、技术可行性、经济合理性和实施可能性进行综合性研究论证并提出报告。

按工作深度,公路建设项目可行性研究分为预可行性研究和工程可行性研究两阶段。预可行性研究阶段应以项目所在地区社会经济发展规划和道路网规划为依据,通过实地踏勘和调查,重点研究项目建设的必要性,并对项目的建设规模、技术标准、建设资金、经济效益等进行必要的分析论证,编制研究报告作为项目建议书的依据。工程可行性研究阶段应以批准的项目建议书为依据,在进行充分调查的基础上,通过必要的测量和地质勘探,对不同建设方案从技术、经济、环境等方面进行综合论证,提出推荐方案,确定建设规模、技术标准和投资估算,论证投资效益,编制研究报告。可行性研究报告一经批准,即为初步设计必须遵循的依据,工程可行性研究阶段投资估算与初步设计概算之差,需控制在上行浮动10%以内。

一、道路工程可行性研究报告的内容

1. 经济社会和交通运输现状评价

对项目影响区域的社会经济状况及发展、交通运输现状及发展进行分析,确定关键问题,对工程项目建设(或改建)提出技术经济依据,指明解决问题的方向和目标,分析项目建设的必要性。

2. 交通分析及发展预测

通过项目所在地区的经济调查和资料分析,预测交通量发展和客货流交通的构成、流量、流向;建立预测数学模型,改进项目的经济合理性、建设标准以及建设规模,为可行性研究提供经济依据。

3. 建设条件、技术标准、初步方案及建设规模

通过勘察和必要的钻探、测量、试验,弄清地形、地质、水文、气象等自然条件及具体建设条件,拟定并论证方案的技术可行性,选择最佳建设方案。

4. 协作条件

调查筑路材料的来源及其产量、质量、单价,建筑物拆迁、水电供应、劳力和劳资状况,以及国家和当地群众对工程项目的需求等情况,论述外部协作条件的可行性。

5. 施工工艺

根据项目特点和施工机具的条件,研究是否可采用新技术、新设备、新工艺和新材料,选择工期短、效率高、效益好的施工方案和投资效果最好的建设周期。

6. 投资估算和效益分析

根据资金来源和投资水平,对工程造价、养护费用、运输成本和经济效益作出技术经济论证,为拟建项目是否可行提出科学依据。

二、道路工程可行性研究的程序

研究程序大体可分为:提出问题、调查情况、拟订方案、技术经济论证等阶段。可行性研究的具体程序如图3-9所示。

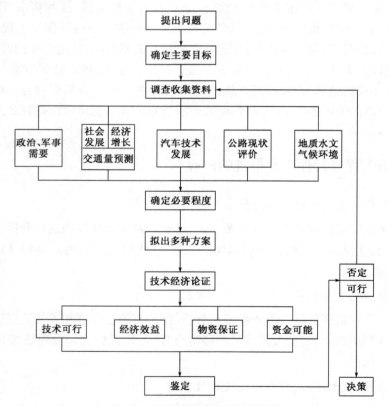

图3-9 项目可行性研究程序示意图

可行性研究分预可行性研究和可行性研究。预可行性研究较粗略,可行性研究则较细致、完整、全面。可行性研究都要写出报告,按规定上报,经批准后才能开始进行工程设计。

三、公路工程项目经济评价及方案比选

公路建设项目的经济评价是可行性研究的重要组成部分。经济评价应根据国民经济与社会发展以及行业、地区发展规划的要求,结合交通量预测、系统分析、计算项目的效益和费用,通过多方案经济比选推荐最佳方案,对项目建设的必要性、财务可行性、经济合理性、投资风险等进行全面的评价,为项目的科学决策提供经济方面的依据。

建设项目的经济评价包括财务评价和国民经济评价。公路建设项目应以国民经济评价为主,有营业收入的项目还应进行财务评价。对于重大交通运输项目还必须进行区域经济与宏观经济影响分析。公路建设项目经济评价计算年限等于建设年限加建设后预测年限,建设后预测年限原则上按20年计算。

公路工程效益计算可由成本和受益两方面组成,如图3-10所示。

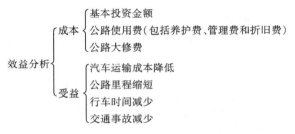

图3-10 公路工程效益计算图

效益除经济效益(如车辆行驶费用的节约、行程时间的节省、交通事故的减少等)外,还有社会效益。道路建成后,将有效改善地区交通系统的效益。例如,京津塘公路建成后,起到疏港作用,同时北京到大连由铁路经沈阳为1238km,改由京津塘公路至塘沽,水运至大连,路程仅540km。社会效益还包括能源节约的效益、公路建成促使沿线集镇的建立、便于市区工厂的外迁,以及增加居民就业等。

经济评价应通过道路所支出的费用与全社会使用者所获得的效益二者的比较来衡量。全社会道路使用者所获得的效益,包括由于道路新建或改建导致客货运输成本降低,道路改建使原有道路减少拥挤所得到的客货运输效益,因改建缩短里程而降低的运输成本,因新建或改建导致客货运输时间减少而使全社会道路使用者受益,以及道路改建导致事故减少而节约的费用等。

1. 国民经济评价

国民经济评价是在合理配置社会资源的前提下,从国家经济整体利益的角度出发,计算项目对国民经济的贡献,分析项目的经济效益和对社会的影响,评价项目在宏观经济上的合理性。

国民经济评价的指标有:经济净现值($ENPV$)、经济内部收益($EIRR$)以及经济效益费

用比(R_{BC})。

(1)经济净现值(ENPV)

经济净现值指项目按照社会折现率将计算期内各年的经济净效益流量折现到建设初的现值之和,应按下式计算:

$$ENPV = \sum_{t=1}^{n}(B-C)_t(1+i_s)^{-t} \tag{3-1}$$

式中: B——经济效益流量;

C——经济费用流量;

$(B-C)_t$——第 t 期的经济净效益流量;

i_s——社会折现率;

n——项目计算期。

如果经济净现值等于或大于 0,说明该项目可以达到符合社会折现率的效率水平,从经济资源配置的角度可以被接受,项目是可行的。

(2)经济内部收益率(EIRR)

经济内部收益率指项目在计算期内经济净效益流量的现值累计等于 0 时的折现率,应按下式计算:

$$\sum_{t=1}^{n}(B-C)_t(1+EIRR)^{-t} = 0 \tag{3-2}$$

如果经济内部收益率等于或者大于社会折现率,说明项目资源配置的经济效率达到了可以被接受的水平,项目可行。

(3)经济效益费用比(R_{BC})

经济效益费用比指项目在计算期内效益流量的现值与费用流量的现值之比,应按下式计算:

$$R_{BC} = \frac{\sum_{t=1}^{n}B_t(1+i_s)^{-t}}{\sum_{t=1}^{n}C_t(1+i_s)^{-t}} \tag{3-3}$$

式中:B_t——第 t 期的经济效益;

C_t——第 t 期的经济费用。

如果经济效益费用比大于 1,说明项目资源配置的经济效率达到了可以被接受的水平,项目可行。

2. 财务评价

财务评价是在国家现行财税制度和价格体系前提下,从项目的角度出发,计算项目范围内的财务效益和费用,分析项目的盈利能力和清偿能力,评价项目在财务上的可行性。

(1)项目盈利能力分析

项目盈利能力分析的主要指标有:财务内部收益率、财务净现值、项目资本金财务内部收益率、投资回收期、总投资收益率和项目资本金净利润率等。

①财务内部收益率(FIRR)

财务内部收益率指项目在计算期内净现金流量现值累计等于 0 时的折现率,即 FIRR 作为折现率使下式成立:

$$\sum_{t=1}^{n}(CI-CO)_t(1+FIRR)^{-t}=0 \tag{3-4}$$

式中: CI——现金流入量;
CO——现金流出量;
$(CI-CO)_t$——第 t 期的净现金流量;
n——项目计算期。

当财务内部收益率大于或等于设定的判别基准 i_c(基准收益率)时,项目方案在财务上可考虑接受。

②财务净现值(FNPV)

财务净现值指按设定的折现率(一般采用基准收益率 i_c)计算期内净现金流量的现值之和,可按下式计算:

$$FNPV=\sum_{t=1}^{n}(CI-CO)_t(1+i_c)^{-t} \tag{3-5}$$

式中:i_c——设定的折现率(同基准收益率)。

按照设定的折现率计算的财务净现值大于或等于 0 时,表明项目方案在财务上可考虑接受。

③项目投资回收期(P_t)

项目投资回收期指以项目的净收益回收项目投资所需要的时间,一般以年为单位。项目投资回收期宜从项目建设开始年算起,若从项目投产开始年计算,应予以特别注意。

项目投资回收期可采用下式表达:

$$\sum_{t=1}^{P_t}(CI-CO)_t=0 \tag{3-6}$$

项目投资回收期可借助项目投资现金流计算表计算。项目投资现金流表中累计净现金流量由负值变为零的时点即为项目的投资回收期。投资回收期应按下式计算:

$$P_t=T-1+\frac{|\sum_{i=1}^{T-1}(CI-CO)_i|}{(CI-CO)_T} \tag{3-7}$$

式中:T——各年累计净现金流量首次为正值或零的年数。

投资回收期短,说明项目投资回收快,抗风险能力强。

④总投资收益率(ROI)

总投资收益率指项目达到设计能力后正常年份的年息税前利润或运营期内年平均息税前利润(EBIT)与项目总投资(TI)的比率,表示总投资的盈利水平。总投资收益率应按下式计算:

$$ROI=\frac{EBIT}{TI}\times 100\% \tag{3-8}$$

式中：$EBIT$——项目正常年份的年息税前利润或运营期内年平均息税前利润；
　　　TI——项目总投资。

总投资收益率高于同行业的收益率参考值，说明用项目总投资收益率表示的盈利能力满足要求。

⑤项目资本金净利润率（ROE）

项目资本金净利润率指项目达到设计能力后正常年份的年净利润或运营期内年平均净利润（NP）与项目资本金（EC）的比率，表示项目资本金的盈利水平。项目资本金净利润率的计算公式如下：

$$ROE = \frac{NP}{EC} \times 100\% \qquad (3-9)$$

式中：NP——项目正常年份的年净利润或运营期内年平均净利润；
　　　EC——项目资本金。

项目资本金利润率高于同行业的净利润参考值，表明用项目资本金净利润率表示的盈利能力满足要求。

（2）项目偿债能力分析

项目偿债能力分析应通过计算利息备付率（ICR）、偿债备付率（$DSCR$）和资产负债率（$LOAR$）等指标，分析判断财务主体的偿债能力。

①利息备付率（ICR）

利息备付率指在借款偿还期内的息税前利润（$EBIT$）与应付利息（PI）的比值。它从付息资金来源的充裕性角度反映项目偿付债务利息的保障程度，其计算公式如下：

$$ICR = \frac{EBIT}{PI} \times 100\% \qquad (3-10)$$

式中：$EBIT$——息税前利润；
　　　PI——计入总成本费用的应付利息。

利息备付率应分年计算。利息备付率高，说明利息偿还的保障程度高。利息备付率应大于1，并结合债权人的要求确定。

②偿债备付率（$DSCR$）

偿债备付率指在借款偿还期内，用于计算还本付息的资金（$EBITDA - T_{AX}$）与应还本付息金额（PD）的比值。其计算公式如下：

$$DSCR = \frac{EBITDA - T_{AX}}{PD} \qquad (3-11)$$

式中：$EBITDA$——息税前利润加折旧和摊销；
　　　T_{AX}——企业所得税；
　　　PD——应还本付息金额，包括还本金额和计入总成本费用的全部利息。融资租赁费用可视同借款偿还。运营期内的短期借款本息也应纳入计算。

如果项目在运营期内有维持运营的投资，可用于还本付息的资金应扣除维持运营的投资。

偿债备付率应分年计算,偿债备付率高,说明可用于还本付息的资金保障程度高。其值应大于1,并结合债权人的要求确定。

③资产负债率($LOAR$)

资产负债率指各期末负债总额(TL)同资产总额(TA)的比率。其计算公式如下:

$$LOAR = \frac{TL}{TA} \times 100\% \tag{3-12}$$

式中:TL——期末负债总额;

TA——期末资产总额。

适当的资产负债率,说明经营安全、稳健,具有较强的筹资能力,也表明企业和债权人的风险较小。

3. 方案经济比选

方案经济比选是道路项目可行性研究的重要内容。在可行性研究和投资决策过程中,对涉及的各决策要素和研究方面,都应从技术和经济相结合的角度进行多方案分析论证,比选优化。其方法主要有效益比选法和费用比选法等。

(1)效益比选法

①净现值比较法

比较备选方案的财务净现值或经济值现值,以净现值大的方案为优,比较净现值时应采用相同的折现率。

②净年值比较法

比较备选方案的净年值,以净年值大的方案为优,比较净年值时应采用相同的折现率。

③差额投资财务内部收益率法

使用备选方案差额现金流进行方案比选,按下式计算:

$$\sum_{t=1}^{n} [(CI-CO)_{大} - (CI-CO)_{小}](1+\triangle FIRR)^{-t} = 0 \tag{3-13}$$

式中:$(CI-CO)_{大}$——投资大的方案的财务净现金流量;

$(CI-CO)_{小}$——投资小的方案的财务净现金流量。

当差额投资财务内部收益率大于或等于设定的基准收益率时,以投资大的方案为优。反之,投资小的方案为优。在进行多方案比较时,应先按投资大小,由小到大排序,再依次就相邻方案两两比较,从中选出最优方案。

④差额投资经济内部收益率法($\triangle EIRR$)

差额投资经济内部收益率法指采用经济净现金流量替代式(3-13)中的财务净现金流量,进行方案比选。

(2)费用比选方法

①费用现值比较法

计算备选方案的总费用现值进行对比,以费用现值较低的方案为优。

②费用年值比较法

计算备选方案的费用年值并进行对比,以费用年值较低的方案为优。

4. 经济敏感性分析

项目经济评价所采用的数据大部分来自预测和估算,具有一定程度的不确定性,为分析不确定因素变化对评价指标的影响,估计项目可能承担的风险,应进行不确定性分析与经济风险分析。通过对具有较大影响的不确定性因素分析,计算其增减变化引起财务或经济效益指标的变化,可以预测可能承担的风险,提出项目风险的预警、预报和相应的对策,为投资决策服务。

敏感性分析是投资建设项目评价中应用十分广泛的一种不确定性分析方法,用以考察项目涉及的各种不确定因素对项目基本方案经济评价指标的影响,找出敏感因素,估计项目效益对它们的敏感程度,粗略预测项目可能承担的风险,为进一步的风险分析打下基础。

敏感性分析包括单因素敏感性分析和多因素敏感性分析。单因素敏感性分析是指每次只改变一个因素的数值来进行分析,估算单个因素的变化对项目效益产生的影响;多因素分析则是同时改变两个或两个以上因素进行分析,估算多因素同时发生变化的影响。为了找出关键的敏感性因素,通常多进行单因素敏感性分析。

进行敏感性分析时,可根据项目特点,结合经验判断选择对项目效益影响大且重要的不确定因素进行分析。经验表明,一般主要对产出物价格、建设投资、主要投入物价或可变成本、生产负荷、建设工期及汇率等不确定因素进行敏感性分析。

建设项目经济评价有一整套指标体系,敏感性分析可选定其中一个或几个主要指标作为分析指标。最基本的分析指标是内部收益率,根据项目的实际情况也可选择净现值或投资回收期评价指标,必要时可同时针对两个或两个以上的指标进行敏感性分析。

3-1 概述道路规划的目的和原则。

3-2 交通需求的预测方法有哪几种?

3-3 城市道路规划有哪些主要技术指标?

3-4 概述公路网规划的基本方法是什么?

3-5 公路网规划评价的主要内容是什么?

3-6 论述公路工程可行性研究的主要步骤和内容。

第四章

平面设计

通过本章学习,使学生理解和掌握道路平面线形设计的主要任务、基本原理和原则要求。理解掌握汽车行驶轨迹特性与道路平面线形基本要素的特性;掌握直线、圆曲线和缓和曲线的特点和运用方法;理解道路平面线形要素的组合类型;了解道路平面线形设计的主要成果表达方式。

第一节 概述

一、路线设计的任务

道路是一条由路基、路面、桥梁、涵洞以及沿线道路基础设施组成的三维空间的带状实体。道路中心线的空间位置称为路线,路线的线形就是道路的骨架,它不仅对行车速度、行车安全和舒适性以及道路的通行能力起到决定性的作用,同时还会影响道路其他构造物的设计和工程量的大小,同时对沿线经济发展、土地利用、工农业生产、居民生活、自然景观以及旅游业发展都会产生很大影响。道路建造之后,要再对路线线形进行改造是比较困难的。路线在水平面上的投影称作路线的平面,如图4-1所示,沿道路中心线竖直剖切并展开则得到路线的纵断面;道路中心线上任一点切线的法向切面是道路在该点的横断面。本章主要介绍路线的平面设计。

通常,路线平面设计是考虑交通需求、工程预算、地质条件、水文条件等因素,综合纵断面以及横断面设计,同时结合标准规范,经过反复设计、修正确定下来的道路中心线。在新时代背景下,我国社会主要矛盾发生了变化,国家根据国情作出了交通强国战略决策。交通的发展理念在不断更新,应运而生了新的发展思路和发展方向,即坚持以人为核心的发展思想,着重发展立体互联、安全可靠、绿色环保的交通运输体系,赋予了交通建设者新的历史使命。

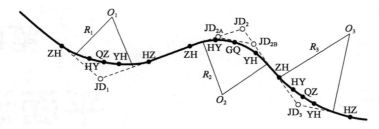

图 4-1　路线的平面

新时代,道路交通工程研究面临着新任务、新挑战。从基础设施布局完善、立体互联的角度来说,要求道路建设满足都市圈的区域一体化发展,建成城市群快速公路网络,强化城市道路与公路的衔接。从安全保障完善可靠、反应迅速的角度来说,要求完善路线设计中的安全要素,突破既有安全风险评价关键技术。从绿色发展、节约集约的角度来说,路线设计应正确处理好公路与环境保护、社会发展之间的关系,严守生态红线,实施生态修复,少占或不占农田、耕地以及生态湿地、林地等重要国土空间资源。

二、汽车行驶轨迹与道路平面线形要素

1. 汽车行驶轨迹

道路的主要功能是提供交通参与者出行的媒介,需要满足快捷、方便、安全等要求。现代道路的主要服务对象是汽车,因而研究汽车的行驶特征是道路设计的基本课题。在路线的平面设计过程中主要考察汽车的行驶轨迹,只有当平面线形和这个轨迹相符合或相接近时才能保证行车的顺畅与安全,特别是高速行驶条件下汽车轨迹的研究尤其重要。经过大量的观测研究表明,汽车行驶轨迹在几何性质上有以下特征:

(1)轨迹线是连续的、圆滑的,在任何一点上不出现错头、折点或间断。

(2)轨迹线的曲率是连续的,即轨迹在任何一点上不出现两个曲率值。

(3)轨迹线的曲率对里程或时间的变化率是连续的,即轨迹上任意一点不出现两个曲率变化率。

通过对汽车行驶轨迹的研究,即可了解道路平面线形的几何构造。理想的平面线形应与汽车的行驶轨迹相符合。在平面设计中,线形的连续性要求与汽车行驶轨迹的特征相一致,如图 4-2 所示。

2. 道路平面线形基本要素

通过研究观测发现,单一的线形很难满足平面设计过程中对一些地形地物绕行并满足汽车行驶轨迹的要求。在实际设计中,平面线形的要素往往是由直线和曲线构成的。

但仅仅使用直线与圆曲线组成路线的平面,不仅会影响行车的舒适性和安全性,也不符合汽车行驶轨迹的要求。因此,在直线与圆曲线之间或是半径不同的圆曲线之间,往往要插入一段曲率过渡的曲线,称为缓和曲线。实践证明,道路,尤其是高速公路、一级公路,在设置了缓和曲线后,不仅在视觉上线形更加平顺,而且能更好地引导驾驶人的视觉。缓和曲线与直线、圆曲线构成了平面线形的三要素,其特征如下:

(1)直线的曲率为零。

(2)圆曲线的曲率为定值。

(3)缓和曲线的曲率为连续函数,用以均匀过渡两条曲率不同的线形。

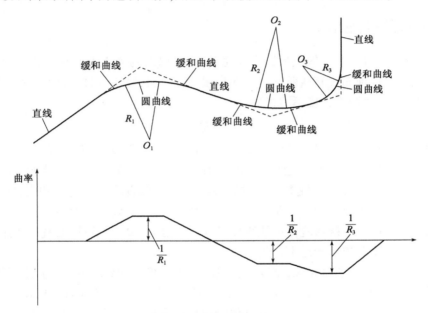

图 4-2　道路平面线形及曲率图

在平面设计中,上述三要素在平面线形中所占的比例并无具体规定,只要使用合理,配置得当,满足设计需求即可。依据平面设计要求,平面线形的各项参数在设计中应尽量满足规范所设置的一般值,具体的要求将在后续章节介绍。

第二节　直线

一、直线的特点

作为平面线形三要素之一,直线被广泛运用在各种道路设计之中。其主要特点如下:

(1)直线以笔直的形式、最短的距离连接两目的地,有测设简单、前进方向明确、路线短捷等优点。在定线时若无较大障碍物且地势平坦时,往往采用直线通过。

(2)汽车在直线上行驶受力简单,驾驶操作容易。同时,直线也能提供良好的视距以供车辆超车。

(3)从行车安全来说,过长的直线线形单一,行车单调容易使驾驶人视觉疲劳导致超速。夜间,直线道路相向行车时容易产生眩光,无法看清前进方向以及障碍物。

(4)在丘陵区、山区等起伏较大的地形,直线与环境的协调适应性差,采用过长的直线会产生高填深挖路基,不仅会破坏自然景观,也会降低工程经济效益。

具体项目中,直线的运用以及长度的确定,应该谨慎考虑、综合对比。

二、直线的特征指标

在道路平面设计中,一般应根据沿线地形、地物以及驾驶人的心理特性,在保证行车安全的基础上合理地布设直线路段。一般来说,直线的长度不宜过长,但当两圆曲线间以直线径相相连时,直线的长度不宜过短。

1. 直线的最大长度

德国和日本规定直线最大长度不宜超过 $20V(m)$ (V 为设计速度,单位为 km/h);西班牙规定不宜超过 80% 的设计速度的 90s 行程;法国认为长直线宜采用半径 5 000m 以上的圆曲线代替。对于美国与俄罗斯,其国土地广人稀,两者均采用宽中央分隔带改善路容,设置低路堤、缓边坡增加直线路段行驶安全性,线形一般以直线为主,并且对直线的限制较为宽松。美国规定线形应尽可能直捷,但应与地形一致。俄罗斯对直线运用无限制,并且部分高速公路等快速干道不封闭。

我国幅员辽阔,地形差异大,难以对直线的最大长度做出统一规定,上述国外的运用方式显然不符合国情现实。2017 年发布的《公路路线设计规范》(JTG D20)中,仅说明"直线的长度不宜过长,受地形条件或其他特殊情况限制而采用长直线时,应结合沿线具体情况采取相应的技术措施",并未对直线最大长度做出具体限制。在一项针对行驶速度为 100km/h 的驾驶人和乘客心理反应和感受进行的调查中,得到如下结果:

(1)城市附近的公路,在驾驶人以及乘客的视野里有各类商店以及交通设施等刺激感官的地物,驾驶人与乘客均无疲乏、单调等情绪,没有希望尽快驶出直线的冲动。

(2)郊区平原的公路,随着地区以及季节的不同,公路两侧的景观也不同,驾驶人以及乘客的反应也不同。若是北方的冬天,道路两侧植被较少,过长的直线可能会使驾驶人的情绪受到影响,这一情况在多植被的地区会有所改善。

(3)大戈壁大草原地区的道路,行车环境极其单调,长直线会使得驾驶人十分疲惫。

从上述情况看来,在设计中,直线的长度可以根据环境进行适当的调整。在环境变化比较明显的地区,道路可以设计较长的直线;景色单调的地区,道路以及隧道、桥梁等构造物不宜设计过长直线;在特殊的地理条件如草原、戈壁等地应该进行特殊处理,例如,增加更多的警示牌或种植不同的植被,在直线的尽头设置相应的护栏以及防滑设施,不人为设置过多曲线等。在设计中,直线最大长度的推荐值一般采用 $20V(m)$,见表 4-1。

最 大 直 线 长 度　　　　表 4-1

设计车速(km/h)	120	100	80	60	40	30	20
最大直线长度(m)	2400	2000	1600	1200	800	600	400

2. 直线的最小长度

过短的直线会破坏线形并增加车辆行驶时的操作难度,考虑线形的连续性以及驾驶的安全性,直线应设置最小长度限制。

(1)同向曲线间的直线最小长度

同向曲线是指两个转向相同的曲线连接而成的平曲线。采用直线连接时,若直线过短,在视觉上容易造成把直线和两端的曲线看成反向曲线的错觉,或是将两个曲线看成一个曲线,破坏线形连续性,形成"断背曲线",如图 4-3a)所示。规范中未对同向曲线间的最小长度作出强制性的规定,仅要求当设计速度大于或等于 60km/h 时,同向曲线之间的最小直线长度不宜小于设计速度(以 km/h 计)的 6 倍为宜;在设计速度小于或等于 40km/h 时,可以适当放低要求;若受条件限制,可将同向曲线做成复曲线、卵形曲线、C 形曲线。

(2)反向曲线间的直线最小长度

反向曲线是指两个转向相反的相邻曲线之间相连而形成的平面线形,如图 4-3b)所示。由于两曲线转向相反,行车受力以及轨迹变动较大,因此道路横断面也有较大变化,需要设置一定长度的直线均匀过渡超高和加宽的变化。《规范》规定:在设计速度大于或等于 60km/h 时,反向圆曲线间直线的最小长度不宜小于设计速度(以 km/h 计)的 2 倍;在行车速度小于或等于 40km/h 时可参照上述规定执行。

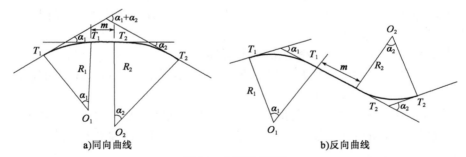

图 4-3　曲线间的直线

曲线间最小直线长度推荐值由表 4-2 给出。

曲线间最小直线长度　　　　表 4-2

设计车速(km/h)	120	100	80	60	40	30	20
同向曲线(m)	720	600	480	360	240	180	120
反向曲线(m)	240	200	160	120	80	60	40

三、直线的运用

道路平面设计中使用直线时,应注意线形与地形以及周边地物的协调适应,并应符合上述直线最大长度与最小长度的要求。平面线形选择的原则是宜直则直、宜曲则曲。线形的设计还应考虑驾驶人的心理、视觉感受和行车安全等因素。一般来说,以下情况可以采用直线通过:

(1) 周围不受地物限制的平坦地区,例如草原、戈壁、平原等。
(2) 城市以及其近郊的方正地区,可沿着建筑布设直线。
(3) 大型构造物,例如桥梁、隧道等。
(4) 道路交叉口附近宜布设直线。
(5) 多车道公路应间隔一段距离布设可供超车的直线段。

当不得已采用长直线时,应结合纵断面考虑,使其对应的纵坡不宜过大;若两侧地形地物过于平坦空旷时,宜采取种植不同种类的植物或设置一定建筑物等措施对景观进行一定改善;定线时应注意把能引起兴趣的自然风景或建筑物纳入驾驶人的视线范围内。在长直线尽头设置的平曲线,除曲线半径、超高、视距等必须符合规定要求外,还必须采取设置标志、增大路面抗滑能力等措施确保行车安全性。

第三节 圆曲线

一、圆曲线的特点

圆曲线是路线平面设计中的主要组成部分,公路以及城市道路无论转角大小,均需设置圆曲线,其主要特点如下:

(1) 圆曲线上的任意一点曲率为常数,测设简单。
(2) 圆曲线上每一点的行车方向都在改变,并且不同半径的圆曲线也可以组合成为复曲线,对地形、地物有良好的适应性。
(3) 在圆曲线上行驶时,车辆受离心力作用,当受到的离心力大于一定值时,车辆就会有发生倾覆或横移的危险。此外,汽车在圆曲线上行驶时,各轮的轨迹半径不同,相较于直线对路面宽度要求更高。
(4) 汽车在小半径圆曲线上行驶时,视距往往会受到内侧路堑边坡或其他地物影响,相较于直线视距更差,容易发生事故。

二、圆曲线的特征指标

1. 圆曲线半径

行驶在圆曲线上的汽车横向稳定性受到离心力影响,离心力的大小又与圆曲线半径密切相关,半径越小,离心力越大。因此,在选择圆曲线半径时,应根据汽车行驶稳定性并结合地形及其他条件进行考虑。根据行车动力学,圆曲线半径可表示如下:

$$R = \frac{V^2}{127(\mu + i_h)} \tag{4-1}$$

式中:V——行车速度,km/h;
  μ——横向力系数;
  i_h——超高值。

由式(4-1)可以看出,在车速一定的情况下,圆曲线的半径大小取决于横向力系数和超高值。通过对上述两个因素的讨论分析,即可确定圆曲线的最小半径。

(1)最大横向力系数μ_{max}的选用

横向力系数μ的选取受多种因素的影响,主要因素如下:

①行车安全因素

一般说来,汽车在圆曲线上行驶时,在发生倾覆之前,首先会产生滑移现象。因此,在选用横向力系数μ时应保证汽车不会发生滑移现象,即横向力系数μ不大于轮胎与路面之间的横向摩阻系数f,即$\mu \leq f$。

f的取值与车速、铺面类型以及环境、轮胎状态等都有直接关系。一般来说,干燥的路面上f值为0.4~0.8,潮湿的沥青路面上则降至0.25~0.4,当路面结冰或积雪时会降低到0.2以下。因此,横向力系数的取值应具体考虑设计道路所在地区的环境,表4-3给出了横向摩阻系数的参考值。

横向摩阻系数 表4-3

铺面类型	干燥路面	潮湿的沥青路面	积雪路面	结冰路面
摩阻系数	0.6	0.4	0.28	0.18

②经济性因素

在圆曲线路段,车辆的燃油消耗和轮胎磨损较直线路段都有所增加,表4-4是实测的不同横向力系数条件下燃料消耗和轮胎磨损情况。

横向力系数μ与燃料消耗和轮胎磨损关系 表4-4

横向力系数μ	燃料消耗(%)	轮胎磨损(%)
0	100	100
0.05	105	160
0.10	110	220
0.15	115	300
0.20	120	390

③操作难度因素

在圆曲线上行驶的汽车,在横向力作用下,弹性轮胎会产生横向变形,使轮胎的中间平面与轮迹前进方向形成一个横向偏移角,如图 4-4 所示,其存在增加了汽车在方向操纵上的困难。特别是车速较高时,轮胎的变形会更严重,作用在方向盘的力增大,驾驶人不易保持驾驶方向的稳定。

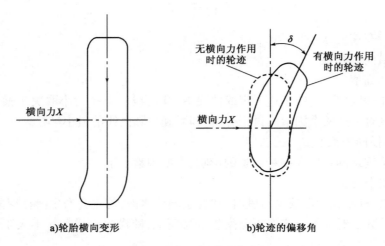

图 4-4 汽车轮胎的横向偏移角

④舒适性因素

横向力系数 μ 过大会引起操作难度的增大,从而导致汽车不能连续稳定行驶,有时还需要减速。对乘客而言,μ 值增大也会感到不舒适。根据试验,乘客随 μ 的变化其心理反应如下:

当 $\mu < 0.10$ 时,未感到有曲线存在,很平稳;

当 $\mu = 0.15$ 时,稍感到有曲线存在,尚平稳;

当 $\mu = 0.20$ 时,已感到有曲线存在,稍感不稳定;

当 $\mu = 0.35$ 时,感到有曲线存在,不稳定;

当 $\mu > 0.40$ 时,非常不稳定,感觉到倾覆的危险感。

综上所述,横向力系数 μ 关系到行车的安全、经济和舒适。在计算圆曲线最小半径时,需要确定一个合理的范围,一般 μ_{max} 取 $0.10 \sim 0.16$,车速低时取高值,车速高时取低值。

(2)最大超高率 $i_{h_{max}}$ 的选用

道路圆曲线上设置超高是为了抵消部分离心力的作用。超高值的设置不仅要考虑快车的转弯,也要考虑慢车的安全性。超高过大可能会引发慢车以及暂停在路上的车沿着合成坡度最大的方向滑移。因此,在选择超高时,不仅需要考虑超高值的大小,也要考虑超高与纵坡的合成坡度的大小。

确定最大超高率 $i_{h_{max}}$ 需要考虑道路所在地区的气候条件,也要考虑道路的功能性。公路的主要功能是交通运输,一般车速较高,可设置较大的超高值;城市道路除了上述功能外,还有保障人们日常出行的功能,车速高低混合,超高值不应设置过大;积雪冻灾区域道路应设置较小超高值。公路和城市道路的圆曲线最大超高横坡度参考值见表4-5。

最大超高横坡度 表4-5

	公路技术等级	高速公路、一级公路	二级公路、三级公路、四级公路
公路	一般地区(%)	8 或 10	8
	积雪冰冻地区(%)	6	
	城镇区域(%)	4	
城市道路	设计速度(km/h)	100,80	60,50	40,30,20
	最大超高横坡(%)	6	4	2

注:本表引用自《公路路线设计规范》(JTG D20—2017)和《城市道路工程设计规范(2016版)》(CJJ 37—2012)。

(3)圆曲线最小半径的确定

①一般最小半径

圆曲线的一般最小半径是指车辆按设计速度行驶在圆曲线上时,可以满足其安全性和舒适性的最小半径,它是通常情况下推荐采用的最小半径值,通常按照 $\mu = 0.05 \sim 0.06$ 与 $i_h = 6\% \sim 8\%$ 计算取整得到。

②极限最小半径

由于地形、地物等障碍受到限制时,圆曲线可采用极限最小半径,它是满足车辆按设计速度行驶在圆曲线上的安全性时所采用的最小半径值,通常按照不同设计车速和 $\mu = 0.06 \sim 0.1$ 与 $i_h = 8\%$ 代入计算取整得到。

③不设超高的最小半径

当地形、地物受到的障碍限制较小、圆曲线半径较大时,离心力产生的影响就较小,轮胎与地面之间的摩阻力可以保证汽车稳定安全行驶,此时路面可以不设超高,圆曲线半径采用不设超高最小半径。公路不设超高的圆曲线最小半径,当路拱横坡小于2%时,由 $\mu = 0.035$,$i_h = -1.5\%$ 确定;当路拱横坡大于2%时,由 $\mu = 0.04$,$i_h = -3\%$ 确定。城市道路不设超高的圆曲线最小半径由 $\mu = 0.06$,$i_h = -1.5\%$ 确定。上述最小半径参考值见表4-6。

道路圆曲线最小半径(单位:m) 表4-6

		设计速度(km/h)	120	100	80	60	40	30	20
公路	圆曲线最小半径(一般值)		1 000	700	400	200	100	65	30
	圆曲线最小半径(极限值)	$I_{max} = 4\%$	810	500	300	150	65	40	20
		$I_{max} = 6\%$	710	440	270	135	60	35	15
		$I_{max} = 8\%$	650	400	250	125	60	30	15
		$I_{max} = 10\%$	570	360	220	115	—	—	—
	不设超高的圆曲线最小半径	路拱≤2%	5 500	4 000	2 500	1 500	600	350	150
		路拱>2%	7 500	5 250	3 350	1 900	800	450	200

续上表

	设计速度(km/h)	100	80	60	50	40	30	20
城市道路	圆曲线最小半径(一般值)	650	400	300	200	150	85	40
	圆曲线最小半径(极限值)	400	250	150	100	70	40	20
	不设超高的最小半径	1 600	1 000	600	400	300	150	70

注:本表引用自《公路路线设计规范》(JTG D20—2017)和《城市道路工程设计规范(2016版)》(CJJ 37—2012)。

(4)圆曲线最大半径

当地形条件较好,在与地形条件相适应的前提下应尽量采用较大的圆曲线半径。但是当圆曲线半径的大小超过一定程度时,会给圆曲线的测设和施工带来一定的难度,并且容易给驾驶人带来视觉判断的错误,其几何性质与直线无异,已经失去了圆曲线原有的功能。研究表明,当圆曲线半径大于9 000m时,视线集中的300~600m范围内的视觉效果与直线没有区别,因此圆曲线的最大半径不宜超过10 000m。

2. 圆曲线最小长度

当汽车在圆曲线上行驶时,如果曲线过短,驾驶人操作方向盘的频率就会过高,尤其是在高速行驶的过程中,可能会导致事故发生,因此需要保留一定的圆曲线长度以保证汽车行驶状态的平稳过渡。一般来说,平曲线由前、后缓和曲线与中间圆曲线组成。若中间圆曲线过短,则此时曲线为凸形圆曲线,驾驶人会感觉操作不适,并且视觉上会有曲线突变的感觉,从而影响行车安全。通常在设置平曲线时,理论上至少应该不小于3倍回旋线的最小长度,即保证圆曲线长度应大于缓和曲线最小长度。通常取3s行程作为圆曲线的最小长度。

三、圆曲线的运用

在进行道路平面圆曲线设计时,不仅要保证行车安全舒适,也要考虑施工的可行性与经济性,应结合沿线地形、环境、景观等条件,尽量选用较大半径。但是,不能盲目采用高标准而导致工程量较大或破坏生态环境,也不能只考虑经济性而采用极限标准,其运用可以考虑如下几点:

(1)选定圆曲线半径应与地形相适应,以采用超高值为2%~4%的圆曲线半径为宜。

(2)地形条件限制时,可采用大于或接近圆曲线一般最小半径的取值;地形条件特殊困难不得已时,方可采用圆曲线极限最小半径。

(3)在选用圆曲线半径时,应与设计速度相适应,同衔接路段的平、纵线形要素相协调,以构成连续、均衡的曲线线形。

(4)应与纵断面线形相协调,避免小半径曲线与陡坡相重叠。

(5)从交通安全的角度考虑,以400m作为圆曲线半径选取的参考值。较多研究表明,大量交通事故与小半径曲线有关,事故率和事故严重程度随着曲线半径增加而降低,当圆曲线半径取200m时,交通事故率比圆曲线半径大于400m的路段至少高1倍;当圆曲线半径大于400m时,对行车速度影响不大,并且对事故率也没有显著的影响。

(6)选用圆曲线半径时,最大半径值一般以不超过10 000m为宜。理论研究和实践表明,当半径值大于3 000m时,汽车横向力系数差异极小,对于驾驶人来说,在驾驶操作上已和直线段无太大差异,乘客也感觉不到行驶舒适性的变化,汽车在超车道上行驶时满足停车视距要求的横净距也符合要求。因此大于3 000m的半径可认为是较大的半径,设置过大的半径可能会产生两种不利情况:一是为了控制曲线长度而设置小偏角,圆曲线偏转角不宜过小,通常应大于7°,当圆曲线偏转角较小时,在直线的尽头会呈现出急弯的视觉效果,给行车安全带来影响;二是为了增大偏角而加长平曲线长度,过长的大曲率平曲线对于驾驶人而言与长直线无异,会导致驾驶人出现驾驶疲劳。因此在选用大半径圆曲线时应保持谨慎的态度。

第四节 缓和曲线

一、缓和曲线的特点与作用

缓和曲线是道路平面线形三要素之一,它是设置在直线与圆曲线之间或半径相差较大的两个转向相同的圆曲线之间的一种曲率连续变化的曲线。除四级公路可不设缓和曲线外,其余各级公路都应按要求设置缓和曲线。在目前的高速公路上,缓和曲线所占的比例甚至超过了直线和圆曲线,已成为平面线形的主要组成部分。在城市道路上,缓和曲线也被广泛地使用,设计车速大于40km/h的城市道路,应按要求设置缓和曲线。缓和曲线与直线、圆曲线相比,有曲率渐变的特点,同时计算与测设也较为复杂。

作为平面线形中使用较多的要素,缓和曲线有如下作用:

(1)曲率连续变化,适应汽车转向行驶轨迹

汽车在转向行驶的过程中,会沿着一条曲率连续变化的轨迹线移动,它的形式和长度随着行驶速度、曲率半径、驾驶人转动方向盘的快慢决定。在汽车运行速度较低时,驾驶人尚可利用车道的富余宽度将汽车保持在车道范围内行驶。当汽车在运行速度较高时转弯,其曲率连续变化的轨迹线较长,在圆曲线上可能会驶离原车道,入侵其他车道。缓和曲线作为直线与曲线或同向曲线间插入的渐变路段,其曲率半径是渐变的,其渐变率与汽车转弯行驶轨迹特性相同,可以有效提高行车安全性。

(2)作为超高和加宽的过渡段

圆曲线上的车道宽度与超高值因车辆转弯轨迹与受力特性与直线不同,并且路面由双向横坡过渡至单向横坡、由正常车道宽度过渡至加宽宽度,都需要一个过程,这一变化通常是在缓和曲线内完成的。因此,缓和曲线作为过渡路段,往往是车道渐宽与超高过渡的路段。

(3) 离心加速度逐渐变化,使驾驶人和乘客感觉舒适

在圆曲线上行驶时汽车所受的离心力大小与圆曲线半径有关,若曲率产生突变,离心力变化过快,乘客与驾驶人会产生不适感与紧张情绪。因此设置缓和曲线可以使离心力均匀变化,增加行车舒适感。

(4) 与圆曲线配合,增加线形美观

圆曲线与直线直接相连,会产生曲率突变,视觉上会有不平顺的感觉。设置缓和曲线可以消除曲率突变,使线形平顺,增加线形美观,如图4-5所示。

a) 不设缓和曲线感觉路线扭曲　　　　b) 设置缓和曲线后变得平顺美观

图4-5　直线与曲线连接效果图

二、缓和曲线的性质以及类型

1. 缓和曲线的性质

缓和曲线是为汽车转弯行驶服务而设计的,其性质与汽车行驶特性有关。为研究汽车转弯行驶轨迹,假设汽车以 $v(\text{m/s})$ 匀速行驶,驾驶员以 $\omega(\text{rad/s})$ 匀速转动方向盘。方向盘转角 φ 与汽车前轮转角 ϕ 之间存在如下线性关系:

$$\phi = k\varphi = k\omega t \tag{4-2}$$

式中：t——行驶时间,s;

k——小于1的系数。

设汽车前后轮轴距为 d,前轮转动 ϕ 后,汽车行驶轨迹曲率半径为 r,如图4-6所示。

由图可知,其行驶半径为:

$$r = \frac{d}{\tan\phi} \tag{4-3}$$

由于 ϕ 很小,可以近似认为:

$$r \approx \frac{d}{\phi} = \frac{d}{k\omega t} \tag{4-4}$$

其行驶距离(弧长)为:

$$l = vt \tag{4-5}$$

代入式(4-4)得:

$$l \approx v\frac{d}{k\omega r} \tag{4-6}$$

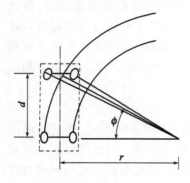

图4-6　汽车转弯行驶

其中,v、d、k、ω 均为常数,令:

$$\frac{vd}{k\omega} = C \qquad (4\text{-}7)$$

则有:

$$l = \frac{C}{r} \qquad (4\text{-}8)$$

或:

$$rl = C \qquad (4\text{-}9)$$

式(4-9)表明,汽车在转弯行驶时,其行驶距离的弧长与曲率半径的乘积为一常数,这一性质与数学上的回旋线正好相符。

2. 缓和曲线的形式

(1)回旋线作为缓和曲线

①回旋线的基本公式

由上述分析,回旋线的曲率半径与曲线长度的乘积为一定值。在数学上,回旋线的基本公式如下:

$$rl = A^2 \qquad (4\text{-}10)$$

式中:r——回旋线上某一点曲率半径,m;
$\quad l$——回旋线上某一点到原点的曲线长度,m;
$\quad A$——回旋线参数。

缓和曲线的参数 A 的大小决定了缓和曲线变化的缓急程度,如图4-7 所示。

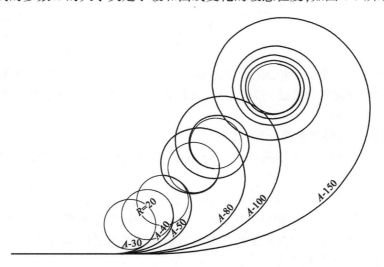

图4-7 不同参数的缓和曲线

A 值应根据汽车在缓和曲线上行驶的要求以及超高渐变率的要求决定。在设计时,可以选定缓和曲线长度,也可以通过确定缓和曲线参数 A 来计算缓和曲线长度。在回旋线的任意点上,r 是随着 l 的变化而变化的。对于回旋线的起点,曲率为 0,曲率半径无穷大。对于回旋线的终点,则有:

$$A = \sqrt{RL_s} \tag{4-11}$$

式中:R——圆曲线半径,m;
L_s——缓和曲线长度,m。

缓和曲线参数应与圆曲线半径相协调。经验认为,缓和曲线参数 A 与其连接的圆曲线半径之间存在一定关系,只要保持 $R/3 \leq A \leq R$,便可以获得视觉上协调平顺的线形。此关系只适用 R 在某种范围之间,当 R 取值较小时,例如 R 接近 100m,则可以选择 A 等于 R;当 R 取值较大或 R 接近于 3 000m,则可以取 $A = R/3$。

②回旋线的相似性

回旋线的形式只有一种,改变回旋线参数 A 就能得到不同比例大小的回旋线,A 相当于回旋线的比例系数,当 $A = 1$ 时,得到的回旋线为单位回旋线。根据相似性,可由单位回旋线的曲线要素计算任意回旋线的曲线要素。

(2)三次抛物线作为缓和曲线

将式(4-9)中的弧长 l 用 l 在横轴上的投影 x 代替,则能得到三次抛物线作为缓和曲线的方程:

$$rx = C \tag{4-12}$$

若仅取回旋线坐标方程中的第一项,则可得三次抛物线上各点的直角坐标方程:

$$\begin{cases} x = l \\ y = \dfrac{x^3}{6C} \end{cases} \tag{4-13}$$

式中,$C = RL_s$。

三次抛物线的曲率半径特点与回旋线类似,也是随着长度由无穷大逐渐减小。当缓和曲线的切线与横轴夹角 β 达到 24°之后,又开始增加。所以,三次抛物线用作缓和曲线的条件是 β 不大于 24°。

(3)双纽线作为缓和曲线

将式(4-9)中的弧长 l 用曲线的弦长 a 代替,则能得到双纽线作为缓和曲线的方程:

$$ra = C \tag{4-14}$$

双纽线的极角为 45°时,曲率半径最小。此后半径增大至无穷,全程转角 270°。因此当转角较大,半径较小时,如在立交的匝道或回头曲线上可采用双纽线设置整个曲线,代替两段缓和曲线和一段圆曲线。

上述三种缓和曲线形式在转角较小时(5°~6°)几乎没有差别,随着转角增大,每种曲线都显示出不同的性质,如图 4-8 所示。三次抛物线长度增加最快,曲率半径减小最慢;而回旋线长度增加最慢,曲率半径减小最快,可根据不同情况选取缓和曲线形式。此外,还有高次的抛物线、正弦曲线、麦克康奈尔曲线等也可作为缓和曲线。但回旋线仍是缓和曲线最常使用的形式,我国推荐的缓和曲线形式也是回旋线。

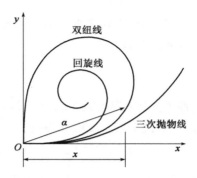

图 4-8　不同形式的缓和曲线

三、缓和曲线最小长度

缓和曲线有提供汽车完成不同曲率之间行驶过渡、道路加宽过渡以及超高过渡的作用,所以应该具有足够的长度来保证过渡均匀平顺,以便驾驶人能平稳操作,使乘客感觉舒适,保持线形美观流畅。所以,缓和曲线应有最小长度的限制。可以从下面几个方面来考虑:

(1) 乘客感觉舒适

汽车上的乘客最直观的感受是所受到的离心加速度。汽车在缓和曲线上行驶,其离心加速度随着缓和曲线的曲率变化而变化,如果变化过快,会使乘客感受到明显的离心加速度,并影响舒适性。假设在 $t(s)$ 时间内,汽车由缓和曲线的起点驶至终点,曲率半径 r 由无穷大均匀变化至 R,离心加速度由 0 均匀增加到 v^2/R,离心加速度变化率为:

$$a_s = \frac{a}{t} = \frac{v^2}{Rt} \tag{4-15}$$

假设汽车等速行驶,则 $t = L_s/v$,代入得:

$$L_s = \frac{v^3}{Ra_s} \tag{4-16}$$

式中离心加速度变化率 a_s 的取值,各国不尽相同。在高速公路中,英国采用 0.3m/s^3,美国采用 $0.35 \sim 0.6\text{m/s}^3$,我国一般采用 $0.5 \sim 0.6\ \text{m/s}^3$。若以 $V(\text{km/h})$ 表示设计速度,则最小缓和曲线长度 $L_{s(\min)}$ 的计算公式为:

$$L_{s(\min)} = 0.0214 \frac{V^3}{Ra_s} \tag{4-17}$$

(2) 超高渐变率适中

在缓和曲线上,超高和加宽往往都是同时过渡的,若过渡段太短,路面会快速地由双向横坡变为单向横坡,从而影响驾驶人操作和乘客乘车的舒适性。当圆曲线上的超高值一定时,超高渐变率取决于缓和曲线长度,超高渐变率太大或太小都会产生不利影响,太大会使行车左右摇摆,太小会影响路面排水。可通过查阅相关规范选取合适的超高渐变率，根据下式计算缓和曲线最小长度：

$$L_{s(\min)} = \frac{B'\Delta i}{p} \tag{4-18}$$

式中：B'——路面横坡旋转轴至行车道（有路缘带时为路缘带）外侧边缘的宽度，m；

Δi——超高值与路拱横坡的代数差，%；

p——超高渐变率。

(3) 行驶时间不过短

无论缓和曲线参数如何，都不能使车辆在缓和曲线上行驶距离过短，应给驾驶人留有一定的操作时间和反应时间。一般要求汽车在缓和曲线上行驶时间至少有3s，即：

$$L_{s(\min)} = \frac{V}{1.2} \tag{4-19}$$

根据影响缓和曲线长度的各项因素，各种情况下缓和曲线的最小长度可参考表4-7。

不同设计速度下缓和曲线最小长度　　　表4-7

设计速度(km/h)	120	100	80	60	40	30	20
缓和曲线最小长度(m)	100	85	70	50	35	25	20

注：本表引用自《公路路线设计规范》(JTG D20—2017)。

值得注意的是，采取的缓和曲线最小长度不一定能满足超高渐变率的要求，需要经过验算后取用5或10的倍数来确定。在条件不受限制时，宜采用较长的缓和曲线。

四、缓和曲线的运用

缓和曲线作为平面线形三要素之一，不应该仅仅视为一种过渡线形，在设计时应该注意与直线和圆曲线相互协调配合，在线形组合上产生良好的行车视觉效果。缓和曲线在运用上有如下要点：

(1) 缓和曲线的参数宜根据地形条件和线形要求确定，并与圆曲线半径协调；缓和曲线长度除了满足最小缓和曲线长度外，还应考虑超高过渡段最小长度的要求。

(2) 两反向圆曲线相连接时，若直线长度不足，可以用缓和曲线将两反向圆曲线直接相连，组合成S形曲线。

(3) 两同向圆曲线相连接时，若直线长度不足，可以用缓和曲线将两同向圆曲线相连组成卵形曲线。当受地形条件限制时，可用缓和曲线与圆曲线组成凸形曲线、复合曲线或C形曲线等形式。

(4) 当圆曲线半径较大时，缓和曲线的过渡效果甚微，即使直线与圆曲线直接相连，汽车也能平稳行驶，此时可以省略缓和曲线。

下列情况下缓和曲线可以省略：

① 直线与圆曲线之间缓和曲线的省略

高速公路、一级、二级以及三级公路圆曲线半径大于或等于不设超高的最小圆曲线半径时，可以不设缓和曲线；四级公路可不设缓和曲线，但应在直线段设置超高与加宽过渡段。城市道路设计速度低于 40km/h 时可以不设缓和曲线；当设计速度大于 40km/h 时，若半径大于或等于不设超高的圆曲线半径时，可不设缓和曲线，见表 4-8。

不设缓和曲线的圆曲线最小半径　　　　表 4-8

公路	设计车速(km/h)		120	100	80	60	40	30	20
	不设缓和曲线的最小圆曲线半径(m)	路拱≤2%	5500	4000	2500	1500	600	350	150
		路拱>2%	7500	5250	3350	1900	800	450	200
城市道路	设计车速(km/h)		100	80	60	50	40	30	20
	不设缓和曲线的最小圆曲线半径(m)		3000	2000	1000	700	500	—	—
	不设超高最小半径(m)		1600	1000	600	400	300	150	70

注：本表引用自《公路路线设计规范》(JTG D20—2017)和《城市道路工程设计规范(2016 版)》(CJJ 37—2012)。

②不同圆曲线之间缓和曲线的省略

在直线和圆曲线之间设置缓和曲线后，圆曲线产生内移值 p，在 L_s 一定的情况下，p 与圆曲线半径成反比；当 R 大到一定程度时，p 值甚微，即使直线与圆曲线直接相连，汽车也能完成曲率渐变行驶。当小圆半径大于不设缓和曲线圆曲线最小半径(表 4-8)时，可省略缓和曲线。当小圆半径大于复曲线中小圆临界圆曲线半径(表 4-9)并符合下列条件之一时，也可不设缓和曲线：

a) 小圆曲线按规定设置相当于最小长度的缓和曲线时，其大圆与小圆的内移值之差小于 0.1m；

b) 设计速度大于或等于 80km/h 时，大圆半径与小圆半径之比小于 1.5；

c) 设计速度小于 80km/h 时，大圆半径与小圆半径之比小于 2。

复曲线中小圆临界曲线半径　　　　表 4-9

设计速度(km/h)	120	100	80	60	40	30
临界圆曲线半径(m)	2100	1500	900	500	250	130

注：本表引用自《公路路线设计规范》(JTG D20—2017)。

第五节　平面线形设计及成果

一、平面线形设计的一般原则

平面线形设计包含三要素，不同要素各有其设计要求，分别符合要求的各要素的直接组合并不一定是美观、安全、平顺的。在平面线形设计中应遵循如下原则：

(1) 平面线形应直捷、连续、均衡，并与沿线的地形、地物相适应，与周围环境相协调。

平面线形应适应环境，宜曲则曲，宜直则直，不片面追求直曲。在地势平坦开阔的平原微丘区,路线直捷舒顺,平面线形三要素中直线所占比例较大;在地势起伏的山岭重丘区,路线弯曲多变,曲线在平面线形中所占的比例较大,平面线形以曲线为主。如在没有任何障碍物的开阔地区(如戈壁、草原),人为设置一些不必要的曲线,或在高低起伏的山岭地区硬拉长直线都会产生不协调。直线、圆曲线、缓和曲线的选用及其合理组合,都取决于地形、地物等具体条件,片面强调路线以直为主或以曲为主,或人为规定三者的比例都是不合适的。

(2)平面线形的组合应连续、合理。

道路的设计是以一定的设计速度为基础进行的,为使道路上的汽车运行速度与设计速度保持一致性,同时尽量减小各路段的运行速度差距,平面线形的组合应保持连续平顺,避免出现技术指标的突变以及不良的线形组合,主要包括以下几点:

①直线与平曲线的组合

直线与平曲线之间组合应保持一定比例,同向曲线之间与反向曲线之间应具有足够的直线长度。设计时应尽量避免以下组合:

a)长直线尽头接小半径平曲线。长直线和长大半径平曲线会导致较高的速度,若突然出现小半径平曲线,会因减速不及而发生事故。若因地形所限小半径曲线难免时,中间应插入中等曲率的过渡性平曲线。

b)短直线接大半径平曲线。这种组合主要是线形均衡性差,且线形不美观。根据国外设计经验,从视觉及安全考虑,当直线与平曲线相接时,圆曲线半径 R 与其前后的直线长度L_z应满足:$L_z \leq 500m$ 时,$R \geq L_z$;$L_z > 500m$ 时,$R \geq 500m$。

②平曲线与平曲线的组合

相邻平曲线之间的设计指标应连续、均衡,避免突变。在条件允许时,相邻圆曲线大半径与小半径之比宜小于2.0,相邻缓和曲线参数之比宜小于2.0,以保证汽车运行速度的协调性。

③不同设计速度路段之间需要过渡

同一等级道路因地形变化在指标的采用上会有变化,同一条道路按不同设计速度的各设计路段之间也会形成技术标准的变化。当遇有这种高、低标准变化的路段时,不仅需要满足设计速度之间的协调性,还应结合地形的变化,使路线的平面线形指标逐渐过渡,避免出现突变。不同标准路段相互衔接的地点,应选在交通量发生变化处,或驾驶人能明显判断前方需改变速度的地方。

(3)平面线形应与纵断面相协调。

在平面线形设计中,应考虑纵断面设计的要求,与纵断面线形相协调,应注意以下几点:

①长大下坡坡底不宜接入小半径曲线

在长大下坡中,汽车速度往往较快,尤其是大型载重车,若坡度、坡长较大,可能会出现汽车制动性能下降甚至失灵的情况,若坡底接入小半径曲线,可能会因为车速较快转弯不及时发生事故。

②平曲线应将竖曲线包含在内

在设计中,竖曲线的起点和终点应在同一平曲线的起点和终点之间,做到"平包竖",避免在凸形竖曲线的顶部和凹形竖曲线的底部插入小半径平曲线,导致视距不良。特别是在平原微丘区,平曲线的指标一般都比较高,与铁路、河流、主要道路交叉的地方往往是纵断面线形的控制点,在设计平面线形时,应考虑平原区道路纵断面设计的特殊性,为纵断面设计留有活动余地。

(4) 平曲线应具有足够的长度。

汽车在道路的曲线路段上行驶时,如平曲线长度过短,驾驶人需急转方向盘,在高速行驶时是不安全的,也会使离心加速度变化率过大,乘客会感到不舒适。当道路转角很小时,容易产生圆曲线半径很小的错觉。因此,平曲线应保证一定长度,最小平曲线长度一般应按下述条件考虑确定:

①驾驶人操作从容、乘客感觉舒适的平曲线最小长度

平曲线一般由前、后回旋线和中间圆曲线三段组成。根据经验,在每段曲线上驾驶人操作方向不感到困难至少需要 3s,如果存在圆曲线,则需要 9s 行程;若仅有缓和曲线,也需要 6s 行程。因此按 6s 的行程时间确定平曲线最小长度是适宜的,平曲线最小长度可参考表 4-10。

各级公路平曲线最小长度　　　　　　　　　　　表 4-10

设计速度(km/h)		120	100	80	60	40	30	20
平曲线最小长度(m)	一般值	600	500	400	300	200	150	100
	极限值	200	170	140	100	70	50	40

注:本表引用自《公路路线设计规范》(JTG D20—2017)。

②转角小于 7°时的平曲线最小长度

考虑路线直捷要求,平曲线转角小一些为宜。但转角过小时,即使半径较大,也会将平曲线的长度看得比实际的短,造成急转弯的错觉。因此,当路线转角 $\alpha < 7°$ 时,应设置较长的平曲线。当 $\alpha < 7°$ 时,平曲线仍按照由两段回旋线组成的平曲线长度设置,使 $\alpha < 7°$ 的平曲线外距 E 与 $\alpha = 7°$ 时的 E 相等,此时其长度应大于表 4-11 规定(当 $\alpha < 2°$ 时,按 $\alpha = 2°$ 计)。

小转角平曲线最小长度表　　　　　　　　　　　表 4-11

设计速度(km/h)		120	100	80	60	40	30	20
平曲线最小长度(m)	一般值	$1400/\alpha$	$1200/\alpha$	$1000/\alpha$	$700/\alpha$	$500/\alpha$	$350/\alpha$	$280/\alpha$
	最小值	200	170	140	100	70	50	40

注:本表引用自《公路路线设计规范》(JTG D20—2017)。

二、平面线形要素组合设计

由平面线形三要素(直线、圆曲线和缓和曲线)可得到多种平面线形组合形式。对道

路平面线形设计,主要有基本型、S 形、卵形、凸形、C 形、复合形和回头曲线等。

1. 平面线形基本类型的要素计算

平面线形的多种组合,都是基本型曲线的特殊情况,在进行平面线形要素计算的时候,其方法都是相近的,因此本节将以基本型曲线的计算为例,对平面线形要素计算进行介绍。

平曲线按照缓和曲线—圆曲线—缓和曲线方式组合叫基本型曲线,也是平曲线中使用最多的一种组合类型。当两缓和曲线参数相同时,该类型曲线称为对称基本型;反之则叫非对称基本型。当不设缓和曲线时,称为简单型。从线形协调性来说,缓和曲线与圆曲线的长度之比宜设为 1∶1 或 1∶2,并应避免曲率突变。对称基本型曲线计算图示如图 4-9 所示。

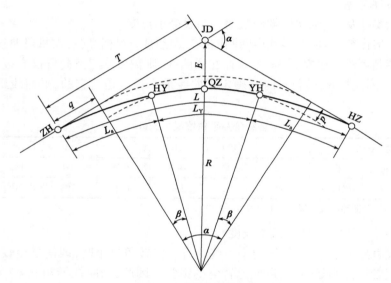

图 4-9 对称基本型曲线

在对称基本型曲线上,有五个主点:ZH 为直线与缓和曲线的连接点,HY 为缓和曲线与圆曲线的连接点,QZ 为平曲线的中点,YH 为圆曲线与缓和曲线的连接点,HZ 为缓和曲线与直线的连接点,JD 为导线连接点。曲线上各集合元素计算公式如下。

内移值:

$$p = \frac{L_s^2}{24R} - \frac{L_s^4}{2688 R^3} \tag{4-20}$$

切线增长值:

$$q = \frac{L_s}{2} - \frac{L_s^3}{240 R^2} \tag{4-21}$$

缓和曲线角:

$$\beta_0 = \frac{L_s}{2R} \frac{180°}{\pi} = 28.6479 \frac{L_s}{R} \tag{4-22}$$

切线长：

$$T = (R + p)\tan\frac{\alpha}{2} + q \tag{4-23}$$

平曲线长：

$$L = (\alpha - 2\beta_0)\frac{\pi}{180}R + 2L_s \tag{4-24}$$

外距：

$$E = (R + p)\sec\frac{\alpha}{2} - R \tag{4-25}$$

切曲差：

$$J = 2T - L \tag{4-26}$$

式中：L_s——缓和曲线长度，m；
　　　R——圆曲线半径，m；
　　　α——平曲线转角，°。

2. 平面线形桩号计算

在完成平曲线各个线形要素的计算后，就可以根据各曲线要素以及导线交点坐标，计算并校核各主点桩号如下。

直缓点：

$$\text{ZH} = \text{JD} - T \tag{4-27}$$

缓圆点：

$$\text{HY} = \text{ZH} + L_s \tag{4-28}$$

圆缓点：

$$\text{YH} = \text{HY} + L_Y \tag{4-29}$$

缓直点：

$$\text{HZ} = \text{YH} + L_s \tag{4-30}$$

曲中点：

$$\text{QZ} = \text{HZ} - \frac{L}{2} \tag{4-31}$$

导线交点：

$$\text{JD} = \text{QZ} + \frac{J}{2} \tag{4-32}$$

3. 平面线形要素组合类型

（1）基本型曲线

如图 4-10 所示，平曲线按直线—回旋线（A_1）—圆曲线—回旋线（A_2）—直线顺序的组合形式称为基本型曲线。

当两回旋线的参数值相等，即 $A_1 = A_2$ 时，叫对称基本型；$A_1 \neq A_2$ 时，叫非对称基本型；当 $A_1 = A_2 = 0$（即不设缓和曲线）时，又称为简单型。

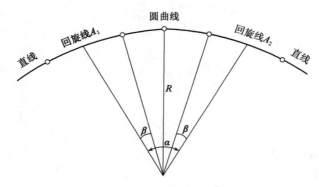

图 4-10 基本型曲线

基本型中的回旋线参数、圆曲线最小长度都应符合有关规定。两回旋线参数可相等，也可根据地形条件设计成不相等的非对称型曲线。为保证线形的协调性，回旋线、圆曲线和回旋线的长度之比宜设计成 1∶1∶1 至 1∶2∶1，并注意满足设置基本型曲线的几何条件：

$$2\beta \leq \alpha \tag{4-33}$$

式中：α——路线转角，°；
　　　β——回旋线角，°。

（2）S 形曲线

两反向圆曲线直接用两段缓和曲线相连组合成的线形称为 S 形曲线，如图 4-11 所示。

从行驶力学、线形协调性和超高过渡考虑，S 形曲线的两缓和曲线参数 A_1 和 A_2 宜相等；当条件受限采用不同参数时，参数之间差距不宜过大，A_1 与 A_2 之比以小于 2.0 为宜，有条件时应小于 1.5。S 形曲线的两反向缓和曲线应以径向连接为宜。当不得已插入短直线或两缓和曲线相互重合时，短直线或重合段长度 L 应符合下列规定：

$$L \leq \frac{A_1 + A_2}{40} \tag{4-34}$$

此外，两反向圆曲线半径不应差距过大，小圆半径 R_2 与大圆半径 R_1 之比以 $R_2/R_1 \leq 1/2$ 为宜。

(3)卵形曲线

两同向曲线之间通过一个缓和曲线连接的组合形式称为卵形曲线。如图 4-12 所示。

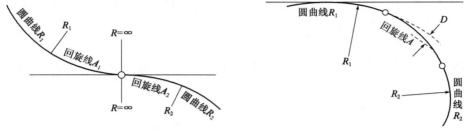

图 4-11　S 形曲线　　　　　　图 4-12　卵形曲线

卵形曲线的公用缓和曲线参数 A 的值宜在 $R_2/2$ 与 R_2 之间（R_2 为小圆半径），两圆曲线半径之比以 $R_2/R_1 = 0.2 \sim 0.8$ 为宜，两圆曲线之间最小间距以 $D/R_2 = 0.003 \sim 0.03$ 为宜。值得注意的是，卵形曲线的大圆应能完全包住小圆，两圆曲线之间的缓和曲线不是由原点开始的，而是由曲率从 $1/R_1$ 到 $1/R_2$ 的一段不完整缓和曲线。

(4)凸形曲线

两个同向缓和曲线中间不插入圆曲线，直接径向相连而成的组合称为凸形曲线，如图 4-13 所示。

凸形曲线的缓和曲线参数及其连接点的曲率半径，应分别符合容许最小缓和曲线参数和圆曲线一般最小半径的规定。其次，在对接点附近的 $0.3V$（以 m 计；其中 V 为设计速度，按 km/h 计）长度范围内，应保持以对接点的曲率半径确定的路拱横坡度。

凸形曲线尽管在各衔接处的曲率是连续的，但因中间圆曲线的长度为 0，对驾驶操纵亦造成一些不利因素，所以只有在路线严格受地形、地物限制，且对接点的曲率半径相当大时方可采用。

(5)复合型曲线

将两个以上的同向缓和曲线在曲率相等处相互连接的组合形式称为复合型曲线，如图 4-14 所示。

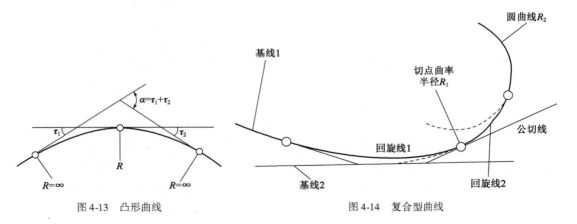

图 4-13　凸形曲线　　　　　　图 4-14　复合型曲线

复合型曲线的两个缓和曲线参数之比应控制为 $A_1:A_2=1:1.5$。复合形曲线的缓和曲线，其曲率半径和参数是变化的，驾驶人需要不断变化速度和方向，以适应曲线变化，驾驶难度较高，除了受地形限制或其他特殊条件限制，一般很少用复合型曲线，其多出现在互通式立交的匝道线形设计中。

(6) C 形曲线

两同向缓和曲线在曲率为零的地方径相衔接的形式称为 C 形曲线，如图 4-15 所示。

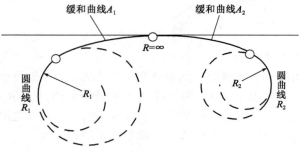

图 4-15　C 形曲线

缓和曲线参数 A_1 与 A_2 之间的参数没有限制，连接处的曲率为零，相当于两基本型的同向曲线中间直线长度为零，对行车和线形都带来一些不利影响，所以 C 形曲线只有在特殊地形条件下方可使用。

(7) 回头曲线

当地形、地质条件崎岖陡峭时，为了克服高差，需要延长道路的长度以便设置平缓坡度展线，所设置的圆心角接近于或者大于 180°的回头形状的曲线，称为回头曲线，如图 4-16 所示。

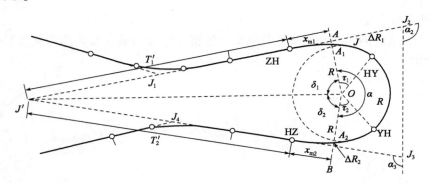

图 4-16　回头曲线

回头曲线通常由三个基本型曲线构成，两边设置辅曲线以防下坡直线过长直接接入小半径曲线。下线辅曲线视地形可设可不设，上线辅曲线半径 R 与主曲线半径 R 比值不宜大于 2.0，主曲线技术指标规定可参照最新规范。回头曲线前后线形要有连续性，两头以布置过渡性曲线为宜，还应设置限速标志，并采取保证良好通视的技术措施。主、辅曲线之间可以是同向曲线,也可以是反向曲线,其间的直线可设,也可不设。相邻两回头曲线之间应该争取有一个较长的间距,由一个回头曲线终点到下一个回头曲线的起点的距离,设计速度为40km/h、30km/h、20km/h时,分别不应小于200m、150m、100m。三、四级公路在自然展线无法争取到需要的距离以克服高差,或因地形、地质条件所限不能采用自然展线时,可采用回头曲线。高差较大的山城道路也可采用回头曲线。

三、平面线形设计实例

【例 4-1】 已知平原区某二级公路有一弯道(图 4-17),偏角 α 右 $= 15°28'30''$,半径 $R = 600\text{m}$,缓和曲线长度 $L_s = 70\text{m}$,JD = K2 + 536.48。请计算曲线主点里程桩号和曲线上每隔 25m 整桩号的切线支距值。

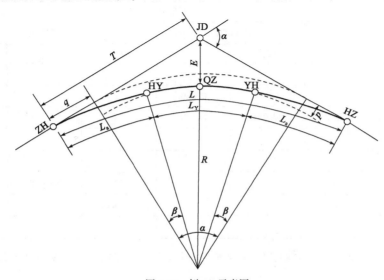

图 4-17 例 4-1 示意图

解:(1)曲线要素计算如下:

$$p = \frac{L_s^2}{24R} = \frac{70^2}{24 \times 600} = 0.340(\text{m})$$

$$q = \frac{L_s}{2} - \frac{L_s^3}{240\,R^2} = \frac{70}{2} - \frac{70^2}{240 \times 600^2} = 35.000(\text{m})$$

$$T = (R+p)\tan\frac{\alpha}{2} + q = (600+0.340)\tan\frac{15.475}{2} + 35.000 = 116.569(\text{m})$$

$$L = \frac{\pi}{180}\alpha R + L_s = \frac{\pi}{180} \times 15.475 \times 600 + 70 = 231.972(\text{m})$$

$$E = (R+p)\sec\frac{\alpha}{2} - R = (600+0.340)\sec\frac{15.475}{2} - 600 = 5.792(\text{m})$$

$$J = 2T - L = 2 \times 116.569 - 231.972 = 1.166(\text{m})$$

(2) 以交点里程桩号为起算点,各交点里程桩号为:

JD = K2 + 563.48

ZH = JD − T = K2 + 536.48 − 116.565 = K2 + 419.915

HY = ZH + L_S = K2 + 419.915 + 70 = K2 + 489.915

QZ = ZH + L/2 = K2 + 419.915 + 232.054/2 = K2 + 535.942

HZ = ZH + L = K2 + 419.915 + 232.054 = K2 + 651.969

YH = HZ − L_S = K2 + 651.969 − 70 = K2 + 581.969

校验:QZ + J/2 = K2 + 535.942 + 1.077/2 = K2 + 536.481

(3) 曲线 25m 整桩号切线支距计算见表 4-12。

示例 4-1 切曲支距计算表(m)　　　　表 4-12

桩 号	l	计算切线支距				
		缓和曲线		圆曲线		
		X_S	Y_S	ϕ_m	X_C	Y_C
ZH +419.915	0	0	0			
K2 + 425	5.085	5.085	0.000			
K2 + 450	30.085	30.085	0.108			
……						
HY +489.915	70	69.976	1.361			
K2 + 500	10.085			4.3053	80.038	2.033
K2 + 525	35.085			6.6926	104.922	4.428
……						

LCZ = K2 + 425(缓和曲线段),ZH = K2 + 419.915,l = 2425 − 2419.915 = 5.085

$$x = l - \frac{l^5}{40A^4} = l - \frac{l^5}{40R^2L_s^2} = l - \frac{5.085}{40 \times 600^2 \times 70^2} = 5.085$$

$$y = \frac{l^3}{6A^2} = \frac{l^3}{6RL_s} = \frac{5.085^3}{6 \times 600 \times 70} = 0.000$$

LCZ = K2 + 500(圆曲线段),HY = K2 + 489.915,l_m = 2500 − 2489.915 = 10.085

$$\phi_m = \alpha_m + \beta_0 = 28.648\left(\frac{2l_m + L_s}{R}\right) = 28.948\left(\frac{2 \times 10.085 + 70}{600}\right) = 4.3053°$$

$$x = q + R\sin\phi_m = 34.996 + 250\sin4.3053 = 80.038(m)$$

$$y = p + R(1 - \cos\phi_m) = 0.34 + 250(1 - \cos4.3053) = 2.033(m)$$

【例 4-2】 平原区某公路有两个交点间距 407.54m,JD_1 = K7 + 231.38,偏角 α_1 = 12°14′31.2″(左偏),半径 R_1 = 1200m;JD_2 为右偏,α_2 = 15°19′30″,R_2 = 1000m,如图 4-18 所示。按 S 形曲线计算,求 L_{S1}、L_{S2} 长度。

图 4-18　例 4-2 示意图

解：令两曲线的切线长相等，则取 $T_1 = 407.54/2 = 203.77(\text{m})$，按各线形要素长度 1∶1∶1 计算 L_{S1}：

$$L_{S1} = \frac{\alpha R}{2} = 12.242 \times \frac{\pi \times 1200}{2 \times 180} = 128.20(\text{m})$$

取 $L_{S1} = 130\text{m}$，算得 $T_1 = 195.48\text{m}$，$203.77 - 195.48 = 8.29\text{m}$，即 T_1 计算值偏短。切线长度与缓和曲线的增减有近似 1/2 的关系，则：

$$L_{S1} = 130 + 2 \times 8.29 = 146.58(\text{m})$$

取 $L_{S1} = 140\text{m}$，则计算得 $T_1 = 200.49\text{m}$，$T_2 = 407.54 - T_1 = 207.05(\text{m})$，按 1∶1∶1 计算 L_{S2}：

$$L_{S2} = \frac{\alpha R}{2} = \frac{15.3250 \times \pi \times 1000}{2 \times 180} = 135.68(\text{m})$$

计算得 $T_2 = 204.45\text{m}$，$207.05 - 204.45 = 2.60(\text{m})$，则：

$$L_{S2} = 135.68 + 2.60 \times 2 = 140.88(\text{m})$$

计算得 $T_2 = 207.55\text{m}$，$207.05 - 207.055 = -0.005\text{m}$，则：

$$L_{S2} = 140.88 - 2 \times 0.005 = 140.87(\text{m})$$

四、道路平面设计成果

1. 道路平面设计表格

(1) 直线、曲线及转角表

直线、曲线及转角表(表 4-13)是路线平面设计的重要成果之一，它集中反映了道路平面设计的成果和数据，是施工放线和复测的主要依据。表中应列出交点号、交点里程、交点坐标转角、曲线要素值、曲线主点桩号、直线长、计算方位角等数据，以便于道路施工测设以及后续纵断面、横断面和构造物的设计需要。

(2) 逐桩坐标表

逐桩坐标表(表 4-14)是等级较高道路平面设计的成果之一，是道路中线放样的重要资料。等级较高道路的线形指标高，圆曲线半径较大，缓和曲线较长，在测设和放样时须采用坐标法，方能保证其测量精度。

① 坐标系统的采用

根据测区内原坐标系统，一般可做如下几种选择：

a) 采用统一的高斯正投影 3°带平面直角坐标系统；

b) 采用统一的高斯正投影 3°带或任意带平面直角坐标系统，投影面可采用 1985 年国家高程基准、测区抵偿高程面或测区平均高程面；

某公路直曲表

表 4-13

交点号	交点坐标 X	交点坐标 Y	交点桩号	转角值	半径	缓和曲线长度	曲线要素值 切线长度	曲线长度	外距	校正值
1	2	3	4	5	6	7	8	9	10	11
起点	41808.204	90033.595	K0+000.00							
2	41317.589	90464.099	K0+652.716	右 35°35′25.0″	800.000	0.000	256.777	496.934	40.199	16.620
3	40796.308	90515.912	K1+159.946	左 57°32′52.0″	250.000	50.000	162.511	301.100	35.692	23.922
4	40441.519	91219.007	K1+923.562	左 34°32′06.0″	150.000	40.000	66.753	130.412	7.545	3.094
5	40520.204	91796.474	K2+503.273	右 78°53′21.0″	200.000	45.000	187.380	320.375	59.533	54.385
6	40221.113	91899.700	K2+764.966	左 51°40′28.0″	224.130	40.000	128.667	242.140	25.224	15.194
7	40047.399	92390.466	K3+271.318	左 34°55′51.0″	150.000	40.000	67.323	131.449	7.715	3.197
8	40190.108	92905.941	K3+802.980	右 22°25′25.0″	600.000	0.000	118.932	234.820	11.674	3.044
终点	40120.034	93480.920	K4+379.175							

交点号	曲线位置 第一缓和曲线起点	第一缓和曲线终点或圆曲线起点	曲线中点	第二缓和曲线起点或圆曲线终点	第二缓和曲线终点	直线长度及方向 直线长度	交点间距	计算方位角或计算方向角	测量断链增减 桩号	长度	备注
	12	13	14	15	16	17	18	19	20	21	22
起点								138°44′00.0″			
2	K0+994.435	K0+395.939	K0+644.406	K0+829.873		395.939	625.716	174°19′25.0″			
3	K1+856.809	K1+047.435	K1+147.985	K1+248.535	K1+298.535	104.562	523.850	116°46′33.0″			
4	K2+315.893	K1+806.809	K1+922.015	K1+947.221	K1+987.221	558.274	787.538	82°14′27.0″			
5	K2+636.299	K2+360.893	K2+476.081	K2+591.268	K2+636.268	328.671	582.505	161°07′48.0″			
6	K2+203.995	K2+676.299	K2+757.369	K2+838.439	K2+878.439	0.031	316.078	109°27′20.0″			
7		K3+243.995	K3+269.720	K3+295.444	K3+335.444	325.56	521.546	74°31′29.0″			
8		K3+684.048	K3+801.458	K3+918.868		348.604	534.859	96°56′54.0″			
终点					406.307	579.239					

表 4-14 某公路逐桩坐标表

桩 号	坐 标 X	坐 标 Y	方向角	桩 号	坐 标 X	坐 标 Y	方向角
K1+500.00	40632.336	90940.861	116°46′33.0″	K2+140.00	40471.158	91636.529	82°14′27.0″
K1+540.00	40614.316	90876.572	116°46′33.0″	K2+160.00	40473.858	91456.346	82°14′27.0″
K1+570.00	40600.801	90903.355	116°46′33.0″	K2+180.00	40476.558	91476.163	82°14′27.0″
K1+600.00	40587.286	90930.139	116°46′33.0″	K2+200.00	40479.258	91495.980	82°14′27.0″
K1+630.33	40573.623	90957.216	116°46′33.0″	K2+220.00	40481.959	91515.797	82°14′27.0″
K1+669.00	40556.202	90991.740	116°46′33.0″	K2+240.00	40484.659	91535.613	82°14′27.0″
K1+680.00	40551.246	91001.561	116°46′33.0″	K2+260.00	40487.359	91555.430	82°14′27.0″
K1+700.00	40542.236	91019.416	116°46′33.0″	K2+280.00	40490.095	91575.247	82°14′27.0″
K1+720.00	40533.226	91037.272	116°46′33.0″	K2+300.00	40492.759	91595.064	82°14′27.0″
K1+750.00	40519.711	91064.055	116°46′33.0″	ZH+315.89	40494.905	91610.809	82°14′27.0″
K1+780.00	40506.196	91090.838	116°46′33.0″	K2+340.00	40497.902	91634.730	84°05′26.5″
K1+800.00	40497.816	91108.694	116°46′33.0″	HY+360.89	40499.302	91655.568	88°41′08.7″
K1+820.00	40488.176	91126.549	116°46′33.0″	K2+380.00	40498.828	91674.665	94°09′37.3″
K1+840.00	40479.166	91144.405	116°46′33.0″	K2+400.00	40496.383	91694.506	99°53′23.8″

c）三级和三级以下公路、独立桥梁、隧道和其他构造物等小测区，可不经投影，采用平面直角坐标系统在平面上直接计算；

d）在已有平面控制网的地区，应尽量沿用原有的坐标系统，如精度不符合要求，也应充分利用其点位，选用其中一点的坐标及含此点的方位角，作为平面控制的计算依据。

②中桩坐标的计算

逐桩坐标表中各个中桩坐标计算和测量的方法是按照"由整体到局部的"原则进行的，其步骤如下：

a）计算导线坐标

采用两阶段勘测设计的公路或一阶段设计但遇到地形困难的路段，一般都要先进行平面控制测量，而路线的平面控制测量多采用导线测量的方法，有条件时可以采用全球定位系统（GNSS）进行测量。导线测量的方法有经纬仪法、光电测距法和全站型电子速测仪法。其中全站仪可以直接读取导线点的坐标，其他方法可通过测得各边边长和转角后，用坐标增量法逐点推算其坐标。用 GNSS 定位技术观测，可以在测站之间不通视的情况下，高精度、高效率地测得某点的三维坐标。

b）计算交点坐标

当导线点的精度满足要求，并且经过平差后，即可展绘在图纸上测绘地形图（纸上定线），或以导线点为依据在现场直接测得路线各交点的坐标（直接定线）。纸上定线的交点坐标可以在图纸上量取，直接定线的交点坐标若是用全站仪测量，也可以很方便地获得。

c）计算各中桩坐标

可先计算直线和圆曲线主要点坐标，然后计算缓和曲线、圆曲线上每一个中桩的坐标。

2. 道路平面设计图

（1）公路平面设计图

公路路线平面设计图（图 4-19）是公路设计文件的主要成果之一，它综合反映了路线的平面位置、线形和几何尺寸，还反映沿线人工构造物和重要工程设施的布置及公路与沿线环境地形、地物和行政区划的关系等。路线平面设计图中应示出：沿线的地形、地物、线位及里程桩号、断链、平曲线主要桩位与其他交通路线的关系以及县以上境地界等；标注水准点、导线点及坐标网格或指北图式；标示出特大桥、大中桥、隧道、路线交叉位置等；列出平曲线要素和交点坐标表等；比例尺一般为 1∶2 000～1∶5 000。

等级较高公路设计文件中，除应绘制上述路线平面设计图外，还应增绘公路平面总体设计图。公路平面总体设计图，除路线平面图的内容外，还应示出路基边线、坡脚或坡顶线、路线交叉及其平面形式，服务区、停车场、收费站等。

（2）城市道路平面设计图

城市道路平面图（图 4-20）是城市道路设计成果的重要图纸组成之一。一般应标明路线、规划红线、行车道线、人行道线、停车场、绿化、交通标志、人行横道线、沿线建筑物出入口、各种地上地下管线的走向位置、雨水进水口、窨井等，注明交叉口及沿线里程桩，弯道及交叉口处应注明曲线要素、交叉口转角缘石的转弯半径等，比例尺一般为 1∶500～1∶1 000。

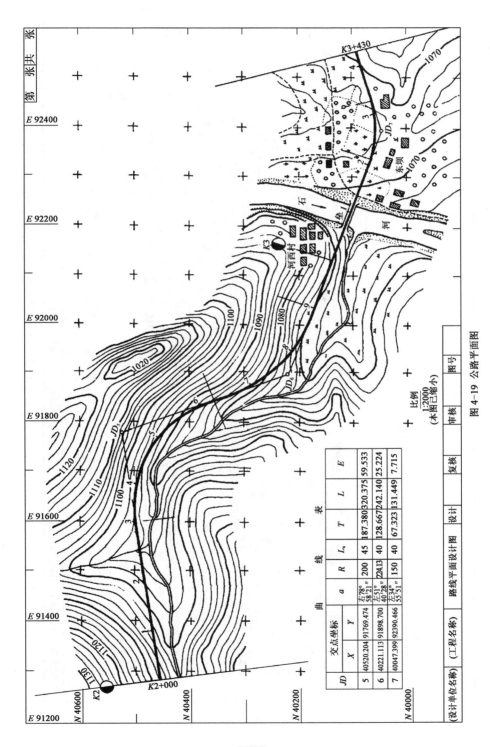

图 4-19 公路平面图

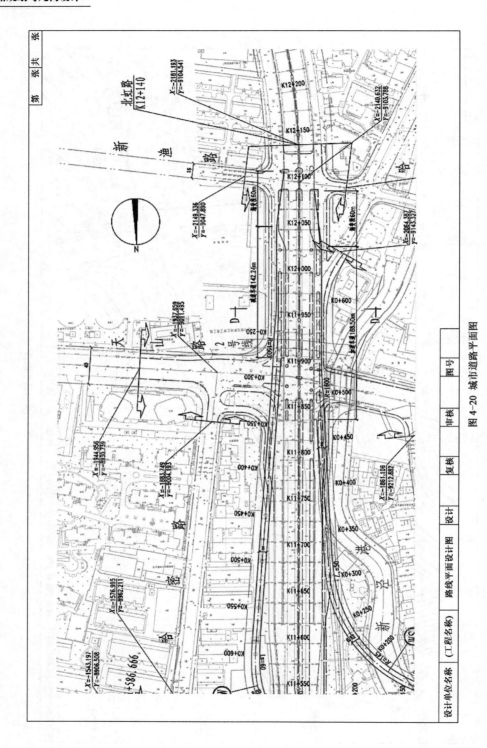

图 4-20 城市道路平面图

第六节　曲线段视距保证

汽车在平曲线上转弯时,行车视线可能会被弯道内侧的障碍物或其他地物阻挡,使行车视距受限,称为"暗弯"。凡是"暗弯"都应进行视距检查,若视距检查无法满足该道路的最短视距要求,则需要采取一定的措施将障碍物清除。若平曲线内侧存在房屋、护栏等构造物,则考虑将构造物后移,在不方便后移时,可以加宽路面对视距予以保证;若平曲线内侧由于挖方边坡或是树林阻碍视线,则应根据视距需要开挖视距台或移栽树木。

一、视距曲线与横净距

视距曲线是指沿着驾驶人视点轨迹每隔一定间隔绘出一系列与视点相切的外边缘线,如图 4-21 所示,AB 是驾驶人视点轨迹线,从该轨迹线上的不同位置(图中的 1,2,3…)引出一系列视线(图中的 1-1′,2-2′,3-3′…),其弧长都等于视距 S,与这些视线相切的曲线则称为视距曲线。在弯道各点的横净距是指驾驶人视点轨迹线与视距曲线之间的最大距离。横净距可根据不同情况进行计算。驾驶人视点轨迹一般取弯道内侧车道路面内缘 1.5m(不包括加宽),离地面 1.20m,在弯道各点的横断面中,驾驶人视点轨迹与视距曲线之间的距离称为横净距,用 h 表示;h_0 为障碍物到驾驶人视点距离,如图 4-22 所示。若某一截面横净距小于行车轨迹至障碍物距离,则视距能够得到保证,反之则无法保证视距。

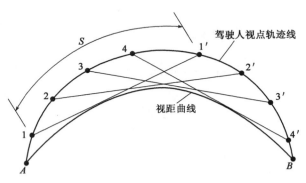

图 4-21　视距曲线

二、横净距计算

横净距计算可分为不设缓和曲线的横净距和设缓和曲线的横净距两种情况。

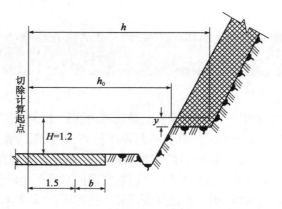

图 4-22　横净距示意图

1. 不设缓和曲线的横净距计算

（1）平曲线长度 $L >$ 视距 S（图 4-23）

$$h = R_\mathrm{S} - R_\mathrm{S}\cos\frac{\gamma}{2} \tag{4-35}$$

$$\gamma = \frac{180S}{\pi R_\mathrm{S}} \tag{4-36}$$

式中：h——横净距，m；

R_S——驾驶人在弯道内侧行驶时视点轨迹的曲线半径，m；

γ——视距对应的圆心角，(°)；

S——视距，m。

（2）平曲线长度 $L <$ 视距 S（图 4-24）

$$h = R_\mathrm{S} - R_\mathrm{S}\cos\frac{\alpha}{2} + \frac{S-L}{2}\sin\frac{\alpha}{2} \tag{4-37}$$

$$\alpha = \frac{180L}{\pi R_\mathrm{S}} \tag{4-38}$$

式中：$h = h_1 + h_2$；

$h_1 = R_\mathrm{s} - R_\mathrm{s}\cos\dfrac{\alpha}{2}$；

$h_2 = \dfrac{S-L}{2}\cdot\sin\dfrac{\alpha}{2}$；

α——道路转角，(°)；

L——曲线长度，m。

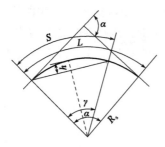
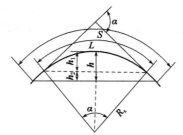

图 4-23　不设缓和曲线时横净距
计算图（$L > S$）

图 4-24　不设缓和曲线时横净距
计算图（$L < S$）

2. 设缓和曲线的横净距计算

（1）圆曲线长度 $L' >$ 视距 S（图 4-25）

此情况下，横净距计算方法与不设缓和曲线的横净距计算中的平曲线长度 $L >$ 视距 S 情况相同，可将圆曲线长度 L' 代入平曲线长度 L 中，参照式（4-35）和式（4-36）计算横净距。

（2）圆曲线长度 $L' <$ 视距 $S <$ 平曲线长度 L（图 4-26）

$$h = h_1 + h_2 = R_S - R_S \cos\frac{\alpha - 2\beta}{2} + \left(l - \frac{L_S - S}{2}\right)\sin\left(\frac{\alpha}{2} - \delta\right) \quad (4\text{-}39)$$

式中：β——回旋线角，(°)；

L_S——缓和曲线长度，m。

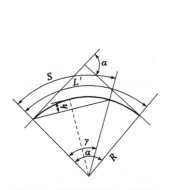
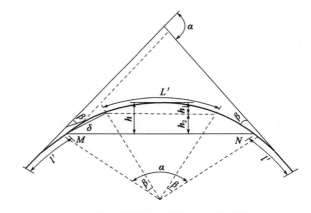

图 4-25　圆曲线长度 $L' >$ 视距 S

图 4-26　圆曲线长度 $L' <$ 视距 $S <$ 平曲线长度 L

（3）平曲线长度 $L <$ 视距 S（图 4-27）

$$h = h_1 + h_2 + h_3 = R_S - R_S \cos\frac{\alpha - 2\beta}{2} + l\sin\left(\frac{\alpha}{2} - \delta\right) + \frac{S - L_S}{2}\sin\frac{\alpha}{2} \quad (4\text{-}40)$$

值得注意的是，按公式计算出的横净距，是平曲线上的某一段视距曲线上需清除的最大横净距，而在整个平曲线上不同横断面的横净距是不一样的。若平曲线全线按照最大横净距清除障碍,会造成工程浪费,因此往往使用视距曲线图解法来完成视距检查。在视点轨迹线和视距曲线的空间范围内的物体都是会阻挡视距的障碍物,需要予以清除或采取一定措施。在完成视距检查后,需要增绘一部分横断面作为计算土石方和施工的依据。

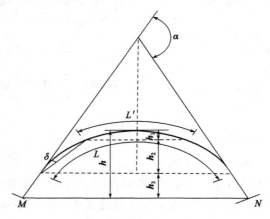

图 4-27　平曲线长度 $L<$ 视距 S

4-1　平面线形要素有哪些?它们各有哪些几何特征?

4-2　直线有哪些特点?其运用上需要注意什么?

4-3　圆曲线最小半径有哪些?其适用条件是什么?

4-4　缓和曲线的特点以及作用是什么?

4-5　如题 4-5 图所示,某丘陵区公路,设计速度为 40km/h,路线转角 $\alpha_{4右}=95°04'38''$,$\alpha_{5左}=69°20'28''$,JD_4 至 JD_5 距离 $D=267.71$m。由于地形限制,选定 $R_4=110$m,$L_{S4}=70$m,试确定 JD_5 的圆曲线半径 R_5 和缓和曲线长 L_{S5}。

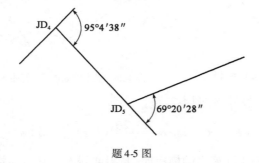

题 4-5 图

4-6　某山岭区二级公路设计速度为 60km/h,路线转角如题 4-6 图所示,$\alpha_1=29°30'$,

$\alpha_2 = 32°54'$, $\alpha_3 = 4°30'$，JD_1 到 JD_2，JD_2 到 JD_3 的距离分别是 566.84m 和 790m。选定 $R_1 = 300m$，$L_{S1} = 65m$，试确定 JD_2 和 JD_3 的圆曲线半径和缓和曲线长度。

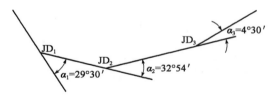

题 4-6 图

4-7 某双车道公路，设计速度 $V = 60$km/h，路基宽度 8.5m，路面宽度 7.0m。某平曲线 $R = 125$m，$L_s = 50$m，$\alpha = 51°32'48''$。平曲线内侧中心附近的障碍物距路基边缘 3m。试检查该平曲线能否保证停车视距和超车视距。若不能保证，清除的最大宽度是多少？

第五章

纵断面设计

通过本章学习,使学生掌握路线纵断面的设计任务及设计内容,道路纵坡的设计要求及相关规定,竖曲线的计算方法及设计要求;掌握道路纵断面设计的步骤和方法;掌握竖曲线的特点、竖曲线半径大小的规定,了解道路纵断面设计的主要成果等内容。

第一节 概述

沿着道路中线竖直剖切然后展开的立面为道路的纵断面,反映道路的高低起伏状况。由于自然因素的影响以及经济性要求,道路纵断面总是一条有起伏的空间线。纵断面图是道路纵断面设计的主要成果,也是道路设计的主要技术文件之一,如图5-1所示。把道路的纵断面图与平面图结合起来,就能准确地定出道路的空间位置。

在纵断面图上有两条主要的线:一条是地面线,它是根据中线上各桩点的高程而点绘的一条不规则的折线,反映了沿着中线地面的起伏变化情况。另一条是设计线,由直线和竖曲线两种线形要素所组成。它是根据汽车的动力性能、地形条件、路基临界高度以及运输与工程经济等方面的要求,通过技术、经济以及视觉效果等多方面的比选后定出来的,反映了道路路线的起伏变化情况。直线有上坡和下坡,是用高差、水平长度及纵坡度表示的。纵坡度 i 表征匀坡路段坡度的大小,用高差 h 与水平长度 l 之比量度,即 $i = h/l(\%)$。直线的坡度和长度影响着汽车的行驶速度、运输的经济以及行车的安全,它们的一些临界值的确定和必要的限制,是以通行的汽车类型及行驶性能来决定的。在直线的坡度转折处,为平顺过渡要设置竖曲线,按坡度转折形式的不同,竖曲线有凹有凸,其大小用半径和水平长度表示。

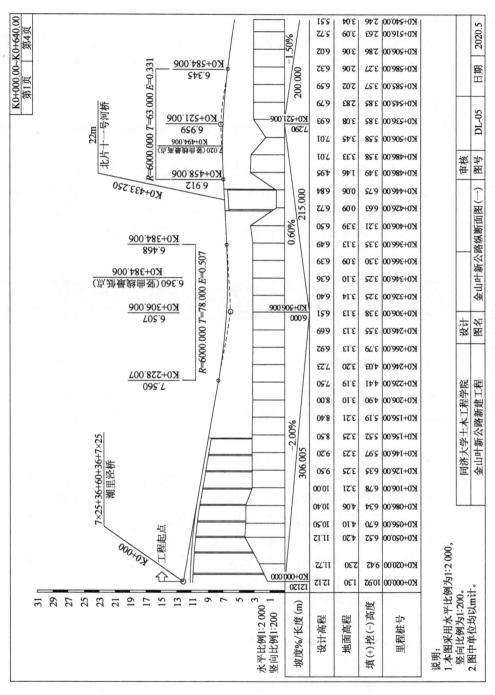

图 5-1 道路纵断面示意图

道路纵断面图上的设计高程,即路基设计高程。

1. 新建道路的路基设计高程

高速公路和一级公路宜采用中央分隔带的外侧边缘高程;二级公路、三级公路、四级公路宜采用路基边缘高程,在设置超高、加宽地段为设超高、加宽前该处边缘高程。

2. 改建公路的路基设计高程

宜按新建公路的规定执行,也可视具体情况而采用中央分隔带中线或行车道中线高程。

纵断面设计的主要任务就是根据汽车的动力特性、道路等级、地形、地物、水文地质情况,综合考虑路基稳定、排水以及工程经济性等,研究纵坡的大小、长短、竖曲线半径以及与平面线形的组合关系,以达到行车安全迅速、运输经济合理及乘客感觉舒适的目的。具体内容包括:纵坡设计(即确定坡度、坡长)、竖曲线设计、绘制纵断面图。

第二节　纵坡设计

一、纵坡设计的一般要求

为使纵坡设计达到经济合理的目的,在设计之前必须全面掌握勘测资料,并结合选(定)线时的纵坡考虑意图,经综合分析、比较后定出设计纵坡。纵坡设计应满足以下几点要求:

(1)纵坡设计必须满足标准和规范中的各项规定。

(2)为保证汽车能以一定的车速安全舒顺地行驶,纵坡应具有一定的平顺性,起伏不宜过大及过于频繁。尽量避免采用极限纵坡值,缓和坡段应自然地配合地形设置,在连续采用极限长度的陡坡之间,不宜插入过短的缓和坡段,以争取较均匀的纵坡。垭口附近的纵坡应尽量放缓一些。连续上坡或下坡路段,应避免设置反坡。

(3)纵坡设计时,应对沿线的地形、地质、水文、气候等自然条件综合考虑,根据具体情况妥善处理,以保证公路的畅通和稳定。

(4)地下水位较高的平原微丘区和潮湿地带的路段,应满足最小填土高度的要求,以保证路基稳定。

(5)纵坡设计在一般情况下应考虑填挖平衡,并尽量利用挖方运作就近路段填方,减少借方和废方,以降低工程造价。

(6)纵坡设计时,应照顾当地民间运输工具、农业机械、农田水利等方面的特殊要求。

二、纵坡坡度

1. 最大纵坡

在高差较大的地区,坡度越大,道路里程就越短,一般来说工程数量也越省。但由于汽车的牵引力有一定的限度,故纵坡坡度不能太大,设计时必须对纵坡加以限制。最大纵坡是道路纵坡设计的极限值,是纵断面线形设计的一项重要指标。最大纵坡的大小将直接影响路线的长度、使用质量、行车安全以及运营成本和工程的经济性。

汽车沿陡坡行驶时,因升坡阻力增加而增大牵引力,从而降低车速,若长时间爬陡坡,不但会引起汽车水箱沸腾、气阻,行驶无力甚至发动机熄火,使行驶条件恶化,还会使汽车下坡时制动次数增加,制动器发热而失灵,造成驾驶人心理紧张,从而易发生车祸。因此从行车安全考虑,对最大纵坡必须加以限制。

(1)影响最大纵坡值的因素

①汽车的动力性能。考虑道路上行驶的车辆,按汽车行驶的必要条件和充分条件来确定。

②道路等级。不同的道路等级要求的行车速度不同,道路等级越高、行车速度越大,要求的纵坡越平缓。

③自然因素。道路所经过的地形、海拔高度、气温、雨量、湿度和其他自然因素,均影响汽车的行驶条件和上坡能力。

(2)最大纵坡的确定

最大纵坡坡度的确定主要取决于汽车的动力性能、公路等级和自然因素,尤其还必须保证行车安全。从实际调查中可知,汽车在陡坡路段下坡时,由于制动次数增多,易使制动器发热而失效,导致事故频发。如东风 EQ1090 载货汽车及解放 CA1091 载货汽车上坡时,均可用 2 挡顺利地通过 12% 以上的纵坡,但在下坡时很不安全。因此,确定最大纵坡不能只考虑汽车的爬坡性能,还要从行驶的快速、安全及经济等方面综合分析,同时兼顾汽车拖挂车、民间运输工具等的特殊要求。实践证明,四级公路为了达到其相应的行车速度,一般情况下最大纵坡不宜超过 8%;只有在工程特殊困难的山岭地区,经技术论证合理,最大纵坡可增加 1%;在海拔 2 000m 以上或积雪冰冻地区,为考虑安全,最大纵坡不应大于 8%,参考值见表 5-1。

道路最大纵坡　　　　表 5-1

设计速度(km/h)	120	100	80	60	40	30	20
最大纵坡(%)	3	4	5	6	7	8	9

(3)理想最大纵坡和不限坡长的最大纵坡

理想最大纵坡指设计车型即载重汽车在油门全开的情况下,持续以理想速度 V_1 等速行驶所能克服的最大纵坡坡度 i_1。对于低速路,V_1 为设计车速;对于高速路,V_1 为载重车的最高速度。

由于地形等条件的限制,理想的最大纵坡不是总能得到的。因此,有必要允许车速 V_1 降到容许速度 V_2,以获得较大坡度 i_2,对应纵坡 i_2 称为不限坡长的最大纵坡。容许速度 V_2 一般为 $1/2\sim2/3$ 设计车速。

汽车在坡度小于或者等于不限坡长的最大纵坡的坡道上行驶时,只要初速度大于容许速度,汽车至多减速到容许车速;当坡度大于不限坡长的最大纵坡时,为防止汽车行驶速度低于容许速度,应对其坡长加以限制。

2. 纵坡折减

(1)高原纵坡

在海拔 3 000m 以上的高原地区,因空气密度下降而使汽车发动机的功率和汽车的牵引力降低,导致汽车爬坡能力下降。此外,在高原地区,汽车水箱中的水容易开锅而破坏冷却系统。设计速度小于或等于 80km/h、位于海拔 3 000m 以上高原地区的公路,最大纵坡值应按表 5-2 的规定予以折减。最大纵坡折减后若小于 4%,则仍采用 4%。

高 原 纵 坡 折 减   表5-2

海拔高度(m)	3 000~4 000	4 000~5 000	5 000 以上
折减值(%)	1	2	3

(2)桥梁隧道纵坡

大、中桥上的纵坡不宜大于 4%,桥头引道纵坡不宜大于 5%;位于城镇混合交通繁忙处的桥梁,桥上及桥头引道纵坡均不得大于 3%;小桥涵纵坡应随路线纵坡设计。

隧道内的纵坡应大于 0.3%并小于 3%;独立的明洞和长度小于 100m 的隧道可不受上述限制。

(3)非机动车交通量较大的路段纵坡

非机动车交通量较大的路段纵坡,应根据具体情况将纵坡放缓。平原微丘区一般不大于 2%~3%,山岭重丘区一般不大于 4%~5%。

3. 最小纵坡

为使道路行车快速、安全和畅通,道路纵坡坡度宜小不宜大。但是,在长路堑、低填方以及其他横向排水不畅的路段,为防止积水渗入路基而影响其稳定,规定各级道路的长路堑、低填方以及其他横向排水不畅的路段,均应采用不小于 0.3%的纵坡。当必须设计水平坡(0%)或小于 0.3%的纵坡时,其边沟应作纵向排水设计。

三、坡长限制

1. 最大坡长的限制

道路纵坡的大小及坡长对汽车正常行驶影响很大。坡长限制是根据汽车动力性能来决定的。长距离的陡坡对汽车行驶不利,连续上坡会使发动机过热影响机械效率,从而使行驶条件恶化;连续下坡则会因制动频繁而危及行车安全。因此,纵坡越陡,坡长越长,对行车的影响越大。各级道路不同坡度的最大坡长限制参考值见表 5-3。

各级道路纵坡长度限制 表 5-3

纵坡坡度(%)	设计速度(km/h)						
	120	100	80	60	40	30	20
3	900	1 000	1 100	1 200	—	—	—
4	700	800	900	1 000	1 100	1 100	1 200
5	—	600	700	800	900	900	1 000
6	—	—	500	600	700	700	800
7	—	—	—	—	500	500	600
8	—	—	—	—	300	300	400
9	—	—	—	—	—	200	300
10	—	—	—	—	—	—	200

2. 陡坡组合坡长

在道路纵坡设计时,当连续陡坡是由几个不同受限坡度值的坡段组合而成时,其坡长应按不同坡度的坡长限制折算确定;连续陡坡的最短坡长应大于规范规定的最小坡长。

例如:某山岭区三级道路,第一坡段纵坡度为 7%,长度为 200m,即占坡长限制的 2/5;第二坡段纵坡度为 6%,长度为 200m,即占坡长限制的 2/7,若第三坡段采用 4% 的坡度,第三段坡长最长采用 $\left(1-\frac{2}{5}-\frac{2}{7}\right)\times 1\ 100 = 345.71(\mathrm{m})$,在使用坡长限制的纵坡度时,坡长只能小于或等于 100% 的坡长限制,一般情况下,应留有一定的余地。

3. 最小坡长限制

最小坡长限制主要是从汽车行驶的平顺性要求考虑。如果坡长过短,使变坡点增多,汽车行驶在连续起伏地段产生增重与减重的变化过于频繁,导致感觉不舒适,车速越高感觉越突出,而且考虑路容美观、相邻两竖曲线的设置和纵断面的视距等规定也要求坡长不能太短。为使纵断面线形不至于因起伏频繁而呈锯齿形的状况,且便于平面线形的合理布设,应对纵坡的最小长度做出限制。最小坡长通常以设计速度行驶 9~15s 的行程作为规定值。各级道路最小坡长参考值见表 5-4。

道 路 最 小 坡 长 表 5-4

设计速度(km/h)	120	100	80	60	40	30	20
最小坡长(m)	300	250	200	150	120	100	60

四、缓和坡段

在纵断面设计中,当陡坡长度达到限制坡长时,应安排一段缓坡,用以恢复在陡坡上降低的速度。同时从下坡安全考虑,设计一段缓坡也是非常必要的。缓和坡段的具体位置,应结合纵向地形考虑路线的平面线形要素来确定。不同等级的道路其缓和坡段的要求不同,对于越岭道路,缓和坡段的纵坡应不大于3%,其长度应不得小于最小坡长要求。

五、平均纵坡

平均纵坡是指一定长度的路段纵向所克服的高差与该路段长度的比。平均纵坡是衡量路线线形设计质量的重要指标之一。

根据对山区道路行车的实际调查发现,有时虽然道路纵坡设计完全符合最大纵坡度、坡长限制及缓和坡长的规定,但也不能保证行车顺利安全。如果在长距离内,平均纵坡较大,汽车上坡用二挡时间较长,发动机长时间发热,易导致汽车水箱沸腾、气阻;同样,汽车下坡时,频繁制动,易引起制动器发热,甚至烧毁制动片,加之驾驶人心理过分紧张,极易发生事故。因此,从汽车行驶方便和安全出发,合理运用最大纵坡、坡长限制及缓和坡段的规定,还应控制平均纵坡。

平均纵坡与坡道长度有关,还与相对高差有关。《标准》规定:二级及二级以下公路的越岭路线连续上坡(或下坡)路段,相对高差为200~500m时,平均纵坡不应大于5.5%;相对高差大于500m时,平均纵坡不应大于5%;并注意任意连续3km路段的平均纵坡不应大于5.5%。

六、合成坡度

道路在平曲线路段,若纵向有纵坡并横向有超高时,则最大坡度既不在纵坡上,也不在横向超高上,而是在纵坡和超高的合成方向上,这个方向上的坡度称之为合成坡度,又叫作流水线坡度。

合成坡度可按矢量关系或勾股定理关系导出:

$$i_{合} = \sqrt{i^2 + i_b^2} \tag{5-1}$$

式中:$i_{合}$——合成坡度,%;

  i——道路平曲线处的纵坡,%;

  i_b——道路平曲线处的超高横坡度,%。

汽车在有合成坡度的路段行驶,若合成坡度过大,当车速过慢或汽车停在弯道上时,汽车可能沿合成坡度的方向产生侧滑。若遇急弯陡坡,汽车可能沿合成坡度方向冲出弯道以外而造成事故。此外,当合成坡度较大时,还会造成汽车倾斜、货物偏重,致使汽车倾倒。因此,对合成坡度必须进行限制。

各级道路的最大容许合成坡度参考值见表5-5。最大合成坡度是控制极限值,一般情况应留有一定的余地。在纵断面设计拉坡时,纵坡的确定必须考虑满足合成坡度的要求。

道路最大容许合成坡度　　　　　　表 5-5

公路技术等级	高速公路、一级公路				二级公路、三级公路、四级公路				
设计速度(km/h)	120	100	80	60	80	60	40	30	20
合成坡度值(%)	10.0	10.0	10.5	10.5	9.0	9.5	10.0	10.0	10.0

当陡坡与小半径平曲线相重叠时,在条件允许的情况下,以采用较小的合成坡度为宜。特别是在下述情况时合成坡度必须小于 8%:

(1)冬季路面有积雪、结冰地区;

(2)自然横坡较陡峻的傍山路段;

(3)非机动车交通量比率高的路段。

各级道路的最小合成坡度不宜小于 0.5%。在超高过渡的变化处,合成坡度不应设计成 0%。当合成坡度小于 0.5% 时,应采取综合排水措施,以保证路面排水畅通。

第三节　竖曲线设计

当纵断面上两条坡度不同的相邻纵坡线相交时,就出现了转坡点(变坡点)。汽车在转坡点上直接变坡行驶不顺适,故在转坡点处必须用曲线将前后两条相邻纵坡线顺适连接起来以适应行车的需要,这条连接两纵坡线的曲线叫作竖曲线。纵断面设计线由直坡段和竖曲线组成,竖曲线分为凸形竖曲线和凹形竖曲线两种形式。

一、竖曲线基本要素

如图 5-2 所示,O 为转坡点,i_1 为前坡段纵坡坡度,i_2 为后坡段纵坡坡度,则相邻两坡度的差为 $\omega = i_1 - i_2$,上坡时取正值,下坡时取负值。当 $i_1 - i_2$ 为正值时,则为凸形竖曲线。当 $i_1 - i_2$ 为负值时,则为凹形竖曲线。

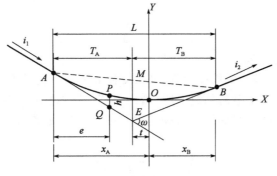

图 5-2　竖曲线示意图

我国采用二次抛物线作为竖曲线的线形。设抛物线顶点半径为 R，则竖曲线长为：

$$L = R\omega \tag{5-2}$$

竖曲线切线长为：

$$T = T_A = T_B \approx \frac{L}{2} = \frac{R\omega}{2} \tag{5-3}$$

竖曲线的外距为：

$$E = \frac{T^2}{2R} \tag{5-4}$$

竖曲线上任意点至相应切线的纵距：

$$h = \frac{l^2}{2R} \tag{5-5}$$

式中：l——竖曲线上任意点至竖曲线起点（终点）的水平距离，m；

R——竖曲线的半径，m。

二、竖曲线的最小半径及最小长度

1. 凸形竖曲线极限最小半径和最小长度确定考虑因素

（1）缓和冲击

汽车行驶在竖曲线上时，产生径向离心力，使汽车在凸形竖曲线上重量减轻，所以确定竖曲线半径时，对离心力要加以控制。汽车在竖曲线上行驶的离心加速度为：

$$a = \frac{v^2}{R} (\text{m/s}^2) \tag{5-6}$$

据实验室测试，离心加速度 a 限制在 $0.5 \sim 0.7 \text{m/s}^2$ 比较合适。但考虑到舒适性以及视觉平顺等要求，采用 $a = 0.278 \text{m/s}^2$，代入式(5-6)、式(5-2)即得：

$$R_{\min} = \frac{v^2}{3.6} \tag{5-7}$$

或

$$L_{\min} = \frac{v^2 \omega}{3.6} \tag{5-8}$$

（2）经行时间不宜过短

当竖曲线两端直线坡段的坡度差很小时，即使竖曲线半径较大，竖曲线长度也有可能较短，此时汽车在竖曲线上倏忽而过，冲击增大，乘客易感到不适，视觉上也会感到线形突然转折。因此，汽车在凸形竖曲线上行驶的时间不能太短，通常控制汽车在凸形竖曲线上行驶时间不得少于3s，即

$$L_{\min} = \frac{v}{3.6} t = \frac{v}{1.2} \tag{5-9}$$

(3)满足视距的要求

汽车行驶在凸形竖曲线上,如果竖曲线半径太小,会阻挡驾驶人的视线。为了行车安全,对凸形竖曲线的最小半径和最小长度应加以限制。

凸形竖曲线的最小长度应以满足停车视距要求为主,按竖曲线长度 L 和停车视距 S_T 的关系分为以下两种情况。

① 当 $L < S_T$ 时(图 5-3)。

$$h_1 = \frac{d_1^2}{2R} - \frac{t_1^2}{2R}, 则 \ d_1 = \sqrt{2Rh_1 + t_1^2} \tag{5-10}$$

$$h_2 = \frac{d_2^2}{2R} - \frac{t_2^2}{2R}, 则 \ d_2 = \sqrt{2Rh_2 + t_2^2} \tag{5-11}$$

式中:R——竖曲线半径,m;

h_1——驾驶人视线高,即目高 $h_1 = 1.2 \mathrm{m}$;

h_2——障碍物高,即物高 $h_2 = 0.1 \mathrm{m}$。

由 $t_1 = d_1 - l = \sqrt{2Rh_1 + t_1^2} - l$,得

$$t_1 = \frac{Rh_1}{l} - \frac{l}{2}$$

由 $t_2 = d_2 - (L - l) = \sqrt{2Rh_2 + t_2^2} - (L - l)$,得

$$t_2 = \frac{Rh_2}{L - l} - \frac{L - l}{2}$$

则视距长度为:

$$S_T = t_1 + L + t_2 = \frac{Rh_1}{l} + \frac{L}{2} + \frac{Rh_2}{L - 1} \tag{5-12}$$

令 $\dfrac{\mathrm{d}S_T}{\mathrm{d}l} = 0$,解得

$$l = \frac{\sqrt{h_1}}{\sqrt{h_1} + \sqrt{h_2}}$$

代入式(5-12)可得

$$S_T = \frac{R}{L}(\sqrt{h_1} + \sqrt{h_2})^2 + \frac{L}{2} = \frac{(\sqrt{h_1} + \sqrt{h_2})^2}{\omega} + \frac{L}{2}$$

$$L_{\min} = 2S_T - \frac{2(\sqrt{h_1} + \sqrt{h_2})^2}{\omega} = 2S_T - \frac{4}{\omega} \tag{5-13}$$

② 当 $L \geqslant S_T$ 时(图 5-4)。

$$h_1 = \frac{d_1^2}{2R}, 则 \ d_1 = \sqrt{2Rh_1} \tag{5-14}$$

$$h_2 = \frac{d_2^2}{2R}, 则 \ d_2 = \sqrt{2Rh_2} \tag{5-15}$$

$$S_T = d_1 + d_2 = \sqrt{2R}(\sqrt{h_1} + \sqrt{h_2}) \tag{5-16}$$

或

$$S_T = \sqrt{\frac{2L}{\omega}}(\sqrt{h_1} + \sqrt{h_2})$$

$$L_{\min} = \frac{S_T^2 \omega}{2(\sqrt{h_1} + \sqrt{h_2})^2} = \frac{S_T^2 \omega}{4} \tag{5-17}$$

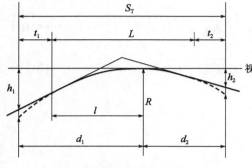
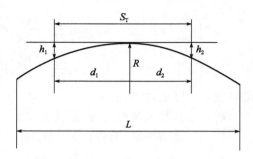

图 5-3 凸形竖曲线计算图式($L < S_T$)　　　　图 5-4 凸形竖曲线计算图式($L \geq S_T$)

2. 凹形竖曲线极限最小半径和最小长度确定考虑因素

(1) 缓和冲击

在凹形竖曲线上行驶时受离心力影响重量增大,半径越小,离心力越大。当重量变化达到一定程度时,就会影响到乘客的舒适性,同时也会影响到汽车的悬挂系统受力情况。

(2) 前灯照射距离要求

汽车行驶在凹形竖曲线上时,也同样存在视距问题。对地形起伏较大地区的路段,在夜间行车时,若半径过小,前灯照射距离过短,会影响行车安全和速度。高速公路及城市道路上有许多跨线桥、门式交通标志及广告宣传牌等,如果它们正好处在凹形竖曲线上方,也会影响驾驶人的视线。为保障行车安全,凹形竖曲线的最小长度应加以限制。

① 当 $L < S_T$ 时(图 5-5)。

因 $S_T = L + l$,则 $l = S_T - L$

$$h + S_T \tan\delta = \frac{(L+l)^2}{2R} - \frac{l^2}{2R} = \frac{\omega(2S_T - L)}{2}$$

解之得

$$L_{\min} = 2\left(S_T - \frac{h + S_T \tan\delta}{\omega}\right) \tag{5-18}$$

式中:S_T——停车视距,m;

h——车前灯高度,$h = 0.75\text{m}$;

δ——车前灯光束扩散角,$\delta = 1.5°$。

将已知数据代入式(5-18),得

$$L_{\min} = 2\left(S_T - \frac{0.75 + 0.026 S_T}{\omega}\right) \tag{5-19}$$

②当 $L \geqslant S_T$ 时(图 5-6)。

$$h + S_T\tan\delta = \frac{S_T^2}{2R} = \frac{S_T^2\omega}{2L}$$

$$L_{min} = \frac{S_T^2\omega}{2(h + S_T\tan\delta)} \tag{5-20}$$

将已知数据代入上式,得

$$L_{min} = \frac{S_T^2\omega}{1.5 + 0.0524S_T} \tag{5-21}$$

显然,式(5-21)计算结果大于式(5-19),应以式(5-21)作为有效控制。

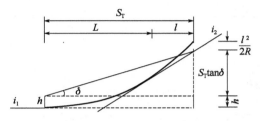

图 5-5 满足车前灯照射距离要求计算图示($L < S_T$)

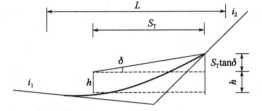

图 5-6 满足车前灯照射距离要求计算图式($L \geqslant S_T$)

(3)跨线桥下视距要求

为保证汽车穿过跨线桥时有足够的视距,汽车行驶在凹形竖曲线上时,应对竖曲线最小长度和最小半径加以限制。

①当 $L < S_T$(图 5-7)。

$$h_0 = \frac{(L + t_2)^2}{2R} - \frac{t_2^2}{2R}$$

$$AB = h_1 + \frac{h_2 - h_1}{2R}(t_1 + l)$$

$$BD = h_0\frac{t_1 + l}{S_T} = \left[\frac{(L + t_2)^2}{2R} - \frac{t_2^2}{2R}\right]\frac{t_1 + l}{S_T}$$

$$CD = \frac{l^2}{2R}$$

因 $S_T = t_1 + L + t_2$,则 $t_2 = S_T - t_1 - L$

$$h = AB + BD - CD = h_1 + \frac{h_2 - h_1}{S_T}(t_1 + l) + \frac{L(t_1 + l)}{2RS_T}(2S_T - 2t_1 - L) - \frac{l^2}{2R}$$

由 $dh/dl = 0$ 解出 l,代入上式整理,得到

$$h_{max} = h_1 + \frac{1}{2RS_T^2}\left[2S_Tt_1 + R(h_2 - h_1) + \frac{L}{2}(2S_T - 2t_1 - L)\right] \times$$

$$\left[R(h_2 - h_1) + \frac{L}{2}(2S_T - 2t_1 - L)\right]$$

由 $dh_{max}/dt_1 = 0$ 可解出 t_1,代入上式,得

$$h_{\max} = h_1 + \frac{[2R(h_2 - h_1) + (2S_T + L)]^2}{8RL(2S_T - L)}$$

解之得

$$L_{\min} = 2S_T - \frac{4h_{\max}}{\omega}\left[1 - \frac{h_2 + h_1}{2h_{\max}} + \sqrt{\left(1 - \frac{h_1}{h_{\max}}\right)\cdot\left(1 - \frac{h_2}{h_{\max}}\right)}\right] \quad (5\text{-}22)$$

式中：$h_{\max}$——桥下设计净空，$h_{\max} = 4.5\mathrm{m}$；

$\quad\quad h_1$——驾驶人视线高度，$h_1 = 1.5\mathrm{m}$；

$\quad\quad h_2$——障碍物高度，$h_2 = 0.75\mathrm{m}$。

将已知数据代入上式，则

$$L_{\min} = 2S_T - \frac{26.92}{\omega} \quad (5\text{-}23)$$

②当 $L \geqslant S_T$（图 5-8）。

$$h_0 = \frac{S_T^2}{2R}$$

$$AB = h_1 + \frac{h_2 - h_1}{S_T}l$$

$$BD = h_0\frac{l}{S_T} = \frac{S_T}{2R}l$$

$$CD = \frac{l^2}{2R}$$

同理可得

$$h = h_1 + \frac{h_2 - h_1}{S_T}l + \frac{S_T}{2R}l - \frac{l^2}{2R}$$

由 $\mathrm{d}h/\mathrm{d}l = 0$ 解出 l，代入上式并整理，得

$$h_{\max} = h_1 + \frac{1}{2R}\left[\frac{R(h_2 - h_1)}{S_T} + \frac{S_T}{2}\right]^2$$

$$L_{\min} = \frac{S_T^2\omega}{[\sqrt{2(h_{\max} - h_1)} + \sqrt{2(h_{\max} - h_2)}]^2} \quad (5\text{-}24)$$

将已知数据代入上式，得

$$L_{\min} = \frac{S_T^2\omega}{26.92} \quad (5\text{-}25)$$

比较式(5-23)与式(5-25)，应以式(5-25)作为有效控制。

(4) 经行时间不宜过短

汽车在凹形竖曲线上行驶的时间不能太短，通常控制汽车在凹形竖曲线上行驶时间不得小于 3s。

总之，无论是凸形竖曲线还是凹形竖曲线都要受到上述缓和冲突、视距及行驶时间等因素控制。竖曲线极限最小半径是缓和行车冲击和保证行车视距所必需的竖曲线半径的

最小值,该值只有在地形受限制迫不得已时采用。通常为了使行车有较好的舒适条件,设计时多采用大于极限最小半径 1.5~2.0 倍的值,该值为竖曲线一般最小值。与平曲线相似,当坡度角较小时,即使采用较大的竖曲线半径,竖曲线的长度也很短,这样容易使驾驶人产生急促的变坡感。同时,竖曲线长度过短,易对行车造成冲击。我国按照汽车在竖曲线上以设计速度行驶 3s 行程时间控制竖曲线最小长度。在竖曲线设计时,不但要保证竖曲线半径要求,还必须满足竖曲线最小长度规定,各级道路的竖曲线最小长度和最小半径规定如表 5-6 所列。

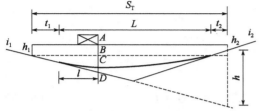

图 5-7　跨线桥下行车视距要求计算图示($L<S_T$)　　图 5-8　跨线桥下行车视距要求计算图标($L \geqslant S_T$)

道路竖曲线最小半径和竖曲线最小长度　　　　　表 5-6

设计速度(km/h)		120	100	80	60	40	30	20
凸形竖曲线半径（m）	极限最小值	11 000	6 500	3 000	1 400	450	250	100
	一般最小值	17 000	10 000	4 500	2 000	700	400	200
凹形竖曲线半径（m）	极限最小值	4 000	3 000	2 000	1 000	450	250	100
	一般最小值	6 000	4 500	3 000	1 500	700	400	200
竖曲线长度（m）	极限最小值	100	85	70	50	35	25	20
	一般最小值	250	210	170	120	90	60	50

三、竖曲线的设计和计算

1. 竖曲线设计

选用竖曲线半径时,为获得更好的视觉效果,应尽量将竖曲线半径选择大一些,使视觉上感到舒适顺畅。从视觉观点考虑的竖曲线半径取值,一般为表 5-6 所列一般最小值的 1.5~4.0 倍。考虑视觉需要常采用的竖曲线最小半径见表 5-7。

视觉所需要的竖曲线最小半径　　　　　表 5-7

设计速度（km/h）	竖曲线半径(m)	
	凸形	凹形
120	20 000	12 000
100	16 000	10 000
80	12 000	8 000
60	9 000	6 000

相邻竖曲线衔接时应注意:

(1)同向竖曲线,特别是两同向凹形竖曲线间如果直线坡段不长,应合并为单曲线或复曲线形式的竖曲线,避免出现断背曲线。

(2)反向竖曲线间应设置一段直线坡段,直线坡段的长度一般不小于设计速度的3s行程,以使汽车从失重(增重)过渡到增重(失重)有一个缓和段。

(3)竖曲线设置应满足排水需要。若相邻纵坡的代数差很小时,采用大半径竖曲线可能导致竖曲线上的纵坡小于0.3%,不利于排水,应重新进行设计。

2. 竖曲线计算

(1)计算竖曲线的基本要素

计算竖曲线长 L,切线长 T,外距 E。

(2)计算竖曲线的起、终点桩号

$$竖曲线的起点桩号 = 变坡点的桩号 - T \quad (5\text{-}26)$$

$$竖曲线的终点桩号 = 变坡点的桩号 + T \quad (5\text{-}27)$$

(3)计算竖曲线上任意点切线高程及改正值

$$切线高程 = 变坡点的高程 \pm x \cdot i \quad (5\text{-}28)$$

改正值:

$$h = \frac{x^2}{2R} \quad (5\text{-}29)$$

式中:x——竖曲线上任意点至竖曲线起点的水平距离,m;

　　　i——纵坡,%。

(4)计算竖曲线上任意点设计高程

$$某桩号在凸形竖曲线的设计高程 = 该桩号在切线上的设计高程 - h \quad (5\text{-}30)$$

$$某桩号在凹形竖曲线的设计高程 = 该桩号在切线上的设计高程 + h \quad (5\text{-}31)$$

【例5-1】 某山岭区二级道路,如图5-9所示,变坡点桩号为K3+030.00,高程为427.68m,前坡为上坡,$i_1 = +5\%$,后坡为下坡,$i_2 = -4\%$,竖曲线半径 $R = 2\,000$m。试计算竖曲线诸要素以及桩号为K3+000.00和K3+100.00处的设计高程。

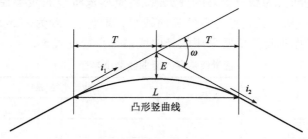

图5-9 竖曲线计算示意图

解:(1)计算竖曲线要素

$\omega = i_2 - i_1 = -0.04 - 0.05 = -0.09$,所以该竖曲线为凸形竖曲线。

曲线长：$L = R\omega = 2\,000 \times 0.09 = 180(\text{m})$

切线长：$T = \dfrac{L}{2} = \dfrac{180}{2} = 90(\text{m})$

外距：$E = \dfrac{T^2}{2R} = \dfrac{90^2}{2 \times 2\,000} = 2.03(\text{m})$

(2) 竖曲线起、终点桩号

竖曲线起点桩号 = (K3 + 030.00) − 90 = K2 + 940.00

竖曲线终点桩号 = (K3 + 030.00) + 90 = K3 + 120.00

(3) K3 + 000.00、K3 + 100.00 处的切线高程和改正值

K3 + 000.00 的切线高程 = 427.68 − (K3 + 030.00 − K3 + 000.00) × 5% = 426.18(m)

K3 + 000.00 的改正值 = $\dfrac{(\text{K3} + 000.00 - \text{K2} + 940.00)^2}{2 \times 2\,000} = 0.90(\text{m})$

K3 + 100.00 的切线高程 = 427.68 − (K3 + 100.00 − K3 + 030.00) × 4% = 424.88(m)

K3 + 100.00 的改正值 = $\dfrac{(\text{K3} + 120.00 - \text{K3} + 100.00)^2}{2 \times 2\,000} = 0.10(\text{m})$

(4) K3 + 000.00 和 K3 + 100.00 处的设计高程

K3 + 000.00 的设计高程 = 426.18 − 0.9 = 425.28(m)

K3 + 100.00 的设计高程 = 424.88 − 0.1 = 424.78(m)

第四节　爬坡车道和避险车道

一、爬坡车道定义

爬坡车道指陡坡路段正线行车道外侧增设的供载重车等慢速上坡车辆行驶的专用车道。

一般通过精选路线，最理想的路线纵断面应按不需设置爬坡车道的条件来设计纵坡，但可能造成路线迂回或路基高填深挖而增大工程费用。而采用稍大的道路纵坡值，增设爬坡车道，则可以产生经济而安全的效果。

二、爬坡车道的设置条件

高速公路、一级公路纵坡长度受限制的路段，应对载重汽车上坡行驶速度的降低值和设计通行能力进行验算，符合下列情况之一者，可在上坡方向行车道右侧设置爬坡车道。

(1) 沿连续上坡方向载重汽车的运行速度降低到表 5-8 的允许最低速度以下，可设置爬坡车道。

上坡方向允许最低速度　　　　　表 5-8

设计速度(km/h)	120	100	80	60	40
容许最低速度(km/h)	60	55	50	40	25

（2）单一纵坡坡长超过表 5-3 的规定或上坡路段的设计通行能力小于设计小时交通量。

（3）经设置爬坡车道与改善主线纵坡不设爬坡车道进行技术经济比较论证，设置爬坡车道的效益费用比、行车安全性较优。

爬坡车道设计通行能力的计算方法与正线的通行能力计算方法相同。

对需设置爬坡车道的路段，应与改善正线纵坡而不设爬坡车道的方案进行技术经济比较。对隧道、大桥、高架构造物及深挖路段，当因设置爬坡车道使工程费用增加很多时，经论证爬坡车道可以缩短或不设；对双向六车道高速公路可不另设爬坡车道，将外侧车道作为爬坡车道使用。

对于山岭地区的高速公路，由于地形复杂，纵坡设计控制因素较多，在这种路段上，计算行车速度一般在 80km/h 以下，是否设置爬坡车道，必须在上述条件下，从公路建设的目的、服务水平、工程建设投资规模等综合分析比较后确定。

三、爬坡车道的设计

1. 横断面组成

爬坡车道设于上坡方向正线行车道右侧，如图 5-10 所示。爬坡车道的宽度为 3.5m，包括设于其左侧的路缘带宽度 0.5m。

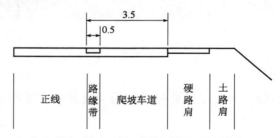

图 5-10　爬坡车道横断面组成（尺寸单位：m）

2. 横坡度

当爬坡车道位于平曲线路段时，如上所述，因为爬坡车道的行车速度比正线小，为了行车安全起见，高速公路正线超高坡度与爬坡车道的超高坡度之间的对应关系规定见表 5-9。超高坡度的旋转轴为爬坡车道内侧边缘线。

爬坡车道的超高坡度　　　　　表 5-9

正线的超高坡度(%)	10	9	8	7	6	5	4	3	2
爬坡车道的超高坡度(%)	5				4			3	2

若爬坡车道位于直线路段时,其横坡度的大小同正线路拱坡度,采用直线式横坡,坡向向外。另外,爬坡车道右侧路肩的横坡度大小和坡向,参照正线与右侧路肩之间关系的有关规定确定。

3. 平面布置与长度

爬坡车道的平面布置如图 5-11 所示,其总长度由起点处渐变段长度 L_1、爬坡车道的长度 L 和终点处附加长度 L_2 组成。

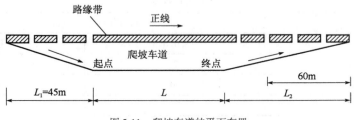

图 5-11　爬坡车道的平面布置

起点处渐变段长度 L_1 用来使正线车辆驶离正线进入爬坡车道,其长度一般取 45m。爬坡车道的长度 L,一般应根据所设计的纵断面线形,通过加、减速行程图绘制出载重车行驶速度曲线,找出小于允许最低速度的路段,从而得到需设爬坡车道的路段。爬坡车道终点处附加长度 L_2 用来供车辆驶入正线前加速至允许最低速度,其值与附加段的纵坡度有关,见表 5-10 规定,该附加长度包括终点渐变段长度 60m 在内。

爬坡车道终点处附加长度　　　表 5-10

附加段的纵坡（%）	下坡	平坡	上坡			
			0.5	1.0	1.5	2.0
附加长度(m)	100	150	200	250	300	350

爬坡车道起、终点的具体位置除按上述方法确定外,还应考虑与线形的关系。通常应设在通视条件良好、容易辨认并与正线连接顺适的地点。

四、避险车道定义

避险车道是指在长陡下坡路段行车道外侧增设的供速度失控车辆驶离正线安全减速的专用车道。

在山区高速公路长大下坡路段,经常出现载重货车因制动失效,发生严重安全事故的现象。对于长大纵坡带来的道路交通安全问题,国内外已进行了大量的专题研究。避险车道是设置在连续长大下坡路段路侧的,通过把失控车辆分离出主线交通流,并利用重力减速度或通过滚动阻力的方法来消散其能量,进而控制失控车辆的特殊设施。紧急避险车道作为道路的一个组成部分,已经应用了多年。大量应用实践证明,其对提高道路交通安全和减少交通事故经济损失具有重要的意义。

五、避险车道设置原则

研究认为长时间的制动或频繁制动会使刹车片过热从而导致危险,特别是在高速行驶状态下,紧急制动需要更大的制动力,因此会产生更大的危险。研究结果显示,汽车在30km/h 恒定速度下,经过一个坡长 6km、坡度为 6% 的下坡后,其制动性能将下降到 40% 以下,此时刹车片的温度升高到 350℃ 左右。制动效率的恢复程度研究结果见表 5-11。

制动效率恢复表　　　　　　　　　　　　　　　　表 5-11

制动效率恢复程度	制动力再生时间(min)	
	牵引车	拖挂车
70%	3	8
80%	10	18
100%	30	60

测试表明,当刹车片温度超过 260℃ 时,制动效率就会出现损失,可将 260℃ 作为风险判定条件。当刹车片超过这一温度时,则认为汽车行驶将会产生风险。将坡长与坡度($d \cdot p$)的乘积作为制动危险指标。其中,d 为长大纵坡总的坡长,km;p 为长大纵坡平均坡度,%。根据研究成果中的风险判定条件及对交通事故的分析,当路线坡度 >3% 且危险指标 $d \cdot p > 130$ 时,将会产生较大的安全隐患,应设置紧急避险车道。

长大纵坡范围内,应在特殊点(高架桥、互通立交、收费站、服务区、隧道、半径小于规范规定一般最小值)之前设置紧急避险车道,并且保证在特殊点和紧急避险车道之间有足够的视距。

连续长陡下坡路段各种平均纵坡的路线长度,应小于表 5-12 中的一般值。在特别困难地区,经论证通过限制车辆下坡的速度,设置相应的安全防护措施,行车安全基本有保障时,可考虑采用极限值。因此,当路线指标大于表 5-12 中一般值时,应增设避险车道。

平均纵坡与坡长建议值　　　　　　　　　　　　　表 5-12

平均纵坡(%)		2.0	2.5	3.0	3.5	4.0	4.5	5.0
坡长(km)	一般值	15	9.5	4.0	3.5	3.0	2.5	2.5
	极限值	—	12.0	4.5	4.0	3.5	3.0	3.0

六、避险车道设置的位置

根据研究成果,紧急避险车道最好设在长大下坡第二个 1/3 处的末端,即下坡中部和尾部的中间部分。考虑车辆下坡时制动系统容易发热且性能变差,对重车造成隐患,此时紧急避险车道可设在该段起始部分,其他路段的紧急避险车道可按照 2km 左右间距加以设置。

避险车道入口应尽量布置在平面指标较高的路段,并尽量以切线方式从主线切出;进入避险车道的驶入角不应过大,以避免引起侧翻。

避险车道常设在连续下坡或陡坡路段小半径曲线的前方,这些路段是事故多发点。在车辆驶入小半径曲线前,宜沿曲线切线方向设置避险车道。在连续长大下坡的下半部分也设置较多,从驾驶人行车心理角度,驾驶员更易接受在长大下坡路段下半段使用避险车道。

七、避险车道的类型

避险坡道有四种类型,分别是上坡道型、下坡道型、水平坡道型和沙堆型,如图 5-12 所示。

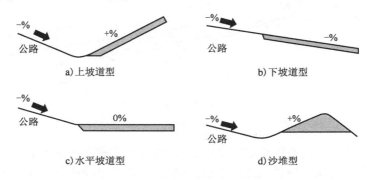

图 5-12　避险车道的四种类型

(1)上坡道型最为常见,既利用制动床集料提供的摩擦阻力,又利用了重力使车辆减速并使失控车辆停车。相比于其他类型的避险车道,上坡道型避险车道的长度较短,只长于沙堆型避险车道。

(2)下坡道型避险坡道平行且紧邻行车道,通过制动床铺设松散的集料来增加摩擦阻力,但因重力无助于削减车速,故制动床将更长。下坡道型避险车道应有一条清晰可见的路径使驾驶人确信车辆能以较低的速度返回行车道。

(3)水平坡道型主要依靠制动床集料提供的摩擦阻力使车辆减速和使失控车辆停车。重力对此影响较小,水平坡道型避险车道比上坡道型长,因此适用于地形条件允许的情况。

(4)沙堆型是用松散、干燥的沙子堆积在避险车道上,由松散的沙子提供滚动阻力。沙堆减速性能通常比较强,长度通常不超过 120m,占地较小,但沙子易受天气的影响。因此,沙堆型并不是理想的避险车道类型,只适用于没有足够的空间建造其他类型避险车道的地点。

八、避险车道的设计

避险车道一般由引道、制动坡道、强制减弱装置、服务道路等组成,如图 5-13 所示。

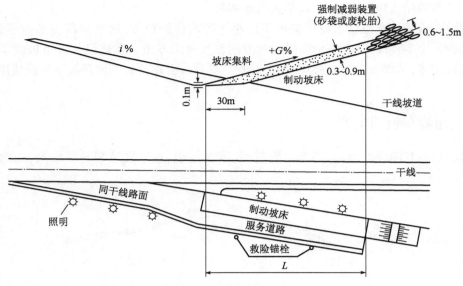

图 5-13 避险车道的一般组成

1. 引道

引道起着连接主线与避险车道的作用,可以给失控车辆驾驶人提供充分的反应时间和足够的空间沿引道安全地驶入避险车道,减少因车辆失控给驾驶人带来的恐惧心理,而不致失去正常的判断能力。在山区寻求恰当位置设置避险车道往往非常困难。当受地形限制,无法保证避险车道设置在路线平面曲线切线方向时,引道设计应避免流出角过大,同时引道上应设置较大的曲线半径予以过渡。

在引道上,驾驶人应能看到避险车道全貌,否则驾驶人可能选择避开避险车道。因此,在避险车道前保障足够的视距是非常必要的,除根据规范要求设置必要的标志、标线外,至引道起点的行车视距至少应满足停车视距要求。引道的终点应被设计成方型,可使失控车辆前轴两轮能够同时进入避险车道,保持相同的减速度。

2. 平面设计

避险车道是为失控车辆设计的,因此它的线形无论是平面还是纵面均应设置为直线。平面布设上,应尽可能布设在曲线外侧,以曲线的切线方向切出。避险车道与主线夹角应尽可能地小,以小于5°为宜。纵面线形也应为直线,失控车辆在竖曲线上高速行驶时会产生时刻变化的向心力,与其他力合成后可能产生很大的合力,即产生很大的减速度,有可能超过人和车辆所能承受的范围。

3. 纵坡及长度设计

避险车道坡度主要根据地形所能提供的避险车道长度来确定,不能过大,否则驾驶人会心存恐惧,不敢驶入避险车道。避险车道长度和失控车辆车速、纵坡、路床材料性质密切相关。《新理念公路设计指南》对避险车道长度计算,提出以下计算公式:

$$L = \frac{V^2}{254(R + G)} \qquad (5-32)$$

式中：L——避险车道制动床长度，m；

V——车辆入口速度，km/h；

R——滚动阻力系数；

G——坡度，%。

4. 横断面设计

避险车道宽度应足以容纳一辆以上失控车辆，推荐的最小宽度为 8m，理想的宽度为 9~12m，足够容纳两辆或更多的失控车辆。如果建造资金不足或不太需要，宽度也可以降低，但不能低于 3.6m。

5. 制动床铺装材料

制动床铺装材料应为干净的、不易被压实的且有较高滚动摩擦系数的材料。当使用集料时，应该是圆形的、不会被压碎的、单一尺寸的并可自由滚动的材料。较好的材料还应该具有较低的剪切力，以使汽车轮胎更容易陷入。常用的集料有细砾、砂砾、沙子，其中细砾是目前使用最多、最具代表性材料，13~18mm 大小统一尺寸的沙砾可提供最大的滚动阻力。

6. 铺装深度

最小铺装深度为 1m，考虑制动床的污染可能在制动床底部产生最多 300mm 的坚硬表层，会使制动床的有效性降低，故铺设深度推荐 1.1m。

7. 服务车道

服务车道应紧贴避险车道，以便于拖车和养护车辆使用。同时，服务车道不宜离避险车道过近，以防夜间驾驶人误将服务车道作为避险车道使用。服务车道的宽度至少要有 3.5m，一般采用 3.7~4.3m。

8. 附属设计

在避险车道设计同时设置与避险车道对应的标志、服务设施（如在坡顶设置重型车检查站），可更有效地预防并减少失控车辆事故的发生。常采用的避险车道附属设施包括：

（1）电话报警系统：在紧急避险车道附近设置紧急电话亭，可以打电话给运营中心报警。

（2）电视监控系统：用于高速公路运营中心监控的电视监控系统，对于长大下坡及避险车道进行随时监控。

（3）标线（水平信号）：为了使故障车辆停止而设置的水平信号设施，也是必不可少的。采用红色和白色的方格标线来表示，每个方格子宽 1.5m，长 3m。除了与紧急避险车道几何特征有关的特殊条件外，标线设置宽度至少 4.5m，起于硬路肩或者右侧路缘带的外边界，止于制动床之前。

(4)标志(竖直信号):根据长大纵坡的信号设置要求,设置完善的和特殊的垂直信号系统,以警示提醒驾乘人员,引起驾驶人的注意,使其注意到坡道的危险性。

第五节 纵断面设计方法与成果

一、纵断面设计要点

纵断面设计的主要内容是根据道路等级、沿线自然条件和构造物控制高程等,确定路线合适的高程、各坡段的纵坡度和坡长,并设计竖曲线。基本要求是纵坡均匀平顺、起伏和缓,坡长和竖曲线长短适当,平面与纵断面组合设计协调以及填挖经济、平衡。这些要求在选、定线阶段就有所考虑,但在纵断面设计中要具体加以实现。

1. 纵坡极限值的运用

根据汽车动力特性和经济等因素制定的极限值,设计时不可轻易采用,应留有余地。当受限制较严(如越岭线)时,为争取高度、缩短路线长度或避开艰巨工程等,才有条件地使用。好的设计应尽量考虑人的感觉和心理上的要求,使驾驶人有足够的安全感、舒适感和视觉上的美感。一般来说,纵坡宜缓不宜陡,但考虑路面和边沟排水,最小纵坡不应低于 $0.3\% \sim 0.5\%$。

在山区道路纵断面设计中,应避免过分追求平缓的纵坡,使工程量和工程投资增大,影响区域自然环境;或为节省工程量,采用较长的陡坡或采用不合理的陡坡与缓坡组合而影响行车安全。设计时,应从以下三方面综合考量。

(1)工程和环境。采用陡坡设计时,应定量分析对本路段及前后路段工程量的影响,及前后路段纵断面指标的变化情况。如局部路段采用陡坡,可避免高填深挖,减小防护工程或免设隧道工程时;又如斜坡上布线采用陡坡设计,能迅速提升高度,使路线设于相对较缓的坡面上,避免因线位过低造成对山体的大规模开挖,保护区域自然环境时,方可采用陡坡设计。采用陡坡设计不仅对工程有较大影响,而且对一定路段的平面布线起控制作用,应以平、纵、横综合设计全面分析,慎重设置。

(2)道路通行能力。应根据不同纵坡及坡长、交通组成中重车比例以及其他有关参数,分别计算路段通行能力,分析采用不同陡坡设计时通行能力是否满足设计交通量要求,合理选定纵坡及坡长。

(3)车辆行驶速度。采用陡坡设计会影响车辆的行驶速度,沿连续上坡方向载重汽车的运行速度降低到容许最低速度以下时,需增设爬坡车道。长大下坡的车辆易高速行驶,导致频繁制动而使制动器失效,发生车辆失控的交通事故,此时需考虑设置紧急避险车道。

通过对工程和环境、道路通行能力、车辆行驶速度三方面的综合分析,当在工程经济和环境保护方面表现良好,且通行能力和车辆行驶速度均能满足要求时,采用陡坡设计方案是可行的。当工程经济和环境保护可行而通行能力和车辆行驶速度不能满足要求时,应调整纵坡设计或设置爬坡车道及紧急避险车道。

2. 坡长设计

坡长是指纵断面两变坡点之间的水平距离。坡长不宜过短,以不小于设计速度9s的行程为宜。对连续起伏的路段,坡度应尽量小,坡长和竖曲线应争取取到极限值的一倍或二倍以上,避免锯齿形的纵断面,以使增重与减重变化和缓,从路容美观方面也应以此设计为宜。

3. 各种地形条件下的纵坡设计

(1)平原、微丘地区的纵坡应均匀平缓,注意保证最小填土高度和最小纵坡的要求。丘陵地区的纵坡应避免过分迁就地形而使路线起伏过大,注意纵坡应顺适不产生突变。

(2)山岭、重丘地形的沿河线应尽量采用平缓纵坡,坡长不应超过限制长度,纵坡不宜大于6%,注意路基控制高程的要求。

(3)越岭线的纵坡应力求均匀,尽量不采用极限或接近极限的坡度,更不宜在连续采用极限长度的陡坡之间夹短的缓和坡段。越岭路线一般不应设置反坡。

(4)山脊线和山腰线除结合地形不得已时采用较大纵坡外,在可能条件下纵坡应平缓。

(5)沿水库上游岸边的路线,路基设计高程应考虑水库水位升高后地下水位壅升,以及水库淤积后壅水曲线抬高和浪高的影响;在寒冷地区还应考虑冰塞壅水使水位增高的影响。

(6)大、中桥桥头引道(在洪水泛滥范围内)的路基设计高程,一般应高于该桥设计洪水位(包括壅水和浪高)至少0.5m;小桥涵附近的路基设计高程应高于桥涵前壅水水位至少0.5m(不计浪高)。

4. 竖曲线半径的选用

竖曲线应选用较大半径为宜。在不过分增加工程数量的情况下,应选用大于或等于最小半径的一般值,特殊困难地段方可用极限值。坡差小时应尽量采用大的竖曲线半径。

5. 相邻竖曲线的衔接

相邻两个同向凹形或凸形竖曲线,特别是两同向凹形竖曲线间,如直坡段不长应合并为单曲线或复曲线,避免出现断背曲线,如图5-14a)所示。

相邻反向竖曲线之间,为使增重与减重间和缓过渡,中间最好插入一段直坡段。若两竖曲线半径接近极限值时,这段直坡段至少应为设计速度的3s行程。当半径比较大时,亦可直接连接,如图5-14b)所示。

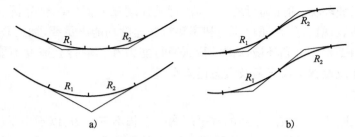

图 5-14 相邻竖曲线的衔接

二、纵断面设计方法步骤及注意问题

1. 纵断面设计方法步骤

(1) 准备工作

纵断面设计(俗称拉坡)之前,在纵断面图纸上,主要先进行以下准备工作:
① 根据中桩和水准测量记录按比例标注里程桩号和高程,点绘地面线;
② 绘出平面直线与平曲线资料,以及土壤地质说明资料;
③ 将桥梁、涵洞、地质土质等与纵断面设计有关的资料在纵断面图纸上标明;
④ 熟悉和掌握全线有关勘测设计资料,领会设计意图和设计要求。

(2) 标注控制点和经济点

控制点是指影响纵坡设计高程的重要点位。如路线起、终点,越岭垭口,重要桥梁、涵洞的最小填土高度和最大挖深,沿溪线的洪水位,隧道进出口,平面交叉和立体交叉点,与铁路交叉点及受其他因素限制路线必须通过的控制点。

在山区道路上,除考虑上述控制点外,还应考虑各横断面上的"经济点"以求降低造价,如图 5-15 所示。横断面"经济点"有以下三种情况:
① 当地面横坡不大时,可在中桩地面高程上下找到填方和挖方基本平衡的高程,纵坡设计应尽量通过该点;
② 当地面横坡较陡,填方往往不易填稳时,用多挖少填或全挖路基的方法比砌筑坡脚、修筑挡墙经济,此时多挖少填或全挖路基的高程为经济点;
③ 当地面横坡很陡,无法填方时,需砌筑挡土墙,此时采用填方修筑挡墙比全挖路基经济,以填方修筑挡墙高程为经济点。

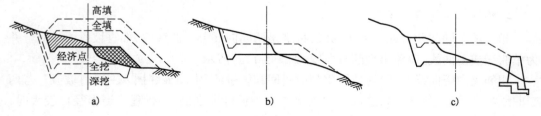

图 5-15 横断面上的"经济点"

(3) 试定纵坡

在已标出"控制点""经济点"的纵断面图上,根据定线意图,全面考虑地面线起伏情况,纵坡线必须满足控制点及对坡长、坡度的要求,照顾多数"经济点"(通过的经济点越多,则工程量越小,投资就越省)通过穿插与裁弯取直,试定出若干直坡段线。对各种可能坡度线方案反复比较,最后定出既符合技术标准,又满足控制点要求,且土石方最经济的坡度线,将前后坡度线延长交汇出变坡点的初定位置。

(4) 调整纵坡

将所定坡度与选线时的初定坡度比较,二者应基本相符。若有较大差异,应全面分析,找出原因,决定取舍。对照技术标准,检查纵坡坡度、坡长、纵坡折减、合成坡度及平纵配合是否适宜,以及路线交叉、桥隧和接线等处的纵坡是否合理,不符合要求时则应调整纵坡线。

(5) 核对

选择有控制意义的重点横断面,如高填深挖、地面横坡较陡峻地段路基、挡土墙、重要桥涵以及其他重要控制点横断面,根据纵断面图上对应桩号填挖的高度,在横断面图上"戴帽"检查是否存在填挖过大、坡脚落空或过远、挡土墙过大等情况,若有问题及时调整纵坡线。

(6) 定坡

纵坡线经调整核对后即可最终确定。逐段将直坡线的坡度值、变坡点的桩号和高程确定下来。变坡点高程由纵坡度和坡长依次推算而得。以上是传统的作业流程,主要依赖于人工计算;在当下计算机辅助设计时代,纵坡坡度可利用 CAD 通过变坡点高程进行反算确定。

道路的纵坡设计是在全面掌握设计资料的基础上经过多次方案比较,精心设计才能完成。纵坡设计还要注意:

①与平面线形的合理组合,以得到较好的空间组合线形;
②回头曲线路段纵坡的特殊要求;
③大中桥上不宜设置竖曲线,即不宜设变坡点;
④交叉口、城镇、大中桥、隧道等地段路线纵坡的特殊要求。

(7) 设置竖曲线

考虑平、纵组合问题,根据技术标准、平纵组合均衡等要求确定竖曲线半径,计算竖曲线要素。

(8) 计算设计高程

根据已定的纵坡和变坡点的设计高程及竖曲线半径,即可计算出各中桩的设计高程。中桩设计高程与对应原地面高程之差即为路基施工高度,两者之差为"+",则是填方;为"−"则是挖方。

2. 纵断面设计时应注意的问题

(1) 应满足纵坡及竖曲线的各项规定(最大纵坡、最小纵坡坡长限制,最小坡长、竖曲线最小半径及竖曲线最小长度等),以及相关高程控制点和构造物设计对纵断面的要求。

(2) 纵断面线形设计应根据设计速度,在适应地形及环境的原则下,对纵坡大小、长短及前后坡段协调的情况,竖曲线半径及其与平面线形的组合等进行综合研究,反复调整,设计出平顺、连续的纵断面线形。

(3) 平面上短距离直线路段内不宜出现凹凸起伏频繁的纵断面线形,其凸起部分易遮挡视线,凹下部分易形成盲区,使驾驶人产生茫然感,导致视线中断,使线形失去连续性,影响行车安全。

(4) 连续上坡(或下坡)路段,应符合平均纵坡的规定,并采用运行速度对通行能力与行车安全进行检验。

(5) 长下坡的直坡段端部不应设计小半径的凹形竖曲线或平曲线,以保证行车安全。当相邻坡段的坡差很小时,应设置较大半径的竖曲线,以保证竖曲线的最小长度要求。避免使用凸形竖曲线半径小、长度短的纵断面线形,汽车在这种线形上行驶时,只有到坡顶时方能看见前方的路面,易使驾驶人产生茫然,不利于行车安全。

(6) 纵断面设计应考虑路面排水的要求:一是纵坡不宜过小或采用平坡,尤其是在横向排水不畅的路段;二是在设计前坡为下坡(上坡),后坡为上坡(下坡)的竖曲线时(分别称为全凹竖曲线和全凸竖曲线),不宜采用过大半径竖曲线,避免底部(顶部)小于最小纵坡的路段长度过大,其长度可用式(5-33)计算。

$$S_v = 2 Ri_{min} \tag{5-33}$$

式中:S_v——纵坡小于最小纵坡的长度,m;

R——竖曲线半径,m;

i_{min}——允许最小纵坡,一般取 0.5%,特殊情况取 0.3%。

从式(5-33)可知,纵坡小于最小纵坡的路段长度与竖曲线半径成正比。因此,在满足线形设计要求的前提下,不应追求过大竖曲线半径,以减少纵断面上排水不畅的路段长度。

(7) 在回头曲线路段,路线纵坡有特殊规定,应先定出回头曲线部分的纵坡,再从两端接坡。在回头曲线的主曲线内不宜设竖曲线。

(8) 拉坡时如受"控制点"或"经济点"制约,导致纵坡起伏过大,或土石方工程量太大,经调整仍难以解决时,可用纸上移线的方法修改原定纵坡线。具体方法是按理想要求定出新的纵坡设计线,然后找出对应新设计线的填挖高度,用"模板"在横断面上新填挖高度左右移动,定出适宜的中线位置。该点距原路中线的横距就是按新纵坡设计要求希望平面线形调整移动的距离,据此可做出纸上平面移线,若为实地定线时还应到现场改线。这种移线修正纵断面线形的方法,在山区和丘陵区道路的纵坡设计中经常用到。

三、纵断面线形设计中的高程控制条件

纵断面线形设计应考虑洪水位、地下水位、特殊地质路段、桥涵通道净空高度、隧道等对纵断面线形设计高程的特殊要求。

1. 路基对纵断面的控制

(1) 洪水位和地下水位对路基填土高度的要求

①沿河及受水浸淹的路线路基设计高程一般应高出根据规定洪水频率计算水位0.5m以上。沿水库上游岸边的路线，路基设计高程应考虑水库水位升高后地下水位壅升，水库淤积后壅水曲线抬高和浪高的影响；在寒冷地区还应考虑冰塞壅水对水位增高的影响。

②为保证路基的强度和稳定性不受地下水及地表积水的影响，要求路基保持干燥或中湿状态，路槽底距地下水或地表积水的高度要大于或等于干燥、中湿状态所对应的路基临界高度。

(2) 特殊地区和不良地质地区路基对路线纵断面的控制

①软土和泥沼地区路基

软土地区修筑路基应尽量避免路堑。软土地区的地下水位一般较高，因此路堤高度不宜小于1.2m，但也不宜大于软土天然地基所能承受的最大填土高度，可根据现场填筑试验确定。

泥沼地区应尽量避免修筑路堑。路堤高度不宜小于1.5m，应考虑泥沼的地下水位和地表积水位，使路基基底不受毛细水影响；路堤应具有一定高度，以利用路堤的自重将泥沼土压缩到稳定。当填料来源不困难时，路堤高度宜达到3m。

②多年冻土地区路基

多年冻土地区路基宜采用路堤。应尽量避免或缩短不填不挖、半填半挖或低填浅挖路段，以保护地表覆盖层。路基基底为非冻胀性土，融化后不致造成下沉病害，可按一般路基设计。冰丘、冰锥地段路基，宜在下方以路堤通过，高度不宜小于2m，且应大于最大积冰高度，以防冰锥掩埋路堤。

③盐渍土地区路基

盐渍土地段一般宜修筑路堤。盐渍土路基高出地下水位的最小高度应根据盐渍土类型、路面要求结合毛细水上升高度、冻胀深度和安全高度三个因素确定。盐渍土路基高出地下水位或地表积水位的最小高度，不应低于最新规范的规定。

④风沙地区路基

风沙地区路基宜以低路堤为主，填土高度应根据风向、风速变化等情况确定，一般不应小于0.3m，以1.0m左右为宜。沙丘起伏地带，路堤高度宜比路基两侧50m范围内沙丘平均高高出0.3~0.5m。

⑤雪害地区路基

易受雪埋地段应尽量避免或缩短浅路堑、低路堤和长路堑。路堤最小高度应比当地最大积雪深度高出 0.3~0.5m,风吹雪地段高出 0.5~1.0m。风雪地区路线纵坡在迎风路段不大于 7%,平曲线设超高路段合成坡度不大于 8%,背风路段不大于 5%。

2. 桥梁和通道对路线纵断面的控制

桥涵要求的最低路基设计高程由水文条件、净空高度和桥涵构造决定。跨线桥和通道要求的最低路基设计高程由净空高度和跨线构造物(或通道)的构造决定。

公路永久性桥涵设计洪水频率规定见最新规范。

桥梁最低设计高程 H_{min} 应满足：

$$H_{min} = H_1 + h_{桥} + h_{面} \tag{5-34}$$

式中：H_1——梁底控制点高程,m；

$h_{桥}$——桥梁上部建筑结构高度,m；

$h_{面}$——桥上路面结构厚度,m。

(1)桥下为河流时梁底控制点高程 H_1

不通航亦无流筏河流的梁底高程根据计算水位(即设计水位加壅水和浪高)或最高流冰水位确定。在不通航河流上,桥下净空不应小于最新规范的规定。当河流中有形成流冰阻塞的危险或有漂浮物通过时,桥下净空按当地具体情况确定。对有淤积的河流,桥下净空应适当加高。

在通航和流放木筏的河流上,梁底高程为设计通航水位加通航净空高度。通航河流的桥下净空,应根据有关规定执行。

(2)立体交叉跨线桥梁底高程 H_1

①桥下为铁路：

$$H_1 = h_{轨} + h_{净} \tag{5-35}$$

式中：$h_{轨}$——铁路轨顶高程,m；

$h_{净}$——铁路净空高度,m,一般蒸汽机车、内燃机车为 6.00m,电气机车为 6.55m。

②桥下为道路：

$$H_1 = h_{路} + h_{净} \tag{5-36}$$

式中：$h_{路}$——桥下路面高程,应包括预留路面补强厚度；

$h_{净}$——道路净空高度,m。

(3)当桥涵下净空高度或路基高程不足时,可采用下列方案进行比选

①适当提高路基高度；

②采用建筑高度小的桥梁上部结构,如预应力混凝土结构板梁或标准化装配式结构的上部构造；

③适当加大桥梁跨径以降低壅水,或改用多孔较小跨径的桥涵以降低结构高度。

(4) 桥上及桥头路线的纵坡

①大、中桥上的纵坡不宜大于4%,大、中桥桥头两端的引道纵坡应与桥上纵坡相同,其长度不宜小于3s行程。

②大、中桥上一般不宜设竖曲线。桥头两端在不得已设竖曲线时,其起、终点应设在距桥头10m以外,如图5-16所示。

③小桥与涵洞处的纵坡应按路线规定设计。

④小桥涵允许设在纵坡路段或竖曲线上,但为保证路线的平顺性,应尽量避免小桥涵处"驼峰式"纵坡,如图5-17所示。

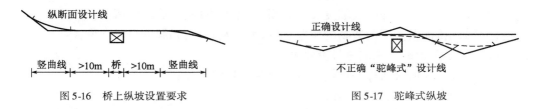

图5-16 桥上纵坡设置要求　　　　图5-17 驼峰式纵坡

3. 隧道对路线纵断面的控制

(1) 隧道部分路线的纵坡

①隧道内纵坡不应大于3%,但短于100m的隧道不受此限。高速公路、一级公路的中、短隧道当条件受限时,经技术经济论证,最大纵坡可适当加大,但不宜大于4%。为满足隧道内排水,纵坡不宜小于0.3%。

②隧道内的纵坡可设置成单向坡,地下水发育的隧道及特长和长隧道可用人字坡。

③紧接隧道洞口的路线纵坡应与隧道内纵坡相同,其长度不宜小于3s行程。

(2) 隧道内路线纵断面设计应注意的问题

①在需设机械通风的隧道内,纵坡宜缓一些,以提高汽车行驶速度,有利运营通风。

②有条件时宜将隧道内纵坡的上坡方向与常年风向一致,以利通风。

③纵坡受限路段,连续上坡的长隧道,宜将纵坡设计成先缓后陡的折线纵坡,以提高车辆过洞速度,加大隧道内通行能力,改善隧道内通风条件。

4. 平面交叉对路线纵断面的控制

纵坡设计应注意交叉口处的纵坡衔接。公路与公路平面交叉,一般宜设在纵坡较小路段。纵坡较小路段的最小长度应不小于规定值,紧接较小纵坡路段的纵坡应不大于3%,山区工程艰巨地段的纵坡应不大于5%。

四、纵断面设计成果

纵断面设计成果,主要包括路线纵断面图。纵断面设计图是道路设计的主要文件之一,它反映路线中线所经地面起伏情况与设计高程的关系。把它与平面线形结合起来,就能反映出道路路线在空间的位置。

纵断面图采用直角坐标,以横坐标表示里程桩号,纵坐标表示高程。为了明显地表明地形起伏,通常横坐标的比例采用1:2 000,纵坐标采用1:200。

1. 纵断面图的内容

(1)桩号里程、地面高程与地面线、设计高程与设计线、施工填挖值;

(2)设计线的纵坡度及坡长;

(3)竖曲线及其要素,平曲线资料;

(4)设计排水沟沟底线及坡度、距离、高程、流水方向、土壤地质情况;

(5)沿线桥涵及人工构造物的位置、结构类型及孔径,涵洞可只示出位置;

(6)与铁路、道路交叉的桩号及路名;

(7)沿线跨越河流名称、桩号、现有水位及最高洪水位;

(8)水准点位置、编号和高程;

(9)断链桩位置、桩号及长短链关系。

2. 绘制纵断面设计图的步骤

(1)按一定的比例,在透明毫米方格计算纸上标出与本图适应的横向和纵向坐标,横向坐标标出百米桩号,纵向坐标标出整十米高程;

(2)在坐标系中按水准测量提供的各桩号地面高程与相应的桩号配合,点绘各桩号地面点,并将各地面高程点用直线依次连接后就成为纵断面图的地面线;

(3)在坐标图上绘出各水准点的位置、编号,并注明高程;

(4)将桥涵位置绘制在坐标图上,并注明孔数、孔径、结构类型、桩号等;

(5)在纵断面设计图下部表内分别注明土壤地质资料,绘出平面直线和平曲线的位置、转向(平曲线以开口梯形表示,开口向上为向左转,开口向下为向右转),并注明平曲线有关资料(一般只需注明交点编号和圆曲线半径);

(6)纵坡和竖曲线确定后,绘出设计线(包括直线坡和竖曲线),并注明纵坡坡度、坡长(以分式表示,分子为纵坡坡度,分母为坡长),在各竖曲线范围内分别注明各竖曲线的基本要素(包括变坡点桩号、竖曲线半径、切线长、外距);

(7)填注其他各有关资料或特定需要的资料;

(8)描图或在透明毫米方格计算纸上直接上墨,待墨汁干后再将无用的铅笔字线擦净。

绘制的纵断面设计图,应按规定采用标准纸和统一格式,以便装订成册,如图5-18所示。

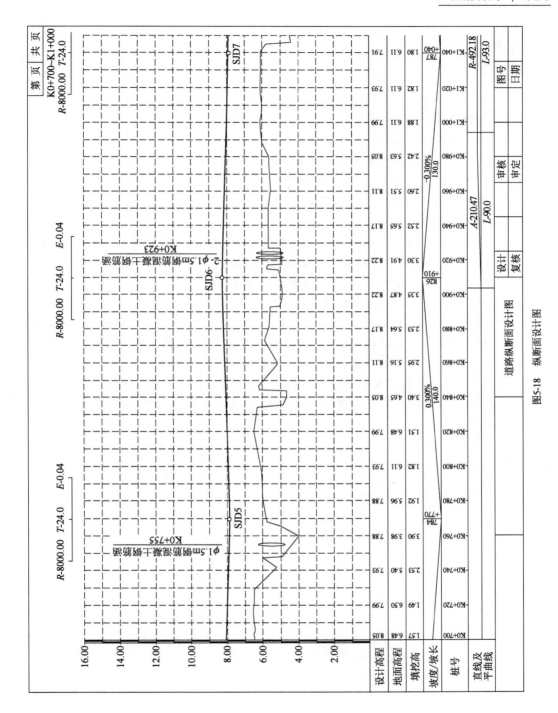

图5-18 纵断面设计图

5-1 道路最大纵坡是如何确定的?

5-2 为何要进行坡长限制?达到坡长限制该如何设计?

5-3 为何要限制平均纵坡及合成坡度?

5-4 竖曲线的要素有哪些?竖曲线最小半径如何确定?

5-5 为何要设置爬坡车道?如何设置?

5-6 避险车道的作用及其组成是什么?

5-7 纵断面设计的方法步骤是什么?

5-8 某道路变坡点的桩号为 K2+260,高程为 387.62m,前一坡段 $i_1=5\%$,后一坡段 $i_2=1\%$;竖曲线的半径 $R=5\,000$m;试计算:

1)判别竖曲线的凹凸性,计算竖曲线的要素;

2)计算竖曲线起终点的桩号;

3)计算 K2+200.00、K2+240.00、K2+380.00、K2+500.00 各点的设计高程。

5-9 某山岭重丘区三级道路,某坡段为 6%,坡长采用 300m;紧接设坡度为 5% 的坡,坡长采用 200m,问在其后面是否还能接 7% 的陡坡?坡长最长为多少?

5-10 某平原微丘区二级公路,设计速度 80km/h,有一处平曲线半径为 250m,该段纵坡初定为 5%,超高横坡为 8%,请检查合成坡度,若不满足要求时,该曲线上允许的最大纵坡度为多少?

第六章

横断面设计

通过本章学习,使学生理解并掌握道路横断面设计的主要任务、基本原理和要求。掌握道路横断面的组成和类型,机动车道、非机动车道、人行道宽度和横坡度的设置要求等内容;了解中间带、路肩、路缘石的设置等内容;掌握平曲线加宽、超高的原因和计算方法;了解实际工程中横断面设计方法以及土石方计算、调配等内容;了解横断面设计成果的表达方法。

第一节 道路横断面组成及类型

道路横断面是指中线上各点的法向切面,它是由横断面设计线和地面线所构成的。公路与城市道路横断面的组成有所不同。公路横断面由车道、路肩、中间带等部分组成,高速公路、一级公路及二级公路还要按照规定设置变速车道、爬坡车道等。城市道路横断面由机动车道、非机动车道、人行道、绿带、分隔带等部分组成。地面线是表征地面起伏变化的线,它是通过现场实测或由大比例尺地形图、航测相片、数字地面模型等途径获得的。

一、公路横断面组成及类型

1. 一般组成

车道:车道是道路上供各种车辆行驶部分的总称,包括机动车道和非机动车道。

路肩:路肩是位于行车道外缘至路基边缘,具有一定宽度的带状结构部分。

路缘带:路缘带是行车道左右边缘的狭窄带状路面,是路肩或中间带的组成部分。路缘带一般是在高级公路上才设置,以增加交通安全和为行车提供一部分必要的侧向净空。

中间带:中间带是高速公路和一级公路上用于分隔对向车辆的带状构造物,中间带由中央分隔带和两条左侧路缘带组成。

公路横断面组成示意图如图6-1、图6-2所示。

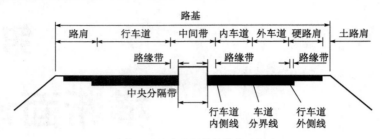

图6-1 有中央分隔带的横断面布置

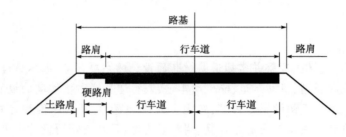

图6-2 没有中央分隔带的横断面布置

2. 特殊组成

爬坡车道:在高速公路、一级公路及二级公路连续上坡路段,设置的专供慢车爬坡使用的车道。

变速车道:供车辆驶入(离)高速车流之前(后)加(减)速用的车道。

错车道:当四级公路路基采用单车道时,在适当的可通视距离内设置的供车辆交错避让用的一段加宽车道。其间距应不大于300m,且相邻两错车道间能相互通视。设置错车道路段的路基宽度应不小于6.5m,有效长度不小于20m。

紧急停车带:在高速公路和一级公路上设置的供临时发生故障或其他原因需紧急停车车辆使用的临时停车地带。当右侧硬路肩的宽度小于2.5m时,应设置紧急停车带。紧急停车带宽度应不小于3.5m,有效长度不应小于40m,间距不宜大于500m,并应在其前后设置不短于70m的过渡段。高速公路、一级公路的特长桥梁、隧道,根据需要可设置紧急停车带,其间距不宜大于750m。二级公路也可根据需要设置紧急停车带,其间距按实际情况确定。

避险车道:避险车道是指在长陡下坡路段行车道外侧增设的供速度失控(制动失灵)车辆驶离正线安全减速的专用车道,一般设置在较易发生事故的路段。一条完善的避险车道应当由避险车道引道、避险车道、服务车道及其他附属设施组成。设置要求有两点:一是使失控车辆从主线中分流,避免对主线车辆造成干扰;二是使失控车辆平稳停车,不应出现人员伤亡、车辆严重损坏和装载货物严重散落的现象。

3. 路幅布置类型

(1) 单幅双车道公路[图6-3a)]指的是整体式路基供双向行车的双车道公路。这类公路在我国公路总里程中占的比重最大,适用于二级、三级和一部分四级公路。这类公路适应的交通量范围大,高达15 000辆/昼夜,设计速度范围为20~80km/h。在这种公路上行车,只要各行其道、视距良好,车速一般不会受影响;但当交通量较大,非机动车多,视距条件差时,其车速和通行能力将大大降低。因此对混合行驶相互干扰较大的路段,可设专用非机动车道和人行道,与机动车分离行驶。

(2) 双幅多车道公路[图6-3b)]指的是四车道、六车道以及更多车道中间设置分隔带或做成分离式路基的多车道公路。有时为了利用地形或由于处于风景区等原因采用分离式路基做成两条独立的单向行车的道路。这种类型公路的设计车速高、通行能力大,每条车道能负担的交通量比一条双车道公路还多,而且行车顺适、事故率低。我国高速公路和一级公路即属此种类型。

(3) 单车道公路[图6-3c)]:对交通量小、地形复杂、工程艰巨的山区公路或地方性道路,可采用单车道。此类公路造价低,适用于交通量小、车速低的四级公路。为满足超车和错车的需要,应在不大于300m的距离内选择有利地点设置错车道,使驾驶人能看到相邻错车道之间的车辆。

a) 单幅双车道

b) 多幅多车道

c) 单车道

图6-3　公路不同类型横断面示意图

二、城市道路横断面组成及类型

1. 组成

城市道路的交通功能多样，组成也比较复杂，尤其行人和各种非机动车较多，由此产生的交通问题都需要在横断面设计中予以综合考虑并协调解决。因此，在城市道路路线设计中，横断面设计一般都放在平面和纵断面设计之前进行。

城市道路上供各种车辆行驶的部分统称为行车道。在行车道断面上，供汽车、无轨电车、摩托车等各种机动车行驶的部分称为机动车道；供自行车、三轮车等各种非机动车行驶的部分称为非机动车道。此外，还有供行人步行使用的人行道和分隔各种车道（或人行道）的分隔带及绿化带等。

城市道路横断面的各组成部分应考虑各种具体情况进行规划设计，其位置安排和宽度、高差的确定既应该保证车辆和行人的交通安全和畅通，又应该与道路两侧的各种建筑物及自然景观相协调，并能满足地面、地下排水和各种管线埋设的要求。横断面设计应注意近期与远期相结合，使近期工程成为远期工程的组成部分，并预留管线位置，路面宽度和高度均应有发展余地。

2. 横断面布置类型

城市道路横断面布置的基本类型如下：

（1）单幅路，俗称"一块板"断面，参见图6-4a）。单幅路为机非混行车道，其交通组织可以有以下两种方式：一是划分快、慢车行驶分车线，快车和机动车车辆在中间行驶，慢车和非机动车靠两侧行驶；二是不划分车线，车道的使用可以在不影响安全的条件下予以调整。单幅路不利于交通安全，适用于机动车交通量不大，非机动车较少的次干路、支路以及用地不足拆迁困难旧城改建城市道路。

（2）双幅路，俗称"两块板"断面，参见图6-4b）。双幅路在车道中心用分隔带或分隔墩将车行道分为两半，上、下行车辆分向行驶，各自再根据需要决定是否划分快、慢车道。双幅路断面分离对向行驶的车辆，减少了行车干扰，提高了车速。分隔带上还可以用作绿化、布置照明和敷设管线等。双幅路主要适用于单向两条机动车道以上、非机动车较少的道路，有平行道路可供非机动车通行的快速路和郊区景区道路，或地形特殊的路段。

（3）三幅路，俗称"三块板"断面，参见图6-4c）。中间为双向行驶的机动车车道，两侧为靠右侧行驶的非机动车车道。三幅路将机动车与非机动车分开，对交通安全有利；在分隔带上布置绿带，有利于减少噪声、布置照明和夏天遮阴防晒等。对于机动车交通量大、非机动车多的城市宜优先考虑采用。但三幅式断面占地较多，只有当红线宽度大于或等于40m时才能满足车道布置的要求。

（4）四幅路，俗称"四块板"断面，参见图6-4d）。在三幅路的基础上，再将中间机动车车道分隔为二，分向行驶。四幅路不但将机动车道和非机动车道分开，还将对向行驶的机动车分开，于安全和车速较三幅路更为有利。它适用于机动车辆车速较高，各向两条机动车道以上,非机动车多的快速路与主干路。

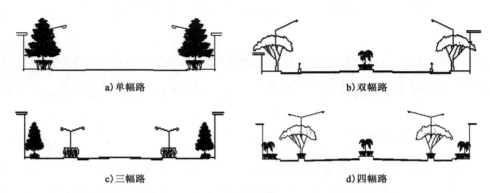

图 6-4 城市道路不同类型横断面示意图

3. 特殊形式的断面

受城市用地限制及现代通勤需求的影响,道路系统不断升级。在城市道路系统中,为提高公共交通运行效率,减少延迟,常设置快速公交专用道,与普通车道隔离,仅供城市快速公交使用,如图 6-5 所示。当城市用地紧张时,还可以考虑立体多层的道路横断面布置形式,如图 6-6 所示。优化的道路横断面形式可以提高公共交通服务能力,减少城市交通用地面积。

图 6-5 城市快速公交单层布置

图 6-6 城市快速公交立体布置

一条道路宜采用相同形式的横断面。当道路横断面形式或横断面各组成部分的宽度变化时，应设过渡段。过渡段的起、止点宜选择在交叉口或结构物处。

第二节 车道宽度与曲线段加宽设计

一、机动车道宽度

车行道是道路上供各种车辆行驶部分的总称，包括快车道和慢车道。在一般公路和城市道路上还设有非机动车道。所谓一条车道的宽度是指为了交通安全和行车顺适，根据车辆大小、车速高低而确定的各种车辆以不同速度行驶时所需的安全距离。车行道的宽度要根据设计车辆宽度、设计交通量、交通组成和设计速度来确定。

公路一般有两条以上的车道。高速公路和一级公路有四条以上的车道，以中间带将上、下行车辆分开或做成分离式路基，单向再划分快车道和慢车道。城市道路的横断面布置与公路有较大区别，如城市道路车行道两侧有高出路面的路缘带，而公路两侧是与路面齐平的且有一定宽度的路肩。城市道路在路幅布置上比公路更富于变化，行车规律、交通组织管理与公路也有所不同。城市道路应分别确定机动车道宽度和非机动车道宽度。下面针对一般性公路与城市道路分别进行分析并确定行车道宽度。

1. 一般双车道公路行车道宽度

双车道公路行车道宽度包括汽车宽度和富余宽度。汽车宽度取载重汽车车厢的总宽度(2.5m)。富余宽度是指对向行驶时两车厢之间的安全间隙、汽车轮胎至路面边缘的安全距离，如图6-7所示。

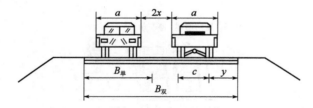

图6-7 双车道公路的行车道宽度

单向行驶的车道宽度可以用式(6-1)、式(6-2)计算。

一条车道：

$$B_{单} = \frac{a+c}{2} + x + y \tag{6-1}$$

两条车道：

$$B_{双} = a + c + 2x + 2y \tag{6-2}$$

式中：a——车厢宽度，m；
　　　c——汽车轮距，m；
　　　$2x$——两车厢安全间隙，m；
　　　y——轮胎与路面边缘之间的安全距离，m。

根据试验观测，计算 x、y 的经验公式为：

$$x = y = 0.50 + 0.0005V \tag{6-3}$$

式中：V——行驶速度，km/h。

根据式(6-3)可知，行车道的富余宽度与车速有关，此外还与路侧环境、驾驶人心理和车辆状况等有关。当双车道公路设计速度为 80km/h 时，可取一条车道宽度 3.75m。对车速较低、交通量不大的公路可取较小宽度，根据设计速度一般取 3.5m、3.25m、3.0m。

2. 有中间带公路行车道宽度

高速公路、一级公路一般为双向四车道以上，对向车道间设中间带，中间带两侧的行车道只有同向行驶的车，如图 6-8 所示。

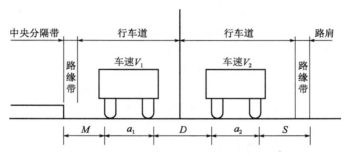

图 6-8　有中间带的行车道宽度

车速、交通组成和大型车混入率对行车道宽度确定有较大的影响。根据试验观测，得出以下关系式：

$$S = 0.0103V_1 + 0.56 \tag{6-4}$$

$$D = 0.000066(V_2^2 - V_1^2) + 1.49 \tag{6-5}$$

$$M = 0.0103V_2 + 0.46 \tag{6-6}$$

式中：S——右后轮外缘与车道(路缘带)外侧间的安全距离，m；
　　　D——两汽车后轮外缘之间的安全距离，m；
　　　M——左后轮外缘与车道(或路缘带)内侧之间的安全距离，m；
　　　V_1、V_2——被超车与超车的车速，km/h。

单侧两条行车道宽度：

$$B = S + D + M + 2c - \omega_z - \omega_y \tag{6-7}$$

式中：ω_z、ω_y——车道左侧与右侧路缘带宽度，m；
　　　c——汽车后轮外缘间距，m，对于普通车 $c=1.60$m，对于大型车 $c=2.30$m。

根据式(6-7)计算，设计速度 $V \geq 80$km/h 时，每条车道宽度可采用 3.75m；当 $V <$

80km/h 时,每条车道宽度可采用 3.50m。当高速公路为双向八车道时,内侧车道宽度可采用 3.50m。

3. 城市道路机动车车道宽度

城市道路车行道宽度如图 6-9 所示。

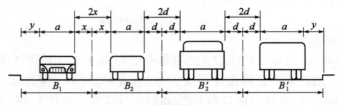

图 6-9　城市道路车行道宽度示意图

(1) 靠路边的车道

一侧靠边,另一侧为反向行驶的车道,其车道宽度:

$$B_1 = x + a + y \tag{6-8}$$

一侧靠边,另一侧为同向行驶的车道:

$$B'_1 = d + a + y \tag{6-9}$$

(2) 靠路中线的车道

$$B_2 = x + a + d \tag{6-10}$$

(3) 同向行驶的中间车道

$$B'_2 = d + a + d \tag{6-11}$$

式中:a——车厢全宽,m;
　　d——同向行驶汽车间的安全距离,m;
　　x——反向行驶汽车间的安全距离,m;
　　y——车身边缘与路缘石的横向安全距离(m)。

根据试验观测,y、d、x 与车速间的关系为:

$$y = 0.4 + 0.02V^{\frac{3}{4}} \text{ (m)} \tag{6-12}$$

$$2d = 0.7 + 0.02V^{\frac{3}{4}} \text{ (m)} \tag{6-13}$$

$$2x = 0.7 + 0.02(V_1 + V_2)^{\frac{3}{4}} \text{ (m)} \tag{6-14}$$

其中,V 是以 km/h 为单位的设计速度。

由上述各式可知,车道宽度 B 是车速 V 的函数,且根据车厢宽度与车速的变化在 3.40~3.80 间取值。城市道路上行驶的车辆宽度各异,各条机动车道可协调使用,故一条车道的平均宽度取 3.50m,当车速大于 60km/h 时,可取 3.75m。

二、非机动车道与路侧带宽度

1. 非机动车道宽度

非机动车道是专供自行车、三轮车等非机动车行驶的车道。在我国许多城市道路上,都有非机动车行驶,非机动车道的设计理应受到足够重视。在城市道路规划设计中,宜考虑设置非机动车专用道路系统,交通组织和横断面布置应尽可能机非分离行驶,非机动车道设计应"宁宽勿窄",要适量留有余地。

非机动车的车道宽度,根据车身宽度和车身两侧所需横向安全距离而定。非机动车的通行能力,可根据"车头间距"或"车头时距"的理论进行计算。根据调查,各种非机动车特性及所需车道宽度见表6-1。

一条非机动车道宽度　　　　表6-1

车辆种类	长(m)	宽(m)	高(m)	最小纵向间距(m)	单车道通行能力(辆/h)	所需车道宽度(m)
自行车	1.93	0.60	2.25	1.0~1.5	800~1 000	1.0
三轮车	3.40	1.25	2.50	1.0	300	2.0

人骑自行车车身宽0.60m,加上两侧应各留0.15m的横向摆动安全距离,故一条自行车车道的宽度为0.95m(0.6+0.15×2),考虑行驶时的左右摆幅宽度,规定自行车车道宽度采用1.0m。一般一个方向不少于2条自行车道。三轮车车身宽度1.25m,且左右两侧各不得超出车身0.2m,故一条三轮车车道宽度为1.65m(1.25+0.2×2),考虑行驶时的左右摆幅宽度,规定三轮车车道宽度采用2.0m。

主干路非机动车道应与机动车道分隔设置;当次干路设计速度大于或等于40km/h时,非机动车道宜与机动车道分隔设置。与机动车道合并设置的非机动车道,车道数单向不应小于2条,宽度不应小于2.5m。非机动车专用道路路面宽度应包括车道宽度及两侧路缘带宽度,单向不宜小于3.5m,双向不宜小于4.5m。靠边行驶的非机动车,受道路的缘石、护栏、侧墙、雨水进水口、路面平整度和绿化植物的影响,要求设置0.25m的安全距离。路侧设置停车时还应充分考虑对其影响。

2. 路侧带宽度

车行道最外侧路缘石至道路红线范围为路侧带,如图6-10所示。路侧带宽度包括人行道、绿化带和设施带。路侧带可由人行道、绿化带、设施带等组成,路侧带的设计应符合以下规定。

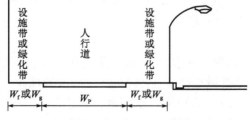

图6-10　路侧带组成及布置形式

(1)人行道宽度

人行道指专供行人通行的部分,其宽度必须满足行人通行的安全和顺畅,可由下式计算:

$$W_p = N_w / N_{wl} \tag{6-15}$$

式中：W_p——人行道宽度，m；

N_w——人行道高峰小时行人流量，人/h；

N_{wl}——1m 宽人行道的设计行人通行能力，P/h·m。

一个步行的人所占用宽度与人手中携带物品的大小和携带方式有关，变化在 0.60 ~ 0.90m 之间。一条步行带的通行能力，可用下式计算：

$$N_p = \frac{1\,000V}{L} \tag{6-16}$$

式中：N_p——一条步行带的通行能力，人/h；

V——行人步行速度，km/h；

L——行人间距，m。

也可用式(6-17)计算：

$$N_p = 3\,600 W_p \times v \times \rho \tag{6-17}$$

式中：W_p——人行道宽度，m；

v——行人步行速度，m/s；

ρ——人群密度，人/m²。

根据观察和计算，不同性质道路的人行道上一条步行带的通行能力见表6-2。

人行设施基本通行能力和设计通行能力　　　　表6-2

人行设施类型	基本通行能力	设计通行能力
人行道，人/(h·m)	2 400	1 800 ~ 2 100
人行横道，人/(hg·m)	2 700	2 000 ~ 2 400
人行天桥，人/(h·m)	2 400	1 800 ~ 2 000
人行地道，人/(h·m)	2 400	1 440 ~ 1 640
车站码头的人行天桥、人行地道，人/(h·m)	1 850	1 400

注：本表引用自《城市道路工程设计规范》(CJJ37—2012)。

根据我国部分城市的调查资料：大城市现有单侧步行道宽度为 3 ~ 10m，中等城市为 2.5 ~ 8m，小城市为 2 ~ 6m。商业街、火车站、长途汽车站附近路段人流密度大，携带的东西多，因此应比一般路段人行道宽。

(2)绿化带宽度

绿化带是指在道路路侧为行车及行人遮阳并美化环境，保证植物正常生长的场地。当种植单排行道树时，绿化带最小宽度为 1.5m。行道树的株距一般为 4 ~ 6m，树池采用 1.5m 的正方形或 1.2m × 1.8m 的矩形。也可种植草皮与花丛。当绿化带内设置雨水调蓄设施时，绿化带的宽度还应满足所设置设施的宽度要求。

(3)设施带宽度

其宽度包括设置行人护栏、照明灯柱、标志牌、信号灯等的宽度。红线宽度较窄及条件困难时，设施带可与种植带合并，但应避免各种设施与树木间的干扰。常用宽度为：护栏 0.25~0.50m,杆柱 1.0~1.5m,邮箱和垃圾桶 0.6~1.0m、长凳和座椅 1.0~2.0m。根据调查我国各城市设置杆柱的设施带宽度多数为 1.0m,有些城市为 0.5~1.5m,考虑有些杆线需设基础,宽度较大,设计时应根据实际情况确定,并可与绿化带结合设置。

按上述所求得的人行道宽、绿化带宽与设施带宽之和即为路侧道宽。此外,还要考虑人行道下面埋设管线所需要的宽度。为了使街道各部分宽度相互协调,符合视觉上的正常比例,再将计算的人行道宽度与整个街道宽度相比较。一般认为街道宽与单侧人行道宽之比在 5:1~7:1 的范围内是比较合理的。

路侧带通常都对称地布置在街道两侧,但在受到地形、地物限制或有其他特殊情况时,也可作不等宽或仅在一边布置。

①图 6-11a)中,仅在小圆穴(或小方穴)中种植单行树。这种形式适用于人行道宽度受限制或两侧有商业、公共文化设施而用地不足的路段。

②图 6-11b)中,行人与行车道之间用绿化带(草地或灌木)隔开,在人行横道处将绿带断开。适用于过街行人密度大,行车密度高的路段。这种布置有利于行人的交通安全和提高行车道的通行能力,利于交通组织。

③图 6-11c)中,绿化带布置在建筑物前面,适用于住宅区街道。为防止积水影响房屋基础稳定,须沿房屋墙脚砌筑护坡以利排水。

④图 6-11d)、e)中,绿化带将人行道划分成两个部分,靠近建筑物的人行道供进出商店的行人使用,另一条供过路行人使用。适用于城市中心商业区或公共建筑物多的街道上。

⑤图 6-11f)为骑楼式人行道,为拓宽路幅将沿街两旁的房屋底层改建为骑楼。适用于旧城原行车道和人行道均狭窄的道路上。

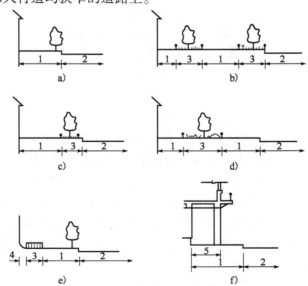

图 6-11 路侧带的不同布置形式
1-人行道;2-行车道;3-绿化带;4-散水;5-骑楼

三、中间带、路肩与路缘石

1. 中间带

（1）中间带的作用

高速公路和一级公路的设计速度较高且车道数多，需要设置中间带以保证行车安全并满足该等级道路的功能要求。高速公路和一级公路整体式断面必须设置中间带。中间带由两条左侧路缘带和中央分隔带组成，如图6-12所示，其作用如下：

①分隔上、下行车流，防止车辆驶入对向车道，减少道路交通干涉，提高通行能力和行车安全。

②可作为设置道路标志及其他交通管理设施的场地，也可作为行人过街的安全岛。

③一定宽度的中间带可以种植花草灌木或设置防眩网，以防对向车灯眩目，还可以起到美化路容和优化环境的作用。

④设于中央分隔带两侧的路缘带，有一定宽度且颜色醒目，能引导驾驶人视线，增加行车侧向余宽，有利于提高行车的安全性与舒适性。

⑤可以防止在多车道公路上因认错对向车道而引起的交通事故。

⑥可以避免车辆中途掉头，消灭紊乱车流，减少交通事故。

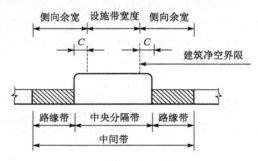

图6-12 中间带示意图

（2）中间带的宽度

中间带的宽度由行车道外侧向余宽、护栏、种植、防眩网、桥墩等所需设施带宽度确定。其越宽作用越明显，但对用地紧缺的地区采用宽中间带是较困难的，我国基本上采用窄中间带。城市道路规定与公路基本相同。左侧路缘带常用宽度为0.50m或0.75m。

中间带的宽度一般应保持等宽，若需变化时，宽度变化地点应设过渡段。过渡段以设在回旋线内为宜，其长度应与回旋线长度相等。宽度不小于4.50m的中间带过渡段以设在半径较大的平曲线路段为宜。图6-13为几种中间带宽度变化过渡设计的例子。

（3）中间带的开口

为便于养护作业、临时调整行车方向和某些车辆必要时掉头，中央分隔带应根据需要设置开口。开口最小间距不应小于2km，开口过多会造成交通紊乱。城市道路中间带可根据横向交通(车辆和行人)的需要设置开口。

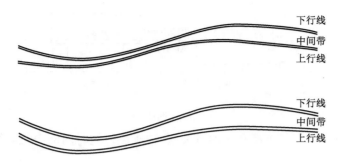

图 6-13　宽度大于 4.5m 的中间带变宽过渡

中央分隔带的开口应设置在通视良好的路段,若在曲线上开口,该圆曲线的超高值不宜大于 3%。在互通式立体交叉、隧道、特大桥、服务区等构造物前后必须设置开口。分离式路基应在适当位置设横向连接道,以供养护、维修或抢险时使用。

开口端的形状,通常有半圆形和弹头形两种。当中央分隔带宽度小于 3.0m 时,可用半圆形;当中央分隔带宽度大于或等于 3.0m 时,可用弹头形。弹头形如图 6-14 所示,图中 R、R_1 和 R_2 为控制设计半径。R_1 和 R_2 足够大时,才能保证汽车以容许的速度驶离主车道进行左转弯,一般采用 $R_1 = 25 \sim 120$m。R 切于开口中心线,其值取决于开口的大小,为了避免过大的开口并方便行车,一般采用的最小值为 15m。弹头尖端圆弧半径 R_2 可采用分隔宽度的 1/5,这样从外观上看比较悦目。

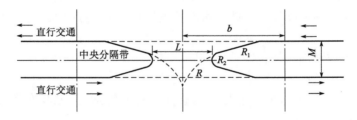

图 6-14　中间带开口示意图

(4)中间带的形式

中间带的形式有凹形和凸形两种。凹形用于中央分隔带宽度大于或等于 3.0m 时,凸形用于宽度小于 3.0m 的情况。中央分隔带宽度大于或等于 3.0m,一般可植草皮、栽灌木;宽度小于 3.0m 时可植矮灌木或铺面封闭。

(5)中间带的侧向净距

如图 6-15 所示,设车辆在车道中间行驶,图中侧向净距 J 是指路缘带与车道边线到护栏面的间距,内侧净距 C 是右后轮外侧面到护栏面的间距。侧向净距 J、内侧净距 C、车道宽度 B 及后轮总宽 a 的关系如下:

$$J = C - (B - a)/2 \tag{6-18}$$

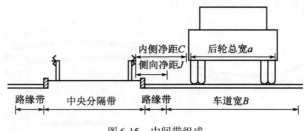

图 6-15 中间带组成

根据实测,内侧净距与车型和速度有关,各种车型行驶时内侧净距与行驶速度的关系模型如下:

大型车
$$C = 0.0101V + 1.03 \tag{6-19}$$

中型车
$$C = 0.0095V + 1.05 \tag{6-20}$$

小型车
$$C = 0.0081V + 0.94 \tag{6-21}$$

式中:C——内侧净距,m;
V——行驶速度,km/h。

2. 路肩

路肩是位于行车道外缘至路基边缘,具有一定宽度的带状结构部分。路肩通常由硬路肩和土路肩组成,高速公路和一级公路设置的路缘带也是路肩部分。路肩的主要作用有:

(1)保护及支撑路面结构;
(2)供临时停车之用;
(3)作为侧向余宽的一部分,能提高驾驶安全性和舒适感,尤其在挖方路段,可以增加弯道视距,减少行车事故;
(4)提供道路养护作业、埋设地下管线的场地;
(5)可供行人和非机动车通行使用。

路肩宽度应根据在满足路肩功能要求的条件下,尽量采用较窄宽度的原则确定。道路一般应设右路肩;当采用分离式断面时,行车道左侧应设左路肩。高速公路、一级公路有条件时宜采用宽度不小于 2.50m 的右侧硬路肩,当右侧硬路肩的宽度小于 2.50m 时,应设置紧急停车带。

城市道路一般与两侧建筑或广场相接,不需要路肩。如果城市道路两侧为自然地面或排水边沟时,应设保护性路肩,以保护路基的稳定和设置护栏、栏杆、交通标志等设施,路肩的宽度应满足设置设施的要求。一般来说,保护性路肩宽度自路缘带外侧算起,快速路不应小于 0.75m;其他等级道路不应小于 0.50m;当有少量行人时,不应小于 1.50m。

路缘带是路肩或中间带的组成部分,与行车道相连接,用行车道的外侧标线或不同的路肩颜色来表示。高速公路和一级公路应在右侧硬路肩宽度内设右侧路缘带,其宽度一般为 0.5～0.75m,其作用主要是诱导驾驶人视线和分担侧向余宽,以利于行车安全。

综合硬路肩、软路肩及路缘带宽度需求,可以计算得到路肩总宽度。考虑到设计与施工的便利性,各级公路和城市道路的路肩宽度根据条件采用 2.25m、2.00m、1.75m、1.50m、1.00m、0.75m、0.50m。

3. 路缘石

路缘石为设在路面边缘的界石,分为平缘石和立缘石。平缘石是指顶面与路面平齐的路缘石,有标定路面范围、整齐路容、保护路面边缘的作用,适用于出入口、人行道两端及人行横道两端,便于推车、轮椅及残疾人通行。有路肩时,路面边缘也采用平缘石。立缘石是指顶面高出路面的路缘石,有标定车行道范围和纵向引导排除路面水的作用,立缘石宜设置在中间分隔带、两侧分隔带及路侧带两侧。

当路缘石设置在中间分隔带及两侧分隔带时,外露高度宜为 15cm～20cm;当设置在路侧带两侧时,外露高度宜为 10cm～15cm,其外露高度是考虑满足行人上下及车门开启的要求确定的。对于隧道内线形弯曲段或陡峻路段等处,可高出 25～40cm,并应有足够的埋置深度,以保证稳定。排水式立缘石尺寸、开孔形状或间断设置的距离应根据汇水量计算确认。缘石宽度宜为 10～15cm。

路缘石高度不宜太高,因为路缘石过高时(高度>20cm),高速行驶的汽车一旦驶入将产生飞跃甚至翻车的副作用。试验表明,护栏外有路缘石和中间带的横断面形式,其速度应小于 60km/h;无路缘石但有中间带的横断面形式,其行驶速度应小于 120km/h。所以高速公路的分隔带因排水必须设置路缘石时,应使用低矮光滑的斜式或曲线式的路缘石,高度宜小于 12cm。城市道路的人行道及人行横道宽度范围内路缘石宜做成低矮的,而且坡面较为平缓的斜式,便于儿童车、轮椅及残疾人通行。在分隔带端头或交叉口的小半径处,缘石宜做成曲线式。

四、曲线段加宽设计

通过对汽车行驶状态和行驶轨迹的观测及分析可知,汽车在转弯行驶时,需要比在直线上占用更大的宽度空间,这是因为汽车在曲线上行驶时后轮轨迹偏向曲线内侧所至。另外,由于曲线行车受横向力的影响,汽车行驶中会随着车速的变化出现不同程度的横向摆动。曲线半径越小,偏离值越大;车速越高,摆幅越大。因此,为了保证在曲线段有足够的横向空间,需要在曲线段上对行车道设置加宽。二级、三级、四级公路的圆曲线半径小于或等于 250m 时,应设置加宽。圆曲线上的路面加宽应设置在圆曲线的内侧。

1. 加宽值计算

(1)普通汽车的加宽

普通汽车的加宽由图 6-16 几何关系可以求得:

$$b = R - (R_1 + B) \tag{6-22}$$

而

$$R_1 + B = \sqrt{R^2 - A^2} = R - \frac{A^2}{2R} - \frac{A^4}{8R^3} - \cdots \tag{6-23}$$

故

$$b = \frac{A^2}{2R} + \frac{A^4}{8R^3} + \cdots \tag{6-24}$$

上式第二项以后的数值极小,可省略不计,故一条车道的加宽值 $b_单$ 为:

$$b_单 = \frac{A^2}{2R} \tag{6-25}$$

式中:A——汽车后轴至前保险杠的距离,m;

R——圆曲线半径,m。

对于有 N 个车道的行车道:

$$b = \frac{NA^2}{2R} \tag{6-26}$$

(2)铰接车的加宽

铰接车的加宽由图 6-17 的几何关系求得:

$$b_1 = \frac{A_1^2}{2R} \qquad b_2 = \frac{A_2^2}{2R'} \tag{6-27}$$

式中:b_1——牵引车的加宽值,m;

b_2——拖车的加宽值,m;

A_1——牵引车保险杠至第二轴的距离,m;

A_2——第二轴至拖车最后轴的距离,m。

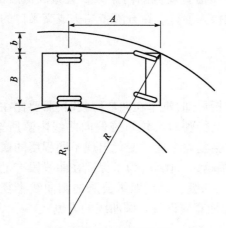

图 6-16 普通汽车的加宽

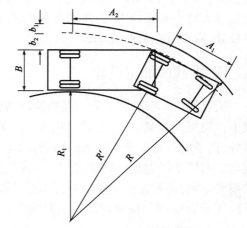

图 6-17 铰接车的加宽

由于 $R' = R - b_1$,而 b_1 与 R 相比甚微,可取 $R' \approx R$,于是半挂车的加宽值为:

$$b = b_1 + b_2 = \frac{A_1^2 + A_2^2}{2R} \tag{6-28}$$

令 $A_1^2 + A_2^2 = A^2$，式(6-28)仍为式(6-25)形式，但 A 的含义不同。

(3)摆动加宽值

据实测,汽车转弯加宽还与车速有关。一个车道摆动加宽值计算的经验公式为:

$$b' = \frac{0.05V}{\sqrt{R}} \tag{6-29}$$

式中:V——汽车转弯时车速,km/h。

(4)圆曲线上的加宽值

考虑上述几何加宽值和摆动加宽值两项因素,圆曲线上路面的加宽值按下式计算:

$$b = N\left(\frac{A^2}{2R} + \frac{0.05V}{\sqrt{R}}\right) \tag{6-30}$$

根据三种标准车型轴距的不同,其轴距加前悬的长度分别为 5m、8m 和 (5.2+8.8)m,分别计算并对结果进行整理,可得出不同半径所对应的三类加宽值。双车道路面加宽参考值见表 6-3,城市道路圆曲线每条车道的加宽值见表 6-4。

双车道公路圆曲线加宽值(m)　　　　表 6-3

加宽类型	设计车辆	圆曲线半径(m)							
		200~250	150~200	100~150	70~100	50~70	30~50	25~30	20~25	15~20
1	小客车	0.4	0.5	0.6	0.7	0.9	1.3	1.5	1.8	2.2
2	重载汽车	0.6	0.7	0.9	1.2	1.5	2.0	—	—	—
3	铰接列车	0.8	1.0	1.5	2.0	2.7	—	—	—	—

注:本表引用自《公路路线设计规范》(JTG D20—2017),单车道公路路面加宽值应为表列规定值的一半。

城市道路圆曲线每条车道的加宽值(m)　　　　表 6-4

圆曲线半径 R (m)	车型		
	小客车	大型车	铰接汽车
$200 < R \leq 250$	0.30	0.40	0.45
$150 < R \leq 200$	0.30	0.45	0.60
$100 < R \leq 150$	0.35	0.60	0.75
$80 < R \leq 100$	0.40	0.65	0.90
$70 < R \leq 80$	0.40	0.70	0.95
$50 < R \leq 70$	0.45	0.90	1.25
$40 < R \leq 50$	0.50	1.05	1.50
$30 < R \leq 40$	0.60	1.30	1.90
$20 < R \leq 30$	0.75	1.80	2.75

注:本表引用自《城市道路路线设计规范》(CJJ 193—2012)。

作为干线的二级公路应采用第 2 类加宽值；作为集散的二级和三级公路,在考虑铰接列车通行时,应采用第 3 类加宽值,若不考虑铰接列车则采用第 2 类加宽值；作为支线的三级公路和四级公路,应采用第 1 类加宽值。对于 $R > 250m$ 的圆曲线,由于其加宽值甚小,可以不设加宽。由三条以上车道构成的行车道,其加宽值应另行计算。各级公路的路面加宽后,路基也应相应加宽。

2. 加宽过渡

加宽过渡段是为使路面由直线上的正常宽度过渡到圆曲线上设置了加宽的宽度,而设置的宽度变化段。在加宽过渡段内,路面宽度逐渐过渡变化。加宽过渡的设置根据道路性质和等级可采用不同方法。

(1) 比例过渡

在加宽过渡段全长范围内按其长度成比例逐渐加宽,如图 6-18 所示。加宽过渡段内任意点的加宽值为：

$$b_x = \frac{L_x}{L}b \tag{6-31}$$

式中：L_x——任意点距过渡段起点的距离,m；

L——加宽过渡段长,m；

b——圆曲线上的全加宽,m。

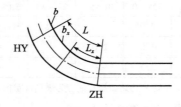
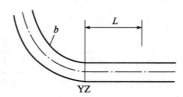

a) 设缓和曲线的弯道过渡方式　　　b) 不设缓和曲线的弯道过渡方式

图 6-18　比例过渡

比例过渡简单易作,但经加宽以后的路面内侧与行车轨道不符,过渡段的起终点出现突变,路容不美观。这种方法一般可用于二、三、四级公路。

(2) 高次抛物线过渡

在加宽过渡段上插入一条高次抛物线,抛物线上任意点的加宽值 b_x 为：

$$b_x = (4k^3 - 3k^4)b \tag{6-32}$$

式中：$k = \frac{L_x}{L}$。

用这种方法处理以后的路面内侧边缘圆滑、美观,适用于对路容有一定要求的高速公路和一级公路。

(3)回旋线过渡

在加宽过渡段路面内侧插入回旋线,这样不但中线上有回旋线,而且加宽后的路面边线也有回旋线,与行车轨迹相符,保证了行车的顺适与线形的美观。回旋线过渡适用于高速公路和一、二级公路的下列路段:

①位于大城市近郊的路段;

②桥梁、高架桥、挡土墙、隧道等构造物处;

③设置各种安全防护设施的路段。

(4)直线与圆弧相切过渡

四级公路不设缓和曲线时,其加宽过渡在直线上进行。在人工构造物处,因设置加宽过渡段而在圆曲线起、终点内侧边缘产生明显转折时,可采用路面加宽边缘线与圆曲线上路面加宽后的边缘线圆弧相切的方法予以消除。具体做法是在 HZ(或 ZH)点和 YH(或 HY)点插入二次抛物线。插入后,缓和段的长度有所增加,路容有所改进,如图 6-19 所示。

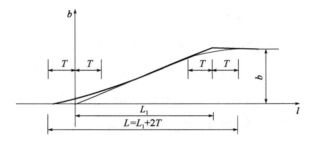

图 6-19 插入二次抛物线的加宽过渡

上面介绍的诸多方法中,有的对线形顺滑美观有利,但计算和测设比较繁琐,而另外一些则相反。强调高等级公路和人工构造物的地段应尽量采用于线形有利的方法。当今计算机和测量仪器普遍使用,使测设计算变得容易,故即使在一般公路上,都宜优先考虑采用有利于线形的加宽过渡方法。

3.加宽过渡段长度

对设有缓和曲线的平曲线,加宽过渡段应采用与缓和曲线相同的长度。对不设缓和曲线,但设有超高过渡段的平曲线,可采用与超高过渡段相同的长度。四级公路的超高、加宽过渡段长度应分别按超高和加宽的有关规定计算,取较长者,但最短应按渐变率为 1∶15 且长度不小于 10m 的要求设置。

【例6-1】 某平原微丘区二级公路,其 JD 处转角 $\alpha = 40°$(右转),桩号里程为 K8 + 200.58,选定的平曲线半径为 180m,缓和曲线长度为 70m。试设计直线段和曲线段道路宽度,并计算曲线段各桩号处路面的加宽值(采用比例加宽过渡方式)。

解:(1)路中线主点桩号计算

①计算曲线段的曲线元素:计算图示参看平曲线元素计算图示(本书图 4-9)。

$$p = \frac{L_s^2}{24R} = \frac{70^2}{24 \times 180} = 1.134(\text{m})$$

$$q = \frac{L_s}{2} - \frac{L_s^3}{240R^2} = \frac{70}{2} - \frac{70^3}{240 \times 180^2} = 34.956(\text{m})$$

$$\beta = 28.6479\frac{L_s}{R} = 28.6479 \times \frac{70}{180} = 11.141(°)$$

$$T = (R+p)\tan\frac{\alpha}{2} + q = (180 + 1.134) \times \tan\frac{40°}{2} + 34.956 = 93.81(\text{m})$$

$$E = (R+p)\sec\frac{\alpha}{2} - R = (180 + 1.134) \times \sec\frac{40°}{2} - 180 = 10.46(\text{m})$$

$$L = (\alpha - 2\beta)\frac{\pi}{180}R + 2L_s = (40° - 2 \times 11.141°) \times \frac{\pi}{180} \times 180 + 2 \times 70 = 195.66(\text{m})$$

②推算主点桩号:

ZH = JD − T = K8 + 200.58 − 93.81 = K8 + 106.77

HY = ZH + L_s = K8 + 106.77 + 70 = K8 + 176.77

QZ = ZH + L_2 = K8 + 106.77 + 195.662 = K8 + 204.6

HZ = ZH + L = K8 + 106.77 + 195.66 = K8 + 302.43

YH = HZ − L_s = K8 + 302.43 − 70 = K8 + 232.43

③确定曲线加密点的桩号:不考虑其他因素,按每50m一桩加密,桩号如下:K8 + 100;ZH点K8 + 106.77,K8 + 150;HY点K8 + 176.77,K8 + 200;QZ点K8 + 204.6;YH点K8 + 232.43,K8 + 250,K8 + 300;HZ点K8 + 302.43。

(2)横断面路宽设计

①确定正常直线段的宽度,二级公路设计时速80km/h一般值选取路基宽度为12m;行车道宽9m,两侧路肩宽为1.5m;路面横坡取1.5%,路肩横坡取2%。

②确定加宽曲线的全加宽值:本题曲线半径为180m,小于250m的加宽半径限制,应加宽。查表6-3,采用第3类加宽,取值为1.0m。

③计算加宽缓和段和全加宽段各桩号的加宽值:在 HY ~ YH 段内加宽值为一定值,即 $b = 1.0$m;在 ZH ~ HY 和 YH ~ HZ 段内的加宽值需用式(6-31)计算。

例如:K8 + 150 桩

$$b_x = \frac{L_x}{L}b = \frac{150 - 106.77}{70} \times 1.0 = 0.62(\text{m})$$

其余部分桩号自行计算。

第三节　路拱与曲线段超高设计

一、路拱

为了利于路面横向排水，将路面做成由中央向两侧倾斜的拱形，称为路拱。其倾斜的大小以百分率表示，表示行车道的倾斜程度。

1. 路拱横坡

路拱对排水有利但对行车不利。路拱坡度所产生的水平分力增加了行车的不平稳性，同时也给乘客以不舒适的感觉，当车辆在有水或潮湿的路面上制动时还会增加侧向滑移的危险。为此，路拱大小的取值以及形状的设计应兼顾两方面的影响。

路拱的布置有单向路拱和双向路拱两种。对于高速公路、一级公路，整体式路基下的路拱宜采用双向路拱，分离式路基的路拱宜采用单向横坡。高速公路和一级公路由于其路面较宽，迅速排除路面降水尤为重要，所以当此种公路处于降雨强度较大的地区时应采用高值。若位于中等强度降雨地区时，路拱坡度宜为 2%；位于降雨强度较大地区时，路拱坡度可适当增大。二级、三级、四级公路的路拱应采用双向路拱坡度，由路中央向两侧倾斜，路拱坡度应根据路面类型和当地自然条件确定，但不应小于 1.5%。

硬路肩与土路肩也应设置横坡。直线路段的硬路肩应设置向外倾斜的横坡，其坡度应与车道横坡值相同。土路肩的排水性能远低于路面，其横坡度较路面宜增大 1.0% ~ 2.0%。硬路肩视具体情况（材料、宽度）可与路面采用同一横坡，也可稍大于路面。路线纵坡平缓，且设置拦水带时，其横坡值宜采用 3% ~ 4%。曲线路段内、外侧硬路肩横坡的横坡值及其方向应结合曲线超高情况具体设计。

城市道路路面横坡宜采用 1.5% ~ 2%，两侧人行道可为 1% ~ 2% 的单面直线坡度，路缘带横坡与路面相同。一般道路纵坡较大时，横坡度宜取小值；纵坡度小时，宜取大值；严寒冰冻干旱地区横坡度宜取小值。

2. 路拱形式

路拱的形式有抛物线形、直线接抛物线形、折线形等，可根据路面宽度及路面类型采用。低等级公路可采用抛物线形路拱，高等级公路一般采用直线接抛物线形路拱，多车道的水泥混凝土路面可采用折线形路拱。

二、曲线段超高设计

为抵消车辆在平曲线路段上行驶时所产生的离心力，将路面做成外侧高内侧低的单向横坡形式，称为平曲线超高。合理地设置超高，可以全部或部分抵消离心力，提高汽车在曲线上行驶的稳定性与舒适性。超高的布置形式如图 6-20 所示。

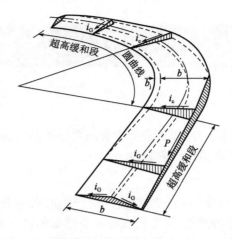

图 6-20 超高布置示意图

当汽车匀速行驶时,圆曲线上所产生的离心力是常数,超高横坡度应是与圆曲线半径相适应的全超高。而在缓和曲线上曲率是变化的,其离心力也是变化的,因此,在缓和曲线上应是逐渐变化的超高。这段从直线上的双向横坡渐变到圆曲线上单向横坡的路段,称作超高过渡段。四级公路可不设回旋线,但应有超高过渡段。

1. 超高值计算

极限最小半径(R_{min})是与最大超高值(i_{max})相对应的。由汽车在圆曲线上行驶时力的平衡方程式及横向稳定性,可得任意半径圆曲线超高值 i_h:

$$i_h = \frac{V^2}{127R} - \mu \tag{6-33}$$

式(6-33)右边第一项是行驶在弯道上的汽车的离心加速度,只要带入相应的车速 $V(km/h)$ 和半径 $R(m)$ 即可求得。第二项是横向力系数 μ。计算 i_h 值,首先要确定 μ 的大小。

由式(6-33)可知,离心力由($i_h + \mu$)共同抵抗,各种设计速度下曲线半径与($i_h + \mu$)的关系,如图 6-21 所示。当速度一定时,($i_h + \mu$)随半径减小而急剧增大。($i_h + \mu$)随车速提高而增加的部分,随半径的减小而增大。当半径较小时,即使速度稍许提高,($i_h + \mu$)也会增加很多,这对舒适性影响很大;而当半径较大时,速度增大时,($i_h + \mu$)值却增加不多,对舒适性影响并不显著。

横向力系数的大小直接影响乘车人的舒适感。根据测试获得的小客车、大客车、大中型货车在 43 个观测路段上运行时乘车人的舒适度感受数据,运用心理学方法和统计方法分析,整理得出各种车型在不同行驶速度下对应的横向力系数阈值,如图 6-22 所示。

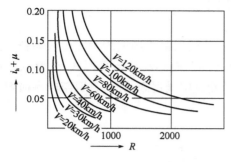
图 6-21 $i_h + \mu$ 与曲线半径的关系

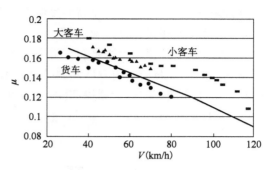
图 6-22 横向力系数取值示意图

车辆在曲线上稳定行驶的必要条件是横向力系数不能超过路面与轮胎之间的横向摩阻系数。因此,确定横向力系数的设计值,既要实测取得路面与轮胎之间的摩擦系数范围,还要考虑驾乘人员在行驶中所能忍受的横向力的大小和舒适感,综合平衡二者后才能确定。经过重复试验与观测,得到不同圆曲线半径下的横向力系数取值见表 6-5。

各级公路圆曲线横向力系数　　　　　　　　　　　表 6-5

设计速度 （km/h）	120	100	80	60	40	30	20
横向力系数	0.10	0.12	0.13	0.15	0.15	0.16	0.17

注:本表引用自《公路路线设计规范》(JTG D20—2017)。

速度 V 是驾驶人根据路况和环境条件变化实际采用的行驶速度。根据调查,85%~90% 的车辆实际行驶速度低于设计速度,10%~15% 的车辆超出设计速度。因此,计算 i_h 时,速度应采用实际行驶速度,约为设计速度的 70%~90%,高速路取低值,低速路取高值。对应用运行速度设计的道路,宜采用运行速度计算超高值 i_h。

公路项目拟采用的最大超高值主要根据交通量、交通组成和公路行车环境等条件确定。大型货运车辆占比较高的公路,宜采用较小的最大超高值。对于存在积雪冰冻情况的地区,一般公路项目最大超高不应大于 6%。城镇区域考虑到非机动车等通行特点,最大超高不宜大于 4%。各级公路圆曲线部分的最大超高值应符合表 6-6 规定,最小超高值应与该公路直线部分的正常路拱横坡一致。

各级公路圆曲线最大超高值　　　　　　　　　　　表 6-6

公路技术等级	高速公路、一级公路	二级公路、三级公路、四级公路
一般地区(%)	8 或 10	8
积雪冰冻地区(%)	6	
城镇地区(%)	4	

注:本表引用自《公路路线设计规范》(JTG D20—2017)。

2. 超高过渡方式

单向横坡超高是通过在圆曲线两端的超高过渡段来实现过渡的。根据超高旋转轴在

公路横断面上的位置不同,超高的过渡方式分为下列几种:

(1)无中间带公路的超高过渡

无中间带的道路,无论是双车道还是单车道,在直线段的横断面均为以中线为脊向两侧倾斜的路拱。路面要由双向倾斜的路拱形式过渡到单向倾斜的超高形式,外侧须逐渐抬高。若超高横坡度等于路拱坡度,只需行车道外侧绕中线逐渐抬高,直至与内侧横坡相等为止,如图 6-23 所示。

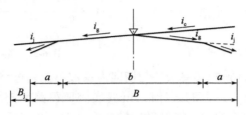

图 6-23　超高值等于路拱时的超高过渡

当超高坡度大于路拱坡度时,可分别采用以下三种过渡方式:

①绕内边线旋转

先将外侧车道绕路中线旋转,待达到与内侧车道构成单向横坡后,整个断面再绕未加宽前的内侧车道边线旋转,直至抬高至超高横坡值,如图 6-24a)所示。

②绕中线旋转

先将外侧车道绕路中线旋转,待达到与内侧车道构成单向横坡后,整个断面绕中线旋转,直至超高横坡度,如图 6-24b)所示。

③绕外边线旋转

先将外侧车道绕外边缘旋转,与此同时,内侧车道随中线的降低而相应降低,待达到单向横坡后,整个断面仍绕外侧车道边缘旋转,直至超高横坡度,如图 6-24c)所示。

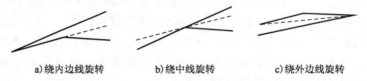

a)绕内边线旋转　　　　b)绕中线旋转　　　　c)绕外边线旋转

图 6-24　无中间带道路超高过渡的方式

上述各种方法,绕内边线旋转由于行车道内侧不降低,有利于路基纵向排水,一般新建工程多用此法。绕中线旋转可保持中线高程不变,且在超高坡度一定的情况下,外侧边缘的抬高值较小,多用于旧路改建工程。而绕外侧边线旋转是一种比较特殊的设计,用于路基外缘高程受限制或改善路容的地点。

(2)有中间带公路的超高过渡

①绕中央分隔带中心线旋转

先将外侧行车道绕中央分隔带边缘旋转,待达到与内侧行车道构成单向横坡后,整个断面一同绕中心线旋转,直至超高横坡度值,此时中央分隔带呈倾斜状,如图 6-25a)所示。

②绕中央分隔带边缘旋转

将两侧行车道分别绕中央分隔带边缘旋转,使之各自成为独立的单向超高断面,此时中央分隔带维持原水平状态,如图6-25b)所示。

③绕各自行车道中线旋转

将两侧行车道分别绕各自的中心线旋转,使之各自成为独立的单向超高断面,此时中央分隔带两边缘分别升高与降低而成为倾斜断面,如图6-25c)所示。

a)绕中央分隔带中心线旋转　　b)绕中央分隔带边缘旋转　　c)绕各自行车道中线旋转

图6-25　有中间带道路超高过渡的方式

上述三种超高过渡方式的优缺点与无中间带的公路相似。中间带宽度较窄时(≤4.5m)可采用绕中央分隔带中心线旋转方式;各种宽度的中间带都可以用绕中央分隔带边缘旋转方式;对于车道数大于四条的公路可采用绕各自行车道中线旋转方式。

(3)分离式路基公路的超高过渡

分离式断面的道路由于上、下行车道是各自独立的,其超高的设置及其过渡可按两条无中间带的道路分别处理。

城市道路的超高过渡方式与公路相同。

3.超高过渡段长度

为了行车的舒适、路容的美观和排水的通畅,必须设置一定长度的超高过渡段,超高的过渡则是在超高过渡段全长范围内进行的。双车道公路最小超高过渡段长度按式(6-34)计算:

$$L_c = \frac{B\Delta i}{p} \tag{6-34}$$

式中:L_c——最小超高过渡段长度,m;
　　B——旋转轴至行车道(设路缘带时为路缘带)外侧边缘的宽度,m;
　　Δi——超高坡度与路拱坡度的代数差,%;
　　p——超高渐变率,即旋转轴线与行车道(设路缘带时为路缘带)外侧边缘线之间的相对坡度,见表6-7。

超　高　渐　变　率　　　　　　　　　　　　　　　表6-7

设计速度 (km/h)	超高旋转轴位置		设计速度 (km/h)	超高旋转轴位置	
	中线	边线		中线	边线
120	1/250	1/200	80	1/200	1/150
100	1/225	1/175	60	1/175	1/125

续上表

设计速度(km/h)	超高旋转轴位置		设计速度(km/h)	超高旋转轴位置	
	中线	边线		中线	边线
40	1/150	1/100	20	1/100	1/50
30	1/125	1/75			

注：本表引用自《公路路线设计规范》(JTG D20—2017)。

根据式(6-34)计算的超高过渡段长度,应凑成 5m 的整倍数,并不小于 10m 的长度。

为了行车的舒适,超高过渡段应不小于按式(6-34)计算的长度。但从利于排除路面降水考虑,按排水要求的最小坡率 0.3% 计,超高渐变率不得小于 1/330,即超高过渡段又不能设置得太长。所以在确定超高过渡段长度 L_c 时应考虑以下几点：

(1)一般情况下,在确定缓和曲线长度时,已经考虑了超高过渡段所需的最短长度,故一般取超高过渡段长度 L_c 与缓和曲线长度 L_s 相等,即 $L_c = L_s$。

(2)若计算出的 $L_c > L_s$,此时应修改平面线形,使 $L_s \geq L_c$。当平面线形无法修改时,可将超高过渡起点前移,即超高过渡从缓和曲线起点前的直线路段开始,路面外侧以适当的超高渐变率逐渐抬高,使横断面在 ZH(或 HZ 点)渐变为向内倾斜的单向路拱横坡(临界断面)。

(3)若 L_s 大于计算出的 L_c,但只要超高渐变率 $p \geq 1/330$,仍取 $L_c = L_s$。

(4)在高等级公路设计中,因照顾线形的协调性,在平曲线中一般配置较长的缓和曲线。为了避免在缓和曲线全长范围内均匀过渡超高而造成路面横向排水不畅,超高过渡可采取以下措施：

①超高的过渡仅在缓和曲线的某一区段内进行。即超高过渡起点可从缓和曲线起点($R = \infty$)至缓和曲线上不设超高的最小半径之间的任一点开始,至缓和曲线终点结束。

②超高过渡在缓和曲线全长范围内按两种超高渐变率分段进行。即第一段从缓和曲线起点由双向路拱横坡以超高渐变率 1/330 过渡到单向路拱横坡,第二段由单向路拱横坡过渡到缓和曲线终点处的超高横坡。

(5)四级公路可不设缓和曲线,但圆曲线上设有超高时,应设置超高过渡段,超高过渡段在直线和圆曲线上各分配一半。

4. 横断面超高值的计算

平曲线上设置超高以后,应计算道路中线和内、外侧边线与原中线上的设计高程之高差,并列于"路基设计表"中,以便于施工。

(1)无中间带的道路

无中间带的道路绕内边线旋转(图 6-26)和绕中线旋转(图 6-27)超高值计算公式见表 6-8、表 6-9。

绕内边线旋转超高值计算公式　　　　　表 6-8

超高位置		计算公式		备 注
		$x \leq x_0$	$x > x_0$	
圆曲线上	外缘 h_c	$b_j i_j + (b_j + B) i_h$		1. 计算结果均为与设计高程之差; 2. 临界断面距过渡段起点 $x_0 = \dfrac{i_G}{i_h} L_c$; 3. x 距离处的加宽值: $b_x = \dfrac{x}{L_c} b$; 4. 内、外侧边线降低和抬高值是在 L_c 内按线性过渡,路容有要求时可采用高次抛物线过渡
	中线 h_c'	$b_j i_j + \dfrac{B}{2} i_h$		
	内缘 h_c''	$b_j i_j - (b_j + b) i_h$		
过渡段上	外缘 h_c	$b_j(i_j - i_G) + [b_j i_G + (b_j + B) i_h] \dfrac{x}{L_c}$ (或 $\approx \dfrac{x}{L_c} h_c$)		
	中线 h_c'	$b_j i_j + \dfrac{B}{2} i_G$	$b_j i_j + \dfrac{B}{2} \times \dfrac{x}{L_c} i_h$	
	内缘 h_c''	$b_j i_j - (b_j + b_x) i_G$	$b_j i_j - (b_j + b_x) \times \dfrac{x}{L_c} i_h$	

绕中线旋转超高值计算公式　　　　　表 6-9

超高位置		计算公式		备 注
		$x \leq x_0$	$x > x_0$	
圆曲线上	外缘 h_c	$b_j(i_j - i_G) + \left(b_j + \dfrac{B}{2}\right)(i_G + i_h)$		1. 计算结果均为与设计高程之差; 2. 临界断面距过渡段起点 $x_0 = \dfrac{2 i_G}{i_G + i_h} L_c$; 3. x 距离处的加宽值: $b_x = \dfrac{x}{L_c} b$; 4. 内、外侧边线降低和抬高值是在 L_c 内按线性过渡,路容有要求时可采用高次抛物线过渡
	中线 h_c'	$b_j i_j + \dfrac{B}{2} i_G$		
	内缘 h_c''	$b_j i_j + \dfrac{B}{2} i_G - \left(\dfrac{B}{2} + b\right) i_h$		
过渡段上	外缘 h_c	$b_j(i_j - I_G) + \left(b_j + \dfrac{B}{2}\right)(i_G + i_h) \dfrac{x}{L_c}$ (或 $\approx \dfrac{x}{L_c} h_c$)		
	中线 h_c'	$b_j i_j + \dfrac{B}{2} i_G$ (定值)		
	内缘 h_c''	$b_j i_j - (b_j + b_x) i_G$	$b_j i_j + \dfrac{B}{2} i_G - \left(\dfrac{B}{2} + b_x\right) \times \dfrac{x}{L_c} i_h$	

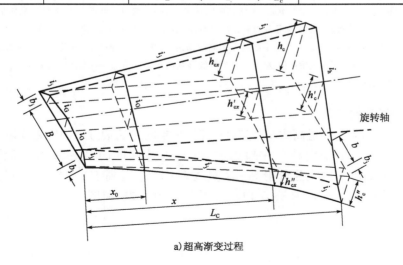

a) 超高渐变过程

图 6-26

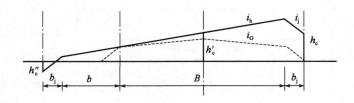

b) 圆曲线超高横断面

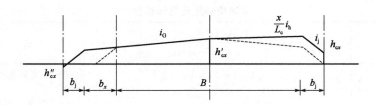

c) 渐变段超高横断面

图 6-26　绕内边线旋转的超高过渡方式

表 6-8、表 6-9 和图 6-26 中：B——路面宽度；b_j——路肩宽度；i_G——路拱横坡度；i_j——路肩横坡度；i_h——超高横坡度（超高值）；L_c——超高过渡段长度（或缓和曲线长度）；l_0——路肩坡度由 i_j 变为 i_G 所需的距离，一般可取 1.0m；x_0——与路拱同坡度的单向超高点到超高过渡段起点的距离；x——超高过渡段中任一点至起点的距离；h_c——路基外缘最大抬高值；h'_c——路中线最大抬高值；h''_c——路基内缘最大降低值；h_{cx}——x 距离处路基外缘抬高值；h'_{cx}——x 距离处路中线抬高值；h''_{cx}——x 距离处路基内缘降低值；b——圆曲线加宽值；b_x——x 距离处路基加宽值；以上长度单位均为 m。

(2) 有中间带的道路

设有中间带道路的超高方式有三种，其中常用的方法是绕中央分隔带边线旋转和绕各自行车道中线旋转。在超高过程中，内外侧同时从超高过渡段起点开始绕各自旋转轴旋转，外侧逐渐抬高，内侧逐渐降低，直到 HY（或 YH）点达到全超高。计算公式列于表 6-10 和表 6-11 中，可参见图 6-28 和图 6-29。

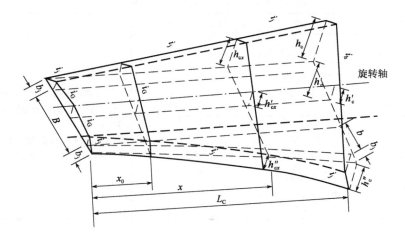

a) 超高渐变过程

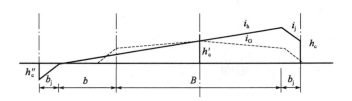

b) 圆曲线超高横断面

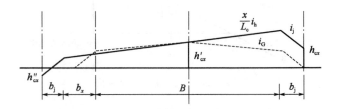

c) 渐变段超高横断面

图 6-27　绕中线旋转的超高过渡方式

绕中央分隔带边线旋转超高值计算公式　　　　表 6-10

超高位置		计算公式	x 距离处行车道横坡值	备　　注
外侧	C	$(b_1+B+b_2)i_x$	$i_x=\dfrac{i_G+i_h}{L_c}x-i_G$	①计算结果为与设计高程之差； ②设计高程为中央分隔带外侧边缘 D 点的高程； ③加宽值 b_x 按加宽计算公式计算； ④当 $x=L_c$ 时，为圆曲线上的超高值
	D	0		
内侧	C	0	$i_x=\dfrac{i_h-i_G}{L_c}x+i_G$	
	D	$-(b_1+B+b_x+b_2)i_x$		

绕各自行车道中线旋转超高值计算公式 表6-11

超高位置		计算公式	x 距离处行车道横坡值	备 注
外侧	C	$\left(\dfrac{B}{2}+b_2\right)i_x - \left(\dfrac{B}{2}+b_1\right)i_z$	$i_x = \dfrac{i_G + i_h}{L_c}x - i_G$	① 计算结果为与设计高程之差; ② 设计高程为中央分隔带外侧边缘 D 点的高程; ③ 加宽值 b_x 按加宽计算公式计算; ④ 当 $x=L_c$ 时,为圆曲线上的超高值
	D	$-\left(\dfrac{B}{2}+b_1\right)(i_x+i_z)$		
内侧	C	$\left(\dfrac{B}{2}+b_1\right)(i_x-i_z)$	$i_x = \dfrac{i_h - i_G}{L_c}x + i_G$	
	D	$-\left(\dfrac{B}{2}+b_x+b_2\right)i_x - \left(\dfrac{B}{2}+b_1\right)i_z$		

表6-10、表6-11中:

B——左侧(或右侧)行车道宽度,m;

b_1——左侧路缘带宽度,m;

b_2——右侧路缘带宽度,m;

b_x——x 距离处路基加宽值,m;

i_h——超高横坡度;

i_G——路拱横坡度;

x——超高过渡段中任意一点至超高过渡段起点的距离,m。

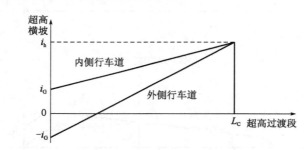

图6-28 行车道超高横坡变化

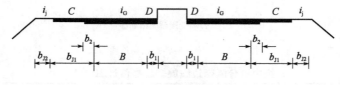

图6-29 超高计算点位置图

【例6-2】 二级公路超高计算示例

山岭重丘区某新建二级公路,设计速度为40km/h,其中一平曲线半径为 $R=150$m,缓和曲线 $L_s=70$m,路面宽度为 $B=7.0$m,路肩宽度为0.75m,路拱坡度为 $i_z=2\%$,路肩坡度 $i_j=3\%$,该曲线的主点桩号分别为:ZH = K1 + 028.665,HY = K1 + 098.665,QZ = K1 + 131.659,YH = K1 + 164.653,HZ = K1 + 234.653。试计算各主点桩以及下列桩号:K1 +

040、K1 +070、K1 +180、K1 +210 处横断面上内外侧和路中线三点的超高值(设计高为路基边缘)。

解:二级公路采用单幅双车道公路,可以不设置中间带,新建二级公路多采用绕内边线旋转的方式进行超高。

(1)确定超高缓和段长度

根据公路等级和设计速度计算圆曲线的超高值 $i_y = 5\%$,新建公路一般采用绕边线旋转,超高渐变率 $p = 1/100$,所以超高缓和段长度为

$$L_c = \frac{B\Delta i}{p} = \frac{7 \times 5\%}{1/100} = 35(\text{m})$$

而缓和曲线 $L_s = 70\text{m}$,先取 $L_c = L_s = 70\text{m}$,然后检查横坡从路拱坡度(-2%)过渡到超高横坡(2%)时的超高渐变率:

$$p = \frac{3.5 \times [2\% - (-2\%)]}{x_0} = \frac{3.5 \times 4\%}{28} = \frac{1}{200} > \frac{1}{330}$$

因此,取 $L_c = L_s = 70\text{m}$。

(2)计算临界断面 x_0

$$x_0 = \frac{i_z}{i_y}L_c = \frac{2\%}{5\%} \times 70 = 28(\text{m})$$

(3)计算各桩号处的超高值

超高起点为 ZH(HZ)点,分别计算出 x 值,然后分别代入计算公式中,加宽过渡采用比例过渡,加宽值 $b = 1.0\text{m}$。土路肩在超高起点前 1m 变成与路面相同的横坡,且在整个超高过渡段保持与相邻行车道相同的横坡。计算结果见表6-12。

超 高 计 算 结 果　　　　表6-12

桩　号	x (m)	加宽值 b_x (m)	外侧超高值 (m)	中线超高值 (m)	内侧超高值 (m)
K1 +028.655(ZH)	$0.000 < x_0 = 28$	0.000	0.008	0.093	0.008
+40	$11.335 < x_0 = 28$	0.162	0.073	0.093	0.004
+70	$41.335 > x_0 = 28$	0.591	0.245	0.126	−0.017
+098.665(HY)		1.000	0.410	0.198	−0.065
+131.659(QZ)		1.000	0.410	0.198	−0.065
+164.653(YH)		1.000	0.410	0.198	−0.065
+180	$54.653 > x_0 = 28$	0.781	0.322	0.159	−0.037
+210	$24.653 < x_0 = 28$	0.352	0.149	0.093	0.000
+234.653(HZ)	$0.000 < x_0 = 28$	0.000	0.008	0.093	0.008

【例 6-3】 高速公路超高值计算示例

平原区某新建高速公路,设计速度为 120km/h,其中一平曲线半径 $R = 2\,000\text{m}$,缓和曲线 $L_s = 180\text{m}$,曲线左偏,路幅宽度组成为 $2 \times (1.5 + 0.75 + 7.5 + 3.25 + 0.75)\text{m}$,其中

外侧路缘带宽 0.5m 包含在 3.25m 的硬路肩内。路拱坡度为 $i_G = 2\%$,路肩坡度 $i_J = 3\%$。该曲线的主点桩号分别为:ZH = K3 + 244.691,HY = K3 + 424.691,QZ = K3 + 919.271,YH = K4 + 413.852,HZ = K4 + 592.852。试计算各主点桩以及桩号 K3 + 340,K3 + 400,K3 + 460,K4 + 510 处的横断面上中央分隔带边缘(D)、外侧路缘带边缘(C)、硬路肩外侧边缘(B)、路基外侧边缘(A)共 8 个点的超高值(设计高的位置为中央分隔带边缘)。

解:高速公路为双幅多车道公路,超高方式可以根据中央分隔带宽度进行选用,目前高速公路设计多采用绕中央分隔带外侧旋转的超高方式。

(1)确定超高缓和段长度

①根据公路等级、设计速度和平曲线半径查表得圆曲线的超高值 $i_y = 4\%$,新建高速公路一般采用绕中央分隔带边缘旋转,超高渐变率 $p = 1/200$,所以超高缓和段长度:

$$L_c = \frac{B'\Delta i}{p} = \frac{(0.75 + 7.5 + 0.5) \times (4\% + 2\%)}{1/200} = 105(\text{m})$$

缓和曲线 $L_s = 180\text{m}$ 时 $L_c = 150\text{m}$。取 $L_c = L_s = 180\text{m}$,横坡从路拱坡度(-2%)过渡到超高横坡(2%)时的超高渐变率:

$$p = \frac{8.75 \times (4\% + 2\%)}{180} \approx \frac{1}{343} < \frac{1}{330}$$

②又因为不设超高的半径为 5 500m,此点距 ZH 点的距离为:

$$L = \frac{A^2}{5\,500} = \frac{2\,000 \times 180}{5\,500} = 65.45(\text{m})$$

根据此条件确定的超高缓和段长度为:$180 - 65.45 = 115.54(\text{m})$,取整为 115m。此时横坡从路拱坡度($-2\%$)过渡到超高横坡($2\%$)时的超高渐变率:

$$p = \frac{8.75 \times (4\% + 2\%)}{115} \approx \frac{1}{219} > \frac{1}{330}$$

满足排水的要求,且满足不设超高的曲率半径的要求,因此取 $L_c = 115\text{m}$。

综合①、②取 $L_c = 115\text{m}$。

(2)计算各桩号处的超高值

超高起点为 K3 + 309.691(K4 + 528.852)。直线段的硬路肩坡度与行车道相同,为 2%;土路肩为 3%。圆曲线内侧的土路肩、内外侧的硬路肩坡度与行车道的坡度相同,均为 4%;外侧的土路肩坡度为 -3%(即向路面外侧)。内侧土路肩坡度过渡段的长度为

$$l_{0内} = \frac{(3\% - 2\%) \times 0.75}{1/100} = 0.75(\text{m})$$

因此,取 $l_0 = 1\text{m}$,内侧土路肩坡度在超高缓和段起点之前(即 K3 + 308.691 ~ K3 + 309.691,K4 + 528.852 ~ K4 + 529.852 段内完成路肩的过渡)变成 -3%,与路面横坡相同。

分别计算出各桩号距离超高起点的 x 值,然后分别代入计算公式中。计算结果见表 6-13。

超 高 计 算 结 果　　　　　　　表6-13

桩　　号	x (m)	内侧(左侧)				外侧(右侧)			
		A(m)	B(m)	C(m)	D(m)	D(m)	C(m)	B(m)	A(m)
K3+244.691(ZH)	直线段	-0.253	-0.230	-0.175	0.000	0.000	-0.175	-0.230	-0.253
+340	30.309	-0.315	-0.291	-0.221	0.000	0.000	-0.037	-0.048	-0.071
+400	90.309	-0.441	-0.411	-0.312	0.000	0.000	0.237	0.312	0.289
+424.691(HY)	圆曲线	-0.490	-0.460	-0.350	0.000	0.000	0.350	0.460	0.438
+919.271(QZ)	圆曲线	-0.490	-0.460	-0.350	0.000	0.000	0.350	0.460	0.438
K4+413.852(YH)	圆曲线	-0.490	-0.460	-0.350	0.000	0.000	0.350	0.460	0.438
+460	68.852	-0.398	-0.368	-0.280	0.000	0.000	0.139	0.183	0.161
+510	18.852	-0.298	-0.268	-0.204	0.000	0.000	-0.089	-0.117	-0.139
+593.852(HZ)	直线段	-0.253	-0.230	-0.175	0.000	0.000	-0.175	-0.230	-0.253

5. 超高设计图

上述平曲线超高设计是针对一个平曲线设计的。两个或两个以上平曲线,当其间距较短时,除考虑单一平曲线的超高设计外,还需研究两个平曲线间的超高过渡问题,采用超高设计图进行设计,如图6-30所示。这是简化了的超高过渡纵断面图,该图以旋转轴为横坐标轴,以相对高程为纵坐标。为使超高更加清晰,纵坐标比例应大于横坐标比例。

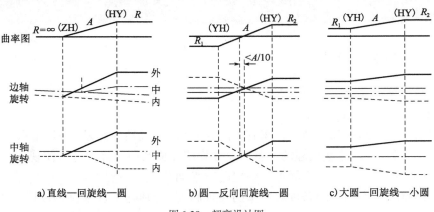

a) 直线—回旋线—圆　　b) 圆—反向回旋线—圆　　c) 大圆—回旋线—小圆

图6-30　超高设计图

图6-30a)是基本型曲线的超高设计图。从缓和曲线(即超高过渡段长)起点开始超高,外侧逐渐抬高,内侧逐渐降低,至缓和曲线终点超高达到全值,其间按比例变化,符合缓和曲线上的曲率变化规律,也符合行车离心力的变化规律。在路面外侧边线抬高过程中,与中线相交一次,此点路面外侧横坡为0%,对横向排水不利。

图6-30b)两相邻曲线是反向曲线。如按图6-30a)处理,路面要由单坡断面变为双坡断面,又由双坡断面变为单坡断面,路面外侧边线要与中线相交两次,对排水和路容都不利。可改为按图6-30b)处理,即由一个曲线的全超高过渡到另一个曲线的反方向全超

高,中间是面到面的过渡,在整个过渡中,横断面始终是单坡断面,没有固定旋转轴。这样处理后只出现一次零坡断面,对排水和路容都有改善。

图 6-30c)两相邻曲线是同向曲线。如按图 6-30a)处理,则路面外侧边线要与中线相交两次,对排水和路容都不利,且对曲线外侧汽车的舒适性影响很大。改为按图 6-30c)处理,即由一个曲线的全超高过渡到另一个曲线的同方向全超高,中间是面到面的过渡,在整个过渡中,外侧路面始终向内倾斜,与内侧路面构成单坡断面,这样处理后,不出现零坡断面,对排水、路容和行车都有利。

绘制超高设计图的具体步骤如下:

①按比例绘制一条水平基线,代表旋转轴线,并认为基线的路面横坡度为零(比例尺应与路线纵断面图的一致,但绘制大样图时可例外)。

②用实线绘出路线前进方向右侧路面边缘线,用虚线绘出左侧路面边缘线。若路面边缘高于路中线,则绘于基线上方;反之,绘于下方。路边缘线离开基线的距离,代表横坡度的大小(比例尺可不同于基线)。

③标注路拱横坡度。向前进方向右侧倾斜的路拱坡度为正,向左倾斜为负。一条道路,在设计上应采用相同的设计中线和超高旋转轴。

第四节 横断面设计及成果

一、路基横断面设计

1. 公路横断面设计

(1)公路横断面设计要求

公路横断面的组成除包括与行车有关的路幅外,还包括与路基工程、排水工程、环保工程有关的各种设施,这些设施的位置和尺寸均应在横断面设计中有所体现。

路基横断面形式和尺寸实际上在确定路线平面位置时就已经有了考虑,在纵断面设计中又根据路线标准和地形条件对路基的合理高度,特别是工程艰巨路段已作了详细分析研究,拟定了横断面方案。因此,施工图设计阶段的横断面设计是在总结上述工作的基础上把它具体化,绘制横断面设计图纸,作为计算土石方数量和日后施工的依据。

横断面设计,必须结合地形、地质、水文等条件,本着节约用地的原则,选用合理的断面形式,以满足行车顺适、工程经济、路基稳定的要求,且便于施工和养护。

(2)路基标准横断面

在具体设计每个横断面之前,先确定路基的标准横断面(或称"典型横断面")。标准横断面图中,一般包括路堤、路堑、半填半挖、护肩路基、挡土墙路基、砌石路基等不同形式。断面中的边坡坡率、边沟尺寸、挡墙断面等必须按照现行《公路路基设计规范》确定。

标准横断面图一般采用 1∶100 比例。

(3) 横断面设计方法

应用路线 CAD 时,按路基标准横断面输入各组成部分尺寸、分段起止桩号,显示设计横断面,逐一检查、修改设计断面,绘制路基横断面设计图,输出路基设计表、土石方工程数量表等,上述过程均由计算机自动完成。下面以传统横断面设计方法为例进行介绍。

①在计算纸上绘制横断面的地面线。地面线是在现场测绘的,若是纸上定线,可从大比例尺的地形图上内插获得;在计算机辅助设计中,可通过数字化仪或数字地面模型自动获得。横断面图的比例一般是 1∶200。

②从"路基设计表"中抄入路基中线填挖高度,对于有超高和加宽的曲线路段,还应抄入"左高""右高""左宽""右宽"等数据。

③根据现场调查所得来的"土壤、地质、水文资料",参照"标准横断面图",画出路幅宽度、填或挖的边坡坡线,在需要设置各种支挡工程和防护工程的地方画出该工程结构的断面示意图。

④根据综合排水设计,画出路基边沟、截水沟、排灌渠等的位置和断面形式,必要时须注明各部分尺寸。此外,对于取土坑、弃土堆、绿化等也尽可能画出。经检查无误后,修饰描绘,如图 6-31 所示。

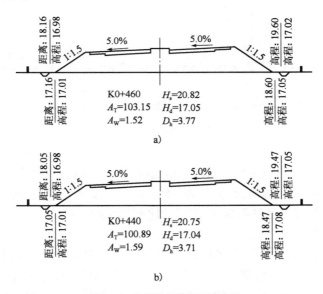

图 6-31　公路路基横断面设计图

对于分离式路基的公路和具有变速车道、爬坡车道、避险车道、紧急停车道的断面,可参照上述步骤绘制。

上述横断面设计方法,仅限于在标准横断面图范围以内的断面设计,其操作比较机械,所以形象地称为"戴帽子"。对特殊情况下的横断面,如高填、深挖、特殊地质、陡坡路堤、浸水路基等,则必须按《路基工程》中所讲述的原理和方法进行特殊设计,绘图比例尺也应按需要调整。

(4)路基设计表

路基设计表是公路设计文件的组成内容之一,它是平、纵、横等主要测设资料的综合。路基设计表在公路设计文件中占有重要地位,表中填列所有整桩、加桩及填挖高度、路基宽度(包括加宽)、超高值等有关资料,都是路基横断面设计的基本数据,也是施工的主要依据之一。路基设计表样式见表6-14。

2. 城市道路横断面设计

(1)横断面设计图

当按照城市道路的交通性质、地形条件以及近期与远期相结合的原则确定了横断面组成和宽度以后,即可绘制横断面设计图。城市道路的横断面设计图与公路横断面图的作用基本是相同的,主要是指导施工和计算土石方数量。城市道路横断面设计图一般采用比例尺为1:100或1:200,在图上应绘出红线宽度、车行道、人行道、绿化带、照明、新建或改建的地下管道等各组成部分的位置和宽度,以及排水方向、路面横坡等,如图6-32所示。

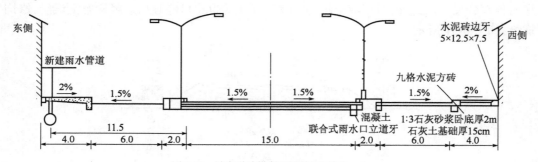

图6-32 城市道路横断面设计图(单位:m)

(2)横断面现状图

沿道路中线每隔一定距离绘制横断面地面线,若属旧街道的改建,实际上就是横断面的现状图,图中包括地形、地物、原街道的各组成部分、边沟、路侧建筑等。比例尺一般采用1:100或1:200,有时也可采用纵、横不同的比例尺绘制。

(3)横断面施工图

在完成道路纵断面设计之后,各中线上的填挖高度则为已知。将这一高度点绘在相应的横断面现状图上,然后将横断面设计图以相同的比例尺画于其上,即得横断面施工图。此图反映了各断面上的填、挖和拆迁界线,是施工时的主要根据,如图6-33所示。

二、横断面设计成果

1. 公路路基横断面设计成果

公路路基横断面设计的主要成果是"两图两表",即路基横断面设计图与路基标准横断面图,路基设计表与路基土石方计算表。

路 基 设 计 表

××公路××标段

表6-14
第3页 共12页

桩号	平曲线 左	平曲线 右	纵坡(%)/坡长(m)	竖曲线 凹	竖曲线 凸	设计高程(m)	地面高程(m)	填挖高度(m) 填	填挖高度(m) 挖	路基宽度(m) 左	路基宽度(m) 右	路基各点与设计高程之差(m) 左路肩	路基各点与设计高程之差(m) 左路面	路基各点与设计高程之差(m) 中桩	路基各点与设计高程之差(m) 右路面	路基各点与设计高程之差(m) 右路肩
1	2	3	4	5	6	7	8	9	10	11	12	13	14	15	16	17
K0+740.00						455.389	447.332		1.943	6.800	−6.000	0.047	0.013	0.225	0.405	0.360
YHK0+752.07						455.475	447.662		1.787	6.800	6.000	−0.047	0.013	0.225	0.405	0.360
K0+755.00	JD2 R−2 30.5 α=27°48′27″ L=70		5.041/233 455.5	776.66	901.956 R=200	446.930	443.452	3.478		6.617	6.000	−0.020	0.026	0.184	0.322	0.277
K0+800.00						448.191	445.082	3.109		6.417	6.000	−0.009	0.036	0.139	0.233	0.188
K0+825.00						449.451	448.594	0.857		6.217	6.000	−0.004	0.041	0.135	0.142	0.097
K0+869.00						450.963	451.488		0.673	6.000	6.000	0.000	0.045	0.135	0.045	0.000
K0+907.00						451.669	453.500		2.537	6.034	6.000	−0.001	0.044	0.135	0.060	0.015
						453.578	453.998		2.329	6.194	6.000	−0.004	0.041	0.132	0.087	0.135
K0+935.00						454.723	455.403		0.680	6.800	6.000	−0.047	0.013	0.225	0.405	0.360

××设计院

编制：

复核：

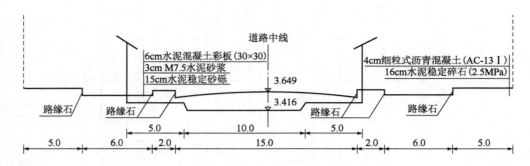

图 6-33 施工横断面图(单位:m)

(1)路基横断面设计图

路基横断面(图 6-31)是路基每一个中桩的横向剖面图,它反映每个桩位处横断面的尺寸及结构,是路基施工及横断面面积计算的依据。图中应绘出地面线与设计线,并标注桩号、施工高度与断面面积。相同的边坡坡度可只在一个断面上标注,挡墙等圬工构造物可只绘出形状不标注尺寸,边沟也只需绘出形状。横断面设计图应按从下到上、从左到右的方式进行布置,一般采用 1:200 的比例。

(2)路基设计表

表中应列出平曲线要素、纵坡(坡度、坡长、变坡点桩号及高程)、竖曲线要素、桩号、地面高程、设计高程、填挖高度、路基宽度(原宽、加宽、加宽后总宽)、缓和长度、超高值(左、右)、路基边缘与设计高之差(左、右)等。边沟(排水沟)需特殊设计时还应列出沟底纵坡设计资料、形状及尺寸、沟底高程(左、右)。表格形式参见表 6-14。

高速公路、一级公路应列出平曲线要素、纵坡(坡度、坡长、变坡点桩号及高程)、竖曲线要素、桩号、地面高程、设计高程、填挖高度、路基宽度(中央分隔带、左、右幅分别按行车带及路线带、硬路肩、土路肩计列)、各点与设计高之差(左、右幅分别按左侧路线外缘、硬路肩外缘、土路肩外缘各点填列),并说明加宽、超高情况。

(3)路基标准横断面图

路基标准横断面图,如图 6-34 所示,是路基横断面设计图中所出现的所有路基形式的汇总。它示出了所有设计线(包括边坡、边沟、挡墙、护肩等)的形状、比例及尺寸,用以指导施工。这样路基横断面设计图就不必对每一个断面都进行详细的标注(其中很多断面的比例、尺寸都是相同的),避免了工作的重复与繁琐,也使横断面设计图比较简洁。

(4)路基土石方数量计算表

路基土石方是公路工程的一项主要工程,所以在公路设计和路线方案比较中,路基土石方数量的多少是评价公路测设质量的主要技术经济指标之一,也是编制公路施工组织计划和工程概预算的主要依据。其表格形式参见表 6-15。

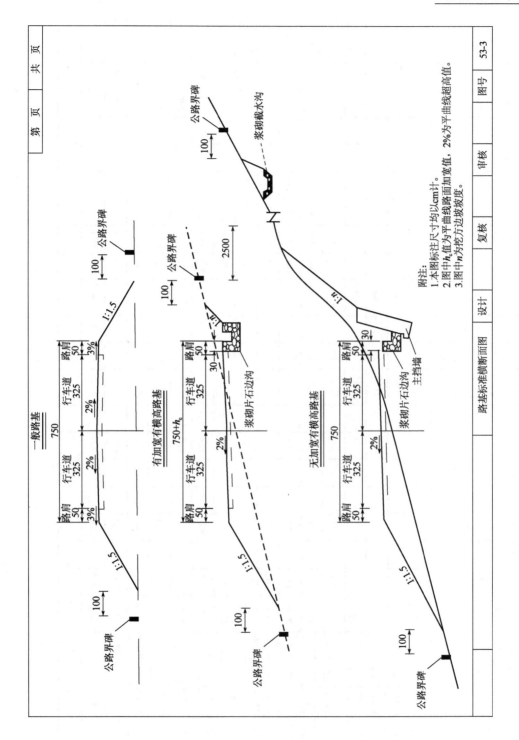

图6-34 路基标准横断面图

路基土石方数量计算表

表 6-15

桩号	横断面面积 (m²) 填	横断面面积 (m²) 挖	距离 (m)	挖方分类及数量(天然方 m²) 总数量	土方 松土	土方 普通土	土方 硬土	石方 软石	石方 次坚石	石方 坚石	填方总数量 (m³)	本桩利用方(压实方/m²) 土	本桩利用方(压实方/m²) 石	填缺数量 (m³)	挖余数量(压实方/m³) 土	挖余数量(压实方/m³) 石	纵向利用方 (m²) 土	纵向利用方 (m²) 石	借方数量 (m²) 土	借方数量 (m²) 石	废方数量 (m²) 土	废方数量 (m²) 石	计价土石方数量 (m²)
1	2	3	4	5	6	7	8	9	10	11	12	13	14	15	16	17	18	19	20	21	22	23	24
K5+500.000	35.2		25																				
K5+100.000	52.11		25																				
K5+125.000	42.97		25																				
K5+150.000	28.87		25																				
K5+175.000	2.341	37.85	25	473		331			142		1145			1145									
ZHK5+193.200		27.9	18.26	600		420			180		1264			1264									
K5+220.000		42.65	26.74	943		660			283		1188			1188									
HYK5+243.260		73.09	23.26	1346		942			404		898			898									
K5+260.000		111	16.74	1541		1079			462														
QZK5+272.140		141.2	12.14	1531		1072			459		390	331	59		83		399	180					
YHK5+301.020		222.6	28.88	5253		3677			1576		21	21			180		660	283			2335	1576	
K5+325.000		177.7	23.98	4800		3360			1440						283		942	404			3360	1440	
HZK5+351.020		132.4	26.02	4034		2824			1210						404		1079	462			2824	1210	
K5+375.000		105.1	23.98	2847		1993			854						462		1072	459			1993	854	
			25	2267		1587			680						459		1342				1587	680	
本页小计			612.2	33173		23220			9953		8472	1048	59	7365	22172	9894							
本公里小计																							

(5) 其他成果

根据《公路工程基本建设项目设计文件编制办法》规定,公路路基设计的主要成果有超高方式图、中间带设计图、路基防护工程设计图、路基防护工程数量表、取(弃)土场设计图表等。对于特殊情况下的路基(高填深挖路基、浸水路基、不良地质地段路基等)应单独设计,并绘制特殊路基设计图。图中应示出地质、各种防护工程设施及构造物布置大样图。比例尺用 1:100~1:500,必要时加绘比例尺为 1:200~1:2 000 的平面图及水平比例 1:200~1:1 000、垂直比例 1:20~1:200 的纵断面图。对于高等级公路还应绘制超高方式图,详细示出超高方式、布置及主要尺寸。设有中间带的公路还应给出中间带设计图,图中应示出缘石大样,中央分隔带开口设计图等。

2. 城市道路横断面设计成果

城市道路横断面设计是城市道路设计的主要内容之一。横断面设计成果主要包括施工标准横断面图、规划横断面图、路面结构与道牙大样图、逐桩横断面图和土石方工程数量计算表。

6-1 公路横断面的组成、类型及其适用性是什么?城市道路横断面的组成、类型及其适用性是什么?

6-2 四条和四条以上车道的公路应设置中间带,其作用是什么?

6-3 各级公路都要设置路肩,路肩的作用是什么?

6-4 试述无中间带道路的超高过渡方式及适用条件。

6-5 试述有中间带道路的超高过渡方式及适用条件。

6-6 在确定超高过渡段长度时应考虑什么?

6-7 试述缓和曲线超高过渡段、加宽过渡段长度的作用及相互关系。

6-8 某新建三级公路,设计速度 $V=30$ km/h,路面宽 $B=7$ m,路拱横坡 $i_G=2\%$。路肩宽 $b_J=0.75$ m,路肩横坡 $i_J=3\%$。某平曲线转角 $\alpha=34°50'08''$,半径 $R=150$ m,缓和曲线 $L_s=40$ m,加宽值 $b=0.7$ m,超高 $i_h=3\%$,交点桩号为 K7+086.42。试求平曲线上 5 个主点及下列桩号的路基路面宽度、横断面上的高程与设计高差:①K7+030;②K7+080;③K7+140;④K7+160。

第七章 道路线形质量检验及平纵组合设计评价

通过本章学习,学生将掌握道路线形质量及平纵组合设计的原则及具体要求;掌握基于透视图的道路几何线形质量评价的方法,用运行速度评价线形设计连续性的方法和步骤等内容,理解由于平纵组合不当可能存在的道路线形不协调、不一致的情况。熟悉视觉车道模型的概念,并在此基础上了解新的平纵组合协调性评价方法。

第一节 概述

一、道路线形质量及平纵组合要求

道路线形设计从道路选线、定线开始,最终以平、纵、横面所组成的立体线形反映于驾驶人的视觉上。道路立体形状及其周围环境影响驾驶行为,平、纵线形组合是指在满足汽车动力学要求的前提下,研究如何满足视觉和心理方面的连续、舒适,与周围环境相协调的要求,并有良好的排水条件。尽管平、纵线形设计均是按要求进行设计的,但若平、纵线形组合不好,不仅有碍于其优点的发挥,而且会加剧两方面存在的缺点,带来行车上的危险。

组合设计是完成平面线形和纵断面线形设计后的综合考量工作,但也是比较困难的一个步骤,组合设计必须在确定平面线形,甚至在选线时就要同步考虑,并不是最后孤立的总成或单独的调整。线形组合设计因道路标准高低的不同,其重要性程度也不一样,也就是说,不是所有等级的道路都需要同等程度地考虑平、纵组合设计。在下面将要提出的组合设计要求中,高标准道路必须考虑,低标准道路因经济等其他因素的限制,可以舍弃一部分内容。有关研究表明,在六车道高速公路上,以 40km/h 速度行驶时,路面在视野中占的比例为 20%;以 100km/h 行驶时,视野缩小,路面所占的比例为 30%,空间所占比例为 50%,公路两侧所占比例小于 20%。这充分说明行驶速度越快,道路几何本身在视觉透视图中所描绘的形状就越构成道路线形质量的控制因素。对于行驶速度越快的高速公路,越应重视公路本身几何组成要素的设计,重视线形视觉质量。

二、驾驶人视觉特性

汽车在道路上快速行驶时,驾驶人是通过视觉、运动感觉和时间变化感觉来判断线形的。道路线形、周围景观标志以及其他有关信息,都是通过驾驶人的视觉感受到的。驾驶人观察外界事物,是在运动状态下进行的,所观察的一些物体按一定速度运动,驾驶人也是在车辆行驶中观察物体,因此,动视觉是驾驶人的主要视觉特性。动视觉与运动速度、环境照度及驾驶人年龄等因素有关。车速越高,物体的相对移动速度也越高,眼睛转动的角速度必将加快。根据运动视觉和心理学分析,在运动状态下,驾驶人的视力比静止时低 10%~20%,特殊情况下低 30%~40%。研究表明:①驾驶人的注意力集中和心理紧张程度随车速的增加而增加;②注意力集中点和视野距离随车速而增大,高速行驶时,驾驶人对前景细节的视觉开始变得模糊不清;③视角随车速逐渐变窄,高速时驾驶人无法注意路侧景象。

在驾驶过程中,驾驶人的动视觉具有如下特点:

(1)驾驶过程中,驾驶人不易全面正确感觉车外的情况变化。一般驾驶人在视野内觉察一个目标约需 0.4s,清晰辨认约需 1s 的时间。在高速运动时,视野变小,外界景物的相对运动速度增大,导致物体在视野内的作用时间变短。如在视野内的作用时间小于 0.4s,驾驶人就无法发现目标,达不到 1s,就无法分辨目标的细节。

(2)驾驶过程中,驾驶人的空间分辨能力降低。随车速增加,驾驶人的视力呈下降趋势,视认距离会缩短;车速增加,景物距汽车越近,景物在视野内的作用时间也会越短。

(3)高速行驶时,随车速的增加,驾驶人的空间辨别范围缩小,注视点前移,两眼凝视远方集中于一点,形成"隧道视觉",使外界的刺激减少,只注视单调的暗色路面。当交通环境变化不大时,单调的信息对大脑皮层某些点的重复刺激,会使神经细胞呈现抑制状态,形成"道路催眠"。

(4)高速行驶时,驾驶人更易出现错觉,导致判断失误增加。高速行驶时,驾驶人在单位时间内接受的信息量显著增多。据研究,单位时间内的刺激物出现次数越多,驾驶人出错的比例越大。

汽车行驶在路上,驾驶人注意力随车速提高愈益集中,视野距离增大,范围愈益缩小。当行驶速度为 60km/h 时,驾驶人的视野范围约为 80°,注意力集中点在车前方 360m 左右的位置;当行驶速度为 80km/h 时,驾驶人的视野范围约为 60°,注意力集中点在车前方约

380m 左右的位置；而当车速到达 125km/h 时，视野范围只有 26°，注意力集中在车前约 720m 处。

三、道路几何线形平纵组合不当可能带来的问题

"平纵组合不当"是产生公路危险路段的主要原因之一，平纵组合对安全的影响要远远大于单独平、竖曲线的影响，不良的线形组合会导致交通事故明显增加。研究发现，平纵完全错开的事故率是组合重合的 1.61 倍。平纵协调是现代公路设计中的重要内容，《公路路线设计规范》(JTG D20—2017)对于平纵线形组合设计做出了原则性的规定，要求设计车速大于等于 60km/h 的公路几何线形均须进行组合设计，尤其当平曲线半径小于 2 000m，竖曲线半径小于 15 000m 时，组合设计显得更为重要。组合设计的核心就是要求平纵均衡，驾驶人可以正确地感知信息，避免出现较大偏差。

公路透视图的形状在几何图形上更加复杂，且比平面图能提供更多的曲率信息，或者说透视图信息显示了比单纯平面或者纵断面更丰富的内容。显然，其中最为关键的是公路透视图及其中心线，它提供了绝大部分的几何信息及平纵组合情况。透视图不仅可用来判断平面线形和纵面线形以及公路和风景是否协调，而且小至超高缓和段的连接，大至构造物的设计，差不多在公路几何设计的所有领域中都可以利用。从数学角度来看，公路透视图中心线是由多段曲线组合而成的，随着车辆的不断运动，这些多段曲线持续在驾驶人视野中动态变化，驾驶人正是从这些不断变化的多段曲线中获得操控车辆的重要信息，产生了期望车速和其他行为。如果这些被感知的信息和公路条件所能提供的信息相差比较大，就容易带来诸如运行车速和设计车速不一致、心理预期和实际供给不符合等情况，产生种种紧张、不舒适和判断失误等问题。特别是平面信息感知方面更是如此，由于透视的影响，驾驶人会产生视觉偏差，感觉平曲线变得更平坦或者更尖锐了。有研究者发现驾驶人在遇到小半径或者小偏角平曲线时，倾向于感觉到的平曲率变小。不当的平纵组合有可能加大视觉感知的偏差，平曲线与凹曲线重合时会显得更加平坦，而在与凸曲线重合时感觉更加弯曲。

因此可以认为，这里存在着一个"公路对象→透视图→视觉信息感知"的认知过程，如图 7-1 所示。驾驶人眼中的透视图主要是由公路的平纵线形结合横断面形成三维映射产生的，其核心是透视图上面的中心线，这一过程是由图中的步骤(1)完成的，然后由驾驶人通过视觉感知并产生信息认知，这个过程由图中的步骤(2)完成。由于平纵组合以及其他因素的影响，由步骤(2)获得的"感知平曲率"和步骤(1)"实际平曲率"之间可能会存在偏差，当这种偏差超过一定范围时，就可能会导致驾驶行为出现问题，增大交通事故发生的可能性。相反，如果驾驶人"感知平曲率"的信息和"实际平曲率"比较吻合，整个驾驶过程就可能是连续舒适的，此时的平纵组合设计可以被认为处于协调状态。因此公路几何线形设计应该尽可能降低视觉产生的偏差，尤其是平纵组合的时候，其核心要使得驾驶人通过视觉所感知的信息和实际公路条件尽可能保持一致，使机动车行驶体现真正的安全性和舒适性。

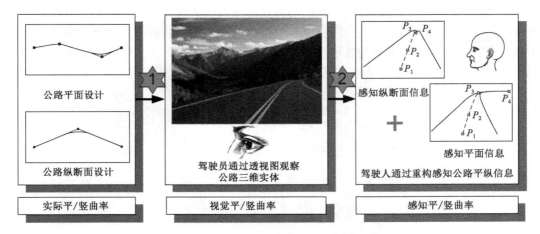

图 7-1 驾驶人对公路几何信息的视觉认知过程

第二节　道路平纵线形组合设计要点

　　道路的空间线形是指由道路的平面线形、纵断面线形及横断面所组成的空间带状形态；道路设计是从路线规划开始的，然后经选线、平面线形设计、纵断面设计和平纵线形组合设计，最终以平、纵、横组合的立体线形展现出来。汽车行驶过程中，驾驶人所选择的实际行车速度是他从对立体线形的判断中得出的，因此，设计中不仅仅要满足平面、纵断面线形标准，还必须满足道路空间线形视觉的连续性，使驾驶人有足够的舒适感和安全感。

一、道路平纵线形组合设计的原则

1. 应能在视觉上自然地诱导驾驶人的视线，并保持视觉的连续性

　　引导视线是指道路的立体线形、构造物形式和色调与沿线自然景观相协调，起到对驾驶人行车视线引导的作用。任何使驾驶人感到茫然、迷惑和判断失误的线形，必须尽力避免。在视觉上能自然地引导视线，是衡量平纵线形组合最基本的问题。如图 7-2a) 所示，前方路线走向明确，能很好地引导视线。如图 7-2b) 所示，前方平面线形可能存在转弯，也可能不存在转弯，不能给驾驶人明确的道路走向，易造成驾驶人迷茫，不能引导视线。

2. 平面与纵断面线形的技术指标应大小均衡

　　均衡性影响线形的平顺性，使线形在视觉上和心理上保持协调，且与工程费用相关。竖曲线半径约为平曲线半径的 10~20 倍，可获得视觉上的均衡。直线与直坡线、直线与凹形竖曲线、直线与凸形竖曲线、平曲线与直坡线是常用的组合形式。只要圆曲线半径或竖曲线半径能达到一般值以上,便能获得视觉良好、行车顺适的效果。对纵断面线形反复起伏的平面设计采用高标准的线形是无益的,反之亦然。如果一个大的竖曲线含有两个以上的平曲线,看上去会非常别扭,如图 7-3 所示。

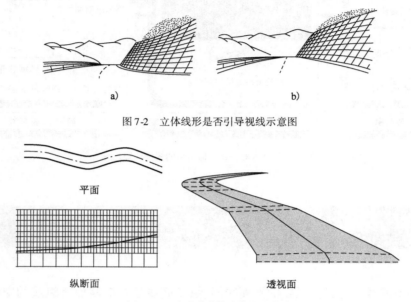

图 7-3 一个竖曲线含有多个平曲线

3. 选择组合得当的合成坡度,以利于路面排水和行车安全

高速公路、一级公路以及设计速度≥60km/h 的公路,应注重立体线形设计,尽量做到线形连续、指标平衡、视觉良好、景观协调、安全舒适。设计速度越高,线形设计所考虑的因素应越周全。设计速度≤40km/h 的公路,首先应在保证行车安全的前提下,正确运用线形要素最小值,在条件许可、不过多增加工程量的情况下,力求做到各种线形要素合理组合,并尽量避免和减少不利的组合,以期充分发挥投资效益。合成坡度一般应不小于 0.5%。

4. 平曲线与竖曲线宜相互重合,且平曲线应稍长于竖曲线

平曲线和竖曲线组合应尽量做到"平包竖",即平曲线应稍长于竖曲线,如图 7-4 所示,其立体线形能起到引导视线的作用,可得到平顺而流畅的效果。一般应使平竖曲线半径都大一些,特别是凹形竖曲线处车速较高时,两者半径更应大一些。平曲线的中点与竖曲线的顶(底)点位置错开不超过平曲线长度的四分之一时,也可以获得比较满意的效果。

竖曲线的起终点宜分别设在平曲线的两个缓和曲线内。若平竖曲线半径都很大,则平、竖曲线位置可不受上述限制。若做不到竖曲线与平曲线较好的配合,或两者半径都小于某限度时,可将平竖曲线拉开相当距离使平曲线位于直线坡段上或竖曲线位于直线上。

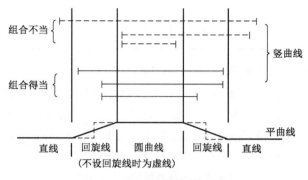

图 7-4　平曲线与竖曲线相重合

5. 注意与道路周围环境的配合

立体线形与道路周围环境的良好配合,可减轻驾驶人的疲劳和紧张程度,并可以起到引导视线的作用。因地形条件、工程建设投资限制等,对设计速度较低的道路,当立体线形难与道路周围环境协调时,可采用植树、设置路标等方法改善,如图 7-5 所示。

图 7-5　用植树改变视觉环境

二、不同平纵线形组合形态分析

视觉线形的基本组合图形按平面线形分为直线和曲线,纵面线形分为凸形和凹形竖曲线。平面包含直线、单交点曲线和组合曲线,纵断面则包含不同坡段、凸型曲线和凹型曲线等多种形式。

1. 平面直线 + 纵断面坡段的组合(表 7-1)

构成具有恒定坡度的直线形透视图,往往线形单调、枯燥,行车过程中视景缺乏变化,容易使驾驶人产生疲劳和频繁超车。在交通比较错综复杂的路段,采用这种线形要素是有利的。为调节单调的视觉,增进视线诱导,设计时可用画停车道线、标志、绿化、注意与路旁建筑设施配合等方式来弥补。

平直线+纵断面坡段的组合　　　　　　　　表 7-1

平面——直线	纵断面——坡段	透视图——恒定坡度直线

2. 平面直线+纵断面凹曲线的组合（表 7-2）

构成凹下去的直线形透视图，组合具有较好的视距条件，由于纵面上插入了凹形竖曲线，不仅改善了直线线形生硬、呆板的印象，而且还给予驾驶人以动的视觉印象，提高了行车的舒适性。设计时要注意避免采用较短的凹形竖曲线，不要在两个凹形竖曲线间插入短的直坡段，在长直线末端不宜插入小半径的凹形竖曲线。

平面直线+纵断面凹曲线的组合　　　　　　　　表 7-2

平面——直线	纵断面——凹曲线	透视图——凹形直线

3. 平面直线+纵断面凸曲线的组合（表 7-3）

构成凸起来的直线形透视图，组合视距条件差，线形单调，应注意避免，无法避免时应采用较大的竖曲线半径，以保证有较好的视距。当与凹形竖曲线连续组合时易形成"驼峰""暗凹"和"浪形"等不良视觉现象，并且常有隐蔽路段，这种不良的组合在设计时要注意避免。

平面直线+纵断面凸曲线的组合　　　　　　　　表 7-3

平面——直线	纵断面——凸曲线	透视图——凸形直线

4. 平面曲线+纵断面坡段的组合（表 7-4）

构成具有恒等坡度的曲线形透视图，组合一般来说只要平曲线半径选择适当。纵坡不太陡，即可获得较好的视觉和心理感受。一般来说，只要平曲线半径选择适当，平面的直线与圆曲线组合恰当，在透视图上显示的视觉效果应是良好的。汽车在这种路线上行驶，可以获得较好的路旁景观，且景观逐步变化使驾驶人感觉新鲜，方向盘操纵舒适。

平面曲线+纵断面坡段的组合　　　　　　　　表 7-4

平面——曲线	纵断面——坡段	透视图——恒定坡度曲线

5. 平面曲线+纵断面凹曲线的组合(表7-5)

构成凹下去的曲线形透视图,是一种常见的又比较复杂的组合形式。如果平、纵面线形几何要素的大小适宜、位置适当、均衡协调可以获得视觉舒顺、视线诱导良好的立体线形。反之,则会出现一些不良的后果,设计时应引起特别重视。

平面曲线+纵断面凹曲线的组合　　　　　表7-5

平面——曲线	纵断面——凹曲线	透视图——凹形曲线

6. 平面曲线+纵断面凸曲线的组合(表7-6)

构成凸起来的曲线形透视图,也是一种常见的又比较复杂的组合形式。如果平、纵面线形几何要素的大小适宜、位置适当、均衡协调可以获得视觉舒顺、视线诱导良好的立体线形。反之,则会出现一些不良的后果,设计时应引起特别重视。

平面曲线+纵断面凸曲线的组合　　　　　表7-6

平面——曲线	纵断面——凸曲线	透视图——凸形曲线

三、道路平、纵线形设计中应避免的组合

1. 与纵断面凹曲线组合时应避免出现的组合

在平纵组合时,要注意避免采用较短的凹形竖曲线(一般以大于最小竖曲线半径约3~4倍为宜),以避免产生折点,如图7-6a)所示。在两个凹形竖曲线间注意不要插入短直线,因为短直线组合后在视觉上形成断背曲线,如图7-6b)所示。若改为复曲线或合并成一个凹形竖曲线,将使视觉条件得到改善,如图7-6c)所示。

2. 与纵断面凸曲线组合时应避免出现的组合

组合视距条件比较差,应采用较大的竖曲线半径,如果凸曲线后面存在与凹形竖曲线形成连续组合时容易形成"驼峰"[图7-7a)]、"暗凹"[图7-7b)]和"浪形"[图7-7c)]等不良视觉现象,要注意避免。

3. 避免竖曲线的顶、底部插入小半径的平曲线

在凸形竖曲线的顶部设有小半径的平曲线,不能引导视线,且急转弯时,易使行车不安全。在凹形竖曲线的底部设有小半径的平曲线,会出现汽车加速行驶中的急转弯情况,可能发生危险。

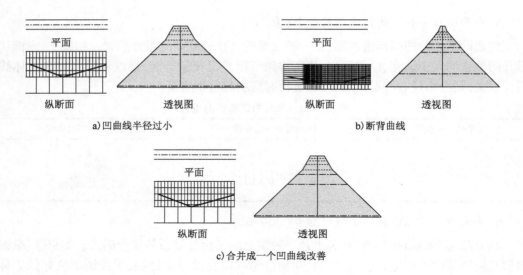

图 7-6 与凹形竖曲线组合容易出现的情况及其改善

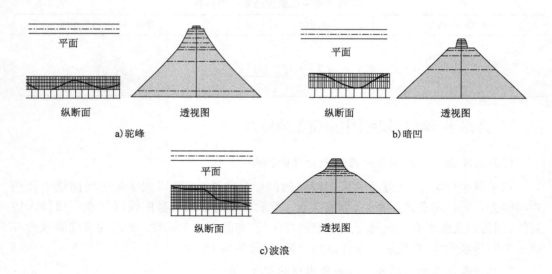

图 7-7 与凸形及后面连续凹形竖曲线组合容易出现的情况

4. 避免将小半径的平曲线起、讫点设在或接近竖曲线的顶部或底部

应避免将凸形竖曲线顶部或凹形竖曲线底部设在小半径平曲线的起、讫点。如图 7-8a)所示,凸形竖曲线的顶点位于平曲线的起点(或终点)时,驾驶人在车辆驶上坡顶之前无法预知前方道路的走向,会产生心理上的茫然。如图 7-8b)所示,凹形竖曲线的底部位于平曲线的起点(或终点)时,驾驶人会看到扭曲的线形,其扭曲程度随曲线半径的减小而加剧,也会产生下坡尽头接急弯的错觉,于行车安全不利。

a) 凸形竖曲线顶部位于平曲线起点　　　　b) 凹形竖曲线底部位于平曲线起点

图 7-8　小半径平曲线起、讫点的设置

5. 其他要避免的一些组合

要注意避免竖曲线顶部与反向平曲线的拐点重合,此类组合都存在不同程度的扭曲外观。其不能正确引导视线,会使驾驶人操作失误,引起交通事故;也会造成路面排水不畅,影响行车安全,如图 7-9a) 所示。

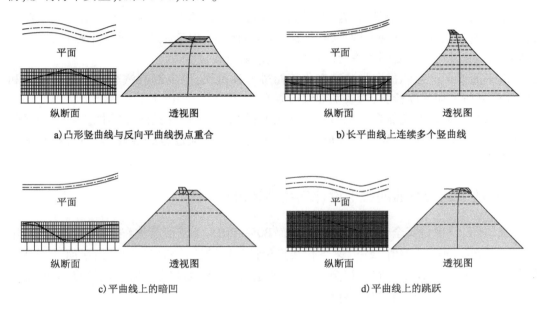

a) 凸形竖曲线与反向平曲线拐点重合　　　　b) 长平曲线上连续多个竖曲线

c) 平曲线上的暗凹　　　　d) 平曲线上的跳跃

图 7-9　其他一些要避免的组合情况

避免小半径的竖曲线与缓和曲线重合,对凸形竖曲线诱导性差,事故率较高;对凹形竖曲线路面排水不良,影响行车安全。

避免在长直线上设置陡坡或长度短、半径小的竖曲线,长直线与陡坡组合易使驾驶人超速行驶,危及行车安全;长直线与凸形竖曲线组合,视线引导差,行车茫然;长直线与凹形竖曲线组合,使驾驶人产生坡底狭窄的视觉,心理紧张,行车不安全。

在一个平曲线或一段长直线内包含几个竖曲线,特别是小半径竖曲线,易出现驼峰、暗凹、跳跃等线形,使前方道路失去连续性。平原微丘区的高速公路设计,因地形平坦,圆曲线半径一般较大;但因沿线通道多,为减少工程数量,降低路基填土高度,有时不得不在一个长的平曲线内多次变坡。实践表明,当纵坡不大且坡差较小时,只要坡长和竖曲线半径选择得当,多次起伏并不影响线形的连续性,但这种平直路段上超速、超车情况较多,有资料显示这种路段交通事故占各种平纵组合路段 90% 以上。在长平曲线内,要尽量设计成直坡线,避免设置短的、半径小的竖曲线。避免在一个平曲线上连续出现多个凹、凸竖曲线,如图 7-9b)所示,避免出现"暗凹"[图 7-9c)]和"跳跃"[图 7-9d)]等不良现象。

第三节　道路几何线形设计质量评价

由平面、纵断面以及平纵组合设计构成的道路空间线形,必须使汽车行驶速度不产生突变和相差过大,应使行驶速度平缓、连续、均衡的变化,保证汽车行驶的平顺性、连续性和安全性,通过运行速度图检查,修改平、纵线形要求。

由平面线形产生的横向加速度变化不能过大和过快,以免影响汽车行驶的舒适性和安全性,可通过加速度检验,修改平面线形要素。

平纵组合的线形应能自然地引导驾驶人的视线,并保持视觉的连续性。任何使驾驶人感到茫然、迷惑或判断失误的线形,必须尽力避免。可通过道路透视图检查,修改平纵线形组合。

一、基于运行车速的线形设计连续性评价

我国《公路项目安全性评价规范》(JTG B05—2015)(以下简称《安评规范》)中采用相邻路段运行速度的差值(Δv_{85})来评价线形设计的连续性。相邻路段是指平面、纵断面、横断面指标或设计速度不同的相接路段,一般是指平曲线的起点、曲中点、终点,纵断面变坡点及横断面宽度变化的前后路段。

《安评规范》中规定,对于高速公路和一级公路,相邻路段运行速度的差值小于 10km/h 时,连续性好;在 10～20km/h 之间时连续性较好,条件允许时宜适当调整相邻路段的线形指标。相邻路段运行速度的差值大于 20km/h 时连续性差,相邻路段需要调整平、纵面设计。而对于二级公路和三级公路,相邻路段运行速度的差值小于 20km/h 时连续性好,大于 20km/h 时连续性差。同时规定,当同一路段的运行速度与设计速度的差值大于 20km/h 时,应对该路段的相关技术指标进行安全性验算。

确定运行速度的方法有路段实测回归法和理论预测法两种。

路段实测回归法:该法通过现场实测多条路段某车型的实际行驶速度,经回归分析建立道路几何要素与运行速度的关系模型,对其进行相关性分析和验证,根据模型预测各种线形要素和组合线形所对应的运行速度。路段实测回归模型是建立在实测数据基础上

的,因实测数据的局限,各影响因素对运行速度的影响可能因地域的不同而异,模型的推广应用有一定局限性。

理论预测法:根据汽车动力性能的加、减速行程计算基于纵断面线形的行驶速度,根据圆曲线半径计算公式反算弯道上允许行驶速度。将纵断面和平面分别预测的速度比较后取小值,作为平、纵线形组合的运行速度。该法没有考虑竖曲线以及横断面的影响。

《安评规范》中采用的是路段实测回归模型来预测高速公路和一级公路的运行速度,其他等级公路参照使用。

1. 划分分析路段

根据曲线半径和纵坡坡度的大小等,可将公路划分为平直路段、纵坡路段、平曲线路段、弯坡组合路段、隧道路段、互通式立体交叉路段等若干个分析单元。其中,平曲线路段、弯坡组合路段宜分别以曲线中点拆分为两个分析单元。

(1) 平直路段:指平面线形为直线或半径大于1 000m的平曲线,且长度大于200m、纵坡小于3%的路段;

(2) 短平直路段:指平面线形为直线或半径大于1 000m的平曲线,且长度小于或等于200m、纵坡小于3%的路段;

(3) 纵坡路段:指平面线形为直线或半径大于1 000m的平曲线,且纵坡大于或等于3%的路段;

(4) 平曲线路段:指平面线形为半径小于或等于1 000m的平曲线,且纵坡小于3%路段;

(5) 弯坡组合路段:指平面线形为半径小于或等于1 000m的平曲线,且纵坡大于或等于3%的路段;

(6) 隧道路段:指驶入隧道洞口前200m至驶出隧道洞口后100m的路段;

(7) 互通式立体交叉区主线路段:宜为减速车道渐变段起点至加速车道渐变段终点;

(8) 互通式立体交叉区匝道路段:宜为匝道与主线连接点到匝道终点。

2. 运行速度 v_{85} 的测算

任选一个方向进行运行速度 v_{85} 测算,确定与设计路段衔接的相邻路段速度,作为本路段的初始运行速度 v_0,根据所划分的路段类型,按平直路段、纵坡路段、平曲线路段和弯坡组合路段等分别进行运行速度 v_{85} 的测算。

(1) 设计路段的初始运行速度 v_0

一般可通过调查点的现场观测或按表7-7估算各种设计速度对应的小客车和大型货车的运行速度,作为设计路段的初始运行速度 v_0。

设计速度与初始运行速度的对应关系 表7-7

设计速度(km/h)		120	100	80	60
初始运行速度 v_0 (km/h)	小型车	120	100	80	60
	大型车	80	75	65	50

注:本表引用自《公路项目安全性评价规范》(JTG B05—2015)。

(2)平直路段运行速度

在平直路段上,小客车和大型车的期望速度,见表7-8。

平直路段上期望速度、加速度 表7-8

车型	小型车	大型车
期望速度 V_c(km/h)设计速度100或120	120	80
推荐加速度 a_0(m/s²)	0.15~0.50	0.20~0.25
推荐减速度 a_0(m/s²)	-0.15~-0.50	-0.20~-0.25

注:本表引用自《公路项目安全性评价规范》(JTG B05—2015)。

①当直线入口速度等于期望速度时,车辆在平直路段上保持期望速度匀速行驶,直线段出口运行速度 v_{out} 等于期望速度 v_e。

②当分段后的平直路段长度大于200m时,平直路段终点的运行速度模型宜按式(7-1)计算。

$$V_{out} = 3.6\sqrt{\left(\frac{V_{in}}{3.6}\right)^2 + 2as} \tag{7-1}$$

式中:V_{out}——平直路段终点速度,km/h;

V_{in}——平直路段起点速度,km/h;

a——车辆加速度,m/s²,按式(7-2)计算;

s——平直路段长度,m。

$$a = a_{min} + (a_{max} - a_{min})\left(1 - \frac{V_{in}}{V_c}\right) \tag{7-2}$$

式中:a_{max}——最大加速度,m/s²,按表7-8确定;

a_{min}——最小加速度,m/s²,按表7-8确定;

V_c——期望速度,km/h,按表7-8确定。

(3)纵坡路段运行速度

当纵坡大于3%且坡长大于300m时,需对运行速度进行修正。计算纵坡路段运行速度时不考虑平面线形,只需根据该段的纵坡和坡长对入口速度按表7-9进行修正,修正后的结果作为该段的出口速度。图7-10所示为速度折减量与坡长关系曲线图。

纵坡路段各车型的运行速度折算模型　　　　表7-9

纵　坡		运行速度调整值	
		小型车	大型车
上坡	纵坡≥3% 且≤4%	每1 000m降低5km/h,直至最低运行速度	每1 000m降低10km/h,直至最低运行速度;
	纵坡>4%	每1 000m降低8km/h,直至最低运行速度	每1 000m降低20km/h,直至最低运行速度
下坡	纵坡≥3% 且≤4%	每500m增加10km/h,直至期望速度	每500m增加7.5km/h,直至期望速度
	纵坡>4%	每500m增加20km/h,直至期望速度	每500m增加15km/h,直至期望速度

注:本表引用自《公路项目安全性评价规范》(JTG B05—2015)。

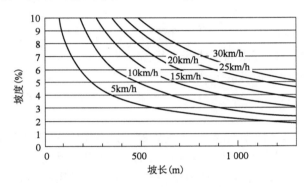

图7-10　速度折减量与坡长关系曲线图

(4)平曲线路段运行速度及弯坡组合路段的运行速度

平曲线路段的运行速度、弯坡组合路段,按现行规范的运行速度预测模型计算平曲线中点和平曲线出口的运行速度。

3.线形设计连续性评价

(1)相邻路段运行速度协调性评价

①评价方法

根据运行速度预测方法对各相邻路段的特征点(直线起、终点,平曲线起、终点及曲中点,竖曲线变坡点等)进行双向运行速度预测,并计算相邻路段运行速度的差值,按评价标准对运行速度差值进行检查,若速度差值超过标准规定值,应调整相邻路段的平、纵面设计。调整的目的是使相邻路段的速度差满足标准值。

②调整方法

对速差处速度高的路段,通过减小圆曲线半径、增大纵坡进行调整,使运行速度降低,减小 Δv_{85}。对速差处速度低的路段可增大圆曲线半径、减小纵坡,使运行速度增大,减小

Δv_{85}。若因地形或线形条件限制,不能调整或经调整速差仍较大时,应采取限速等措施,使运行速度差值 Δv_{85} 减小。

(2)同一路段设计速度与运行速度协调性评价

设计速度与运行速度协调性评价是对同一路段的运行速度与设计速度的差值进行评价。同一路段是指设计速度、平纵面技术标准及横断面相同的路段。

当同一路段运行速度与设计速度的差值大于 20km/h 时,应对该路段的设计指标进行安全性检验和调整。运行速度与设计速度之差是指该路段运行速度高于设计速度的差值,而平、纵线形要素是按设计速度设计的,因此应按运行速度检验和调整,否则行车不安全;而运行速度低于设计速度时,只要运行速度连续,行车是安全的,不必调整。

①圆曲线半径

在超高值不变的前提下,采用路段运行速度计算圆曲线半径。圆曲线半径可采用式(7-3)计算。

$$R = \frac{v_{85}^2}{127(\mu \pm i_h)} \tag{7-3}$$

式中:R——路段运行速度要求的圆曲线半径,m;

v_{85}——运行速度计算值,km/h;

μ——横向力系数;

i_h——超高值。

设计速度对应的超高值不变时,增大后的圆曲线半径应不小于运行速度对应的圆曲线半径,圆曲线长度应不小于按运行速度行驶的 3s 行程;设计速度对应的圆曲线半径不变时,应按运行速度计算超高值;设计速度对应的圆曲线半径和超高值调整均受限制时,应采取限速措施,以减小运行速度与设计速度的差值。

②缓和曲线

根据运行速度从离心加速度的变化率、超高渐变率、行驶时间、与相邻回旋线参数的均衡性四个方面对缓和曲线进行评价。

③最小直线长度

最小直线长度采用运行速度评价。路段运行速度与设计速度之差小于或等于 20km/h 时,直线长度不调整;路段运行速度与设计速度之差大于 20km/h 时,则需提高原定设计速度或调整路线设计要素,以减小该路段的运行速度。

④纵断面

采用路段运行速度对纵坡坡长及竖曲线半径进行评价。路段运行速度与设计速度之差小于或等于 20km/h 时,路段的纵坡、坡长及竖曲线半径值不变;路段运行速度与设计速度之差大于 20km/h 时,应按运行速度计算值调整相应路段的纵坡坡长及竖曲线半径值。

⑤视距

小客车停车视距采用路段运行速度计算。当采用路段运行速度计算的停车视距大于设计速度对应的停车视距时,应加大停车视距。停车视距采用式(7-4)计算。

$$S_{t} = \frac{v_{85}t}{3.6} + \frac{v_{85}^2}{254(\varphi + i)} \tag{7-4}$$

式中：S_t——小客车停车视距，m；

t——反应时间，s；

φ——纵向附着系数，依运行速度和路面状况，按现行规范取值；

i——道路纵坡，%。

设计速度对应的停车视距应不小于采用运行速度计算的小客车停车视距。在以货车交通量为主及其他货车或大客车可能多发事故的路段，停车视距还应满足按货车运行速度计算的货车停车视距要求。

二、基于透视图形态特征的线形质量分析方法

从透视法则可知，透视所绘物体图形应符合下列法则：①近高远低；②近大远小；③近宽远窄；④近前远后；⑤近下远上；⑥近清远浊；⑦近弯远直。因此，道路透视图的形态，反映了驾驶人视点与物像的距离和方向。驾驶人正是从这些不断变化的透视形态中获得操控车辆的重要信息，产生了期望车速和其他行为。如果这些被感知的信息和道路条件所能提供的信息相差比较大，就容易带来诸如运行车速和设计车速不一致、心理预期和实际供给不符等问题，产生种种紧张和不舒适的感觉。研究表明，约有40%的道路交通事故是由于道路线形、路边环境或者两者之间配合不协调，从而引起驾驶人行车中产生错觉所造成的，可见透视图形态的研究对道路安全有着现实意义。

1. 道路透视图的主要形态

视觉线形的基本组合图形按平面线形分为直线和曲线，纵面线形分为凸形和凹形竖曲线，则可组合为表7-10所示的多种情况，其中平面包含直线、单交点曲线和组合曲线，纵断面则包含不同坡度、凸形曲线和凹形曲线等多种形式。

不同平面线形和纵断面线形组合形成的透视图形态　　　　表7-10

a) 直线+上坡	b) 单平曲线+上坡	c) 反向曲线+上坡	d) 同向曲线+上坡
e) 直线+下坡	f) 单平曲线+下坡	g) 反向曲线+下坡	h) 同向曲线+下坡

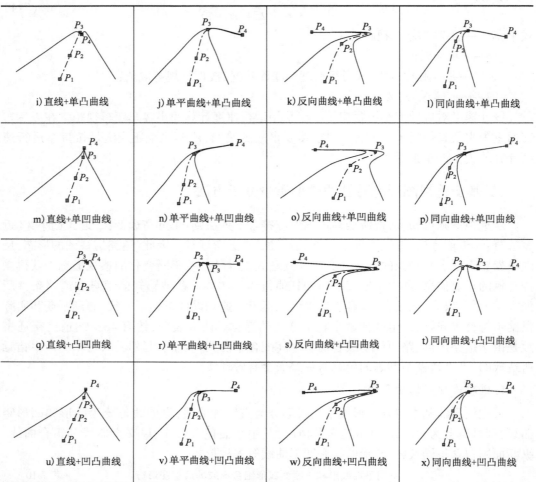

不同平、纵组合形成的透视图形态具有一定的特征,可以通过数学描述的方法进行研究,国内外也有不少学者就道路透视图的表达模型进行了许多有价值的研究。研究观察发现,道路曲线在驾驶人眼中的透视图形状类似抛物线或者是双曲线,因此长期以来,用抛物线来拟合透视图中的曲线是一种比较常用的分析方法。除此以外,其他研究透视图的模型,还包括"双曲线模型""直线-抛物线模型""改进的双曲线模型""二次曲线模型""回旋曲线模型""样条曲线模型"等。由于这些曲线基本上都属于二次曲线,一般只能描述存在一个拐点的形状,对于描述简单平曲线形成的透视图是合适的,但如果需要描述类似 S 曲线等形成的透视图就无能为力了。因此采用三次曲线描述道路透视图中心线更为恰当,可以描述更多类型的道路线形,可以将拐点增加到 2 个,基本可以满足大部分情况下透视图中道路中心线描述的需要。在传统的图形学算法中,三次 Bezier 曲线、三次 B 样条曲线和 Catmull-Rom 曲线都属于连续可导的平滑曲线,应该都可以用来拟合道路

透视中心线,但哪一个适应性、精准度和方便性会更好一些,以下进行了简要的介绍。

2. 道路透视图的形态特征数学描述及适应性分析

(1) 三种样条曲线的数学描述

根据数学理论,三次 Bezier 曲线、三次 B 样条曲线和三次 CatMull-Rom 样条曲线都可以用统一的矩阵形式表示,见式(7-5)。

$$P(t) = \begin{bmatrix} t^3 & t^2 & t & 1 \end{bmatrix} M \begin{bmatrix} P_0 \\ P_1 \\ P_2 \\ P_3 \end{bmatrix}, (0 \ll t \ll 1) \tag{7-5}$$

式中:P_1,P_2,P_3 和 P_4——平面上 4 个控制点;

M——基函数矩阵,所谓的不同的样条曲线就是 M 矩阵的不同而已,根据有关数学含义定义。

3 种样条曲线逼近拟合道路透视图中心线情况如图 7-11 所示。

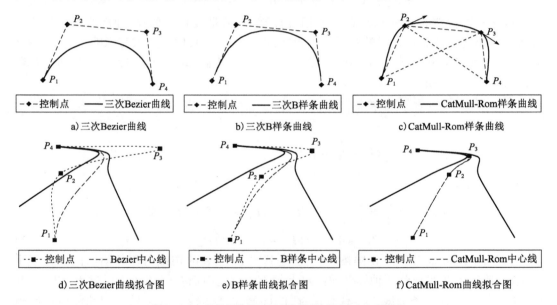

图 7-11 3 种样条曲线逼近拟合道路透视图中心线情况

① 三次 Bezier 曲线

$$M = \begin{bmatrix} -1 & 3 & -3 & 1 \\ 3 & -6 & 3 & 0 \\ -3 & 3 & 0 & 0 \\ 1 & 0 & 0 & 0 \end{bmatrix}$$

$$P(t) = (-t^3 + 3t^2 - 3t + 1)P_1 + (3t^3 - 6t^2 + 3t)P_2 +$$
$$(-3t^3 + 3t^2)P_3 + t^3 P_4 \tag{7-6}$$

它是由一组折线集或称之为 Bezier 特征多边形来定义的,在端点处和对应的边相切,且样条曲线通过起点 P_1 和终点 P_4,但不通过 P_2 和 P_3 点,最大的问题是不具有局部性,即修改 4 个控制点中的任何一个,整条曲线都会变化,也就是说插值运算时,需要 P_1、P_2、P_3 和 P_4 同时参与,属于整体内插,这在道路透视图研究中比较难以控制,如图 7-11a)所示。

②三次 B 样条曲线

$$M = \frac{1}{6} \times \begin{bmatrix} -1 & 3 & -3 & 1 \\ 3 & -6 & 3 & 0 \\ -3 & 0 & 3 & 0 \\ 1 & 4 & 1 & 0 \end{bmatrix}$$

$$P(t) = \frac{1}{6} \times [(-t^3 + 3t^2 - 3t + 1)P_1 + (3t^3 - 6t^2 + 4)P_2 +$$
$$(-3t^3 + 3t^2 + 3t + 1)P_3 + t^3 P_4] \tag{7-7}$$

这是一种特殊的 Bezier 曲线,也不通过控制点,但是具有局部性,即修改某一控制点时只对相邻前后控制点之间的曲线产生影响,而对曲线的其他部分没有影响,也就是说插值运算时,前半部分只需 P_1、P_2 和 P_3 参与,后半部分只需 P_2、P_3 和 P_4 参与,可以进行局部内插,如图 7-11b)所示。

③CatMull-Rom 样条曲线

$$M = \frac{1}{2} \times \begin{bmatrix} -1 & 3 & -3 & 1 \\ 2 & -5 & 4 & -1 \\ -1 & 0 & 1 & 0 \\ 0 & 2 & 0 & 0 \end{bmatrix}$$

$$P(t) = \frac{1}{2} \times [(-t^3 + 2t^2 - t)P_1 + (3t^3 - 5t^2 + 2)P_2 +$$
$$(-3t^3 + 4t^2 + t)P_3 + (t^3 - t^2)P_4] \tag{7-8}$$

CatMull-Rom 也是一种 B 样条曲线,但是其中 P_i 点处的切线与相邻前后两点连线平行,这就使得该曲线与前两种样条曲线最大的不同就是内插获得的曲线通过 P_1、P_2、P_3 和 P_4,同时和三次 B 样条曲线一样具有局部性,即修改某一控制点时只对相邻前后控制点之间的曲线产生影响,而对曲线的其他部分没有影响。在插值运算时,前半部分只需 P_1、P_2 和 P_3 参与,后半部分只需 P_2、P_3 和 P_4 参与,可以进行局部内插,如图 7-11c)所示。

(2)应用样条曲线描述道路透视图中心线

图 7-11d)、e)和 f)是分别用这 3 种样条曲线拟合道路透视图中心线及有关控制点的情况。可以看出虽然这 3 种样条曲线都可以逼近中心线,但是 Bezier 曲线和 B 样条曲线的控制点的位置仅仅控制了曲线的基本形状,道路中心线并不经过控制点,如果直接用于描述透视图中心线,难以控制插值后形成的中心线形态;而 CatMull-Rom 曲线与前两种样

条曲线最大不同点在于内插获得的拟合曲线可以通过所有 4 个控制点,具有较强的适应性,这就使得该曲线在透视图中心线形态控制方面有重要的意义。此外 Catmull-Rom 样条曲线具有局部性,即修改某一控制点时只对相邻前后控制点之间的中心线产生影响,而对中心线的其他部分不会产生影响,所以无论从控制点位置还是曲线拟合情况来看,Catmull-Rom 样条曲线都明显要比其他两种样条曲线更适合用来描述道路透视图中心线,下面将从拟合残差方面进一步分析。

3. 不同样条曲线描述道路透视图中心线拟合残差分析

(1) 试验方案及采集的数据资料

选择两种不同等级道路建立虚拟环境,低等级道路采用成都一段农村道路,全长 5km,设计车速 40km/h;高等级道路采用广西一段高速道路,全长 20km,设计车速 100km/h。

考虑到本节主要研究透视图中心线特征,故虚拟环境只做道路的简化模型,包含一根中心线和两侧的边线,不细化道路两侧的景观和建筑物;所需的透视参数由表 7-11 确定。每段道路要求 8 位试验者进行模拟驾驶,只有加速、减速的动作,不需要变换车道,也没有其他车辆存在,没有特殊要求,只需按照自己的期望驾驶。在这一过程中采集的数据资料为行驶速度和沿桩号方向每隔 5m 生成的道路透视图中心线图像坐标集(x_{io},y_{io})。保证每位试验者在同一桩号处获得的是相同透视图信息,将 8 位试验者在同一桩号处的行驶速度进行简单数学平均,以该值作为该桩号处的运行车速 V。

模拟驾驶的虚拟环境透视参数表　　　　　表 7-11

设计速度(km/h)	透视距离(m)	视线距离(m)	视点步长(m)
100	400	300	27.88
60	300	150	16.38

(2) 用样条曲线来拟合逼近道路透视图中心线的残差计算方法

以所获得的透视图中心线图像坐标(x_{io},y_{io})为基础,应用上述 3 类样条曲线来拟合逼近。根据道路透视图中心线的特点,在控制点 P_1、P_2、P_3 和 P_4 约束下,样条曲线可以最大程度地描绘出道路透视图的形态,根据最小二乘法,以拟合内插生成的曲线越逼近原来透视图中心线为越好,也就是以拟合精度的平均残差 ω 最小为目标,其中 ω 根据式(7-9)计算确定。

$$\omega = \frac{\sum_{1}^{n}\left[(x_i - x_{io})^2 + (y_i - y_{io})^2\right]}{n} \tag{7-9}$$

式中:(x_i,y_i)——拟合获得的三次样条曲线特征点坐标;

(x_{io},y_{io})——道路透视图中线上的特征点图像坐标;

n——参与拟合的特征点数量。

这一过程由计算机模拟辅助程序来完成,对每段道路按照透视参数产生透视图,图中除表示两车道边线的粗线以外,在中心线位置产生连续的道路透视中心线,它的图像坐标(x_{io},y_{io})被记录下来,同时根据选定的样条函数,根据最小二乘原则,拟合产生一条透视中心线,同时计算出平均残差 ω。

(3) 不同样条曲线拟合道路透视图中心线的残差分析

分别将三次 Bezier 曲线、三次 B 样条曲线和 CatMull-Rom 样条曲线对应的拟合平均残差进行分析研究,总体均呈正态分布,说明拟合残差具有统计学的规律性和稳定性,如图 7-12 所示。

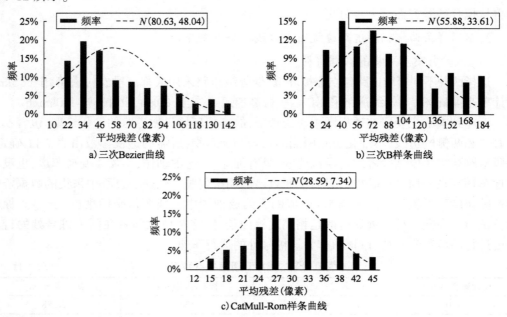

图 7-12　3 种样条曲线平均拟合残差的分布情况

其中三次 Bezier 曲线为 $N(80.63,48.04)$ 的正态分布,残差的期望值为 80.63(像素,以下同),为 3 种曲线里面最大的,而其标准差也达到了 48.04,相对来说比较分散;三次 B 样条曲线为 $N(55.88,33.61)$ 的正态分布,无论残差期望值,还是标准差都处于中间位置;而 CatMull-Rom 样条曲线所拟合的残差呈 $N(28.79,7.34)$ 的正态分布,是 3 种样条曲线里面拟合残差最小的,期望值为 28.79,标准差为 7.34,整个残差分布形态比较匀称。

因此,选择 CatMull-Rom 样条曲线来描述道路透视图中心线是合适的,可以通过描述透视图四个控制点 (P_1,P_2,P_3,P_4) 的形态特征对道路几何线形质量进行评价。

三、基于视觉感知偏差的路线平纵协调性分析方法

1. 道路透视图中心线的驾驶人视觉模型

在上述研究基础上,基于 Catmull-Rom 样条曲线建立道路透视图中心线的计算模型,如图 7-13a) 所示。以驾驶人视野左下角为坐标原点建立坐标系统,X 轴和 Y 轴的单位均为像素,道路中心线(图中标为"实际感知")由 n 个有序点构成,其图像坐标集合为 $\{x_{oj},$

$y_{oj}\}(j=1,2,\ldots,n,$ 下同),而"水平分量"则为中心线在视平面上的投影。上述两种中心线都可以通过各自的四个控制点(P_1,P_2,P_3,P_4)来描述,一旦这四个点位置确定了,则中心线所有点都可以通过内插获得。用$(S_k,X_k,Y_k,\Delta Y_k)(k=1,2,3,4,$ 下同)表示各控制点,其中S_k表示视桩号(从点P_1到P_k的曲线长度,单位像素),X_k,Y_k为点P_k的图像坐标(单位像素),而ΔY_k则表示点P_k到视平面在Y方向的偏离值(单位像素)。除此以外,每个控制点还有一个f_k,表示过该点的透视图中心线的切线方向角(弧度)。经过控制点(P_1,P_2,P_3,P_4)的四条水平线将透视图在视域范围内分为三个不同的区域,可称为透视图的"近景""中景"和"远景",分别用$[vS_{i(i+1)},vK_{i(i+1)}]$和$[pS_{i(i+1)},pK_{i(i+1)}](i=1,2,3,$ 下同)描述"实际感知"和"水平分量"透视图中心线对应的三个区域内的形态特征(视曲线长,视曲率),称为道路透视图中心线形状参数,它们实际上表示了中心线在驾驶人眼中的长度和曲度情况。

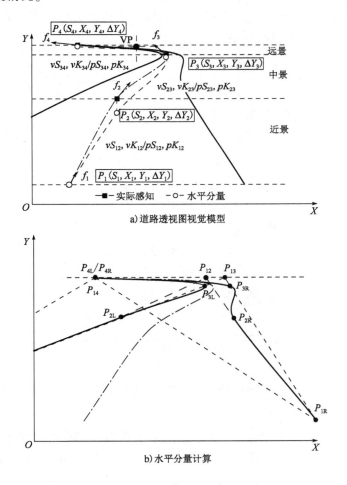

图 7-13 基于 CatMull-Rom 样条曲线的道路透视图中心线模型及水平分量的计算

2. "水平分量"中心线的确定

如图7-13b)所示,设$(P_{1L},P_{2L},P_{3L},P_{4L})$和$(P_{1R},P_{2R},P_{3L},P_{4L})$分别为透视图左右边线上对应的控制点,$(P_{12},P_{13},P_{14})$分别为两直线$\{P_{1L}P_{2L},P_{1R}P_{2R}\}$、$\{P_{1L}P_{3L},P_{1R}P_{3R}\}$和$\{P_{1L}P_{4L},P_{1R}P_{4R}\}$的交点,根据透视学原理,如果没有纵断面的影响,$(P_{12},P_{13},P_{14})$应该位于同一条视线消失线上,但是如果有纵断面影响以后,这些点就可能在该消失线上下移动。本章的"水平分量"中心线是指透视图中心线向视平面投影形成的中心线,可以通过计算控制点(P_1,P_2,P_3,P_4)在视平面上对应的投影点获得。如图7-14所示,设(P_1,P_2,P_3,P_4)在视平面的投影点为$(P_{1\_H},P_{2\_H},P_{3\_H},P_{4\_H})$,根据透视原理,$P_1$和$P_{1\_H}$是同一个点,不需要专门计算。这里以计算$P_2$的投影点$P_{2\_H}$为例介绍计算过程。如图7-14a)所示,连接$(P_{1L},P_{2L})$和$(P_{1R},P_{2R})$,并延长交于点$P_{12}$,过该点向视线消失线做垂线,得到点$P_{12\_H}$,然后过$P_2$点向视平面做垂线,与$P_1P_{12\_H}$相交的交点即为$P_{2\_H}$。同样,先求$(P_{1L},P_{3L})$和$(P_{1R},P_{3R})$、$(P_{1L},P_{4L})$和$(P_{1R},P_{4R})$的交点,然后按照类似方法可以求出$P_{3\_H}$和$P_{4\_H}$点,其过程分别如图7-14b)和7-14c)所示。

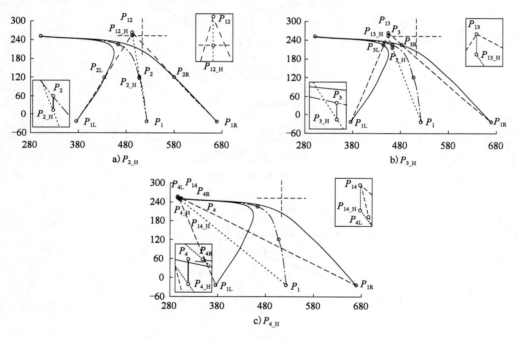

图7-14 透视图中心线水平分量计算方法

3. 透视图中心线视觉形状参数的计算

设$[V_{s\_i(i+1)},V_{k\_i(i+1)}]$和$[P_{s\_i(i+1)},P_{k\_i(i+1)}]$为表达透视图中心线水平分量在"近景""中景"和"远景"三个区域形态的形状参数,可以通过式(7-10)和式(7-11)进行计算。

$$V_{s\_i(i+1)} = S_{i+1} - S_i \qquad V_{k\_i(i+1)} = \left|\frac{V_{f\_(i+1)} - V_{f\_i}}{V_{s\_i(i+1)}}\right| \qquad (7\text{-}10)$$

$$P_{s\_i(i+1)} = S_{i+1} - S_i \qquad P_{k\_i(i+1)} = \left| \frac{P_{f\_(i+1)} - P_{f\_i}}{P_{s\_i(i+1)}} \right| \tag{7-11}$$

平面曲线左右转对驾驶人视觉感知来说是相同的,所以不考虑正负,S_i 为透视图控制点 P_i 对应的视桩号(像素)。

4. 水平视觉感知偏差分量指数的计算

所谓平纵协调,应使得驾驶人在平纵组合情况下通过透视图中心线能够对公路几何信息有正确的感知,不产生比较大的偏差。事实上如果不存在纵断面影响,那么"实际感知"和"水平分量"就应该是一样的,因此这里所说的偏差就是"实际感知"和"水平分量"之间的差别。为此,采用水平视曲率分量指数来表达视觉感知偏差的情况,具体计算方法见式(7-12)。

$$H_{i(i+1)} = \frac{P_{k\_i(i+1)}}{V_{k\_i(i+1)}} \tag{7-12}$$

其中,$i = 1,2,3$,$V_{k\_i(i+1)}$ 和 $P_{k\_i(i+1)}$ 分别为"近景""中景"和"远景"三个区域的视曲率和水平分量;$H_{i(i+1)}$ 表示视觉感知水平偏差的分量指数。

5. 平纵组合系数 $\omega_{i(i+1)}$ 的计算

长期以来,平纵组合的描述一直比较定性,缺乏有效的定量分析方法,一般用"完全错开""部分错开"和"平纵顶点重合"等几种情况来描述。本章通过对透视图特征的深入分析后发现,透视图上"近景""中景"和"远景"三个区域对应实际公路的长度大概占整个驾驶人视距范围的 1/6、1/3 和 1/2 左右。因此,提出一个平纵组合系数 $\omega_{i(i+1)}$ ($i=1,2,3$),其计算方法见式(7-12),实质上是对相应区域内受到竖曲线影响的一种度量方法,ω 在 -1 和 1 之间变化,如果 $\omega = 0$,意味着没有竖曲线存在;$\omega = \pm 1$ 则表示只有竖曲线而没有平曲线存在;如果平竖曲线顶点完全对应在一起,则 $\omega = \pm 0.5$。这里的正负表示对应的竖曲线的凹凸情况,按照惯例,凹曲线为正,凸曲线为负。

$$\omega_{i(i+1)} = \frac{\beta \times C_{i(i+1)}}{\alpha \times |K_{i(i+1)}| + \beta \times |C_{i(i+1)}|} \tag{7-13}$$

式中,$K_{i(i+1)}$ 为公路在相应区域的水平方向角的单位长度变化率,本章称为计算平曲率,根据 $K_{i(i+1)} = \frac{|\sum_{j=1}^{n} K_j \times S_j|}{S_{i(i+1)}}$ 计算;n 为该区域内平曲率变化的个数;K_j 为平曲率值;S_j 为其对应的平曲线长;$S_{i(i+1)}$ 则为公路在该区域内的长度。对于本章研究的透视图来说,曲线左右水平变化产生的效果是一样的,故取绝对值,$C_{i(i+1)}$ 为公路在相应区域的纵断面坡度的单位长度变化率,称为计算竖曲率,根据 $C_{i(i+1)} = \frac{\sum_{j=1}^{n} C_j \times S_j}{S_{i(i+1)}}$ 计算。其中,n 为该区域内竖曲线变化的个数;C_j 为竖曲率值;S_j 为其对应的竖曲线长;$S_{i(i+1)}$ 同样为公路在该区域内

的长度。对于本章来说,凸曲线和凹曲线对透视图的影响是不同的,故要区分正负的情况,当$C_{i(i+1)}$为正时表示有凹曲线存在,为负时表示有凸曲线存在;$\alpha = \dfrac{1}{\max|K_{i(i+1)}|}$,为将$|K_{i(i+1)}|$中的最大值扩展到1的放大倍数;$\beta = \dfrac{1}{\max|C_{i(i+1)}|}$,为将$|C_{i(i+1)}|$中的最大值扩展到1的放大倍数。这种计算方法实质上就是分段计算竖曲线在平纵组合过程中所占的比例。

第四节 基于模拟驾驶的路线几何质量评价

一、概述

传统的面向道路设计的安全评价,由于道路还未建成,没有运营及交通事故数据,评价手段主要是基于规范的设计指标审查和基于评价者主观经验的评价,缺乏定量的考量。

随着虚拟仿真技术的飞速发展,驾驶模拟器已广泛应用于道路交通、航空、铁路、汽车、军事等领域。在道路交通工程领域,相对于传统的实车和现场实验,驾驶模拟器实验具有安全性高、经济效益明显、场景可控、开放性强等显著特征,在道路安全评价、驾驶行为分析、智能网联车安全测试等方面的应用也越来越广泛。基于驾驶模拟的道路线形安全评价实验,结合道路勘测设计课程,可以掌握道路线形安全评价的流程和方法,直观形象地理解道路线形指标及其对交通安全的影响。

采用驾驶模拟进行道路线形安全评价的主要优势包括:一是能够在道路未建成前,将道路场景较为真实地展现,并采集实验数据,为设计阶段定量的安全评价提供直接条件。二是驾驶模拟实验条件可控、安全,能根据道路线形设计参数的变化快速构建仿真场景,并能控制天气、交通流、光线等参数。三是采集数据丰富,涵盖了道路交通条件、车辆运动状态等多方面数据,满足线形设计安全评价的需要。

虚拟现实(Virtual Reality,简称VR),是一种基于可计算信息的沉浸式交互环境。一般是利用人的视觉、听觉和感觉等营造一个与现实情况相当的场景,利用计算机进行呈现。用户在其中可以体验到与实际情形差不多的感受。驾驶模拟器就是一种虚拟技术的体现,可以仿真现实道路和驾驶场景。图7-15是同济大学的交通行为与交通安全虚拟现实实验系统,该驾驶模拟器的主要特征:运动系统为8自由度运动系统;控制软件为法国OKTAL公司开发的商业软件SCANeRTM,该软件已经用于多个驾驶模拟器,如法国雷诺汽车公司。驾驶舱为封闭刚性结构,车辆置于球体中央,投影系统有5个投影仪内置于驾驶舱,场景投影到球形幕上,水平视角为250度,仿真车辆为Renauh MeganeIII,去除发动机,保留轮胎,加载其他设备如方向盘、制动器、换挡的力反馈系统和数据的输入输出设备,后视镜为3块LCD屏幕。

图 7-15　同济大学的交通行为与交通安全虚拟现实驾驶模拟器

二、基于模拟驾驶的实验方法

1. 三维建模技术

由于模拟驾驶器的操作平台及驾驶人触觉感知相对比较稳定,因此,模拟驾驶器的视景系统是道路场景真实性的主要影响因素。因此,基于驾驶模拟器的三维建模技术是决定评价结果有效性的关键。三维场景模型主要包括以下几个方面:

①实验道路:道路线形和道路周边环境是其关键因素,包括直线路段、桥梁、坡道、弯道等;

②交通标线和标志:标志标线的真实感在一定程度上决定了场景的真实性,标志标线的设置应尽量与实际道路相同;

③场景对象:除了道路环境、标志标线以外,还需要有一定的景物,该景物是保证视景连贯和真实的不可或缺的部分,一般包括天空、远景、隔离栏等;

④其他车辆:除了本车以外,在道路中还应有其他车辆,这样才能对实际道路交通环境进行模拟,反映一定的交通流状况。

除了道路三维场景,声响模拟能够增加驾驶人的沉浸感,对驾驶过程中发动机等的声音进行仿真模拟,以实现逼真的效果,也更能真实地反映驾驶人在该情况下的实际操作。

(1) 地形生成

视景仿真中最重要的两个部分为地形仿真和道路仿真。道路仿真通过线形设计数据的计算实现。三维地形仿真却面临着海量的地形数据和地面其他特征数据,如何经过提取和处理,利用这些地理空间信息建立一个逼真、实时、可交互的地形环境是一项复杂的工作,加之视景仿真中受试者对道路周边地形比较敏感,因此地形仿真的逼真度直接影响了道路视景仿真的效果。

(2)道路生成

根据道路设计资料,利用道路设计软件,将道路二维线形设计生成为三维道路线形可视化模型。建立道路模型,包括道路平面、纵断面、横断面设计,道路交通设施的添加,并自动生成路基、桥隧模型、道路填挖方及边坡模型等。

(3)道路逻辑层匹配

道路逻辑层的开发是整个道路虚拟现实工作的重点,也是建模工作的难点之一。由于道路模型要应用于道路设计在复杂驾驶条件下的驾驶安全、舒适性评价研究,对模型的精确性有很高的要求。因此在逻辑层开发时,需要精确地还原设计图中道路的平、纵断面设计以及道路超高的设计。另外,由于运行道路模型的 8 自由度驾驶模拟器能够真实地模拟出坡路、倾斜路面、颠簸路面,以及车辆加减速、转向、侧滑时的运动临场感,因此对路面的平滑工作提出了极高的要求。

(4)道路场景的渲染及优化

利用三维动画渲染和制作软件 3DMAX 及 Google Sketch-up 建立模型并进行优化处理,包括立交、匝道模型的建立,路段连接处的细化衔接,道路及地形材质贴图,模型的优化处理及三维模型的渲染等。模型数据库的优化工作是为了让道路模型更顺畅地在驾驶模拟器引擎中运行,并且提供一个接近真实世界的虚拟环境。

模型数据库的优化工作主要包括以下几点:

①模型轻量优化

为了让模型的运行性能更好,要在对视觉感受影响不大的前提下尽量地减少模型面片数。

②道路模型区域分块

由于模型区域过大,不能让模拟器引擎一次性装载,因此根据模拟器引擎的处理能力以及可视范围,要将道路模型划分成小的区域,并且采用层级管理的模式,让模拟器能够识别区域划分并且在运行过程中按照驾驶人的可视范围分批导入。在区域划分时要根据驾驶模拟器的性能、可视范围计算区域内允许的模型面片数,再计算建模的模型面片数分布,从而划分出合理的区域。

③标线单独建模

为了使道路上的标线能够清晰地显示,必须将道路标线单独建模,与道路分两层铺设,同时要优化标线的纹理。

④标牌清晰度优化

由于驾驶模拟器引擎支持的贴图大小有限,加上驾驶模拟器内部采用投影显示,普通建模的标牌在稍远的地方看会模糊,因此标志牌需要单独进行多层次细节处理。

⑤周边环境闪烁问题优化

建模时如果两个面相对距离较近,模型在运行时就会出现闪烁现象,因此要在满足建模要求的同时尽量消除相对距离过近的面。

⑥光源优化

由于驾驶模拟器光源的限制,部分标志牌会显得比较昏暗,无法提供正常的指示功能,这就需要在驾驶前进行光源测试,找到一个正确的时间点。

(5) 道路场景的仿真效果

结合道路标志标牌等附属设施的仿真,得到最终的道路场景仿真效果。道路设施主要包括护栏、轮廓标、车道线、减速标志、指路牌、中央分隔带、紧急停车带等。道路设施建模中上述设施的设置主要参考设计图纸中的交通设施平面布置图及标志标线的相关设计规范。为了保证每一模型在输出时的光照不受其他因素的影响,道路设施都是单独建模并优化,在后期融入一个模型中。

(6) 交通流及情景的生成

将模型导入驾驶模拟平台控制软件 Scaner-studio,并在软件中进行虚拟场景的建立,包括道路逻辑层建立、仿真场景设计、仿真车辆添加、交通流信息设置、相关数据信息导出等。

2. 驾驶模拟实验设计

(1) 实验人员

选取被试驾驶人,要求被试者持有驾照并具有一定驾驶经验,身体健康,在实验最近一周没有过度的体力劳动或超负荷量的工作,此外还需有专业的驾驶技能、丰富的驾驶经验以及优良的驾驶职业素养。选择对象可在营运小汽车驾驶司机、私家车司机、大客车驾驶司机等不同职业领域选取,被试者应包含不同年龄段、性别、驾龄等,以保证实验的完整。

(2) 实验流程

正式开始实验前,向被试者简单说明实验的目的及实验方法,并介绍驾驶模拟器的使用,选取一段普通道路场景,要求被试者在该场景试驾。熟悉驾驶模拟器的使用以后,正式开始实验。

根据实验需要,为被试者佩戴生理测试仪、心率仪、眼动仪等。在实验过程中,实验人员通过监控界面实时监控被试者的驾驶状态,包括车速、制动、油门、离合以及转向等,并保存数据到实验数据库中。

实验过程中或者结束后,对驾驶人进行主观问卷调查,一方面,包括驾驶人的基本信息;另一方面,包括驾驶人对实验过程的主观安全性、舒适性感知。

三、驾驶人主观评价方法

道路安全的评价方法很多,但多是基于事故对安全进行研究。基于模拟驾驶的道路安全评价研究,旨在通过驾驶人的经验让其通过在虚拟道路上驾驶,对道路进行安全评价。

主观评价是通过对驾驶人主观反馈结果的汇总分析,获取行驶过程中驾驶人对交通设施的感知和心理状态,评价道路设计的安全性。具体内容包括设置实验前问卷、针对不同的路段情况(如急弯、陡坡、组合线形路段)的实验后问卷等。

在驾驶人进行模拟驾驶前,设计好安全评价表,内容包括驾驶人的姓名、年龄、驾龄、性别、专业驾驶的道路等信息。基于驾驶模拟器,道路安全等级评价的方法可以分为两步:

(1)将道路的安全评价分为四个等级,"很好""一般""较差""很差",直接让受试者指出每个地段的安全评价等级;

(2)确定权重,将"很好""一般""较差""很差"四个等级通过数字"1""2""3""4"来表示,以方便定性地分析道路安全评价等级。"很好""一般""较差""很差"在安全评价分析时相应地表示为"很安全""安全""不安全""很不安全"。最终可以得到每个路段每个驾驶人的确切评价结果,将驾驶人分为熟练驾驶人(包括专家)和新手驾驶人分别进行分析评价。

驾驶人主观评价选择驾驶难易程度、路段环境舒适性、视线情况、标志标线引导效果以及限速合理性等作为评价指标,重在通过驾驶人的驾驶感受进行评估与实验分析。

主观评价是根据受试者在实验过程中的自身体验,通过自我报告或问卷的形式对负荷或驾驶难度进行打分、排序或进行类似的量化评估。主观评价的主要优点是简单易行,并且已经被证实的主观评价有良好的效度、敏感度以及抗干扰性;但是也存在一定的不足,驾驶人在打分过程中,由于主观感受不同,或对目标认定不统一,往往使打分结果有较大差异。

通过对现有国家设计规范、标准和有关文献进行研究和分析,并征求有关道路设计专家的意见,建立较为全面的评价指标体系,综合考虑宜人性、一致性、舒适性,具体评价内容见表7-12。

主 观 评 价 内 容　　　　　　表7-12

评价内容	指　　标
宜人性	紧张感、视距
一致性	线形突变
舒适性	轴向、横向、纵向感知

注:评分标准:优——4;良——3;中——2;差——1。

设计问卷询问被试者的主观安全性感受,在每名驾驶人每组实验结束后回答问卷。第一次实验前告知被试者道路等级及设计速度,实验过程要求驾驶人按照正常驾驶习惯行驶一次,驾驶结束后回答问卷。

四、模拟驾驶实验评价及指标

在道路设计与运营的经验教训基础上,从道路设计要素出发以车辆在道路上运行特性为媒介,对道路的安全特性做出客观的、量化的评价,及时勘定道路规划、设计中的不安全因素并进行更正,寻求建立一种更加安全的设计标准或设计方案,从而使得设计出的道路趋于安全,即为道路安全设计。道路安全设计着眼于对规划或设计中的道路进行事前安全评价。经过安全设计的道路,其任何路段不应出现驾驶人-车辆-道路三者之间相互影响趋于危险的状态。

设计的一致性,从狭义上讲主要是指道路线形设计与驾驶人的期望驾驶速度相适应的特性。从广义上讲,是道路各设计要素的改变应该与驾驶行为相匹配。当实际出现的道路特征与驾驶者期望特征有偏差时,驾驶人就可能会犯错误。评价道路设计一致性是指度量整条道路或路段几何线形设计的整体协调性。道路设计一致性评价是道路安全设计所包含的一个重要组成部分,其评价结果是确定道路线形设计安全与否的重要指标。

这里采用间接相关分析法,以车速、加速度和三维视距作为中介指标,把路线几何设计对道路安全的综合影响转化为车辆在路段上行驶过程中运行状态的变化,并以路段中车辆运行状态特征指标的连续变化值来评价道路线形设计的优劣。

1. 速度一致性评价

传统的运行车速采集方法选取路段上固定断面点进行观测,驾驶模拟器仿真实验通过模拟器采集完整车速曲线,在《公路项目安全性评价规范》(JTG B05)的基础上,针对不同等级的道路使用连续车速建模策略,取代断面车速建模方法,修正运行车速预测模型,明确车速差参数的计算方法。

在初步分析运行车速数据的基础上,借鉴国外较为先进的研究成果,根据道路上车速变化对安全性的影响,提出以下新的运行车速特征指标用于线形设计一致性分析。下面对各个特征指标的定义及计算方法进行说明。

(1)车速标准差 σ

车速标准差为路段车速标准差,其计算方法为首先计算单个断面运行车速,然后根据所划分路段上的断面个数确定样本量——断面运行车速的个数,通过式(7-14)计算得到基于以上各断面代表车速的车速标准差 σ,用来描述各断面之间车速离散性。

$$\sigma = \sqrt{\frac{\sum(V_i - \overline{V})^2}{n-1}} \tag{7-14}$$

式中:$\overline{V}$——路段各断面运行车速平均值;

V_i——断面 i 运行车速;

n——断面个数。

(2)车速变异系数 C_v

按线形变化来划分的路段数量有限,为了克服任一断面的车速变化都对车速标准差 σ 的波动性影响较大的缺陷,引入路段车速变异系数 C_v,能有效克服样本波动对分析的影响,车速变异系数按照式(7-15)计算。

$$C_v = \frac{\sigma}{\mu} \tag{7-15}$$

式中:σ——车速标准差;

μ——平均车速。

(3) 断面车速差及车速降低系数

相邻路段车速差值是保证线形设计质量的关键参数，即保证同一设计区段内，驾驶人能够采用连贯的驾驶方式行车，避免或最大程度地减少操作错误，提高安全性。断面车速差 ΔV 描述的是不同路段车速的变化情况，驶入曲线时为曲线中点与直缓点的车速差，驶出曲线时为缓直点与曲中点车速差，计算方法见式(7-16)和式(7-17)。

进入曲线：
$$\Delta V = V_3 - V_2 \tag{7-16}$$

驶出曲线：
$$\Delta V = V_4 - V_3 \tag{7-17}$$

式中：V_2——直线终点运行车速；
V_3——曲线中点运行车速；
V_4——曲线终点运行车速。

由于车辆从 60km/h 减速到 30km/h 和从 120km/h 减速到 90km/h 的速度变化率是不一样的，前者发生事故的概率远大于后者。因此引入车速降低系数，即断面车速比 SRC，也是描述不同路段车速的变化程度的指标，计算方法见式(7-18)和式(7-19)。

进入曲线：
$$\text{SRC} = \frac{V_3}{V_2} \tag{7-18}$$

驶出曲线：
$$\text{SRC} = \frac{V_4}{V_3} \tag{7-19}$$

式中字母含义同式(7-16)和式(7-17)。

(4) 路段车速离散度 S

路段车速离散度 S 是表征路段内车速相对于整条道路的离散程度，定义为路段 L 内运行车速与平均车速所围成的单位面积，计算方法见式(7-20)。

$$S = \frac{\sum_{j=1}^{n} \int_{t_i}^{t_{i+1}} \Delta V_i \, dt}{L} \tag{7-20}$$

式中：ΔV_i——第 i 个路段的运行车速与整条道路的平均车速之差；
t_i——第 i 个路段对应的起点桩号；
L——道路长度，m；
n——整条道路内路段的个数。

路段车速离散度 S 描述了路段范围内车速相对于整条道路平均车速的离散程度，平均车速具有一定的稳定性，代表了一条道路整体车速水平。另外，考虑到速度梯度的正与负将相互抵消，从而无法反映路段车速的离散性，因此路段车速离散度 S 的计算不考虑 ΔV 的正负，只考虑 ΔV 的大小，是一个恒正的量。

(5)运行车速与设计车速差 U

运行车速与设计车速差 U 描述了断面运行车速超出设计车速的程度,计算方法见式(7-21)。

$$U = V_{85} - V_{设计} \tag{7-21}$$

式中:V_{85}——断面运行车速,km/h;

$V_{设计}$——路段设计速度,km/h;

U——运行车速与设计车速差。

2. 加(减)速度评价

加速度即车速的变化率,可以用来评价线形连续性。目前,关于加速度的研究主要是基于路段特殊点进行计算。利用高仿真驾驶模拟器可以获取整条道路的车辆纵向加速度数据,针对不同等级的道路和不同的道路类型,明确加(减)速阈值,通过加(减)速事件的空间分布特征,对道路设计的一致性进行评价。

(1)侧向加速度

侧向加速度是保证行车安全的重要指标,而道路平面线形的变化会引起侧向加速度的变化。车辆在曲线路段,会受到离心力作用,产生侧向加速度,若加速度过大或变化过快,驾驶人和乘客将产生不舒适的感觉。

(2)纵向加速度

当车辆由直线或曲线进入曲线时,驾驶人出于安全的考虑会自然而然地有一个加速行为或制动动作,这样就产生了一个纵向的加速度,而这个纵向加速度可能会给驾乘人员带来不舒适的感觉,甚至影响行车安全。

加速度指标的评价标准,见表7-13。

纵向加速度评价标准　　　　表7-13

加速度(m/s^2)	减速度(m/s^2)	评 价 等 级
$a \leq 0.9$	$a \leq 1.3$	好的设计
$0.9 < a < 1.2$	$1.3 < a < 2.5$	中等设计
$a \geq 1.2$	$a \geq 2.5$	不良的设计

3. 三维视距评价

公路的不同平纵组合、车辆的转向、驾驶人所处的不同车道位置均会对三维视距产生不同的影响。因此,需要针对不同的情况,对实验车型、实验参数设置、人的视点位置、检测视距物体的大小、位置布置等做出规定,进行视距校核。

空间视距是指在三维交通环境中,按照视点高度和物点高度的要求,驾驶人在视点最不利车道上(可能由于弯道、竖曲线、路侧设施、障碍物的影响)实际所能看到行车道上物体的最远距离,也可以理解为考虑道路附属构造物影响条件下的驾驶人视线与车行道上物点之间没有遮挡的最大通视距离。利用计算机技术和道路的三维虚拟仿真技术,真实再现汽车在道路上行驶的实际场景。利用空间视距的三维计算方法,可以沿道路行驶轨迹线实时测算其实际的空间视距。

4. 车道偏移评价

横向偏移是驾驶轨迹的体现,是车辆偏移行车道中心线的距离。车道偏移评价,即通过驾驶模拟器获取驾驶人在虚拟道路上的精确驾驶轨迹,将行车路线和道路中线进行吻合程度比较,提取车道偏移事件,针对不同的道路类型,建立道路设计参数与车道偏移事件的统计模型和路径分析模型,对道路设计的一致性进行评价。

现有研究中,多数采用车辆与车道中心线(基准轨迹)的偏移水平作为评价行车轨迹稳定性的特征指标。由于车道宽度的选择并不唯一,若都按统一的偏移车道中心线距离来评价行车轨迹的稳定性会与实际情况有较大的偏差。车辆在行驶过程中,尤其是在弯道路段行驶时,通常是根据车道标线进行视线诱导,进而进行行车轨迹的选择和调整的。根据车辆轨迹偏移对行车安全性的影响,采用车辆与车道标线的相对位置关系来表征行车轨迹的偏移情况,从而提出基于车辆最大横向偏移特征指标的快速路线形安全性评价方法。

行车过程中,驾驶人会按照主观认为安全的预期轨迹行驶。当驾驶人预期行驶轨迹与道路线形一致时,行车风险较小。当道路几何线形与驾驶人的期望不一致时,驾驶人仍然会按所期望的行车轨迹线行驶,易偏离道路中心,操作失误增多,行车风险不断增大。模拟驾驶实验拟采用行车轨迹侧向偏移量评价行车轨迹与车道中心线的一致性。行车轨迹侧向偏移量定义为:某一时刻车辆的实际行驶轨迹与预期行驶轨迹(设计行车轨迹)的横向偏差。特征指标包括路段最大偏移量 D_{85}、横向偏移变化系数 C_1、有效偏移量 I、车道占用率 O_r 等。

(1)路段最大偏移量 D_{85}

分析行车轨迹特征时,路段最大偏移量用来描述车辆偏离道路中心线的程度。计算方法为:根据所划分的路段,统计所有车辆在各路段上的最大偏移量,取第 85 分位偏移量为路段最大偏移量 D_{85}。

(2)有效偏移量 I

车道宽度不同,提供的横向空间也不同。相同的横向偏移量,在不同的车道宽度上的行车风险也不同。如车辆的横向偏移量为 80cm,在 3m 宽度车道上行驶的安全性远低于 3.5m 的车道。有效偏移量 I 是车身外侧与车道标线之间的横向距离,可以用来描述车辆在横向上与车道的相对位置关系,其计算方法见式(7-22)。

$$I = 0.5W_1 - D_{85} - 0.5W_v \tag{7-22}$$

式中:W_1——路段车道宽度,cm;

D_{85}——路段最大横向偏移量,cm;

W_v——车辆宽度,cm。

可以看出当车辆保持在车道内行驶时,I 值为正;当车辆跨道或换道行驶时,I 值为负。

(3) 车道占用率 O_r

车道占用率 O_r 指车辆在横向上占用车道的比例,其计算见式(7-23)。

$$O_r = \frac{D_{85}}{0.5 \times (W_1 - W_v)} \tag{7-23}$$

可以看出当车辆保持在车道内行驶时,O_r 小于 1;当车辆跨道或换道行驶时,O_r 大于 1。

(4) 横向偏移变化系数 C_1

横向偏移变化系数 C_1 是描述相邻路段行车轨迹变化的指标,是曲线路段和相邻直线路段最大横向偏移量的比值,计算见式(7-24)。通常在曲线路段处,驾驶人需要根据道路走势不断调整行车方向,操作难度会增加,横向偏移变化系数能反映出相邻路段驾驶人操作难度的变化程度。

$$C_1 = \frac{D_{85曲线}}{D_{85直线}} \tag{7-24}$$

可以看出在以上评价指标中,有效偏移量 I、车道占用率 O_r、横向偏移变化系数 C_1 不仅考虑了车辆的横向最大偏移量,同时也考虑了其与车道的相对位置关系,更能反映线形设计的一致性。

5. 横向加速度评价

横向加速度是保证行车安全的重要指标,而道路平面线形的变化会引起侧向加速度的变化。车辆在曲线路段,会受到离心力作用,产生横向加速度,若加速度过大或变化过快,驾驶人和乘客产生不舒适感觉。横向加速度评价,即针对不同的路面类型,修正道路所能提供的横向摩擦力和车辆需要的横向摩擦力计算公式,明确横向加速度的安全阈值,对道路的车辆运行横向稳定性开展评估。

习题与思考题

7-1 请概述道路线形质量和平纵组合设计的基本要求。

7-2 请论述道路路线平纵组合设计要点。

7-3 简述通过运行车速评价道路路线连续性的主要流程,分析可能存在的不足。

7-4 应用透视图形态特征进行道路路线质量分析评价。

7-5 试分析基于视觉感知偏差评价路线平纵组合协调性的原理。

7-6 请概述基于模拟驾驶实验进行路线几何线形质量评价的主要流程和相关评价指标。

第八章

道路方案与总体设计

本章主要介绍了道路布局与方案比选的原则与方法,道路总体设计标准与指标。通过本章学习,学生将掌握道路的选线、基于交点法和曲线法的定线方法;理解总体设计的理念及道路布局与方案设计的主要内容;了解总体设计涉及的因素以及确定技术标准的依据等内容,最后综合协调安全与环境对道路进行总体设计。

第一节 总体设计概述

一、总体设计概念及原则

道路工程为带状构造物,受到沿线诸多社会和自然因素的影响,是涉及多专业、多学科和多部门的系统工程。一般而言,完整的公路工程包括主体工程和交通安全、运营管理、养护、服务设施等附属工程。主体工程包括几何线形、路基路面、防护排水、桥梁涵洞、隧道、路线交叉、绿化(景观)、环保及其他工程等内容。附属工程包括交通安全、收费、监控、通信、照明、供配电、消防、紧急救援等工程。对于城市道路而言,还包括给排水、电力、热力、燃气等各种公共管线以及公共交通等设施。因此,必须运用系统工程的思想,加强总体设计,确保项目内部诸多分项工程之间标准一致、功能完整、相互协调、布局合理,外部与各方面协调一致。

总体设计是在综合考虑建设规模、设计标准的前提下,对全线总体布局及各专业设计配套协调方面做出的综合设计。总体设计的目的是使设计成为配套的整体,防止出现设计不协调、布局不合理、考虑不周全等弊端,以保证公路总体布局和设计的经济合理,提高工程项目设计质量(设计多目标的实现)和设计水平。各级公路均应根据国家和地区路网结构与规划、地区特点、交通特性和建设目标等因素进行总体分析。

总体设计是道路工程勘察设计的首要工作是统一协调路线与各相关专业及项目内外部的衔接关系,统领整个公路项目设计,并最终实现路线与相关专业成为完整的系统工程,实现安全、环保、可持续发展的总体目标。总体设计成果是勘察设计工作的总纲,它不仅对勘察设计工作质量和水平具有重要影响,而且对工程建设和运营管理的质量和效益均有重大影响。公路特别是高速公路和一级公路的工程规模和投资巨大,技术复杂,涉及面广,设施完善,路线设计限制因素多,选线工作应树立系统工程的思想和正确的理念,在技术上应进行总体设计。

总体设计必须坚持以人为本,树立全面、协调、可持续的科学发展观,做到"六个坚持,六个树立",即:

①坚持以人为本,树立安全至上的理念;
②坚持人与自然和谐,树立尊重自然、保护环境的理念;
③坚持可持续发展,树立节约资源的理念;
④坚持质量第一,树立让公众满意的理念;
⑤坚持合理选用技术指标,树立设计创作的理念;
⑥坚持系统论思想,树立全寿命周期成本的理念。

总体设计应首先处理好道路工程与外部环境的关系,在此前提下协调好道路工程内部各专业之间的关系,合理确定项目的主要技术标准、建设规模和设计方案,使之成为功能完整协调、运营安全可靠的系统工程,提高道路的服务质量和水平,服务社会经济发展,充分发挥投资效益。总体设计工作应贯穿于道路勘察设计的各个阶段,根据各阶段的工作重点,以"从宏观到微观、从整体到局部"的工作方式,循序渐进地做好总体设计的各项工作。

总体设计应综合考虑路线走廊带范围的远期社会、经济发展,城市、工矿企业的现状与规划,铁路、水路、航空、管道的布局等,注意地区特性与差异。总体设计还需考虑工程建设对环境的影响,充分考虑与区域内综合运输系统的协调,注重公众参与,充分考虑公众意见和建议。

二、总体设计步骤及优化

道路总体设计贯穿于道路工程前期工作(项目建议书、项目工程可行性研究和项目初步设计)的全过程,一般分为三个阶段。

第一阶段,对一个道路工程对象,应该从项目属性、项目服务对象的特点及特殊需求等方面进行全面的认知和解读。解读道路的功能属性,确定项目在路网中的地位,不同的道路工程项目有不同的功能和服务需求,总体设计的要求也有所不同。解读道路的交通特性,包括道路工程项目的预测交通量,设计车型,上下行两个方向货车载货、载重情况,季节性流量变化规律等。交通特性关联着道路主要指标选用、路面选型和设计、桥梁荷载、隧道通风方案、收费方案规划、服务区场地及设施布置规划等。此外,还需掌握特殊用户需求,包括飞机备降跑道设置,超长、超高、超重运输,特种车辆通行和应急交通通行方案等的需求。

第二阶段,分析道路工程项目所处的环境因素,包括自然环境条件和人文环境条件。设计者需要运用综合勘探手段和逐阶段的深入调查,全面分析掌握自然和人文环境因素,为下一阶段的方案规划、建设规模和主要指标配置提供翔实可靠的资料依托。通过以上阶段的调查、解读、分析,明确项目的功能性质、设计理念,设计要达到的目标以及设计将面临的自然和人文因素的挑战。

第三阶段,总体设计的展开,包括道路路线走廊方案规划和筛选、合理选用主要技术指标、方案组合和总体规模控制、沿线服务管理设施布局和规划四个方面。

道路总体设计的优化新理念要考虑"安全、环保、可持续发展"目标,要求主体工程与附属工程、各专业之间良好衔接与协调配合,最终建设的道路既能达到满足自身功能和安全要求,又能与自然相融合,并考虑到投资的合理性、运营的安全性和经济性。保障道路设施的自身安全和运营安全,推行道路设计安全性评价,为道路使用者提供安全保障和人性化服务,提高道路交通的安全水平和服务水准,符合安全与环境协调的道路总体设计要求。

第二节 道路布局与方案比选

道路布局的路线方案是路线设计中最根本的问题。选线方案是否合理,不但直接关系到道路本身的工程投资和运输效率,更重要的是影响到路线在路网中是否起到应有作用,即是否满足国家的政治、经济、国防的要求和长远利益。

公路网规划有关部门根据经济建设需要,指定一条路线的起终点及中间必须经过的重要城镇或地点,这些指定的点称为控制点。把控制点连接成线,就是路线总方向或称大走向。然而,两个控制点之间连线有许多不同的走法,有的可能沿河、越岭;有的可能走河岸,靠近城镇;还有的可能走对岸,避开城镇等。因此,每一种可能的走法就是一个不同的路线方案。

作为选线工作的第一步,就是要在各种可能的方案中,深入调查,综合考虑影响路线方案选择的主要因素,通过方案的比选提出合理的路线方案。方案比较是选线中确定路线总体布局的有效方法,在可能的多种布局方案中,通过方案比较,选择技术合理、费用节省、切实可行的最优方案。

按照方案比较的深度不同,划分为原则性方案比较和详细方案比较两种,下面将分别展开介绍。

一、原则性的方案比较

方案比较可分为质和量的比较,原则性的方案比较主要是质的比较,多采用综合评价的方法,不是通过详细的经济和技术指标计算进行比较,而是综合各方面因素进行评比,其考虑的主要综合因素有。

(1)路线在政治、经济、国防上的意义。国家或地方建设对路线使用任务、性质的要求,以及战备、支农、综合利用等重要方针的贯彻和体现程度。

(2)路线在铁路、公路、航道等网系中的作用,与沿线工矿、城镇等规划的关系以及与沿线农田水利建设的配合及用地情况。

(3)沿线地形、地质、水文、气象、自然灾害等自然条件对道路的影响;要求的路线等级与实际可能达到的技术标准及其对路线使用任务、性质的影响;路线长度、筑路材料来源、施工条件以及工程量、三材(钢材、木材、水泥)用量、造价、工期、劳动力等情况及其对运营、施工、养护的影响,以及施工期限长短等。

(4)工程费用和技术标准情况。

(5)其他。如与沿线历史文物、革命史迹、旅游风景区的联系。

影响路线方案选择的因素是多方面的,而各种因素又是互相联系和互相影响的,比选时应在满足使用任务和性质要求的前提下,综合考虑自然条件、技术标准和技术指标、工程投资、施工期限和施工设备等因素,精心选择,反复比较,才能提出合理的推荐方案。

二、详细的方案比较

详细的方案比较是在原则性方案比较之后进行的量的比较,它包括技术和经济指标的详细计算,一般多用于作局部方案的分析比较。

1. 技术指标

①路线长度及其延长系数。

$$路线延长系数 = \frac{路线方案实际长度}{路线方案起终点间的直线距离} \tag{8-1}$$

初步比选时,可简化计算路线方案各大控制点间直线距离之和即可,可不计算路线方案实际长度。计算的系数叫路线延长系数,其值一般为 1.05~1.2,具体视地形条件而异。

②转角数。

包括全线的转角数和每公里的转角数。

③转角平均度数。

转角是体现路线顺直度的一种技术指标。转角平均数按下式计算:

$$\alpha = \frac{\sum_{i=1}^{n} \alpha_i}{n} \tag{8-2}$$

式中：α——转角平均度数，°；
　　　α_i——任一转角的度数，°。

④最小曲线半径数。

⑤回头曲线数。

⑥与既有道路及铁路的交叉数目（包括平面交叉和立体交叉）。

⑦限制车速的路段长度（指居住区、小半径转弯处、交叉点、陡坡路段等）。

2．交通和经济指标

①土石方工程数量。

②桥涵工程数量（分大桥、中桥、小桥涵的座数、类型及长度）。

③隧道工程数量。

④挡土墙工程数量。

⑤征地数量及费用。

⑥拆迁建筑物及管线设施的数量。

⑦主要材料数量。

⑧主要机械、劳动力数量。

⑨工程总造价。

⑩投资成本效益比、投资利润率、投资内部收益率、投资回收期。

三、路线方案选择的方法和步骤

最终的路线方案是通过许多方案的比较筛选而确定的。指定的两个控制点之间的自然情况越复杂、距离越长，可能的比较方案就越多，因此需要淘汰的方案也就越多。考虑工作量以及自然环境的限制，不可能每条路线都进行实地勘察，因此要尽可能搜集已有资料，先在室内进行研究筛选，对有比较价值的有限方案进行勘察。

勘察包括视察和踏勘两种。视察是在工程可行性研究阶段，对室内初步研究提出的各种路线方案进行的野外调查、落实工作。踏勘是对可能方案进行野外查勘和技术经济调查，并估算投资的工作。视察工作以野外调查为主，踏勘工作以野外查勘为主。

路线方案选择的主要目标是确定大的控制点、解决基本走向，选定走廊带。路线方案选择要根据地形情况的不同采用不同的方案选择标准。路线方案选择包括收集资料，初步研究各种可能的路线走向，实地调查和编写工程可行性研究报告等，具体做法如下。

1．收集资料

为了做好选线工作，必须尽可能收集现有资料，以减少勘察的工作量。需收集的资料主要包括：①各种比例尺的地形图、卫星相片、航摄像片和以往的勘测设计资料；②交通量及交通组成等交通调查资料；③相交道路的主要技术标准，平面与纵断面图，交通量以及设计、施工和运营资料；④路线行经地区的地质、水文、气候等自然条件资料；⑤路线行经地区的城镇、工矿、铁路、航空、水利建设和规划资料；⑥与路线方案有关的统计资料。

2. 研究路线走向

根据确定的路线总方向和道路等级,先在小比例尺(1:50 000 或 1:100 000)地形图上,结合收集的资料,初步研究各种可能的路线走向。重点应在地形、地质、地物复杂,外界干扰多和牵涉面大的段落,比如可能沿哪些溪沟,越哪些垭口,路线经城镇或工矿区时是穿过、靠近,还是避开而以支线连接等。

3. 实地勘察

无论是室内初步研究提出的方案,还是野外勘察中发现的新方案,都必须坚持跑到、看到、调查到,不遗漏任何一个可能的方案。

实地勘察要求满足以下几点:

(1)初步落实各控制点的具体位置。路网规划所指定的控制点,如确实因干扰或技术上有很大困难或发现不合理必须变动,应及时反映,并经过分析论证提出变动的理由,报有关部门审定。

(2)对路线、大桥、隧道均应提出推荐方案。对于确因限于调查条件不能确定取舍的比较方案,应提出进一步勘察比较的范围和方法。

(3)分段采用技术标准和主要技术指标的意见。

(4)在深入调查的基础上,通过比较,选定路线必经的控制点,如越岭的垭口、跨较大河流的桥位、与铁路或其他公路交叉地点,以及应绕避的城镇及大型的不良地质地段等。对于地形、地质、地物情况复杂的地区,应提出路线具体布局的意见。

(5)分段估算各种工程量。如路基土石方数量,路面工程量,桥梁、涵洞、隧道、挡土墙等的长度、类型、样式和工程数量等。

(6)筑路材料调查。调查当地出产材料如砂石材料、石灰等和外购材料如钢筋、水泥、木材等的规格、价格、运距、运输方式、供应数量等情况。

(7)其他。如沿线民族习惯、居住、生活供应、水源、运输条件、气候特征,沿线林木覆盖、地形等情况。

4. 编写可行性研究报告

分项整理汇总调查成果,编写工程可行性研究报告,为上级编制或补充修改设计任务书提供依据。

通过对比、分析的方式来选择公路线路设计方案,是十分必要的,能够确保获得最佳方案,提高公路线路设计方案质量。所谓的方案比选,既包括整体线路设计方案的比选,也包括线路某一区段以及个别关键点的方案选择。常见的设计方案比选方法包括以下几种:

①模拟计算法

通过对数据的模拟计算、统计与分析等来综合权衡公路线路设计方案的技术指标、经济指标,通过数据的模拟计算分析能及时发现设计方案中的问题和不足,从而比选得出最佳方案。

②多指标综合对比法

对于立交式公路线路,则需要从立交位置、线路形式、交叉形式等关键点入手,立足于整体,综合全面地进行比选、分析,最终形成一套经济合理的线路设计方案。这其中就涉及多项经济技术指标、多个建设规模的比选,最终是要打造出一个安全、通达、便捷的公路交通线路。所谓多指标还包括公路中不同经济指标、断面以及截面形式等的组合搭配得以最终形成规范、安全、合理的公路线路分布。多项指标综合对比最终是要达到各项指标间的平衡稳定、协调互补。

③应用价值工程法

对几种公路线路设计方案价值的统计、计算、对比、分析等,来深入剖析几种设计方案的价值大小,结合方案价值来融入技术分析,以及对应的成本大小、造价高低等,最终选出一套具备较高应用价值且经济合理的路线设计方案。实际的方案比选过程中,设计人员需要按照特定的标准、规范等来评估所选线路设计方案,得出各类方案的价值大小、成本系数等,通过评估综合价值来选出最佳方案。

④优势、劣势对比法

分析各种方案的优势方面、劣势方面等,通过优势与劣势所占比重大小的比较分析,最终比选出最合理的方案,优势占主导地位的方案通常为最佳设计方案。

实际的公路线路设计中,一般通过多种比选方法综合比选多方面因素从而形成最合适的线路设计方案。

四、路线方案选择示例

【例8-1】 图8-1为某干线公路,根据公路网规划要求按二、三级路标准进行勘察,共选定了4个方案,各方案的主要技术经济指标汇总于表8-1。

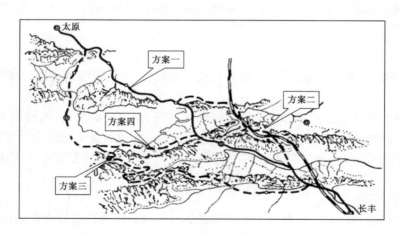

图8-1 路线方案比选一

某公路各方案主要指标比较表　　　　　　表 8-1

指标		单位	第一方案	第二方案	第三方案	第四方案
通过县(市)		个	29	29	32	31
路线长度		km	1 360	1 347	1 510	1 476
其中:新建		km	133	200	187	193
改建		km	1 227	1 147	1 323	1 283
地形	平原、微丘	km	567	677	512	615
	山岭、重丘	km	793	670	998	861
用地		公顷	1 525	1 913	2 092	1 928
工程数量	土方	×10^{4}m^3	382	492	528	547
	石方	×10^{4}m^3	123	75	82	121
	次高级路面	km^2	5 303	5 582	4 440	5 645
	大、中桥	m/座	1 542/16	1 802/20	1 057/13	1 207/15
	小桥	m/座	1 084/57	846/54	980/52	1 566/82
	涵洞	道	977	959	1 091	1 278
	挡墙	m^3	73 530	53 330	99 770	111 960
	隧道	m/处	300/1	—	290/1	—
材料	钢材	t	1 539	1 963	1 341	1 469
	木材	m^3	18 237	19 052	18 226	19 710
	水泥	t	30 609	39 159	31 288	33 638
劳动力		万工日	1 617	1 773	1 750	1 920
总造价		万元	5 401	5 674	5 189	5 966
比较结果			推荐			

比选结果:第三、四方案路线过于偏离总方向,较第一、二方案长 100~150km,虽能多联系两三个县、市,但对发展地区经济所起的作用不大。且第三方案线形指标较低,未来改建难以提高等级;第四方案又与现有高压电线连续干扰,不易解决,因此第三、四方案不宜采用。第二方案虽路线最短,但与铁路严重干扰。最后推荐路线较短、线形标准较高、用地最省、造价也较低的第一方案。

【例 8-2】　某公路有南线、北线两个方案,如图 8-2 所示。经勘察,两方案的主要技术经济指标汇总见表 8-2。

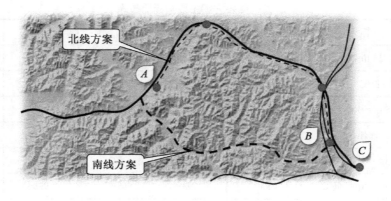

图 8-2　路线方案比选二

某公路南、北线方案主要指标比较表　　　　　表 8-2

指　　标		单　位	南线方案	北线方案
路线长度		km	118	141
其中：新建		km	112	—
改建		km	6	141
工程数量	土方	×10⁴ m³	83	103
	石方	×10⁴ m³	15	10
	路面	km²	708	594
	桥梁	m/座	110/8	84/5
	涵洞	道	236	292
	防护	m³	6 300	1 300
比较结果				推荐方案

单从表 8-2 所列主要技术经济指标看,两方案难于分出优劣。如路线仅连接 A、C 两地,则南线要比北线近 23km。

经实地勘察,两方案都有积雪问题。南线垭口海拔为 3 000m,北线垭口海拔为 3300m。南线积雪虽较北线薄,且距离短,但越岭地形较陡,需要展线 6.5km,其积雪难以处理。同时南线越岭段东侧有一段线形指标低,工程集中,且有岩堆、崩塌、风积沙等病害需要处理。而北线沿线地形平坦,越岭不需展线,线形指标较高。

北线另有一有利因素,是全线均有旧路或便道可以利用,其中 A 至 B 的旧路,略加改善即可达到新建标准,比南线(几乎都是新建)工程要经济便利,施工也较方便。

综合上述分析,推荐北线方案。需要指出的是,上述方案比较仅从路线长度、工程数量等可以量化的指标方面进行了比较,也就是说,方案的优劣仅是从交通经济角度评价的结果,不一定科学。改进的办法是从多指标角度对方案进行评价,选择整体最优的方案,即评价指标中不仅要有经济指标,还应包括环境影响指标、安全性指标等。

第三节 道路总体设计标准与指标

道路总体设计技术标准的确定是一项科学性极强、涉及因素广泛的工作,是公路勘察设计的前提条件。技术标准主要依据公路网规划,从全局出发,按照公路的功能等级和远景交通量综合确定。对于山区高速公路,除考虑这些重要因素外,还要着重从路线走廊的地形、地质、水文条件和环境保护的要求等方面入手,从实际出发进行全面的分析论证。

一、技术标准确定依据

首先,规划路网的层次对技术标准的拟定有较大影响。一般在全国公路网中,国家级主骨架公路网占主导地位,公路应采用高的技术标准。省级及区域级的主骨架公路网中公路的技术标准一般低于国家级路网,但有时综合考虑区域城镇布局、经济组团布局等因素,其技术标准也可适当提高。

1. 公路的使用任务、功能对技术标准的影响

位于同一路网层次的公路,由于使用任务与功能的不同,其技术标准也不尽相同。高速公路按其使用的任务和功能可分为以下四种:

(1)连接两个重要经济中心的公路往往是国家主要路网的组成部分,如平原区高速公路,应采用高的技术标准;对于连接两个相距较远的重要经济中心的山区高速公路,其技术标准的定位不需过高。

(2)连接两条主骨架道路的高速公路,由于主骨架道路承担了主要方向的交通,拟建项目仅起到路网的连接作用,其技术标准可适当降低。

(3)连接区域内经济组团或位于中心城市外围的进出口公路,这类公路应选择较高的技术标准。

(4)旅游或兼有旅游性质的高速公路,应注意选择的技术标准对自然景观的影响。特别是山区高速公路,过高的技术标准会对自然景观产生破坏,较高的车速也不利于游客的观光,应选择适当的技术标准。

2. 设计远景交通量对技术标准的影响

总体设计技术标准与公路的交通组成有关,应该分析其通行能力,结合预测的远景交通量来选择合理的技术标准(特别是路基横断面各部分的尺寸),必要时可根据特征年交通量的预测值加以详细分析。同一技术标准所对应的交通量是一个变化的范围,其与相邻技术标准所对应的交通量有重叠区间,选用技术标准时应注意区分。

3. 路线走廊的选择对技术标准的影响

路线走廊不同,交通吸引能力可能也不同,总体设计的技术标准也可能不一样。因此,

路线走廊的选择对技术标准的拟定会产生一定的影响,平原区高速公路一般比山区高速公路明显。在山区,由于公路所处的地理位置及所处路网的特殊性,一般情况下不同路线走廊对交通的吸引能力差异不大,技术标准拟定的被动性影响较弱;路线走廊内复杂的自然条件是影响技术标准拟定的关键因素。因此,应充分了解和查明走廊内的地形、地质和水文条件,依据初拟的技术标准,按对应的技术指标要求,对不同路线走廊进行布线。在不同技术标准条件下,对路线平纵面指标的变化情况进行定量分析,从而拟定合理的技术标准。

4. 环境保护对技术标准的影响

环境保护是评价技术标准合理性的重要指标,应在拟定的技术标准前提下,研究路线布设对环境的影响程度。在山区,要重点分析生态环境和水环境,了解和掌握区域生态环境的特点和水资源的分布情况,结合路线布置情况,从定性和定量两方面综合论证技术标准的合理性。

5. 工程造价对技术标准的影响

较高的技术标准必然带来较高的工程造价。但有时技术标准的波动对工程造价影响的量级不大。因此,应按照不同技术标准的工程造价,结合前述因素进行综合分析,根据建设项目资金筹措的方式和数量,从公路的建设需求和国家、地方的财政投入几方面综合论证技术标准的合理性。

二、路线分段及技术标准的变化

对于大型公路建设项目而言,技术标准并不是一成不变的,同一公路项目可分段选用不同的技术等级和设计标准。对于高速公路,尤其是山区高速公路,应因地制宜,不同路段的技术标准可适当变化。合理的变化不仅不会影响公路的使用功能,相反会有利于环境保护,减小工程量,降低工程造价。不同技术等级、不同设计速度的路段之间应选择合理的衔接位置或地点,过渡应顺适,衔接应协调。为保证车辆的良好运营,高速公路最小设计路段一般不宜小于15km,并且相邻设计路段的运行速度之差不宜超过20km/h。路线分段衔接位置的选取一般应从以下几方面入手。

1. 路段交通量变化处

交通量是拟定技术标准的基础条件。根据路网规划与现状、城镇布局等因素确定的路线调整,按照高速公路技术标准所适应的交通量,在考虑技术标准变化时,路段交通量的差异一般应在5 000辆/日以上。

2. 地形条件变化处

一般来说,地形条件的变化是技术标准变化的基础。高速公路通过不同的地形分区,应根据地形特征合理地确定地形类别、设计车速及技术标准。平原区高速公路的技术标准较高,而山岭区高速公路由于山区地形条件复杂,技术标准较低。在山区高速公路与平原区高速公路连接时,起始路段可根据交通量的变化、地形条件等因素先采用较高的技术标准,之后再采用相对低的技术标准,使拟定的技术标准呈高、中、低变化过渡,逐步调整驾驶人在驾驶操作中的心理活动,以适应山区复杂的自然环境。

3. 路基布置方式变化处

路基布置方式不同,技术标准也对应有所变化。例如,分离式路基是山区高速公路常用的布线方式。对于分离式路基,两条路线所处的路线走廊或布设线位不同,其面对的自然环境会有所差异,可考虑采用不同的技术标准。一般情况下,上坡方向宜采用较高的技术标准,而下坡方向可采用相对低的技术标准。在具体应用时可采用三种方式:一是完全不同的技术标准;二是技术标准相同,但路基宽度不同;三是路基宽度相同,但技术指标的标准程度不同。

第四节 道路选线

选线是根据路线基本走向和技术标准,结合地形、地质条件,考虑安全、环保、土地利用和施工条件以及经济等因素,通过全面比较,选定路线中线的全过程。选线是道路建设的基础工作,它面对的是一个十分复杂的自然环境和社会经济环境,需要综合考虑多方面因素。为了保证选线和勘测设计质量,降低工程造价,必须全面考虑,由粗到细,由轮廓到具体,逐步深入,分阶段分步骤分析比较,进行多方案比选,才能定出合理的路线。

本节内容主要适用于公路设计,城市道路路线则主要取决于城市道路网和红线规划。

一、道路选线的一般原则

路线是道路的骨架,路线的优劣将影响道路功能的发挥和在路网中的作用。路线设计除受自然条件影响外,还受诸多社会因素的制约。选线要综合考虑多种因素,妥善处理好各方面的关系,其基本原则如下:

(1)在路线设计的各个阶段,运用各种先进手段对路线方案做深入、细致的研究,在多方案论证、比选的基础上,选定最优路线方案。路线设计应在保证行车安全、舒适、快捷的前提下,做到工程量小、造价低、运营费用省、效益好,并有利于施工和养护。路线设计应注意立体线形设计中平、纵、横面的协调、合理配合。在工程量增加不大时,应尽量采用较高的技术指标,不应轻易采用最小或极限指标,也不应片面追求高指标。

(2)选线应与农田基本建设相配合,做到少占田地,并应尽量不占高产田、经济作物田和经济林园等。对沿线必须占用的田地,应按国家有关法规做好规划和必要的设计。通过名胜、风景、古迹地区的公路,应与周围环境、景观相协调,并适当照顾美观,重视保护原有自然状态和重要历史文物遗址。选线应重视环境保护,注意因修建公路及汽车运行所产生的污染等。

(3)应对工程地质和水文地质进行深入勘测,查清其对公路工程的影响。对不良地质地段和特殊地区,如滑坡、崩塌、泥石流、岩溶、泥沼等地段和沙漠、多年冻土等特殊地区,一般情况下路线应设法绕避。必须穿过时应选择合适位置,缩小穿越范围,并采取必要的工程措施。对高速公路和一级公路,因其路幅宽,可根据通过地区的地形、地物、自然环境等条件,利用其上下行车道分离的特点,本着因地制宜的原则,合理采用上下行车道分离的形式设线。

上述选线原则对各级公路都是适用的。但在运用这些原则时,不同等级的公路会有不同的侧重点。如高速公路和一级公路主要是为起、终点及各个重要控制点间快速直达交通服务的,该功能决定其基本走向不应偏离总方向太远,需要与沿线城镇连接时宜用支线连接。对于等级低的地方公路,主要是为地方交通服务,在合理的范围内,宜多连接一些城镇。

道路选线以国家综合交通发展为背景,在新时代需要有创新的选线思路。《"十三五"现代综合交通运输体系发展规划》明确了我国高速公路网规划、普通干线路网规划和农村公路建设规划目标,提出完善高速公路网络,加快推进由7条首都放射线、11条北南纵线、18条东西横线,以及地区环线、并行线、联络线等组成的国家高速公路网建设。《交通强国建设纲要》提出:"从2021年到21世纪中叶,分两个阶段推进交通强国建设。到2035年,基本建成交通强国。现代化综合交通体系基本形成,拥有发达的快速网、完善的干线网、广泛的基础网"。因此选线要结合时代的发展,综合考虑多种因素,妥善处理好各方面的关系。

二、平原区选线

1. 基本特征

(1)自然特征

平原主要是指一般平原、山间盆地、高原等地形平坦地区,其地形特征是地面起伏不大,一般自然坡度都在3°以下。其地形、地物特征除泥沼、盐渍土、河谷漫滩、草原、沙漠等外,一般多为耕地,且分布有较多的各种建筑设施,居民点较密,交通网较密;在农业区农田水系渠网纵横交错;在城镇区则建筑、电信管网密布;在天然河网、湖区,还密布有湖泊、水塘和河岔。

从地质和水文条件来看,平原区一般不良地质现象较少,但有时会遇到软土和沼泽地段。另外,平原区地面平坦,往往排水较困难,地面积水较多,地下水位较高;平原区河流较宽阔,比降平缓,泥沙淤积,河床低浅,洪水泛滥范围较宽。

(2)路线特征

平原地区地形对路线的约束限制不大,路线平、纵、横三方面的几何条件很容易达到标准,路线布置主要考虑地物障碍问题。其路线特征是:平面线形顺直,以直线为主体线形,弯道转角一般较小,平曲线半径较大;在纵面上,坡度平缓,以低路堤为主。

2. 布线要点

综合平原区自然和路线特征,布线时应着重考虑以下几方面。

(1) 以平面为主安排路线

选线时,首先在起、终点间把经过的城镇、厂矿、农场及风景文物点作为大的控制点;在控制点间通过实地视察进一步根据地形条件和水文条件选择中间控制点,一般较大的建筑群、水电设施、跨河桥位、洪水泛滥线范围以外以及其他必须绕过的障碍物均可作为中间控制点;在中间控制点之间,无充分理由一般不设转角点。在安排平面线形时,既要使路线短捷顺直,又要注意避免过长的直线,可能条件下多采用转角小、半径大的平曲线线形。纵面线形应综合考虑桥涵、通道、交叉等构造物的要求,合理确定路基设计高度,注意避免纵坡起伏过于频繁,但也不应过于平缓,而造成排水不良。

(2) 正确处理路线与农业的关系

处理好公路与农田规划、农业灌溉、水利设施的关系,是平原选线的重要问题,主要注意以下几点:

① 占用田地要从路线的作用、对支农运输的效果、工程数量及造价、运营费用等方面全面分析比较确定,既不能片面求直而占用大量良田,也不能片面不占某块田地使路线绕行,造成行车条件恶化。

② 注意处理好路线与农田水利的关系。线路布置要尽可能与农业灌溉系统配合,除特殊情况外,一般不要破坏灌溉系统,布线要注意尽量与干渠平行,减少路线与渠道相交,最好把路线布置在渠道的非灌溉区一侧或渠道的尾部。如图 8-3 所示,布线时应优先考虑 I 方案,II 方案次之,III 方案则应避免。当路线与渠道方向基本一致时,应考虑沿渠道布线,注意堤路结合、桥闸结合,以减少占用田地和便利灌溉。

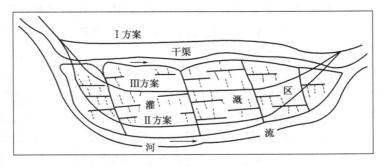

图 8-3 灌溉区路线布设

③ 注意筑路与造田、护田结合。可能条件下,布线要有利于造田、护田。路线通过河曲地带,当水文条件许可时,可考虑路线直穿,裁弯取直,改河造田,缩短路线(或减少桥涵),如图 8-4 所示。当路线通过河边低洼村庄或农田时,可考虑靠河岸布线,围滩造田护村。如图 8-5 所示为某公路沿河布置路线,借石填筑路堤,使河地变为良田,并保护了村庄。

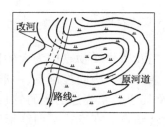 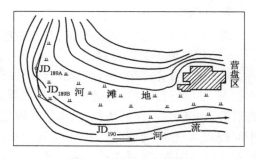

图 8-4　河曲地带改河造田实例　　　　图 8-5　围滩筑路造田实例

④路线布置要尽可能考虑为农业服务。布线时要注意与农村公路和机耕道的连接，以及与土地规划相结合；较多地靠近一些居民点；考虑地方交通工具的行驶，以方便群众，支援农业。

(3) 处理好公路与城镇的关系

平原区有较多的城镇、村庄、工业区及其他公用设施，路线布置应正确处理好服务与干扰、穿越与绕避、拆迁与保留的关系问题。

①国防与高等级干线公路，应尽量避免直穿城镇、工矿区和居民密集区，以减少相互干扰。但考虑到公路对这些地区的服务功能，路线又不宜相离太远，必要时还应考虑支线联系，做到既方便运输，又保证安全，布线时注意与地区规划相结合。

②一般连通县、区、村直接为农业运输服务的公路，经地方政府同意可穿越城镇，但要注意保证足够的视距、行车道宽度和必要的交通设施，以保证行人和行车的安全。

③路线布设应尽量避开重要的电力、电信及其他重要的管线设施。靠近或交叉时，应遵守有关净空和安全距离的规定。尽量少拆或不拆各种电力、电信和建筑设施。

④注意与铁路、航道、机场、港口、已有公路等交通运输设施配合，以发挥交通运输综合效益。

(4) 处理好路线和桥址的关系

①大、中桥位常常是路线的控制点，但原则上应服从路线总方向并满足桥头接线的要求，桥路综合考虑。一般情况下，桥位中线应尽可能与洪水的主流向正交，桥梁和引道最好都在直线上。位于直线上的桥梁，如两端引道必须设置曲线时，应在桥两端以外保持一定的直线段，并尽量采用较大平曲线半径。当条件受限制时，也可设置斜桥或曲线桥。要注意防止两种偏向：一种是单纯强调桥位，造成路线过多地迂绕，或过分强调正交桥位，出现桥头急弯影响行车安全；另一种是只顾线形顺直，不顾桥位，造成桥位不合适或斜交过大，增加建桥困难。如图 8-6 所示，路线跨河有三个方案：就桥梁正交而言，Ⅱ方案较好，但路线较长；就路线而言，Ⅲ方案里程最短但桥梁多，且都为斜交；Ⅰ方案则各桥均近于正交，线形也较舒顺美观。三个方案都有可取之处。因这条路交通量甚大，且有超车需要，故采用方案Ⅲ。

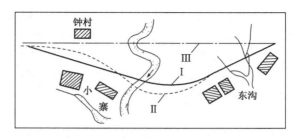

图 8-6　桥位方案比较

②在设计桥孔时,应尽量避免压缩水流,尽量避免桥前积水而威胁河堤安全和淹没农田,尤其是在上游沿河有宽阔低洼田地时,虽然水位提高不多,但淹没范围却往往很大。

③小桥涵位置原则上应服从路线走向,但遇到斜交交角过大(夹角大于45°时)或河沟过于弯曲时,可考虑采取改沟或改移路线的办法,调整交角,布线时应通过比选确定。

④路线采用渡口跨河时,应在路线基本走向确定后选定渡口位置,渡口位置要注意避开浅滩、暗礁等不良河段,两岸地形要适于码头修建。

(5)注意土壤水文条件,确保路基稳定

①在低洼地区布线时,应尽可能在接近分水岭的地势较高处布线,以使路基具有较好的水文条件。

②路线通过排水不良的低洼地带时,布线要注意保证路基最小填土高度,低填及个别挖方地段要注意排水处理。

③路线要避免穿过较大湖塘、水库、泥沼地带,不得已时应选择最窄、最浅和基底坡面较平缓的地方通过,并采取保证路基稳定的措施。

④沿河布线时,应注意洪水泛滥线对路线的影响。一般应布线于洪水泛滥线以外,必须通过泛滥区时,桥梁、路基应有足够的高度,以免洪水淹没,并应对路基边坡进行防护加固,避免冲毁。

三、山岭区选线

1. 基本特征

(1)自然特征

山岭地区包括分水岭、起伏较大的山脊、陡峻的山坡,一般地面自然坡度在20°以上。主要自然特征是:

①山高谷深,地形复杂,山脉水系分明。由于山区高差大,加之陡峻的山坡和曲折幽深的河谷,形成了错综复杂的地形,这就使得公路路线时常出现弯急、坡陡、线形很差,给工程带来困难。但另一方面,山脉水系给山区公路走向提供了清晰的依据。因此,在选线中摸清山脉水系的走向和变化规律,对于正确确定路线的基本走向、选择关键控制点十分重要。

②石多、土薄、地质复杂。由于山区的地质层理和地壳性质在短距离内变化很大,地

质构造复杂,加之气候、水文等因素变化急剧,引发强烈的风化、侵蚀和分割作用,不良地质现象(如岩堆、滑塌、碎落、泥石流等)较多。这些直接影响着路线的位置和路基的稳定。因此,在山区选线工作中,认真做好地质调查,掌握区域地貌和地质情况,摸清地质不良现象的规律,处理好路线与地质的关系,并在选线设计中采取必要的防护措施,对于确保路线质量和路基稳定具有十分重要的意义。另外,山区石多土薄,给公路建设提供了丰富的石料料场。

③水文条件复杂。山区河流曲折迂回,河岸陡峻,比降大、水流急,一般多处于河流的发源地和上游河段;雨季暴雨集中,洪水历时短暂,猛涨猛落,流速快、流量大,冲刷和破坏力很大。这样复杂的水文条件,要求在选线中正确处理好路线和河流的关系,选择好桥位,并对路基和排水构造物采取必要的加固措施,确保路基稳定。

④气候条件多变。变化的山区地形和地貌引起多变的气候。一般山区气温较低,冬季多冰雪(特别是海拔较高的山区),一年四季和昼夜温差很大,山高雾大,空气稀薄,气压较低。这些气象特征对于汽车行驶的效率、安全和通行性能都有很大的影响,在选线时应充分考虑。

(2)山岭区路线形成

由于自然条件复杂,地形变化很大,使得路线在平、纵、横三方面均受到很大限制,因而技术指标一般多采用低限。在所有自然因素中,高差急变是关键因素,因此,在路线布设时,一般多以纵面线形为主安排路线,其次是横面和平面。在选线时要注意分析平、纵、横三方面因素,结合影响路线的主要自然因素,综合考虑,力求协调合理。

一般按照道路行经地区的地貌和地形特征,可分为沿溪线、山腰线、越岭线和山脊线四种,简述如下。

①沿溪线是沿着山岭区内河溪的两岸布置路线。这种路线在平面随河溪的地形而转动,在纵面上坡度平缓,在横面上路基形状适宜,路线走向与河溪的方向相一致。在路线走向脱离河溪方向时,这种路线即不能采用,必须转为其他路线形式。

②山腰线是在山坡半腰上布置路线。这种路线随着山坡而行,平面线形可能弯曲较多,纵坡比较平缓,路基多半填半挖式,有时需要修建挡土墙。

③越岭线是路线走向与山脉方向大致垂直在垭口穿越的路线。这种路线须适当盘绕,提升高程,所以纵坡较大,有时需要修建隧道。

④山脊线是路线走向与山顶分水岭线大致平行的路线。这种路线大多是在山脊一侧布置,所以,平面线形、纵坡和横断面都较易处理。关键问题在于如何把路线由山下提引到山脊上来,如果地形困难无法提引,则不能采用这种路线形式。

上述四种路线是山岭区布置路线的基本形式。在山区公路中,应根据地形地貌,分段选用不同的路线形式,互相连接。所以,常常是由沿溪线转到山腰线,有时又由山腰线转到山脊线或越岭线。

从图8-7所示的纵断面示意图中可以看出,各种路线形式在纵断面上有各自的特点。首先是沿溪线,它的纵坡是相当平缓的,自 K0+000 至 K6+000 一段,因为地形关系,有一些不大的起伏；至 K6+000 以后，即很平缓了。其次再看山脊线，在 K0+000 至 K2+000 之间有较大纵坡将路线提升而上，自 K8+000 至 K18+000 较为平缓，自 K1800 至 K21+000 又将路线向下引至河边。越岭线自 K6.5+000 由河边引上山顶，在 K12+000 处过垭口，然后由垭口又向下引至河边，这一上一下的两段，都具有较大的纵坡。山腰线介于沿溪线和山脊线之间，呈现较山脊线纵坡小又较沿溪线纵坡稍大的特征。

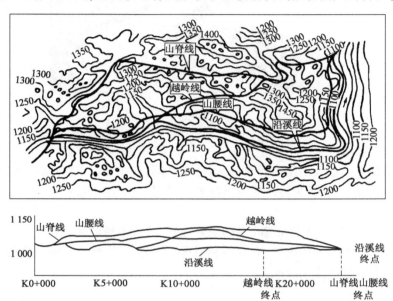

图 8-7　山岭区四种路线示意图

2. 沿溪线

(1) 沿溪线路线特征

沿溪线是指公路沿河谷方向布设的路线，其基本特征是路线总的走向与等高线一致。沿溪线的优点主要有：

① 路线走向明确

由于沿溪线路线沿河流（或溪谷）方向布线，因此除个别冗长河曲外，一般无重大路线方案问题。如图 8-8 所示为路线走向沿河流方向布置情况。

② 线形较好

除个别悬崖陡壁的峡谷地段和河曲地带外，一般的开阔河谷均有台地可利用，因而路线线形标准较易达到，线形较好。同时，由于河床纵坡一般都较路线纵坡小（个别纵坡陡峻、跌水河段除外），因而路线纵坡不受限制，很少有展线的情况，平面受纵面线形的约束较小。

③ 施工、养护、运营条件较好

沿溪线海拔低，气候条件较好，对施工、养护、运营有利，特别在高海拔地区更为有利。另外，沿溪线傍山临河，一般砂、石、木材都比较丰富，为施工养护提供了就地取材的条件。

图 8-8　沿溪线

④服务性能好

山区城镇和居民点大多傍山近水,沿河分布,特别是在河口三角地区,人口更为密集,路线走沿溪方案,能更好地为沿线居民点服务,发挥公路的使用效益。

⑤傍山隐蔽,利于国防

沿溪线线位低,比山脊线和越岭线的隐蔽性好,战时不易破坏。

沿溪线也有一些不利的条件,有时不利因素突出时,往往成为否定沿溪线方案的直接理由。沿溪线的不利因素主要有:

①受洪水威胁较大

洪水是沿溪线的主要障碍,沿溪线的线位高低、工程造价、防护工程量等直接受洪水线位的影响。处理好路与水的关系是沿溪线布局的关键。

②布线活动范围小

由于河谷限制(特别是峡谷河段),路线线位左右摆动的余地很小。当路线遇到河岸条件差时(如悬崖陡壁、不良地质地段等),绕避比较困难,如果冒险直穿,不是遗留后患就是防护工程很大,增加工程造价。

③陡岩河段工程艰巨

在路线通过陡岩河段时,工程艰巨,难点很多,给公路测设和施工带来很大困难。同时,由于工程艰巨,工程量集中,工作面狭窄,使工期加长,对于一些任务较紧的国防公路,往往因此而不得不放弃良好的沿溪线方案。

④桥涵及防护工程较多

沿溪线线位低,往往要跨越较多的支沟,使桥涵工程增加;为了防御洪水的侵袭和破坏,防护工程必然也很多,这些都较大地增加了工程造价。

⑤路线布置与耕地的矛盾较大

河谷两岸台地虽是布线的良好场地,但在山区这些地方多是农田耕作地,对于耕地困难的山区,这些良田尤为宝贵。因而,在这些路段布线与占地的矛盾比较突出。

⑥河谷工程地质情况复杂

通常河谷两岸多处于路基病害（如滑坡、岩堆、坍塌、泥石流等）的下部，路线通过容易破坏山体平衡，埋下隐患。另外，在寒冷地区的峡谷段，日照少，常有积雪、雪崩和涎冰现象。这些都给公路的设计、施工、养护、运营带来困难。

（2）沿溪线布线要点

路线布设的首要原则就是利用有利条件，避让不利条件。通过分析可知，沿溪线布设的决定因素是水。由于路线自始至终都要与河流打交道，因此，解决好路线与水的关系是沿溪线布设的关键，主要涉及三个方面：①选择沿合适的河流岸布线；②线位放在合适的高度；③选择合适的地点跨河。这三个方面往往是互相影响的，选线时应抓住主要矛盾，结合路线性质和等级标准，因地制宜地去解决。

①由于河谷两岸情况各有利弊，选线时应比较两岸地形、地质、水文等条件以及农田水利规划等，避难就易，适当跨河以充分利用有利的一岸。为了避开不利地形和不良地质地带，可考虑跨河换岸设线，但河流越大，建桥工程也越大，跨河换岸就越要慎重考虑。例如，在图8-9中，路线有三个可能的方案：（Ⅰ）及早提高线位，从崖顶通过；（Ⅱ）走支脊内垭口穿过；（Ⅲ）绕走对岸。绕崖顶、走支脊内垭口穿过的方案，路线均须从河谷上升再下降，都需要有适宜布线的地形；而绕走对岸则需要选择适宜的桥位及建桥方案。因此，如北岸石方数量不太大而跨河建桥投资较大时，则可采用Ⅰ、Ⅱ方案；否则，必须跨河换岸，采用Ⅲ建桥方案。

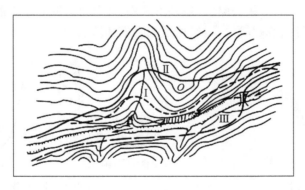

图8-9　沿溪线布线方案比选

②沿溪线的线位高低，是根据河岸地形、地质条件以及水流情况，结合路线标准和工程经济指标来选定的。比较理想的是将路线设在地质、水文条件良好，且不受洪水影响的平整台地上。但在V形或U形河谷的傍山临河路线，往往缺乏这种有利地形，因此路线位置的高低必须慎重考虑。低线一般指高出设计水位不多，路基临水一侧边坡常受洪水威胁的路线；高线一般指高出设计水位较多，基本上不受洪水威胁的路线。低线的缺点是受洪水威胁，防护工程较多，河边较好地形多为农田，因而占田较多；遇到个别山嘴地形或废方较多，需要远运，以免废方堵河。高线的缺点是跨河较难，跨较大河流时，由于路线与河底高差较大，常需展线急下，方能跨过，桥头引道弯曲也大。对于线位高低的选择，一般

采用低线,但需特别注意洪水调查,把路线放在安全高度上,以保证路基稳定和安全。

③关于跨河桥位的选择,按路线与河流的关系,有跨支流与跨主河两类。跨支流桥位选择,一般属于局部的路线方案问题;而跨主河的桥位则属于路线走向的控制点问题,它与河岸选择两者相互依存、相互影响。所以在选择河岸的同时,要研究处理好桥位及桥头的布设问题。小桥一般可以与河流斜交,而大中桥一般考虑直交,两者的桥头引线都必须妥善处理,符合规定标准。

沿溪线经常遇到陡崖峭壁,往往交替出现在河流两岸。两岸都是陡崖峭壁的河段,称为峡谷。峡谷一般河床狭窄,水流湍急。路线通过陡崖峭壁的峡谷,只有绕避和穿过两种方法,应根据路线性质任务、路线标准、工程大小、施工条件等因素,通过比较来选择确定。

绕避方法是使路线翻上峡谷陡崖顶部,利用有利地形通过。如图8-9所示,原测线沿河穿崖走低线,石方工程量大、谷狭、水深、流急,废方不易处理,防护设置困难。这样就需走崖顶的绕避方案,虽然崖顶绕避方案在上、下崖的过渡段处纵坡较大,平纵线形较差,但尚能满足标准要求,工程费用较省。当公路等级不高时,采用高线方案还是合理的。

如果不能采用高线而需直穿采用低线方案时,可根据河床宽窄、岸壁陡缓等不同因素,因地制宜地来处理。处理的方法有二:一是与水争路,侵占部分河床;二是硬开石壁,直穿陡崖。图8-10表示与水争路的处理方法。在峡谷右部修筑护墙侵入河床一小部分;在谷底左部开挖少许河底,使洪水不致抬高过多,否则不能采用这种方法。图8-11表示硬开石壁的处理方法。采用这两种方法,均需尽可能把大量废方利用到附近路段,不可抛到河中,阻塞水流。对高等级公路,一般都不采用如图8-10和图8-11所示方法,而是把这一路段走向改为山脊线或越岭线,以避免这些困难和缺点。

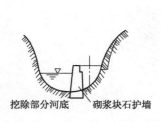

图8-10 与水争路

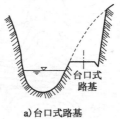

a) 台口式路基

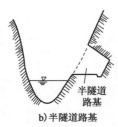

b) 半隧道路基

图8-11 直穿陡崖

路线跨越主河,由于路线与河流接近平行,桥头布线一般比较困难,因此,在选择桥位时除应考虑桥位本身水文、地质条件外,还要注意桥头路线的舒顺,处理好桥位与路线的关系。常见的有以下几种情况:

a)如图8-12所示,在S形河段腰部跨河,以争取桥轴线与河流形成较大交角。本例是中小桥,采用斜桥方案,更有利于路桥配合。

b)如图8-13所示,在河弯附近选择有利位置跨越。但应注意河弯水流过桥的影响,采取相应的防护措施。在与路线接近平行的顺直河段上跨河,桥头引道难以舒顺,如图8-14a)所示桥位应尽量避免。当必须在这种河段跨越时,中、小桥可采用斜桥方案以改善桥头线形;如为大桥,当不宜设斜桥时,宜把桥头路线做成勺形或布置一段弯引桥,如图8-14b)所示。总之,桥头曲线要争取较大半径,以利行车。

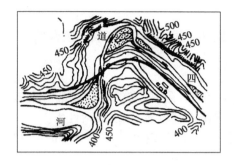

图8-12 在S形河段腰部跨河

图8-13 在河湾附近用斜桥跨河

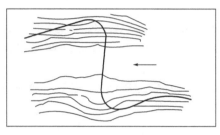

a)尽量避免的线形

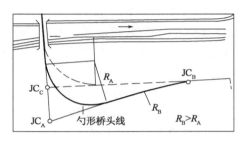

b)勺形桥头线

图8-14 桥头路线的处理

路线跨越支流,有从支河(沟)口直跨和绕支沟上游跨越两种方案,如图8-15所示。采用何者为宜,要根据路线等级和桥位处的地质、地形条件,经过技术经济比较确定。

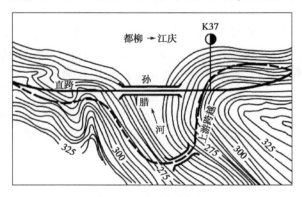

图8-15 跨越支流方案

对临河陡崖地段,采用高线位方案时,应注意纵面高低过渡的均匀;当采用低线位方案时,应注意废方堵河、改变水流方向和对水位的影响。对迂回河曲的突出山嘴,可考虑采用深路堑或短隧道方案;对迂回河弯地段,亦可考虑改河方案,以提高路线技术指标。

当通过水库地区时,应考虑水库坍岸、基底沉陷的影响,确保路基稳定。

3. 越岭线

(1)越岭线的路线特征

越岭线是指公路走向与河谷及分水岭方向横交布设的路线,路线连续升坡由一个河谷进入另一个河谷。

越岭线的主要有利条件是:

①布线不受河谷限制,活动余地大。越岭线无河谷限制,布线时可能的方案较多,布线时遇不良地质、工程艰巨及重要地物限制时,避让比较容易,布线灵活性大。

②不受洪水威胁和影响。由于无洪水问题,一般路基较稳定,桥涵及防护工程较沿溪线少。

③当采用隧道方案时,路线短捷且隐蔽,有利于运营和国防。

越岭线的主要不利条件是:

①里程较长,线形差、指标低。由于路线受高差限制,升坡展线使路线增长,纵面线形较差。特别在地形复杂时(如"鸡爪"地形、陡峻迂回的山坡等)常使路线弯急坡陡,工程数量大。

②施工、养护、运营条件差,服务性差。越岭线线位高,远离河谷,施工用水、砂石材料的运输等都不方便。回头展线地段上下重叠,施工较困难。

③路线隐蔽性差,不利于国防。

(2)越岭线布线要点

克服高差是越岭线布设的关键。在布线时,应以纵面为主导安排路线,结合平面线形和路基的横向布置进行综合考量。越岭线布线要点是如何处理好垭口选择、过岭高程和展线布局三个问题。

①垭口选择

垭口是分水岭山脊上的凹形地带(又叫鞍部),由于高程低,常常是越岭线的重要控制点。垭口选择应在符合路线总方向的前提下,综合各方面因素,从可能通过的垭口中根据其高程、位置、两侧地形、地质条件及气候条件反复比较确定。

a)垭口的高低。

垭口海拔的高低及其与山下控制点的高差,直接影响路线展线长度、工程数量大小和公路运营条件。在展线条件相同时,垭口降低的高度 Δh 和缩短的里程 Δl 有如下的关系:

$$\Delta l = 2 \cdot \Delta h \frac{1}{i_p} \tag{8-3}$$

式中:i_p——展线的平均坡度,一般为5%~5.5%。

由式(8-3)可知,若垭口降低50m,可缩短里程2km($i_p=5\%$)。在地形困难的山区,减少2km公路节省的造价是相当可观的,此外,运营费用也得以减少。另外,在高寒地区,低垭口对于行车和公路养护都是有利的,有时为了获得较好的行车和公路养护条件,即使路线较偏,也尽可能绕线从低垭口通过。

b)垭口的位置。

选择垭口不仅要低,而且垭口的位置要符合路线的基本走向,即路线通过垭口时不需要无效延长路线就能和前后控制点相接。如图 8-16 所示,A、B 控制点间有 C、D 两个垭口,从平面位置看,C 垭口在 AB 直线位置附近,D 垭口偏离直线较远,但从符合路线基本走向来看,穿 D 垭口比穿 C 垭口反而展线还要短些,平面线形更好,D 垭口比 C 垭口更合乎路线走向。

c)垭口两侧地形和地质条件。

山坡线是越岭线的重要组成部分。而山坡坡面的曲直与陡缓、地质条件的好坏等情况直接关系到路线

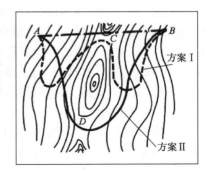

图 8-16 垭口位置选择

的技术标准和工程量的大小。因此,垭口选择要与侧坡展线条件结合考虑。选择时,如有地质稳定、地形平缓有利于展线的侧坡,即使垭口位置略偏或垭口较高,也应比较,不要轻易放弃。

d)垭口的地质病害。

垭口的地质病害往往会在公路运营过程中形成通过的"盲肠",选择垭口时要尤其重视垭口的地质问题。对地质条件很差的垭口,用局部移动路线或采取工程措施的办法亦不能解决时,应予放弃。

②过岭高程

过岭高程是越岭线布局的重要控制因素。不同的控制高程,不仅影响工程量大小、路线长短、线形标准,而且直接关系到垭口两端的展线布局。如图 8-17 所示越垭口路线由于选用了不同的挖深,出现了三个展线方案:Ⅰ方案浅挖 9m,需设两个回头弯道;Ⅱ方案挖深 13m,只需设一个回头弯道;Ⅲ方案挖深 20m,不设回头弯道,顺山势展线。Ⅲ方案线形好,路线最短,有利于行车,在地质条件许可时是较好的方案。

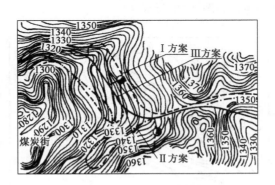

图 8-17 垭口高程与展线

a) 决定过岭高程的因素

决定过岭高程的因素主要有垭口及两侧的地形、地质条件等。当过岭地段山坡平缓，垭口又宽厚时，一般宜多展线，用浅挖或低填方式。垭口的地质条件是决定垭口能否深挖的决定因素，考虑不周，今后可能会形成坍塌堵车造成隐患。垭口通常是地质构造薄弱部位，常有不良地质现象的山脊凹陷地带，选线时要特别注意。结合施工及国防考虑，深挖垭口，工程集中、废方量大、施工面狭小，因而工期较长，同时，战时修复也较慢，因此，对于工期紧迫和国防公路，不宜采用深挖。

b) 过岭的方式

过岭方式主要有浅挖低填垭口、深挖垭口和隧道穿过三种。一般情况下（除宽厚垭口或地质条件很差外），常用深挖方式过岭。当挖深在 20m 以上时，则应与隧道方案进行比较。

③ 展线布局

展线就是采用延长路线的办法，逐渐升坡克服高差。展线布局的工作步骤如下：

a) 全面视察，拟定路线走向。在任务书规定的控制点间，进行广泛勘察，重点调查地形及地质情况，并以带角手水准初放的坡度做指引，拟订出路线可能的展线方案和大致走向。

b) 试坡布线。试坡的目的是落实初拟方案的可行性，并进一步确定和加密中间控制点，拟订路线局部方案。试坡用带角手水准或经纬仪，从垭口自上而下进行，试坡方法与定线时放坡相近，详见公路定线部分。

c) 分析、落实控制点，确定路线布局。经试坡确定的控制点有固定和活动之分：第一种是位置和高程都不能改变的工程特别艰巨的地点和某些受限制很严的回头地点；第二种是位置固定，高程可以活动的地点，如垭口、重要桥位等；第三种是位置和高程都可有活动余地的，如侧沟跨越地点、宽阔平缓山坡的回头地点等。第一种情况较少，第二、三种居多。落实时先调整那些活动范围小的，把高程和位置确定下来，然后再研究活动范围大的，以达到既不增大工程数量，又使线形合理的目的。

展线的基本形式有三种，如图 8-18 所示。

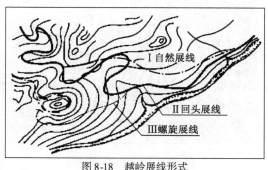

图 8-18 越岭展线形式

a）自然展线。图8-18中Ⅰ方案，当山坡平缓、地质稳定时，路线利用有利地形以小于或等于平均纵坡（5%～5.5%）的坡度均匀升坡展线至垭口。这种方式的特点是：平面线形较好，里程短，纵坡均匀，但由于路线较早地离开河谷，对沿河居民服务性差，路线避让艰巨工程和不良地质的自由度不大。

b）回头展线。图8-18中Ⅱ方案，路线沿溪至岭脚，然后利用平缓山坡用回头曲线展线升坡至垭口。其特点是：平曲线半径小，同一坡面上下线重叠，对施工、行车和公路养护都不利，但能在短距离内克服较大的高差，并且回头曲线布线灵活，利用有利地形避让艰巨工程和地质不良地段比较容易。图8-19为利用有利地形，布局回头展线的实例。

图8-19　回头展线

适宜布设回头曲线的地形，一是利用山包，如图8-20a）所示，或平坦的山脊，如图8-20b）所示；二是利用平缓山坡，如图8-20c）所示；三是利用山沟，如图8-20d）所示，及山坳，如图8-20e）所示。为利于今后行车运营，要尽量把回头曲线的距离拉长，分散及减少回头个数。合理应用回头，避免路线在小范围内重叠盘绕。

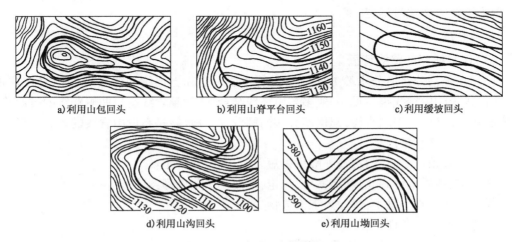

图8-20　适宜布设回头曲线的地形

c)螺旋展线。这种展线实际就是一种路线转角大于360°的回头展线形式。其特点是:路线利用有利的山包或山谷,在很短的平面距离内就能克服较大的高差,它虽比回头曲线有较好的线形,避免了路线的重叠,但因需要建桥或隧道,工程造价较高。

螺旋展线有上线桥跨(图8-21)和下线隧道(图8-22)两种方式。

螺旋展线是山区展线的一种方法,它的优点是路线舒顺,纵坡较小,行车质量较好,但需要修建旱桥或隧道,工程费用较高。在等级较高的山区公路上,标准要求高,盘旋较远,高程提升较大,采用这种展线形式是十分必要的。螺旋展线的最终选定,往往要结合地形条件,并与回头展线相比较权衡。

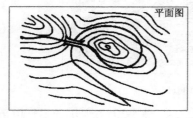 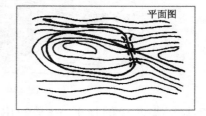

图8-21　上线桥跨螺旋展线　　　　　图8-22　下线隧道螺旋展线

以上三种展线形式中,一般应首先考虑采用自然展线,不得已时采用回头展线,当地形十分困难又有适宜的山谷或山包条件时,为在短距离内克服较大的高差,可考虑螺旋展线,但需进行方案比较确定。

4. 山脊线

(1)山脊线路的路线特征

山脊线是指公路沿分水岭方向所布设的路线。实际上连续而又平顺的山脊往往很少,所以较长的山脊线很少见,一般多与山坡线结合,作为越岭线垭口两侧路线的过渡段。一般服从路线走向,平顺直缓,起伏不大,岭脊肥厚的分水岭是布设山脊线的理想地形。

山脊线的有利条件是:

①当山脊条件好时,山脊线一般里程短,土石方工程量小;

②水文、地质条件好,路基病害少、稳定,地面排水条件好;

③山脊线河谷少且小,桥涵人工构造物少。

山脊线的不利条件是:

①线位高,远离居民点,服务性能差;

②山势高、海拔高、空气稀薄、冬季云雾、积雪、结冰较大,对行车和公路养护都不利;
③远离河谷,砂石材料及施工用水运输不便。

(2)山脊线布线要点

由于分水岭的引导,山脊线大的走向基本明确,布线主要解决以下三方面问题:

①控制垭口的选择

在山脊上,连绵而布着很多垭口,每一组控制垭口代表着一个方案。因此,选择控制垭口是山脊布线的关键,一般当分水岭顺直、起伏不大时,几乎每个垭口均可暂作控制点。如地形复杂,山脊起伏较大且较频繁,各垭口高低悬殊时,则低垭口即为路线控制点,而突出的高垭口可以舍去。在有支脉的情况下,相距不远的并排垭口,则选择前后与路线联系较好、路线里程较短的垭口为控制点。选择垭口时,还应与两侧布线条件结合起来考虑。

②侧坡选择

分水岭的侧坡是山脊线的主要布线地带。选择哪一侧山坡,要综合分析比较确定。一般情况下,在坡面平缓、整齐、顺直,路线短捷,地质稳定,横隔支脉较少,向阳的山坡布线较为理想。

如图 8-23 所示,A、D 两垭口为前后路线走向基本确定的控制点,其间有 B、E、C 三个垭口,由此可有甲、乙、丙三种路线方案。经比较,C 垭口比 B、E 垭口高 $35\,\mathrm{m}$,使丙线起伏较大,不予考虑。甲线走左侧山坡,路线短捷,平面顺直,但其横坡较陡,需穿过一陡岩和跨越一较深的山谷。乙线走右侧山坡,路线绕线较长,平面线形稍差,但纵面平缓,横坡也较平缓,工程量较小。甲、乙两线各有利弊,需进一步放坡试线,结合其他因素综合比较确定。

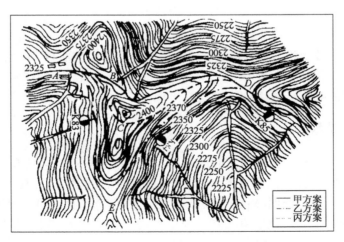

图 8-23 山脊线侧坡选择

③试坡布线

山脊线有时因两垭口控制点间高差较大,需要展线;有时为避免路线过于迂回要采用起伏纵坡,以缩短里程,因此常常需要试坡布线。常见有三种情况:

a) 垭口间平均纵坡不超过规定时。一般情况如中间无太大障碍,应以均匀坡度沿侧坡布线。若中间遇障碍,则可以加设中间控制点,调整坡度,向两端垭口按均匀坡度布线。如图 8-23 中的甲方案,就是以中间支脉垭口 B 为中间控制点向两端试坡布线。

b) 垭口间有支脉相隔。这时,应在支脉上选择合适的垭口作为中间控制点,如图 8-23 所示支脉上的 C、E 两垭口。C 垭口因过高而舍弃。为了进一步比较甲、乙两线,从低垭口 D 以 5%~5.5% 的坡度向垭口 A 试坡,定出 E 控制点,其工程量小,施工较易,当交通量不大时宜采用。

c) 垭口间平均纵坡超过规定时。这种情况需进行展线,山脊展线的布线是十分灵活的。选线时,应区分地形、地质条件,采用填挖、旱桥、隧道等工程措施来提高低垭口,降低高垭口。也可利用侧坡、山脊有利地形作回头展线或螺旋展线,如图 8-24 所示。其具体做法见本节越岭线。

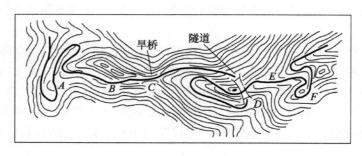

图 8-24　山脊展线示意图

5. 山腰线

山腰线是在山坡半腰上布置路线。这种路线是随着山坡而行,平面线形可能弯曲较多,纵坡比较平缓;路基多半填半挖式,有时需要修建挡土墙。山腰线实际上可归属于沿溪线的高线或为越岭线、山脊线的一部分。

四、丘陵区选线

丘陵地形是介于平原和山岭之间的地形,如图 8-25 所示。它具有平缓的外形和连绵不断的丘岗,地面起伏,但高差不大,不致引起高度的气候变化,其主要特征是:脉络和水系都不如山岭区那样明显;路线线形和平原区比较,平面上迂回转折,有较小半径的弯道,纵面上起伏不大,偶尔有较陡的坡道。由于受地形限制小,所经路线的可能方案较多。其中微丘地形近似于平原,重丘则近似于山岭。在技术标准方面,微丘比平原区稍紧一点,各项技术指标与平原区相同;重丘则比山岭区稍松一点,各项技术指标与山岭区相同。

在丘陵区布线,首先要因地制宜,掌握好线形技术指标。一般微丘地形按平原区掌握,而重丘区则按山岭区方式处理。等级高的公路要强调线形的平顺,路线只和地形大致相适应即可，不迁就微小地形的变化；等级低的公路则需较多考虑微小地形，以节省工程投资。各级路线都要避免不顾纵坡起伏，片面追求长直线，或不顾平面过于弯曲，片面追求平缓纵坡的倾向，都应注意平、纵、横三方面的协调，考虑驾驶人和乘客的视觉和心理反应。

图 8-25　丘陵区路线

丘陵区路线的布设，要考虑横断面设计的经济合理。在一般横坡平缓地段，可采用半填半挖或填多于挖的路基；横坡较陡的地段，则宜采用全挖或挖多于填的路基。并要注意纵向土石方平衡，以减少废方和借方，尽量少破坏自然景观。丘陵区农林业均比较发达，土地种植面积很广，低地为水稻田，坡地多为旱作物和经济林，小型水利设施多，布线时要注意支援农业，尽可能和当地的整田造地及水利规划密切配合。

根据上述要求，针对不同地形地带，采用不同布线方式。路线遇平坦地带，如无地质、地物障碍影响，可按平原区以直线方向为主导的原则布线；如有障碍或有需联系的地点，则加设中间控制点，相邻控制点间仍以直线相连；凡路线转弯处，设置与地形协调长而缓的曲线。

在具有较陡横坡的地带，两个已定控制点间，如无地形、地物或地质上的障碍，路线应沿匀坡线布设。匀坡线是两点间顺自然地形以均匀坡度所定的地面点的连线，这种坡线常需多次试放才能求得。两个已定控制点间如有障碍，则在障碍处加设控制点，相邻控制点间仍沿匀坡线布设。

在横坡较缓的起伏地带，如走直连线，纵向坡度大，势必出现高填深切；如走匀坡线，路线迂回，里程增长不合理。因而在走匀坡线与直连线之间，选择平面顺适、纵坡均衡的地段穿过较为适宜。但路线具体位置，要视地形起伏程度及路线等级要求而定。对于较小的起伏，在坡度和缓前提下，考虑平面与横断面的关系，一般是低级路工程宜小，路线可偏离直连线稍远（如图 8-26 中方案Ⅱ），高级路可将路线定得离直连线近些（如图 8-26中方案Ⅰ）。对于较大的起伏地带，两侧高差常不相同，高差大的一侧坡度常常是决定因素，一般以高差大的一侧为主，结合梁顶的挖深和谷底的填高来确定路线的平面位置。如图 8-27 所示，AB 跨一谷地，靠 A 一侧高差大、坡度陡，当梁顶 A 可多切、谷底 D 可多填时，路线放坡可得 ADB 线；若 A 少切、谷底 C 少填时，放坡可得 ACB 线。

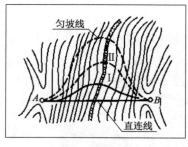

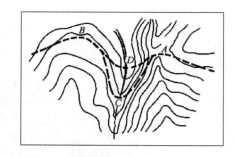

图 8-26　较小起伏地带路线　　　　　图 8-27　较大起伏地带路线

两个已定控制点间，有时因地形、地质或地物上的障碍，路线会突破直线与匀坡线的范围，这种为避让障碍所定的中间控制点，应视为又增加一个已定控制点。这一控制点把原来两定点间路线分割成两段，在这两段内应分别按直连线与匀坡线之间的原则通过。

总之，在丘陵地区选线，由于可通路线方案较多，各条路线方案之间的优缺点不突出。因此，应特别强调多跑、多看、多问，经过详细分析比较，然后决定一条最合适的路线。对于地方性路线，特别要征求当地政府及群众的意见，以使公路发挥它在公路运输网中应有的地位和作用。

总结丘陵区选线的实践经验，主要应注意以下几方面。

(1) 平面

平面上不强拉长直线，尽量采用与地形协调的长缓和曲线，路线转折不过于零碎频繁，相距不远的同向曲线尽可能并为一个单曲线或复曲线，反向曲线间应有一定长度的直线段或采用 S 形曲线。

(2) 纵断面

起伏地带路线采用起伏坡形是缩短里程或节省工程造价的有效方法。但起伏不应过于频繁和太急剧，坡长宜长，纵坡宜缓，避免形成锯齿坡形和短距离的"驼峰"和"凹陷"；陡而长的纵坡中要利用地形插设缓和坡段。竖曲线宜长而缓，相距不远的同向竖曲线尽量连接，反向竖曲线间最好有一段直坡。

(3) 平纵组合

长陡坡下坡尽头避免设小半径平曲线。对平、竖曲线位置，当两者半径很大时，各设在何处对行车影响不大，但在起伏地形如梁顶、沟谷等处，使暗弯与凸形竖曲线、明弯与凹形竖曲线结合，能有效增进行车安全感和路容的美观。注意两者半径都应大些，特别是明弯与凹形竖曲线重合处，因车速都较高，半径过小会增加驾驶难度。最不利的情况是凸形竖曲线与小半径平曲线相隔很近时，因凸形竖曲线阻碍视线，路线将失去引导视线作用，应尽量避免这种情况，使平、竖曲线重合。

五、特殊地区和不良地质地区选线

公路选线常会遇到一些特殊地区和不良地质地区,若路线方案选择不当,公路建成后建筑物遭受破坏,将造成中断交通的严重后果。因此,选线时应深入调查研究,收集足够的气候、水文、地质等资料,查明特殊地区和不良地质地区的分布范围、类型、规模、严重程度及其发展原因和规律。根据具体情况,提供各种可行的绕避或通过方案,做到绕有根据,治有办法,保证公路建成后交通畅通与安全。

1. 水库地区选线

（1）水库对公路的影响

沿河修建水库工程,改变了河流天然状况,将使库区范围内的工程地质与水文地质条件产生一系列变化,必然也影响公路建设。水库坍岸、地下水位壅升和水库淤积是影响水库地区公路建设的三个主要危害。

①水库坍岸

水库蓄水后,由于水位的变化、波浪对库岸的冲击和淘刷、库岸受水浸泡、不良地质现象随地下水位上升而加速发展等,使库岸产生变形,造成坍岸,威胁公路安全。

②地下水位壅升

水库水位升高后,原有地下水位上升,使黄土和黄土类地层产生湿陷,已趋稳定的古滑坡复活。当地下水位上升至接近地表时,可使泉水出露,土地沼泽化。

③水库淤积

水库建成后,水库上游回水区内流速降低,产生淤积现象,河床逐渐上升,水流的回水曲线抬高,影响桥梁净空。

（2）水库地区选线要点

①路线应与水库协调

当水库为远期规划时,为不使公路过多增加投资,经比较可按暂无水库影响布线,但必须征得有关方面的同意。当水库修建计划已落实时,如对公路建设投资影响不大,应尽量配合水库建设要求进行公路选线。当河谷地形困难、地质条件复杂、水库规模较大、水坝较高,使公路建设技术难度过大或增加投资过多时,可考虑避开水库影响,另行选线。当路线通过既有水库地区时,应测绘和查明水库的影响范围,研究路线通过或绕避库区的合理方案。

②路线研究和方案比选

根据水库有关资料及沿线工程地质和水文地质条件,在大比例平面图上绘出水库淹没范围,选择有代表性垂直库岸的地质横断面,根据有关条件分别求出坍岸宽度,逐一放到平面图上并连成预测坍岸线。坍岸宽度受水文和气象因素的影响,与库岸地形、地质条件有关,可近似按浅滩类比法(即图解分析法)进行预测。

a）路线位置一般选在最终坍岸线以外,并留有一定安全距离。个别地段有防护和跨越条件,确能保证路基稳定,且能显著节省投资时,可考虑在坍岸线范围内布线。

路线应尽量选在地质条件较好、库岸平缓的一岸,尽量避免设在垂直主导风向的一岸,以减少风浪对路线的不良影响。对滑坡、崩塌等不良地质路段,应评估水库建成后对其稳定性的影响。若加固工程投资过大或不能确保安全时,路线应尽量绕避。

b) 路线应避开水库淹没范围,以减少水下工程。如必须通过淹没区时,路肩高程应保证水库最高水位时不淹没路基,并保证路基稳定。水库路基的设计高程,可按下式计算,即

$$H = h_1 + h_2 + h_z + \delta \tag{8-4}$$

式中：H——路基设计高程,m;

h_1——对应公路设计洪水频率的水库水位,m;

h_2——回水高,m;

h_z——波浪侵袭高度,m;

δ——安全高度,一般不小于 0.5m。

因影响水位高程的因素复杂,确定路肩高程时应留有余地。

c) 路线应尽量绕避因地下水位壅升造成的湿陷、翻浆、沼泽化和使滑坡、崩塌等不良地质现象恶化的地区。如经处理可保证安全且经济合理,可考虑通过。

d) 路线跨过支沟时,应尽量远离沟口,选择在水浅、风浪小、地质条件好的地段通过。跨越支沟的大中桥,应注意支沟坍岸的影响,桥台基础应在坍岸范围以外。

e) 路线跨越水库,一般选择在水库上游回水曲线以上或水库下游集中冲刷范围以下河段通过。如必须在水库淹没区内跨越时,桥位应选择在较窄地段,桥梁高度应适当留有余地。

f) 路线由坝顶通过时,坝身质量必须符合公路路基要求。泄水建筑物要能达到公路桥涵荷载强度,基底无渗漏现象,并与水利部门充分协商,落实坝顶通过方案。

g) 遇有隧道时,应按坍岸断面及地下水位壅升曲线检查路线位置。在湿陷性黄土地区,还应调查和推断沉陷影响,以确定隧道的平面位置及设计高程。

2. 人为坑洞地区选线

(1) 人为坑洞对公路构造物的危害

人为坑洞是指因人类活动所挖掘的地下洞穴,如矿区的采空区、采煤洞、掏砂洞、掏金洞、窑洞、坎儿井、地下渠道和墓穴等。选线时如对此类地区重视不够,工程措施考虑不周,通车后极有可能将导致公路建筑病害,严重影响行车安全。

(2) 人为坑洞地区选线要点

① 路线应尽量绕避人为坑洞地区,尤其是人为坑洞密集地区,处理工程复杂的大型人为坑洞以及需修建桥梁、隧道、立交等重要建筑物地段。当绕避有困难时,路线应尽量选择在矿层薄、埋藏深、倾角缓和垂直于矿层走向等有利地带通过,并采取措施确保公路安全。

②路线通过小型坑洞时,应采取适当的工程措施。对埋藏浅的坑洞应挖开回填;对不易开挖的坑洞,应使用必要的勘探方法,查明坑洞情况,加以处理。

③对正在开采或计划开采的矿区,为避免压矿,路线应尽量绕避。如必须通过时,须与有关部门协商,选择通过矿体长度最短的部位,并采取措施,保证安全。

3. 风沙地区选线

(1) 风沙对公路的危害

风沙给公路养护、运营带来沙害,危害程度与沙源、风力和地貌有关。沙害的具体表现一是风蚀,路基边坡或路肩被风蚀而遭破坏,一般路堤的路肩和路堑的边坡受害较为严重,危及行车安全;二是沙埋,在路基的零填挖段及低路堤、浅路堑路段易遭沙埋而造成路基积沙和排水不良等病害;三是堵塞桥涵,当风沙地区的桥涵被流沙堵塞时,一旦出现暴雨,因排水不畅,会冲毁路基;此外,风沙还使空气混浊不清,影响驾驶人视线,危及行车安全。做好公路沙害防治,应采取各种有效措施,这是一项长期的工作。

(2) 风沙地区选线要点

①应深入调查研究,查明各种沙丘的成因、性质、活动情况以及风力、风向、沙源、地形、地貌等,尽可能绕避严重流沙地带。

②在大面积沙丘地区,如流沙不能绕避,应尽可能选择在下列沙害较轻的地带通过:

a) 沙丘边缘地带。该地带风力较小、沙埋较轻,且多潜水溢出,植物易于生长,多为半固定和固定沙丘。

b) 沙丘中的河流两岸、古河道及沙丘之间的湖盆草滩。这些地段地形平缓,地下水位较高,植物生长较好,有利于固沙造林,防治沙害。

c) 大山或高地的前缘背风地带。

③在风沙覆盖的山地、丘陵地区,路线宜选在沙带间的丘陵地通过。如条件限制,必须穿越沙带时,宜选择在沙带最窄部位,以路堤正交跨过。

④在半固定和固定沙丘为主的局部流沙地区,路线应尽量通过半固定、固定沙丘地区,并尽可能不通过沙丘的下风侧,避免沙体移动掩埋公路。

⑤路线走向应尽量与当地主风向平行。若路线与主风向垂直,路堤上风侧常形成大量积沙,使路肩遭受风蚀,路堑亦容易积沙,边坡易遭风蚀。

⑥应尽量少设曲线,必须设置时,宜采用大半径曲线,曲线段只宜设路堤,并将曲线外侧面对主导风向。

⑦路线应尽量靠近筑路材料产地和水源地带,以降低工程造价,减少施工、养护困难。

⑧路线纵断面设计,应尽量采用适当高度的路堤,零填挖路基及路堑均易被沙埋。

4. 多年冻土地区选线

(1) 多年冻土对公路构造物的危害

①路基冻害主要表现在融沉和冻胀。一般遭受冻害的是松散土及粉状土的路堑及不填不挖路基。路堑冻害常导致边坡滑动、侧沟挤坏,若遇埋藏冰层易形成泥槽。石质路堑

有裂隙水时,冬季冻结形成冰锥,危及行车安全。

②桥涵建筑物的冻害,主要为基础凸起和下沉。桥涵附近的冰锥、冰丘可能产生冰塞,挤压桥涵。

(2)多年冻土地区选线要点

①路线通过山坡时,应尽量选在平缓、干燥、向阳的地带,该处多年冻土埋藏较深,水分蒸发量大,地表及地下水含量相对较小,冻害和其他病害较轻。但阳坡的溶解层深度大,在山坡较陡、节理发达、风化严重的阳坡选线时,要注意绕避不良地质地段。

②路线通过山岳丘陵地区时,宜选在融冻坡积层缓坡的上部。沿着大河河谷定线时,宜选在高台地上,以较短的距离通过多年冻土边缘地带,避免沿冻融区附近的多年冻土边缘地带布线。

③路线宜选在岩石、卵石土、砾石土、砂和含水率小的冻土、冻砂土、砂粒土等少冰冻土地带。在多冰冻土的地层通过时,应避让腐殖土、熟砂土、砂黏土、粉砂地段,尤其避免在饱冰、富冰冻土的含冰土层中通过。对厚层地下冰、热融滑坍、热融湖(塘)、冰锥冰丘、沼泽等不良地质地段应尽量绕避。

④道路应尽量采用填方,尽可能避免采用挖方、零填挖或低填浅挖路基,如受条件限制时,应缩短路段长度。在饱冰冻土和厚层地下冰地段,应避免以挖方通过。

⑤大、中桥宜选在大河的融区地段或基底为少冰冻土的河段。避免将一座桥设在融区和冻土两种不同的地基上。

⑥隧道应尽量避免穿过地下水发育的地层。洞口位置应避开热融滑坍、冰锥、冰丘以及厚层地下冰等不良地质地段。

5.黄土地区选线

(1)黄土对公路工程的影响

①黄土湿陷对建筑物的影响。黄土遇水使联结土粒的胶膜胀大,联结力减弱,并使土内起胶结作用的易溶盐溶解,在自重及外力作用下产生沉陷。公路建筑物不能适应这种迅速沉陷,轻则变形开裂,重则破坏倒塌。

②黄土崩塌、滑坍、滑坡。黄土沟谷两岸一般工程地质条件比较差,坡脚不稳,易发生崩塌或滑坍。此外,黄土与其下红土层接触面多向沟床倾斜,有的红土层不透水,地下水沿此接触面移动或渗流,易产生滑坡。

③黄土陷穴。地面水渗入松散的黄土体内,破坏了黄土的胶结性,同时在动水压力作用下,黄土中的胶体动土微粒被水带走,形成地面坍陷,继而冲成洞穴,即陷穴。

④黄土路堑边坡的崩塌与冲刷。黄土路堑的主要问题是边坡的稳定性,它与路堑的深度、边坡坡度、排水和防护等有关,还受地貌、气候及黄土性质的影响。

(2)黄土地区选线要点

①路线应尽量设在黄土塬、宽谷阶地、平缓斜坡以及比较稳定的沟谷地带,尽量绕避陷穴与冲沟发育的塬边和斜坡地带。

②路线通过湿陷性黄土地区时,应尽量选择湿陷性轻微、地表排水条件较好的地区

通过。

③路线跨越黄土深沟时,应结合地形,降低填土高度。当沟谷宽敞、谷坡稳定平缓时,可沿沟坡升坡绕向沟谷上游以降低填土高度;当沟谷深窄、谷坡陡峻且不稳定、绕线困难,同时沟谷不长,沟底坡度较陡时,可将线位移向沟脑附近来降低填高。

④选线时应对高填与高桥进行综合比较。高填存在下沉量大、多占耕地等缺点,在工程造价差别不大时,应尽量采用高桥方案,但需考虑基底不均匀下沉的影响。在跨越深沟时,应尽量降低线位高度,并选在墩台地基较好的地段通过。

⑤选线时应对深挖与隧道进行综合比较。工程造价差别不大时,应采用隧道方案。黄土隧道应绕避不良地质地段,尽量设在土质较好的老黄土层中,并防止偏压。

6. 软土和泥沼地区选线

(1) 软土和泥沼对公路工程的危害

软土和泥沼都具有压缩性高和强度低的特点,对工程建筑物会造成滑坍和沉陷等危害。公路建成后路基常有下沉,造成路面过早破坏,给行车、养护带来很大困难。

(2) 软土和泥沼地区选线要点

①软土和泥沼地区选线时应进行全面比较。在技术经济指标相差不大时,应采用绕避方案。如软土或泥沼范围较小,工程处理能确保安全,工程投资较省时,可以考虑以路堤通过。

②路线必须通过软土、泥沼地区时,路线位置应尽量选在软土、泥沼最窄,泥炭、淤泥较浅,沼底横坡不大,地势较高及取土条件较好的地段通过。

③软土、泥沼地区以修建路堤为宜,且路堤高度不宜超过极限高度。沼泽地区需利用路堤自重将泥炭压缩达到稳定,填土高度也不宜大于极限高度。在淤泥和泥炭较厚,泥沼底横坡较陡,路基处理工程困难地段,应考虑建桥的比较方案。

④河谷软土地带或古盆地的中央部位软土层较厚、土颗粒较细、含水较多、基底松软,路线宜绕避而选择在边缘地带通过,但也要注意绕开土质软硬差别极大的边缘地段。

⑤宽广的软土地区,路线应尽量避免沿排水管道边缘或湖塘边缘布线。这些地段为水流浸润,地基较软弱,基底两侧的变形也不均匀,对路基的稳定不利。

7. 盐渍土地区选线

(1) 盐渍土对公路工程的影响

地表 1m 以内土层中易溶盐含量大于 0.5% 的土称为盐渍土。它对路基工程的影响主要有以下几种表现:

①因盐渍土中有盐分,在夯实过程中,其最佳密度随含盐量的增加而减小。含盐量超过一定限度时,就无法达到路基的标准密度,路基将产生下沉、变形病害。

②盐渍土中水分和温度随气候条件的变化而变化,使土体中盐分溶解与结晶交替,土体膨胀与收缩循环,破坏其稳定性。这种现象在日温差大的干旱内陆地区较突出。

③松散和膨胀作用。松散多发生于表层 0.3m 内,土层疏松,足踏下陷。松散是因地

表土受昼夜温差变化引起的。膨胀常发生于表层 1m 内,个别到 3m 深,因土体膨胀使路面拱起,危害较大。

(2)盐渍土地区选线要点

①盐渍土地区选线应尽量选在排水条件良好、地下水位低、含盐量小、通过地段短和地势较高的有利地段。内陆盐渍土地区路线宜在砾石带、沙土灌丛带通过;冲积平原盐渍土地区路线,宜远离河岸边的湿盐渍土地区,而在地下水位较深的干燥地带通过。

②湿盐渍土地区的地下水位高,排水困难,路基基底一般需填渗水土或采取抬高路堤等措施,造价较高,应尽量绕避。如必须通过时,应将路线设置在地势较高和工程地质条件较好的地段。对一般盐渍土或干盐渍土地区,含盐量一般较轻,可考虑以路堤通过。

③当降低地下水位有困难,且不易取得渗水土做填料时,宜采用抬高路堤的方法通过。此时路肩高程应考虑冻前地下水位、毛细水强烈上升高度、临界冻结深度和一定的安全距离。

8. 膨胀土地区选线

(1)膨胀土对公路工程的危害

膨胀土是一种裂隙特别发育、工程地质性质不良的高塑性黏土。其对湿热变化敏感,吸水膨胀软化、失水收缩干裂,使土体结构遭受破坏,造成边坡不稳定,影响正常行车。其危害有以下几种表现:

①冲刷。冲刷现象存在于所有膨胀土边坡。其破坏过程是雨季地表水使土层湿化,崩解后冲刷,坡面呈无数"V"形小沟,由上而下逐渐加宽加深,边坡越高冲刷越甚。

②剥落。坡面龟裂松胀的土层,逐步散裂成颗粒状碎屑,在重力及地表水作用下顺坡剥落,堆于坡底淤塞侧沟。

③溜坍。溜坍指路堑顶或坡面表土的滑动现象,呈马蹄形,坡度陡而不规则。由于雨季地表水在风化裂隙中迅速集中,使松散土层顺坡滑动。当降雨大而久时,可能发展成为泥石流。

④滑坡。有塑流型滑坡及剪切型滑坡两类。前者具有一般滑坡的弧形外貌,滑体呈流塑状;后者含水较多,裂缝密布,滑带呈软塑和可塑状。

(2)膨胀土地区选线要点

①膨胀土地区路线宜填不宜挖,应尽量减少深长路堑,选定合理方案,否则应与绕避方案进行比较。

②岗沟相间是膨胀土地区的一种地貌。路线遇到垄岗时,应垂直于垄岗方向,并选择垭口较低、较薄地段通过,以缩短路堑的长度和深度。

③路线应尽量远离建有重要建筑物和建筑群的垄岗,避免路堑开挖后发生变形,影响附近建筑物的安全。

④路线跨越沟谷处,一般宜建桥并增加桥梁高度。

⑤在垄岗处修建隧道,应避免浅埋,否则应采用加固措施。

9. 滑坡地段选线

(1) 滑坡对公路工程的危害

滑坡发生时,大量土体下滑推移,埋没路基或其他建筑物,修复困难,造成行车中断,对公路危害极大。

(2) 滑坡地段选线要点

①对技术复杂、工程量大、采用整治措施也不能确保稳定的大型滑坡,路线应绕避。在河谷地段,可移到滑坡的对岸通过,或在滑动面底适当位置以隧道通过。

②对中小型滑坡,如经整治能确保稳定,工程投资有显著节省时,可考虑在其下部以低填方或其上部以浅挖方通过。

③当路线位置受到控制,无法绕避滑坡地段(含可能产生滑坡地段)时,必须采取有效的工程措施,以确保施工和运营安全。

10. 崩塌、岩堆地段选线

(1) 崩塌、岩堆对公路工程的危害

山坡陡峻、裂隙发育、岩层倾向公路的地段,或构造复杂、岩块松动的陡坡,因雨水侵蚀、温度变化或受其他外力作用可能产生崩塌。崩塌一般出现在峡谷陡坡地段,它直接威胁公路安全,尤其是大型崩塌来势凶猛,破坏力极大。

悬崖及陡坡上部,岩石经物理风化作用后,通过重力或暴雨等极端天气搬运至山坡或坡脚的松散堆积体,称为岩堆。岩堆往往由崩塌、错落形成,亦可由缓慢的堆积形成,在河谷中较为常见。在岩堆地段修筑公路,易发生顺层牵引滑坍,影响公路稳定。

(2) 崩塌、岩堆地段选线要点

①在山体不稳、岩层破碎的陡峻山坡,或人工开挖使稳定条件破坏预计将发生较大规模崩塌,且工程处理困难的地段,应尽量绕避。若采用修建明洞、在稳定岩层内修建隧道等措施通过,需经比较后选定。

②在崩塌范围不大,且性质不严重,采取清理山坡危石以及其他有效工程措施能保证安全时,可考虑在崩塌影响范围内通过。

③对处在发展阶段或较大范围松散、稳定性差的岩堆,路线宜向山体内移以隧道在堆积体范围外的基岩中通过,或外移设桥通过,或考虑跨河至对岸的绕避方案。

④对稳定的岩堆,路线以低路基或浅路堑通过,应避免深挖高填,以免破坏岩堆的稳定性。

11. 泥石流地段选线

(1) 泥石流对公路工程的危害

泥石流是一种携带大量固体物质(如黏土、砂、砾石、块石等)骤然发生的洪流,主要发生在地质不良、地形陡峻的山区。泥石流一般均来势凶猛,破坏力巨大,冲毁路基、桥涵、房屋、村镇和淹没农田,堵塞河道,给公路交通和工农业生产造成严重危害。

（2）泥石流地段选线要点

①对严重泥石流集中地段,应考虑绕避。当沿河两岸均有泥石流时,则应选泥石流较轻微的一岸通过,必要时可多次跨河绕避。

②路线跨越泥石流沟时,首先应考虑从流通区或沟床比较稳定、冲淤变化不大的洪积扇顶部以桥跨越。但这种方案平面线形一般较差、纵坡起伏大、沟口两侧路堑边坡容易发生崩塌、滑坡等病害。此外,还应注意目前流通区有无转化为堆积区的趋势。

③路线必须通过泥石流地段时,应尽量避免穿过沉积区,二级及二级以上公路宜在通过区设桥跨过,并留有足够孔跨及净高。如受高程控制不能设桥时,不宜设计为路堑,可以明洞或隧道通过,应将明洞或隧道的进出口设在泥石流影响范围外,并有足够埋藏深度。

④只有泥石流不严重,技术上可以处理,并经比选确定后,方能采用在沉积区通过的方案。在沉积区宜分散设桥,不宜改沟合并设桥。

12. 高烈度地震区选线

（1）地震对公路工程的影响

强烈地震可使地层断裂,山体崩塌,房屋倒塌,桥梁破坏和造成人员伤亡。地震对公路工程的破坏程度与地震烈度大小,当地地形、地质条件和建筑物的抗震能力有关。

①不同地形和地质条件下地震的危害

地层的工程地质和水文地质条件不同,地震危害的程度亦不同。完整、微风化的基岩、洪积胶结的大块碎石土等地基最为稳定。流塑状黏性土、黏砂土层、饱和砂层（不包括粗砂、砾砂）、淤泥质土、填筑土等地基抗震性能最差。饱和松散的粉细砂、细砂或中砂受震后,可能发生液化现象,使地基承载能力减弱或丧失。

深谷、悬崖、陡坡、陡坎等地段受震后容易产生崩塌。地震对不稳定、风化破碎的陡峻山坡也易造成滑坡及崩塌。地震还易促使古老滑坡、泥石流复活,造成新的泥石流。平原地区地震时,也会产生地面裂缝,翻砂冒泥。

②不同构造物的抗震能力

构造物因强度、结构的不同具有不同的抗震能力。隧道因埋藏在地层中而抗震能力强,但洞口和浅埋隧道较易受地震的破坏。高路堤、深路堑易受到破坏。具有对称或整体结构的桥涵抗震能力较好。特大桥、大桥等大型建筑物,如地基不良,受震后墩台基础易产生下沉,墩台支座、梁部易受到破坏或推移,修复困难。

对建筑物的抗震能力,涵洞比桥梁好,隧道比深路堑好。

（2）地震区选线要点

①干线公路应尽量绕避高烈度地震区,难以避开时,路线应选择在高烈度地震区的最窄处通过,并宜采用低路堤。

②路线必须通过高烈度地震区时,应尽量利用有利地形,避开悬崖陡壁、地形复杂和

不良地质地区,以减少地震可能造成的破坏。

a) 路线应选择在地基稳定和地下水埋藏较深的地区,或地形开阔平缓和稳定的山坡地段上。

b) 路线应尽量绕避活动断层和两个构造线的交汇点。如必须穿过构造带时,应选择在最窄处以正交通过。

c) 当路线必须通过非岩质和岩层风化破碎的陡峻山坡时,应考虑以隧道通过。其洞口位置应避免设置在岩层松软、崩塌、滑坡等不稳定地段。难以避开时,应"早进洞、晚出洞"和采取加强措施,尽量避免傍河隧道的洞身埋藏过浅。

d) 路线应避免高填深挖或半填半挖,尤其在土质松软地区更应避免。

③地震区桥梁位置应尽量选择在地基良好和稳定的河岸地段。如必须在易液化砂土、黏砂土及软土或稳定性较差的河岸地段通过时,路线应尽量与河流正交。

六、基于 Web 地理信息系统等技术的公路选线

公路选线是根据公路的基本走向,结合地形地质、建造费用、生态环境等因素,通过对路线方案的反复比选、评估得到路线走廊带的过程。为了确保公路建设的合理布局、协调发展,防止决策中的随意性,道路建设前期的规划工作是重中之重,路线方案是否合理将直接影响工程本身的工程投资、运输效益和使用质量。

网络地理信息系统(WebGIS)是互联网技术应用于地理信息系统(GIS)开发的产物,可以提供六大基础功能与服务,分别为:定位、地图、出行、轨迹、数据和分析。随着网络(Web)技术的不断发展,其数据来源将会越来越广泛,空间分析能力更加强大,数据管理更加完善,数据交互趋于统一,数据更加开放共享。

基于 WebGIS 等软件的公路智能选线技术可以综合考虑公路选线的各个影响因素,通过智能选线算法辅助设计者决策,并可通过开源的途径使用,有利于公路设计的智能化和信息化发展。国外有学者提出了将 GIS 和遗传算法相结合的公路路线优化方法,将其用于路线优化,使其能满足公路设计标准。国内部分学者建立了公路路线平纵方案优化的数学模型和多目标优化模型,提出基于 GIS 和多目标遗传算法的公路路线方案优化方法,并对地理信息系统软件(ArcGIS)进行二次开发,借助 VB.NET 框架研发了公路智能选线系统。

今后的公路选线发展还将考虑应用 GoogleEarth 系统以及数字地面模型(DTM),综合考虑其背景要素,根据公路选线新理念原则,重点分析环境保护和经济相关的影响因素。通过开源 OpenLayers、Java、MySQL 数据库等技术,建立智能选线优化方法,提供数据基础,从求解数学问题的角度出发,构建公路路线方案的数学模型。采用 WebGIS 等技术对选线进行智能优化,对未来选线技术的发展有一定启发作用。

第五节　纸上定线

道路常用定线方法(即传统的"定线")包括纸上定线和实地(直接)定线两种方法。接下来的三节将具体说明公路纸上定线和实地定线的方法、步骤;实地放线的具体方法和操作步骤等内容。城市道路定线受规划道路网控制,两控制点之间一般以直线相连,对起伏较大的城市道路定线可参照公路定线方法进行。

一、纸上定线的工作步骤

公路纸上定线一般适用于技术标准高或地形、地物复杂的路线。定线过程是先在大比例尺地形图上定线,然后把纸上路线敷设到地面上。

纸上定线是在 1∶1 000～1∶2 000 大比例尺地形图上确定道路中线位置的方法。地形图范围大、视野开阔,定线人员在室内容易定出合理的路线。尤其是等级较高的公路或复杂的山区公路,先采用纸上定线的方法定出公路中心线,再到实地放线,可以大大节省时间,提高设计质量。需要收集调查的资料包括初拟路线方案及所确定的控制点,沿线地质情况,不良地质地段,城市规划,地下管线,文物古迹,自然保护区以及气候、气象等资料。高等级公路还应收集沿线路网规划,重要河流的通航、防洪等资料。

对不同的地形在定线时有不同的侧重点。平原、微丘区地形平缓,路线一般不受高程限制,定线中主要是正确绕避平面上的障碍,以方向为主导,力争控制点间路线短捷顺直;而山岭、重丘区地形复杂,横坡陡峻,定线时要利用有利地形,避让艰巨工程、不良地质地段或地物等,都涉及调整纵坡问题,且山区纵坡又限制较严,因此山岭、重丘区纵坡设计就成为关键问题。这些因地形而异的指导原则,并不因采用的定线方法不同而改变,但定线条件发生了改变,工作重点也会有所不同。

1. 平原、微丘区定线步骤

(1)定导向点

在选线布局确定的控制点之间,根据平原、微丘区路线布设要点,通过分析比较,确定可穿越、应趋就和该绕避的中间点和活动范围,建立一些中间导向点,确定路线走向。

(2)试定路线导线、初定平曲线

按规定的技术标准,参照导向点,试穿出一系列直线,交汇出交点,作为初定的路线导线。读取交点坐标,计算或直接量测路线转角和交点间距离,初定圆曲线半径和缓和曲线长度,计算曲线要素及曲线里程桩号。

(3)定线

检查各技术指标是否满足相关标准与规范要求,以及平曲线线位是否合适,不满足时应调整交点位置或圆曲线半径、缓和曲线长度,直到满足要求为止。排出整个路线的里程桩号,点绘出纵、横断面图,绘出地面线,画出设计线。纵、横断面设计完成后,需进行平、纵、横线形协调检查,内容包括平曲线与平曲线的组合,平曲线与竖曲线的组合,路基高度、边坡、排水、桥涵等工程结构物的安排是否合理,发现问题应及时修改,直到满意为止。

2. 山岭、重丘区定线步骤

(1)定导向线

①分析地形,找出各种可能的走法。在地形图上仔细研究路线布局阶段选定的主要控制点间的地形、地质情况,选择有利地形如平缓顺直的山坡、开阔的侧沟、利于回头的地点等,拟定路线各种可能的走法,完成路线总体布局。如图8-28所示,图左侧地形较陡,右侧地形较缓,A、D为两主要控制点,B为可利用的山脊平台,C为应避让的陡崖,则A—B—D为路线的一种可能走法,是否可行须由放坡试定。

②求平距,绘均坡线。所谓平距,是指以一定坡度(定线坡度)升高一个等高线间距所需要的距离。由等高线间距h和选用的平均纵坡$i_{均}$(5.0%~5.5%,视地形曲折程度和高差而定),按$a = h/i_{均}$计算等高线间平距a。使脚规两脚的张开度(定线步距)等于a(按地形图比例尺),进行纸上放坡,如图8-28、图8-29所示,从某一固定点A开始,沿拟定走法依次截取每根等高线得$a,b,c\cdots$点,在B附近回头(如图中j点)后再向转向D点继续进行截取。当最后一点的位置和高程都与D点接近时,说明该方案成立;否则应修改走法(如改变回头位置),或根据图上等高线得出所余高差值的大小调整$i_{均}$(在5.0%~5.5%内),重新试坡至方案成立为止。

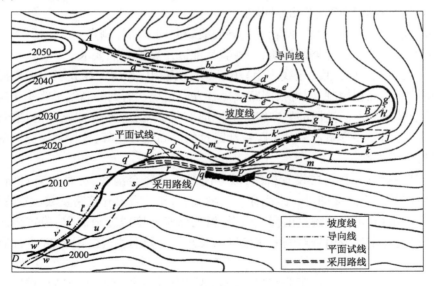

图8-28 纸上定线平面图

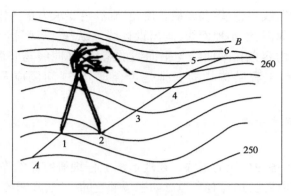

图 8-29　纸上放坡示意图

连接这些点所构成的具有平均纵坡的折线,称为"均坡线",它验证了一种走法的成立,并可发现一些中间控制点,为下一步工作提供依据。

③确定中间控制点,分段调整纵坡,定导向线。用纸上定线方法作出的坡度线,由于涉及等高线稀密变化的影响而成为一系列短折线,显然不能满足平面线形的要求。同时可以看出,这条折线对利用地形、避让地物和艰巨工程并不都是经济合理的,在 B 处利于回头的地点未能利用,在 C 处的陡崖未能避让。若调整 B、C 前后的纵坡(可在最大和最小纵坡间选用,但不轻易采用极限值且不出现反坡),就能避开陡崖和利用有利回头地点,因此将 B、C 定为中间控制点。然后再仿照上面方法分段分别调整纵坡试定匀坡线,各段匀坡线的连线 $Aa'b'c'\cdots D$ 为具有分段安排纵坡的折线,称为导向线,它利用了有利地形,避开了不利障碍,示出了路线将经过的部位。

导向线的设置应注意以下几点问题:

a)导向线应绕避不良地质地段,并使导向线趋向前方的控制点。

b)导向线须顺直,无急剧的转折,在取直后能满足路线平面要求。

c)如果两脚规的张开度(定线步距)小于等高线平距,表示定线坡度大于局部地面自然坡度,路线不受高程控制,即可根据路线短直方向定线。遇到等高线平距小于定线步距的地段,再继续绘制下一地段的导向线。但地形变化无常,等高线有疏有密,这时不必严格按步距引线,但仍要尽量使总的步距数和跨过的等高线数相等,这样整个路段的平均纵坡仍然接近定线坡度。

d)路线跨越沟谷时,需要设置桥涵,故导向线不必降至沟底,可直接向对面引线,预留设桥涵所需的路堤高度即可。路线穿过山嘴或山脊时,需要开挖路堑或设置隧道,导向线也不必升至山顶,可直接跳过山嘴或山脊,根据路堑深度或隧道高程,确定跳过几根等高线,以便决定在山嘴或山脊对侧的哪条等高线开始卡导向线(注:图 8-28 中没有出现此类情况)。

在地面坡度连续上升(或下降)地段定线,为了使路线长度能达到满足克服高差的需要,又不无谓地展长路线,对路线的长度可事先估算,以便对全段线路做出规划。为克服

某一高差需要的路线长度估算公式为:

$$L = \frac{|H_2 - H_1|}{i_p} \tag{8-5}$$

式中:L——克服高差需要的路线合理长度;

H_2、H_1——分别为两控制点的高程;

i_p——定线平均坡度。

若实际定出的路线长度比估算长度长的较多,说明路线实际坡度较缓,路线可能有无谓展长;过短则说明路线坡度过大,将可能出现因不易克服高差而产生的大挖方路段。

(2)修正导向线

①试定平面和点绘纵断面草图。参照导向线大致定出直线,并利用"曲线模板"或"铁道弯尺"定出曲线,在符合路线设计规范有关规定的前提下,圆顺、顺直地定出路线平面,即平面试线(曲线模板应考虑内移值 p 的影响)。按地形变化特征点量出或读取桩号及地面高程,点绘纵断面图的地面线,参考地面线和前面分段安排的纵坡设计理想纵坡,如图 8-30 所示,量出或读取各桩的概略设计高程。

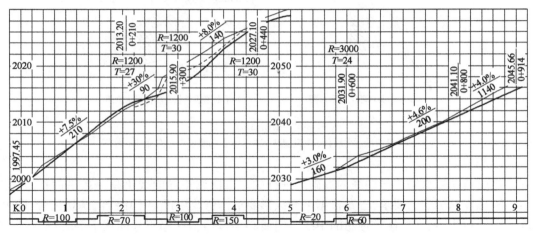

图 8-30 纸上定线纵断面图

②确定一次修正导向线。目的是根据等高线平面图和路线纵断面,修改平面位置,避免纵向大填大挖。在平面试线各桩的横断方向上点绘出与概略设计高程相应的点,这些点的连线是具有理想纵坡、中线上不填不挖的折线,称为修正导向线。当纵断面上填挖过大时,应进行修改。如图 8-30 所示,K0 + 200 ~ K0 + 400 之间,实线地面线(对应平面试线)挖方较大,该段纵坡已近极限值无法调整,如将路线移到崖顶通过(平面采用路线),平面线形并无多大变化,但挖方工程将减少很多,如图 8-30 中虚线地面线(平面图中修正导向线未示出)。

③确定二次修正导向线。目的是用横断面最佳位置修正平面,避免横向填挖过大。在横坡较陡的困难地段定线,有时从纵断面上看,填挖方工程量不大,但从横断面上看,可

能出现很大工程量,这时需要进行横断面修正。其工作步骤如下:

a)首先找出控制路线位置的横断面,测绘横断面图;

b)根据各控制断面的原设计高程,用路基透明模板逐点画出最经济或起控制作用的最佳中线位置及其左右可移动的合理范围,如图8-31a)所示;

c)将各横断面上路线可能左右移动的控制点(如 P、Q)按相应的里程和比例尺点绘到平面图上,连接各控制点,可得到在平面图上路线可能移动的带状合理范围,如图8-31b)中的阴影部分;

d)根据最佳位置的性质分别用不同符号点绘到平面图上,这些点的连线是具有理想纵坡、横向位置最佳的折线,称为二次修正导向线(小比例尺地形图上显示不出最佳位置时可不做)。

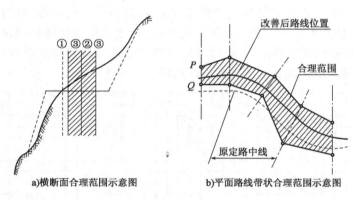

图8-31 横断面最佳位置
①-修正导向线;②-最合适的路基中线位置;③-路线可以左右活动的范围

(3)定线

定线是在二次修正导向线的基础上进行的。二次修正导向线仍是一条平面折线,显然不满足技术标准的要求,于是根据平面线形要求作修改后再定出中线的确切位置,即为改正后的中线,是一条比较理想的中线。定线必须按照二次修正导向线上各特征点的性质和可活动范围,经过反复试线才能定出满足要求的中线,如图8-31b)所示。在一定程度上,试线越多,最后的成品就越理想。平面中线定出以后就可以进行纵断面、横断面以及相关内容的详细设计。

二、直线型定线方法

直线型定线法是根据控制点或导向线和相应的技术指标,先定出与地形相适应的一系列直线,然后用适当的曲线把相邻的直线连接起来的传统定线方法,如图8-32所示。路线上每一条直线的方向,平原、微丘区应以布局确定的控制点为依据,山岭、重丘区应参照导向线试定的一系列控制点,按照"保证重点、照顾多数"的原则用直尺反复试穿导线,经过多方面分析比较后确定最终路线。直线型定线法一般适用于地形简易的平原、微丘地区。

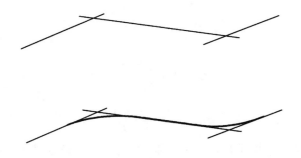

图 8-32　直线型定线法

1. 采集坐标、标定路线

道路中线确定后,为标定路线需根据选定的圆曲线半径及缓和曲线长度计算平曲线要素、曲线主点桩和加桩里程、逐桩坐标等。这些数据是否正确依赖于交点坐标采集的精度,通常交点坐标的采集方法有两种:

(1)直接采集法

适用于交点前后直线方向和位置限制不严的情况,在绘有网格的地图上按比例读取各交点的坐标,估读到米。

(2)固定前后直线间接推算法

适用于交点前后直线方向和位置受限制较严的情况,在绘有格网的地形图上先固定交点前后的直线(即在直线上读取两个点的坐标),再用相邻直线相交的解析法计算交点坐标。

当已知交点前直线上两点的坐标(X_1,Y_1)和(X_2,Y_2),交点后直线上两点的坐标(X_3,Y_3)和(X_4,Y_4),则交点坐标(X,Y)由式(8-6)计算如下:

$$\left.\begin{aligned} k_1 &= \frac{Y_2 - Y_1}{X_2 - X_1} \\ k_2 &= \frac{Y_4 - Y_3}{X_4 - X_3} \\ X &= \frac{k_1 X_1 - k_2 X_3 - Y_1 + Y_3}{k_1 - k_2} \\ Y &= k_1(X - X_1) + Y_1 \end{aligned}\right\} \quad (8\text{-}6)$$

计算交点坐标(X,Y)的表达式形式很多,式(8-10)只是其中之一,其他表达式读者可自行推导。

2. 交点间距、路线转角计算

设起点坐标$JD_0(XJ_0,YJ_0)$,第i个交点坐标为$JD_i(XJ_i,YJ_i)$,$i=1,2,\cdots,n$,则坐标增量:

$$DX = XJ_i - XJ_{i-1} \quad (8-7)$$
$$DY = YJ_i - YJ_{i-1} \quad (8-8)$$

交点间距：
$$S = \sqrt{(DX)^2 + (DY)^2} \quad (8-9)$$

象限角：
$$\theta = \arctan\left|\frac{DY}{DX}\right| \quad (8-10)$$

象限角 θ 所在象限根据坐标增量 DX 和 DY 的正负号确定，如图 8-33 所示。

方位角 A 如图 8-34 所示，由象限角 θ 推算它们的关系如下：

① $DX > 0, DY > 0, A = \theta$
② $DX < 0, DY > 0, A = 180° - \theta$
③ $DX < 0, DY < 0, A = 180° + \theta$
④ $DX > 0, DY < 0, A = 360° - \theta$

转角 $\alpha_i = A_i - A_{i-1}$，当 $\alpha_i > 0$ 时，路线为右转；当 $\alpha_i < 0$ 时，路线为左转。

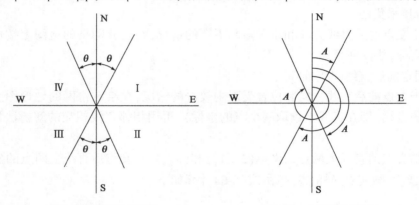

图 8-33　象限角示意图　　　图 8-34　方位角示意图

3. 平曲线设置

平曲线设置是在定出直线和交点组成的路线导线后进行的，主要工作任务是确定圆曲线半径 R 及缓和曲线长度 L_s。平曲线主要根据技术标准和地形条件，通过试算或反算的办法确定。

试算是根据经验先拟定 R 和 L_s，计算曲线要素切线长 T、外距 E 和平曲线长度 L，检查线形是否满足要求；当不满足时应调整 R 或 L_s 或二者都调整，直至满足为止。

平曲线半径 R 及缓和曲线长度 L_s 反算一般有三种情况：切线长控制，外距控制和转角为小偏角时按最短曲线长度控制。第三种情况出现概率比较小，第一、二两种情况应用比较普遍。反算是根据控制较严的切线长 T 或外距 E 和试定的 L_s 计算半径 R，取整并判断 R 是否满足标准要求，如不满足应进行调整。

试算或反算的结果经调整后仍然不能满足技术标准时，应调整路线导线。对于高速公路和一级公路,因精度要求较高,在应用传统公式时,必须注意取舍误差,如内移值 p、切线增值 q、支距直角坐标 (x,y) 等均为级数展开式,应增大项数。

4. 坐标计算

(1) 以交点坐标计算直线上任意点的坐标

如图 8-35 所示,设交点坐标为 $JD(X_J, Y_J)$,交点相邻直线的方位角分别为 A_1 和 A_2,平曲线切线长为 T。

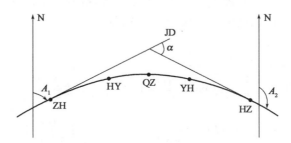

图 8-35　中桩坐标计算示意图

① ZH(或 ZY)点坐标:

$$\left.\begin{array}{l} X_{ZH(ZY)} = X_J + T\cos(A_1 + 180) \\ Y_{ZH(ZY)} = Y_J + T\sin(A_1 + 180) \end{array}\right\} \quad (8\text{-}11)$$

② HZ(或 YZ)点坐标:

$$\left.\begin{array}{l} X_{HZ(YZ)} = X_J + T\cos A_2 \\ Y_{HZ(YZ)} = Y_J + T\sin A_2 \end{array}\right\} \quad (8\text{-}12)$$

③ 直线上任意点坐标:

设直线上任意点加桩里程为 L,ZH、HZ 表示曲线起、终点里程,则

当 $L \leqslant ZH$ 时:

$$\left.\begin{array}{l} X = X_J + (T + ZH - L) \cdot \cos(A_1 + 180) \\ Y = Y_J + (T + ZH - L) \cdot \sin(A_1 + 180) \end{array}\right\} \quad (8\text{-}13)$$

当 $L > HZ$ 时:

$$\left.\begin{array}{l} X = X_J + (T + L - HZ) \cdot \cos A_2 \\ Y = Y_J + (T + L - HZ) \cdot \sin A_2 \end{array}\right\} \quad (8\text{-}14)$$

(2) 以曲线起、终点坐标计算单圆曲线上任意点(设里程桩号为 LB)中桩坐标

① 不设缓和曲线的单圆曲线

设曲线起点坐标分别为 $ZY(X_{zy}, Y_{zy})$,则圆曲线上任意点坐标为:

$$\left.\begin{array}{l} X = X_{zy} + 2R\sin\left(\dfrac{90l}{\pi R}\right) \cdot \cos\left(A_1 + \xi \dfrac{90l}{\pi R}\right) \\ Y = Y_{zy} + 2R\sin\left(\dfrac{90l}{\pi R}\right) \cdot \sin\left(A_1 + \xi \dfrac{90l}{\pi R}\right) \end{array}\right\} \quad (8\text{-}15)$$

式中：l——圆曲线内任意点至 ZY 点的曲线长，此时 $l = L_R - ZY$；
R——圆曲线半径；
ξ——转角符号，右转时 $\xi = +$，左转时 $\xi = -$，下同。

②设缓和曲线的单曲线

缓和曲线上任意点的切线横距为：

$$x = l - \frac{l^5}{40 R^2 L_s^2} + \frac{l^9}{3456 R^4 L_s^4} - \frac{l^{13}}{599040 R^6 L_s^6} + \cdots \tag{8-16}$$

式中：l——缓和曲线上任意点至 ZH（或 HZ）点的曲线长；
l_s——缓和曲线长度。

a) ZH—HY 段任意点坐标

$$\left.\begin{aligned} X &= X_{ZH} + x \bigg/ \cos\left(\frac{30\, l^2}{\pi R L_s}\right) \cdot \cos\left(A_1 + \xi \frac{30\, l^2}{\pi R L_s}\right) \\ Y &= Y_{ZH} + x \bigg/ \cos\left(\frac{30\, l^2}{\pi R L_s}\right) \cdot \sin\left(A_1 + \xi \frac{30\, l^2}{\pi R L_s}\right) \end{aligned}\right\} \tag{8-17}$$

b) HZ—YH 段任意点坐标

$$\left.\begin{aligned} X &= X_{HZ} + x \bigg/ \cos\left(\frac{30\, l^2}{\pi R L_s}\right) \cdot \cos\left(A_2 + 180 - \xi \frac{30\, l^2}{\pi R L_s}\right) \\ Y &= Y_{HZ} + x \bigg/ \cos\left(\frac{30\, l^2}{\pi R L_s}\right) \cdot \sin\left(A_2 + 180 - \xi \frac{30\, l^2}{\pi R L_s}\right) \end{aligned}\right\} \tag{8-18}$$

c) 圆曲线内任意点坐标

由 HY—YH 时：

$$\left.\begin{aligned} X &= X_{HY} + 2R\sin\left(\frac{90 l}{\pi R}\right) \cdot \cos\left[A_1 + \xi \frac{90(l + L_s)}{\pi R}\right] \\ Y &= Y_{HY} + 2R\sin\left(\frac{90 l}{\pi R}\right) \cdot \sin\left[A_1 + \xi \frac{90(l + L_s)}{\pi R}\right] \end{aligned}\right\} \tag{8-19}$$

式中：l——圆曲线内任意点至 HY 点的曲线长；
X_{HY}、Y_{HY}——HY 点的坐标，由式（8-17）计算。

由 YH—HY 时：

$$\left.\begin{aligned} X &= X_{YH} + 2R\sin\left(\frac{90 l}{\pi R}\right) \cdot \cos\left[A_2 + 180 - \xi \frac{90(l + L_s)}{\pi R}\right] \\ Y &= Y_{YH} + 2R\sin\left(\frac{90 l}{\pi R}\right) \cdot \sin\left[A_2 + 180 - \xi \frac{90(l + L_s)}{\pi R}\right] \end{aligned}\right\} \tag{8-20}$$

式中：l——圆曲线内任意点至 YH 点的曲线长；
X_{YH}、Y_{YH}——YH 点的坐标，由式（8-18）计算。

(3) 复曲线坐标计算

复曲线中间有设缓和曲线和不设缓和曲线两种情况。中间不设缓和曲线时，两圆曲线 R_1 和 R_2 在公切点（GQ）处直接衔接，两缓和曲线的内移值相等，即 $p_1 = p_2 = p$；中间设缓和曲线时即构成卵形曲线,该缓和曲线仍然采用回旋线,但它曲率不是从零开始,而是截取曲率 $1/R_1 \sim 1/R_2$ 这一段作为缓和曲线,该段缓和曲线坐标计算如下。

①复曲线中间缓和曲线 L_F 上任意点坐标

如图 8-36 所示,缓和曲线 $\widehat{AB}$ 的长度为 L_F,A、B 点的曲率半径分别为 R_1、R_2,M 为缓和曲线 $\widehat{AB}$ 上曲率为零的点,$\widehat{AB}$ 段内任意点的坐标需从 M 点推算。

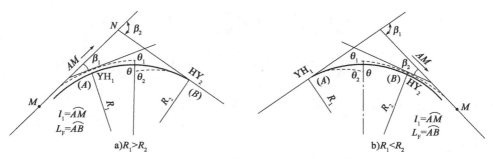

图 8-36 复曲线坐标计算示意图

根据回旋线几何关系:

因为
$$L_F = \sqrt{\frac{24 R_1 R_2 P_F}{|R_1 - R_2|}}$$

而
$$P_F = |p_2 - p_1| = \left|\frac{L_{s2}^2}{24 R_2} - \frac{L_{s1}^2}{24 R_1}\right|$$

所以
$$L_F = \sqrt{\frac{|R_2 L_{s1}^2 - R_1 L_{s2}^2|}{|R_1 - R_2|}} \tag{8-21}$$

式中:L_{s1}、L_{s2}——第一、第二缓和曲线长度;

R_1、R_2——L_F 两端的圆曲线半径。

a) 当 $R_1 > R_2$ 时

如图 8-36a) 所示,设 A 点(YH_1)的坐标为(X_A,Y_A),则其切线方位角 A_A 为

$$A_A = A_1 + \xi\left[\frac{90(L_{s1} + 2l)}{\pi R_1}\right] \tag{8-22}$$

式中:l——半径为 R_1 的平曲线 HY_1 至 YH_1 的曲线长。

M 点坐标为(X_M、Y_M)为

$$\left.\begin{array}{l} X_M = X_A + \left(l_1 - \dfrac{l_1^3}{40 R_1^2}\right) \Big/ \cos\left(\dfrac{30 l_1}{\pi R_1}\right) \cdot \cos\left(A_A + 180 - \xi\dfrac{2}{3}\beta_1\right) \\ Y_M = Y_A + \left(l_1 - \dfrac{l_1^3}{40 R_1^2}\right) \Big/ \cos\left(\dfrac{30 l_1}{\pi R_1}\right) \cdot \sin\left(A_A + 180 - \xi\dfrac{2}{3}\beta_1\right) \end{array}\right\} \tag{8-23}$$

式中:$l_1 = \dfrac{R_2 L_F}{R_1 - R_2}$(根据图示由 $l_1 R_1 = (l_1 + L_F) R_2 = A^2$ 求得);

$$\beta_1 = \frac{90l_1}{\pi R_1}.$$

M 点的切线方位角为

$$A_M = A_A - \xi\beta_1 \tag{8-24}$$

b) 当 $R_1 < R_2$ 时

如图 8-36b)所示,M 点坐标为

$$\left.\begin{array}{l}X_M = X_A + \left(l_2 - \dfrac{l_2^3}{40R_1^2}\right)\bigg/\cos\left(\dfrac{30l_2}{\pi R_1}\right)\cdot\cos\left(A_A + \xi\dfrac{2}{3}\beta_1\right)\\[2mm] Y_M = Y_A + \left(l_2 - \dfrac{l_2^3}{40R_1^2}\right)\bigg/\cos\left(\dfrac{30l_2}{\pi R_1}\right)\cdot\sin\left(A_A + \xi\dfrac{2}{3}\beta_1\right)\end{array}\right\} \tag{8-25}$$

式中:$l_2 = \dfrac{R_2 L_F}{R_2 - R_1}$(根据图示由 $l_2 R_1 = (l_2 - L_F)R_2 = A^2$ 求得);

$$\beta_1 = \frac{90l_2}{\pi R_1}.$$

M 点的切线方位角为

$$A_M = A_A + \xi\beta_1 \tag{8-26}$$

c) L_F 内任意点坐标

计算出 M 点的坐标及切线方位角后,当 $R_1 > R_2$ 时,L_F 上任意点坐标用式(8-23)计算;当 $R_1 < R_2$ 时,用式(8-25)计算。应注意的是,式中的 l 应为中间缓和曲线上计算点至 M 点的曲线长,A_1、A_2 相应换成 A_M。

②复曲线内 L_F 段以外的任意点坐标

复曲线内除 L_f 段外其他部位上任意点坐标计算公式同式(8-16)~式(8-20)。

三、曲线型定线方法

曲线型定线方法是根据导向线和地形、地物条件,先试定合适的圆曲线,然后把这些圆曲线用适当的直线和缓和曲线连接起来,与传统的先定直线后定曲线相反,以曲线为主的定线法,如图 8-37 所示。当相邻圆曲线之间相距较远时,可插设适当的直线段,形成以曲线为主的连续线形。

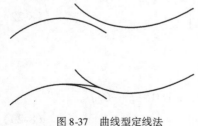

图 8-37 曲线型定线法

1. 定线步骤

(1)参照导向线或控制点,徒手画出线形顺适、平缓并与地形相适应的概略线位。

(2)用直尺或不同半径的铁道弯尺拟合徒手线位,形成一条由圆弧和直线,或圆弧和圆弧组成的具有错位的间断线形。

(3)在圆弧和直线上各采集两点坐标固定位置,通过试定或试算,用合适的缓和曲线

将它们顺滑连接,形成连续的平面线形。

2. 解析法确定回旋线参数

确定回旋线参数 A 值是曲线型定线法的关键。过去多采用回旋曲线尺或表法以及近似计算法,随着计算工具的发展,目前常用解析计算法确定 A 值。

解析计算法是根据几何关系,建立含有参数 A 的方程式,通过精确计算确定 A 值的过程。以下分三种连接情况进行分别介绍。

(1) 直线与圆曲线连接

已知直线上两点 $D_1(X_{D1},Y_{D1})$、$D_2(X_{D2},Y_{D2})$ 和圆上两点 $C_1(X_{C1},Y_{C1})$、$C_2(X_{C2},Y_{C2})$ 以及圆曲线半径 R,如图 8-38 所示。

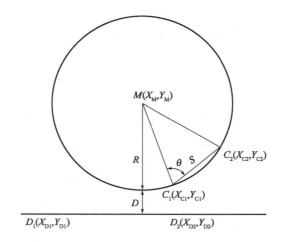

图 8-38 直线与圆曲线连接计算图

① 圆心坐标 $M(X_M,Y_M)$

由图 8-38 可得:

$$\theta = \cos^{-1}\left(\frac{S}{2R}\right)$$

C_1M 方位角:

$$\alpha_m = \alpha_c + \xi\theta$$

式中:α_c——C_1C_2 的方位角。

则圆心 M 坐标为:

$$\left.\begin{array}{l} X_M = X_{C1} + R\cos\alpha_m \\ Y_M = Y_{C1} + R\sin\alpha_m \end{array}\right\} \quad (8\text{-}27)$$

② 直线与圆曲线间距 D

由图可得直线 D_1D_2 的斜率为

$$k = \frac{Y_{D2} - Y_{D1}}{X_{D2} - X_{D1}}$$

则

$$D = \frac{|k(X_M - X_{D1}) - (Y_M - Y_{D1})|}{\sqrt{1+k^2}} - R \tag{8-28}$$

③回旋线参数 A 及长度 L_s

$$p = \frac{L_s^2}{24R} - \frac{L_s^4}{2688R^3} \tag{8-29}$$

因 $p = D$,故式(8-29)只含未知数 L_s,L_s 可用牛顿求根法解得,一般精确到 10^{-4}。则回旋线参数 A 值计算公式为:

$$A = \sqrt{L_s R} \tag{8-30}$$

(2)两反向曲线连接(S形)

如图 8-39a)所示,已知两圆曲线上各两点坐标及相应半径 R_1 和 R_2,根据上述方法可算出圆心坐标 $M_1(X_{M1}, Y_{M1})$ 和 $M_2(X_{M2}, Y_{M2})$。

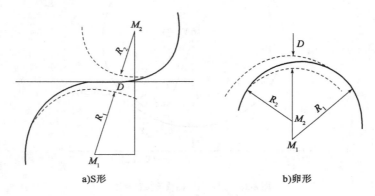

a)S形　　　　b)卵形

图 8-39　S形和卵形曲线计算图

①计算两圆间距 D

$$D = |M_1 M_2 - R_1 - R_2| = \left|\sqrt{(X_{M2} - X_{M1})^2 + (Y_{M2} - Y_{M1})^2} - R_1 - R_2\right| \tag{8-31}$$

式中,$R_1 = |R_1|$;$R_2 = |R_2|$,下同。

②计算回旋线参数 A

设 $k = A_1/A_2$ 表示回旋线参数的比值。k 宜小于 2.0,一般可取 1.0~1.5,由几何关系知:

$$M_1 M_2 = \sqrt{(R_1 + R_2 + p_1 + p_2)^2 + (q_2 + q_1)^2} \tag{8-32}$$

式中:$p_i = \dfrac{L_{si}^2}{24R_i} - \dfrac{L_{si}^4}{2688R_i^3} \cdots (i = 1, 2)$;

$q_i = \dfrac{L_{si}}{2} - \dfrac{L_{si}^3}{240R_i^2} \cdots$;

$L_{s2} = \dfrac{1}{k^2}\left(\dfrac{R_1}{R_2}\right)L_{s1}$。

由式(8-31)和式(8-32)建立含 L_{s1} 的方程 $F(L_{s1}) = 0$,解算出 L_{s1},并求得 L_{s2},则:

$$A_1 = \sqrt{R_1 L_{s1}} \tag{8-33}$$

$$A_2 = \sqrt{R_2 L_{s2}} \tag{8-34}$$

(3)两同向曲线连接(卵形)

如图 8-39b)所示,圆心 M_1、M_2 的坐标可据前述方法求得。由几何关系知:

$$D = |R_1 - R_2 - M_1 M_2|$$

则

$$M_1 M_2 = \sqrt{(R_1 + p_1 - R_2 - p_2)^2 + (q_2 - q_1)^2} \tag{8-35}$$

仿上述方法,建立含 L_{s1} 的方程,解出 L_{s1},并求得 L_{s2} 和 A。

3. 坐标计算

曲线型定线法坐标计算包括线形元素衔接点坐标计算和各线形元素加桩坐标计算两部分。各线形元素加桩坐标计算可利用直线型定线法有关公式计算,下面只介绍线形元素衔接点坐标计算。

(1)单曲线坐标计算方法

如图 8-40 所示,ZH、HZ 点到圆心 $M(X_M, Y_M)$ 的方位角为

$$\alpha_{ZM} = \alpha_1 + \xi\varphi$$

式中:$\varphi = \arctan\left(\dfrac{Y_M}{q}\right)$;

$Y_M = |R| + p$;

$q = x - |R|\sin\beta$;

$\beta = \dfrac{90 L_s}{\pi R}$。

各衔接点坐标计算式为:

$$\left.\begin{aligned}X_{ZH(HZ)} &= X_M + L_{HM}\cos(\alpha_{ZM(HM)} + 180) \\ Y_{ZH(HZ)} &= Y_M + L_{HM}\sin(\alpha_{ZM(HM)} + 180)\end{aligned}\right\} \tag{8-36}$$

$$\left.\begin{aligned}X_{HY} &= X_{ZH} + x\cos\alpha_1 - \xi y\sin\alpha_1 \\ Y_{HY} &= Y_{ZH} + x\sin\alpha_1 + \xi y\cos\alpha_1\end{aligned}\right\} \tag{8-37}$$

$$\left.\begin{aligned}X_{YH} &= X_{HZ} - x\cos\alpha_2 - \xi y\sin\alpha_2 \\ Y_{YH} &= Y_{HZ} - x\sin\alpha_2 + \xi y\cos\alpha_2\end{aligned}\right\} \tag{8-38}$$

式中:$L_{HM} = \sqrt{q^2 + Y_M^2}$。

$$\left.\begin{aligned}x &= L_s\left(1 - \dfrac{l^5}{40 R^2 L_s^2} + \dfrac{l^9}{3456 R^4 L_s^4} - \dfrac{l^{13}}{599040 R^6 L_s^6}\cdots\right) \\ y &= \dfrac{L_s^2}{6|R|}\left(1 - \dfrac{L_s^2}{56 R^2} + \dfrac{L_s^4}{7040 R^4} - \cdots\right)\end{aligned}\right\} \tag{8-39}$$

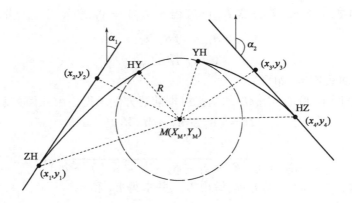

图 8-40　单曲线坐标计算示意图

(2)S 形曲线计算方法

如图 8-41 所示,圆心坐标分别为 $M_1(X_{M1},Y_{M2})$,$M_2(X_{M2},Y_{M2})$,由几何关系得:

$$\tan\varepsilon = \frac{q_1 + q_2}{R_1 + R_2 + p_1 + p_2}$$

则公切线 Q_1Q_2 的方位角为:

$$\alpha_Q = \alpha_M + \xi(90 - \varepsilon)$$

式中: $\xi = \mathrm{SGN}(R_1)$。

D_2 到 M_1 的方位角为:

$$\alpha_{D2M1} = \alpha_Q + 180 - \xi\theta$$

式中: $\xi = \mathrm{SGN}(R_1)$。

$$\theta = \arctan\left(\frac{R_1 + p_1}{q_1}\right)$$

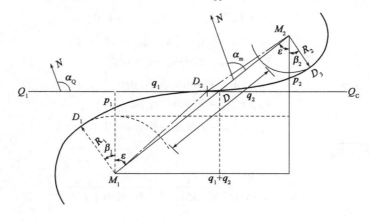

图 8-41　S 形曲线计算图

①衔接点 D_2 的坐标：

$$\left.\begin{array}{l} X_{D2} = X_{M1} + L_D \cos(\alpha_{D2M1} + 180) \\ Y_{D2} = Y_{M1} + L_D \sin(\alpha_{D2M1} + 180) \end{array}\right\} \quad (8\text{-}40)$$

式中：$L_D = \sqrt{q_1^2 + (R_1 + p_1)^2}$。

②衔接点 D_1 的坐标：

$$\left.\begin{array}{l} X_{D1} = X_{D2} - x\cos\alpha_Q - \xi y\sin\alpha_Q \\ Y_{D1} = Y_{D2} - x\sin\alpha_Q + \xi y\cos\alpha_Q \end{array}\right\} \quad (8\text{-}41)$$

式中：$\xi = \text{SGN}(R_1)$。

③衔接点 D_3 的坐标：

$$\left.\begin{array}{l} X_{D3} = X_{D2} + x\cos\alpha_Q - \xi y\sin\alpha_Q \\ Y_{D3} = Y_{D2} + x\sin\alpha_Q + \xi y\cos\alpha_Q \end{array}\right\} \quad (8\text{-}42)$$

式中：$\xi = \text{SGN}(R_2)$。

x、y 由式(8-39)计算。

(3) 卵形曲线计算方法

如图 8-42 所示，已知 $R_1 > R_2$，圆心坐标分别为 $M_1(X_{M1}, Y_{M1})$、$M_2(X_{M2}, Y_{M2})$。

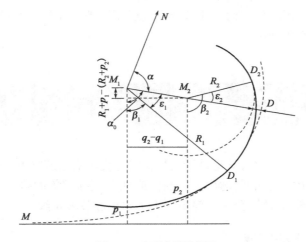

图 8-42 卵形曲线计算图

圆心 M_1M_2 连线的方位角为：

$$\tan\alpha = \frac{Y_{M2} - Y_{M1}}{X_{M2} - X_{M1}} \quad (\text{如 } \alpha < 0, \alpha = \alpha + 180°)$$

$$\tan\alpha_0 = \tan(\varepsilon_1 + \beta_1) = \frac{q_2 - q_1}{R_1 + p_1 - R_2 - p_2}$$

$$\varepsilon_1 = \alpha_0 - \beta_1, \varepsilon_2 = \beta_2 - \alpha_0$$

从大圆过渡到小圆时的方位角为：

$$\alpha_{M1D1} = \alpha - \xi_1 \varepsilon_1$$
$$\alpha_{M2D2} = \alpha - \xi_2 \varepsilon_2$$

从小圆过渡到大圆时的方位角为：

$$\alpha_{M1D1} = \alpha + 180 - \xi_1 \varepsilon_1$$
$$\alpha_{M2D2} = \alpha + 180 + \xi_2 \varepsilon_2$$

式中：$\xi_1 = \mathrm{SGN}(R_1)$；

$\xi_2 = \mathrm{SGN}(R_2)$；

α——M_1、M_2 的方位角。

衔接点 D_1、D_2 处的坐标计算公式为

$$\left. \begin{aligned} X_{Di} &= X_{Mi} + |R_i|\cos\alpha_{MiDi} \\ Y_{Di} &= Y_{Mi} + |R_i|\sin\alpha_{MiDi} \end{aligned} \right\} \tag{8-43}$$

上述直线型和曲线型两种定线方法，本质上并无区别，定线成果都是由直线、缓和曲线和圆曲线组成的，但在定线手法上二者正好相反。直线型是先定直线，相邻直线的交叉点即为交点，用圆曲线或设缓和曲线的圆曲线连接两直线；而曲线型定线法是先定圆曲线，两相邻圆曲线之间用缓和曲线或直线连接，一般不设交点。直线型定线法既可用于纸上定线，也可用于现场直接定线，主要适用于地形比较简单和地物较少的地区，以及城市道路、草原、戈壁等平坦地区。而曲线型定线法适用于地形比较复杂的山区和丘陵区，以及地物障碍较多的平坦地区。

第六节 实地定线

实地定线，也称直接定线，就是设计人员在实地现场确定道路中线位置的方法。直接定线指导原则与纸上定线相同，适用于标准低或地形地物简单的路线。按地形条件难易程度与复杂程度不同，大体可分为一般情况下的定线和放坡定线。

一、一般情况下的定线

当路线不受纵坡限制时，定线以平面和横断面为主安排路线。其要点是以点定线、以线交点。以点定线，就是全面布局和逐段安排确定控制点，再结合各方面因素进一步确定影响中线位置的小控制点，大致穿出路线直线。以线交点，就是在已定小控制点的基础上，结合路线标准和前后路线条件，穿出直线，并延长交出交点。

1. 控制点的加密

两控制点之间，一般不可能直接作直线（特别是地形困难、等级较低的公路），常常需

要设置交点,使路线转向,从而避开障碍物,利用有利地形,以达到技术经济的目的。加密控制点就是在实地寻找控制和影响路中线位置的具体点位。一般小控制点有经济性和控制性两种控制点。

(1)经济性控制点。主要在路线穿过斜坡地带,考虑横向填挖平衡或横向施工经济(有挡土墙及其他加固边坡时)因素而确定的小控制点。这类控制点只能作为穿线定点的参考位置。

(2)控制性控制点。主要在是受艰巨工程、不良地质、地物障碍、路基边坡稳定等因素限制时所确定的路中线位置而确定的小控制点。定线时应综合考虑这些因素。

2.穿线定点

平面线形受各种因素限制,导致平面位置控制点比较多,而且这些点在平面上的分布并没有一定的规律。另一方面,路线受技术标准和平面线形组合的限制,不可能照顾到每一个控制点。因此,穿线定点就是根据技术标准和线形组合的要求,满足控制点和照顾多数经济点,综合考虑,用穿线的办法延长直线,交出转角点。交点坐标或转角及交点间距应经实测获得。

二、放坡定线

在山岭、重丘区路线受纵坡限制,定线以纵断面为主安排路线。其直接定线的指导原则与纸上定线相同,但定线条件不同,工作步骤有所改变。山岭、重丘区直接定线是采用带角手水准配合花杆进行的。带角手水准如图8-43所示,使用时用手水准瞄准前方目标,旋转度盘游标使气泡居中,此时游标所指的度数即为视线倾角,该倾角可换算为纵坡度,$1° \approx 1.75\%$,此法用于量测已知两点间的坡度。带角手水准的另一种用法是已知一点和坡度,寻找该坡度上的另一点目标,即放坡测量。

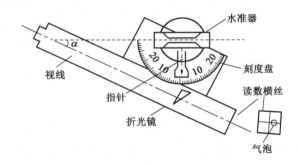

图8-43 带角手水准示意图

下面以山区越岭线为例说明直接定线的工作步骤。

1.分段拟定路线的大致走法

在选线布局阶段定下的主要控制点之间,沿拟定方向用试坡的方法,逐段粗略定出沿线应穿越或应避让的一系列中间控制点,定出路线的轮廓方案。

2. 放坡、定导向线

放坡就是利用手水准在实地找出坡度线的工作过程。

放坡的目的是解决控制点间纵坡的合理安排问题，实质上是现场设计纵坡。在纵坡安排和坡度值选择时应考虑以下几点要求：

(1) 纵坡线形要满足设计标准和规范要求，如坡长限制、设置缓坡、合成坡度等要求，并力求两控制点间坡度均匀，避免出现反坡。

(2) 应结合地形、地物选用坡度。尽可能不用极限纵坡，但也不宜太缓，以接近两控制点间平均坡度为宜，在地形整齐地段可稍大些，曲折多变处宜稍缓些。

(3) 以"阳坡陡、阴坡缓；岭下陡、岭上缓；控制回头弯地点纵坡不大于4%"为原则，在其前后均应放缓坡。

放坡由受限较严的控制点开始，按手水准的第二种用法，一人持手水准对好与选用纵坡相当的角度，立于控制点处指挥另一持花杆的人在山嘴或山坳等地形变化处、计划变坡处以及顺直山坡每隔一定距离处上下横向移动，找到二人距地面同高点后定点，插上坡度旗或在地面做标记，以该点为固定点继续向前放坡。如果一边放坡一边进行后续工作，应先放完一定长度（一般不应小于4~5条导线边长）的坡度点后，利用返程进行下一步操作。通过放坡定出的这些坡度点的连线，称为导向线，如图8-44所示$A_0A_1A_2\cdots$，这一过程相当于纸上定线的修正导向线，起到指引路线方向的作用。

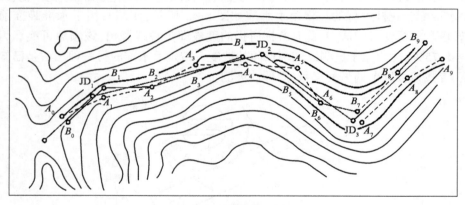

图8-44 放坡定线示意图

对于妨碍视线的局部地形，如尖山嘴、瘦山梁等，当路线拟劈嘴斩梁通过时，不应顺梁或绕嘴放坡，而应在路线通过处直跨；对于山梁（嘴）另一侧坡点，因视线受阻不能直接放坡，可以估计的两坡点距离拟放坡度计算出高差，以手水准测高的方法设点或采用上、下阶梯式传递放坡方法通过障碍点，如图8-45所示。

放坡时前找点人应能估计平曲线的大概位置和半径，对因标准限制路线不可能自然绕过的窄沟或山嘴应直接跨越，而当能够绕行时坡度要放缓，以便坡度折减。

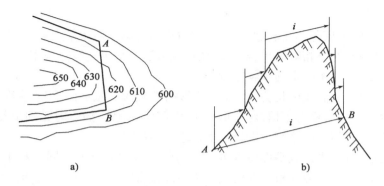

图 8-45 上、下阶梯式传递放坡示意图

3. 修正导向线

放坡后的坡度点就是概略的路基设计高程,而道路中线位置的地面横向坡度陡缓不一,平面线位横向移动对于路基的稳定和填挖工程量影响很大。如图 8-46 所示,如中线在坡度点的下方[图 8-46a)],则横断面以路堤形式为主;若中线正好通过坡度点[图 8-46b)],则横断面为半填半挖形式;若中线在坡度点上方[图 8-46c)],则横断面以路堑形式为主。根据坡度线(如图 8-44 中的 $A_0A_1A_2\cdots$ 虚折线)连线结合地面横坡考虑路基稳定和工程经济即可确定出合适的中线位置,并插上花杆(或标志),如图 8-44 中的 $B_0B_1B_2\cdots$ 点的连线,称为修正导向线,这一过程相当于纸上定线的二次修正导向线。

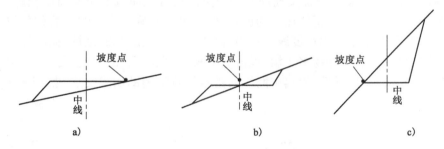

图 8-46 中线与坡度点在横断面上的位置

有定线经验的人,常常把放坡与修正导向线两步工作并为一步来做,这样在定线时能节省大量消除障碍的工作。

4. 穿线交点

修正导向线是具有合理纵坡、在横断面上位置最佳的一条折线。穿线要从平面线形要求入手,应尽可能多地靠近或穿过修正导向线上的坡度点,特别要注意控制较严的点位,适当裁折取直,使平、纵、横三面恰当组合,穿出与地形相适应的若干直线,延长这些直线交汇出交点,即为路线导线,如图 8-44 中 JD_1-JD_2-$JD_3\cdots$。定线人员必须反复试穿和修改才能最终定出合理的路线,这一过程相当于纸上定线。

5. 插设曲线

地形复杂的山区道路,曲线在路线总长中占很大比重。对于单交点、双交点或虚交点曲线,其曲线插设和调整相对简单,实施曲线插设方法与纸上定线方法相同。回头曲线在现场插设比较复杂,应按一定的步骤插设。

一般来说,有回头曲线的地方,路线受地形约束较大。主曲线和前后辅助曲线的纵面、平面相互约束很严,稍有不慎,对线形和工程量影响很大,插设时必须反复试线,才能得到满意的结果。目前,多采用"切基线的双交点方法"定线。

不同的地形条件,主曲线平面位置可以活动的范围大小有所不同。利用可活动的范围比较小的地形时,插线应先根据坡度点把主曲线位置定下来,然后再定前后切线线位及辅助曲线。当利用有较大活动余地的地形(如山坳、山坡)回头时,其大体位置参照导向线选定,切线位要根据纵坡估算填挖工程量来确定,具体做法如图 8-47 所示。

(1) 根据导向线插出前后切线的方向线,选定主曲线的大概位置。

(2) 根据地形判定是否需要设辅助曲线及其大概位置和可能采用的半径。有了主、辅曲线的大概位置及半径,目测整个回头弯的大致形状,大致估定出纵坡折减的起、终点位置(甲、乙点)及曲线长度,如图 8-47a)所示。先大致确定起点(甲点)设计高程,根据折减后的坡度估算出终点(乙点)的概略高程,以此检查一下后切线是否定得合适,否则修改后切线变位。然后从甲、乙两点用折减后的坡度(不超过4%)放坡交会出丙点(图中未示出折线)。

(3) 确定主曲线上基本位置及辅助曲线交点。通常主曲线变位向前不应超过丙点,向后不应退到比甲—丙—乙折线还短的位置,由此可大致确定主曲线前后的位置。一般情况下,地面高程低于甲—丙坡度线的是填,高于丙—乙坡度线的是挖,据此可以估算出全曲线的大致填挖数量。如挖多于填,线位应下移,反之应上移,由此可大致确定主曲线上下位置,经过多次试插试算,根据主曲线的基本位置将辅助曲线交点[如图 8-47b)]确定下来。

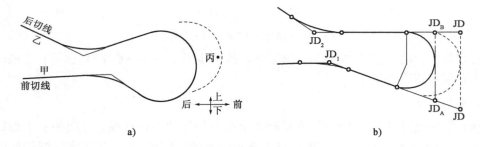

图 8-47 回头曲线插设示意图

(4) 确定双交点位置。由双交点向主曲线的基本位置作切线,如图 8-47b)所示,然后反复移动基线 JD_A-JD_B 控制确定主曲线,直到满意为止。一般回头曲线均设置缓和曲线,应考虑内移值的影响。

(5) 为保证回头曲线在上下线最窄处(颈部)路基不发生重叠,需检查上、下线间的最小横距,如图 8-48 所示,分别为:

$$Z_1 = B + C + m_1 h_2 + m_2 h_1 \quad (8-44)$$
$$Z_2 = B + C + mh + b \quad (8-45)$$

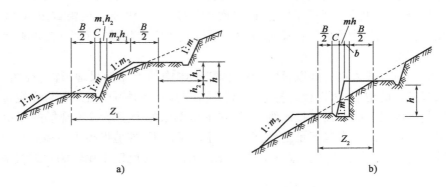

图 8-48　回头曲线颈口横断面检查示意图

检查时,在上下线最窄处取能包括上下两个路基宽的横断图,计算需要的最小横距 Z_1 或 Z_2,并量测实际横距 Z。

① 若 $Z > Z_1$,横距够用;

② 若 $Z_1 > Z > Z_2$,须考虑按图 8-48b)的形式,上下路基之间采用挡土墙分隔;

③ 若 $Z < Z_2$,表示路基将部分重叠,需要修改。

(6) 路线完全插定后,定线人员应沿线再核对一遍,记录特征点的填挖高度和对人工构造物的处理意见,供内业设计时参考。

6. 设计纵断面

在现场平面位置确定之后,经过量距钉桩和测得各桩地面高程,就可以进行纵坡设计。该工作一般由选线人员完成,要求设计纵坡不仅满足工程经济和技术标准的规定,还应考虑平、纵面线形配合的问题,因此必须反复试验修改,直到符合要求为止。

纵断面设计完成以后,定线工作基本完成,"放坡、定线、拉坡"是三位一体的。

三、实地定线与纸上定线的比较

实地定线直接面对现场地形、地物、地质及水文等实际条件。只要定线人员具有一定的选线经验,肯多跑、多看,不怕麻烦,经过反复试线,多次改进,就能在现场定出比较合适的路线,但是实地定线有两个根本弱点:

1. 研究利用地形的不彻底性

实地定线时,定线人员对地形、地质、水文等情况的了解,全靠自己去跑、去调查,而现场的工作条件不允许对每一处的自然状况都深入研究,再由于视野受到限制,定线时难免顾此失彼,虽经过多次试验修改,但毕竟还是有限的。

2. 平、纵面线形配合问题难以彻底解决

实地直接定线与选线者的实际工作经验有直接关系。由于平面设计是在现场进行的,而纵断面的精细设计是在室内进行的,尽管设计路线平面时,已充分考虑了纵断面,但从室内分析纵坡中常可以发现,如果平面上略加调整,就有可能使路线更加适应地形,或者平、纵组合配合得更好。但是因为修改平面要重新钉桩,纵断面也要重做,定线者往往不愿承担"返工"的压力而勉强接受原方案。所以直接定线就其本质来讲,基本上是要求"一次成功"的定线。

纸上定线时定线人员先要取得"定线走廊"范围内的大比例尺地形图,在图上,可以俯视较大范围内的地形,可以较容易地找出所有控制地形的特征点,从而可以定出合理的平面试线和纵坡设计线。而直接定线,大量的工作都依靠个别定线者现场的简单判断与技术能力。直接定线虽有其不足之处,但在一定的条件下,如地形障碍不多的平坦地区或路线等级不高时,只要定线人员肯下功夫,用比较的办法也能定出比较满意的线来。

第七节 实地放线

实地放线是将纸上定好的路线敷设到地面上,供详细测量和施工之用的作业过程。常用的方法有穿线交点法、直接放线法、坐标法等,应根据路线复杂程度、精度要求高低、测设仪具设备以及地形难易等具体条件选用。

一、穿线交点法

穿线交点法,根据平面图上路线与施测地形时敷设的控制导线的关系,把纸上路线的每条边逐一而独立地放到实地上去,延伸这些直线交出交点,构成路线导线。由于放线的方法不同,又可分为支距法和解析法两种。

1. 支距法

通常所指穿线交点放线,多为此法,适用于地形不太复杂、路线离开控制导线不远的地段。如图 8-49 所示,其工作步骤如下:

(1) 量支距

在图上量取纸上路线与控制导线的支距,如图 8-49 中导 1-A、导 2-B 等。量取时每条路线导线边至少应取 3 个点,并尽可能使这些点在实地能互相通视。

(2) 放支距

在现场找出各相应的控制导线点,根据量得的支距用皮尺和方向架(或经纬仪、全站仪等仪器)定出各点,如图 8-49 中 A、B、$C\cdots$点,插上花杆。

（3）穿线交点

一般用花杆穿线的方法延长各直线交汇出 JD，直线较长或地形起伏很大时可用经纬仪延长交汇。穿线时应以多数点为准，穿出直线后要根据实际地形审查线是否合理，否则现场修改，改善线路位置。两相邻直线的交汇点即为交点，如交点距路线很远或交在不能架设仪器的地方，可插成虚交形式。所有交点和转点都应钉桩以标定路线。

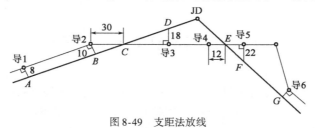

图 8-49　支距法放线

2. 解析法

解析法是在坐标计算图的基础上再按极坐标原理在实地放出各路线点的方法，此法较为准确。在地形复杂和直线较长、路线位置需要准确控制时常用此法。以图 8-50 所示为例，其工作步骤如下：

（1）计算夹角

从平面图上量得纸上所定路线的交点 JD_A，JD_B 的坐标 (X_A, Y_A)，(X_B, Y_B)，则 $JD_A—JD_B$ 的象限角为：

$$\tan\alpha = \left|\frac{Y_B - Y_A}{X_B - X_A}\right| = \left|\frac{\Delta Y}{\Delta X}\right| \tag{8-46}$$

导 1—导 2 的象限角 β 为已知，则 $JD_A—JD_B$ 与导 1—导 2 的夹角为：$\gamma = \alpha - \beta$。计算时应注意坐标的正负号，即横坐标东正西负，纵坐标北正南负。

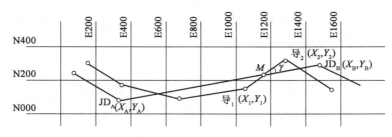

图 8-50　解析法放样示意图

（2）计算距离

$JD_A—JD_B$ 与导 1—导 2 的交点 M 的坐标 (X_M, Y_M)，可解方程式组（8-47）求得。

$$\left.\begin{array}{l}\dfrac{Y_2 - Y_M}{X_2 - X_M} = \dfrac{Y_2 - Y_1}{X_2 - X_1} \\[6pt] \dfrac{Y_B - Y_M}{X_B - X_M} = \dfrac{Y_B - Y_A}{X_B - X_A}\end{array}\right\} \tag{8-47}$$

式中:Y_1, X_1, Y_2, X_2——导1、导2的坐标,为已知;

Y_A, X_A, Y_B, X_B——JD_A、JD_B的坐标,可从平面图上量得。

则导2至 M 的距离为:

$$l = \frac{X_2 - X_M}{\cos\beta} = \frac{Y_2 - Y_M}{\sin\beta} \tag{8-48}$$

或

$$l = \sqrt{(X_2 - X_M)^2 + (Y_2 - Y_M)^2} \tag{8-49}$$

(3)放线

置经纬仪于导2位置,后视导1,丈量距离 l 定出 M 点;移经纬仪于 M 点,后视导2,转 γ 角定出 JD_A 至 JD_B 方向。延长直线,用骑马桩交点法求出 JD_A,钉上小钉。

此法计算比较麻烦,但精度较高,实际工作中亦可用比例尺从平面图上直接量取距离 l。另外,若采用具有坐标放样功能的全站仪放线时,只需量得 JD_A 和 JD_B 的坐标,即可直接按后述的全站仪坐标放线法直接放出交点。

二、利用明显地物、地形相关位置直接放线法

一般情况下在设计路线的两旁,总可找到一些可利用的明显地物、地貌点,如道路交叉、房角、独立树、电杆、桥梁、河流、小山包等。放线前带上图纸,沿线路详细辨认,将可利用的点位在图上标以记号,以便在图上量测相关位置(角度、距离),并确定可用的放线方法(如垂线法、交汇法等),做到心中有数。

图纸辨认的要领是:方位和实地一致。首先搞清楚自己在图上和实地的位置,边走边判断,先判实地后判图纸,从主要的明显地到次要的不明显的逐步核实。完成上述判识工作后,量取或计算出与明显地物有关系的数据,运用仪器工具在实地放出这些点的位置,并适当调成直线,即为路线中线位置,该法称为直接放线法,如图8-51所示。此法简单易行、生产效率高、误差不积累。

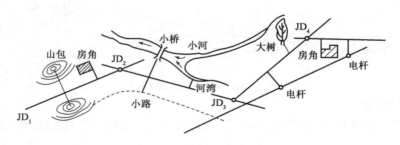

图8-51 利用明显地物、地形相关位置直接放线示意图

在有些情况下,并没有上述这样明显的条件,路线的平面和高程位置,需要视地形、地质情况根据现场选线的原则,定出交点,做法参见现场直接定线。

以上两种方法的放线资料都来自图解,准确度不高,当路线活动余地较大时可以采用。另外,由于只用于路线导线的标定,路线的曲线部分还须用传统的曲线敷设方法标定,因此,以上两种方法均只适用于直线型定线方法。

三、坐标法

坐标法,即通过坐标计算,编制逐桩坐标表,根据实地的控制导线将路线敷设在地面上的放线方法。一般来讲,坐标放线法使用常规测设仪具(指普通经纬仪、钢卷尺等)十分困难,且效率低、质量差,难以达到精度要求。这里只介绍以全站仪为测设手段的两种方法。

1. 极坐标放线法

极坐标放线的基本原理是以控制导线为根据,以角度和距离定点。如图 8-52 所示,在控制导线点 T_i 处置仪,后视 T_{i-1}(或 T_{i+1}),待放点为 P。图 8-52a)为采用夹角 J 的放点示意图,图 8-52b)为采用方位角 A 的放点示意图。只要算出 J 或 A 和置仪点 T_i 到待放点 P 的距离 D,就可在实地放出 P 点。

置仪点的坐标为 $T_i(X_0,Y_0)$,后视点的坐标为 $T_{i-1}(X_h,Y_h)$,待放点的坐标为 $P(X,Y)$。放线数据 D、A、J 可按直线型定线法计算,据此拨角测距即可放出待定点 P。

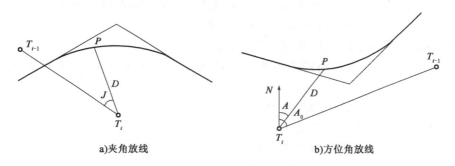

a)夹角放线 　　　　b)方位角放线

图 8-52　极坐标放线示意图

2. 坐标放线

此法的基本原理与极坐标法相同,它是利用现代自动测量仪器的坐标计算功能直接放线。现场只需输入有关点的坐标值即可,不需做任何手工计算,而是由仪器内电脑自动完成有关数据计算。放线的具体操作步骤如下:

(1)在置仪点 T_i 安置仪器,后视 T_{i-1} 点;
(2)键入置仪点和后视点坐标 $T_i(X_0,Y_0)$、$T_{i-1}(X_h,Y_h)$,完成定向工作;
(3)键入待放点坐标 $P(X,Y)$;
(4)转动照准头使水平角为 $0°00'00''$,完成待放点 P 定向;
(5)置反射镜于 P 点方向上,并使面板上显示 0.000m 时,即为 P 点的精确位置。

重复(3)~(5)步,可放出其他中桩位置。当改变置仪点的位置后,重复(1)~

(5) 步。

传统的穿线交点法、拨角法、直线定交点法都要在地形图上量取有关数据,如坐标、距离等,并与测图控制导线建立关系,都存在精度不高、费工费时弊端或有累积误差;且只能用于路线导线的标定,路线曲线标定还要靠传统的曲线敷设方法,因此,只适用于直线型定线法。

坐标法放线数据全部来自精确计算,没有累积误差,放线精度高,可用于直线型或曲线型定线的标定,是一种比较理想的方法。但是,坐标计算复杂,必须使用计算机编制计算,还需要先进的测设仪器。

8-1 什么是道路总体设计?总体设计解决什么设计问题?总体设计应考虑哪些因素?

8-2 道路选线的原则、方法和步骤是什么?道路选线的新理念和总体设计内容有哪些?

8-3 路线方案选择的方法步骤是什么?技术标准确定的依据是什么?

8-4 简述平原区、丘陵区的选线要点和步骤。

8-5 简述越岭线、山脊线、沿河线布设要点。

8-6 定线的任务及影响因素有哪些?定线的方法有哪些,其特点和适用情况是什么?

8-7 直线型定线方法和曲线型定线方法有什么区别?

8-8 实地定线的工作步骤是什么?

8-9 实地放线的方法及特点有哪些?

第九章 道路平面交叉口

本章主要介绍交叉口的交通分析及设计依据、类型和适用范围、合理间距及选位,交叉口的车辆、行人及非机动车的交通组织设计,交叉口的视距与转弯设计,拓宽交叉口转弯车道的设置条件、设计方法及长度与宽度的设计,交叉口渠化设计,环形交叉口的设计,交叉口立面设计的基本要求、基本类型和设计方法等内容。

第一节 概述

一、交叉口设计的基本要求和内容

道路与道路(或铁路)在同一平面上相交称为平面交叉,又称为交叉口。在道路网中,各种道路纵横交错,必然会形成很多交叉口,交叉口是道路系统的重要组成部分,是道路交通的咽喉。各种车辆和行人都要在交叉口汇集、通过和转换方向。它们之间的相互干扰,会使行车速度降低,阻滞交通,耽误通过时间,也容易发生交通事故。因此,如何正确设计交叉口,合理组织交通,对于提高交叉口的通行能力、减少延误和交通事故、避免交通阻塞、保障交叉口行车通畅,具有重要意义。

1. 交叉口设计的基本要求

(1)保证车辆与行人在交叉口能以最短的时间顺利通过,使交叉口的通行能力能适应各条道路的行车要求;

(2)正确设计交叉口立面,保证转弯车辆的行车稳定,同时符合排水要求。

2. 交叉口设计的主要内容

(1)正确选择交叉口的形式,确定各组成部分的几何尺寸,包括行车道的宽度、转角

曲线的转弯半径、各种交通岛的尺寸及绿化带的尺寸等;

(2)进行交通组织,合理布置各种交通设施,包括设置专用车道和组织渠化交通;

(3)验算交叉口行车视距,保证安全通视条件;

(4)交叉口立面设计,布置雨水口和排水管道。

二、交叉口的交通分析

进出交叉口的车辆,由于行驶方向的不同,车辆与车辆之间的交错方式也不相同,可能产生交错点的性质也不一样。

同一行驶方向的车辆向不同方向分离行驶的地点称为分流点;来自不同行驶方向的车辆以较小的角度向同一方向汇合行驶的地点称为合流点;来自不同行驶方向的车辆以较大的角度相互交叉的地点称为冲突点。此三类交错点都存在相互尾撞、挤撞或碰撞的可能性,是影响交叉口行车速度、通行能力和发生交通事故的主要原因。其中,以直行与直行、左转与左转以及直行与左转车辆之间所产生的冲突点,对交通的干扰和行车的安全影响最大,其次是合流点,再次是分流点。因此,在交叉口设计时,应尽量采取措施减少冲突点和合流点,尤其要减少或消灭冲突点。

无交通管制时,三路、四路和五路(均为双车道)相交时平面交叉口的交错点分布情况如图9-1所示,其数量如表9-1所示;在有交通管制的交叉口,其交错点相应减少,其数量如表9-1所示。

分析上述图表可得出以下两点结论:

(1)在无交通管制的交叉口,存在各种交错点,其数量随相交道路条数的增加而显著增加,其中增加最快的是冲突点。当相交道路均为双车道时,各交错点的数量可用式(9-1)和式(9-2)计算:

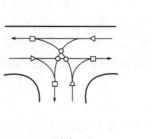 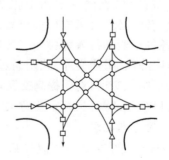

a)三路交叉口　　　　　　　b)四路交叉口

图 9-1

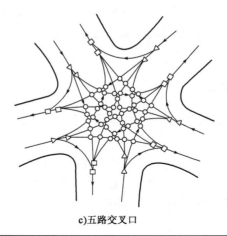

c)五路交叉口

○———冲突点 △———分流点 □———合流点

图9-1 平面交叉口交错点

平面交叉口交错点数量表（均为双车道） 表9-1

交错点类型	无交通管制			有交通管制		
	相交道路的条数			相交道路的条数		
	3条	4条	5条	3条	4条	5条
分流点	3	8	15	2或1	4	4
合流点	3	8	15	2或1	4	4
冲突点	3	16	50	1或0	2	4
总　数	98	32	80	5或2	10	12

$$\text{分流点} = \text{合流点} = n(n-2) \tag{9-1}$$

$$\text{冲突点} = \frac{n^2(n-1)(n-2)}{6} \tag{9-2}$$

式中：n——交叉口相交道路的条数。

因此，在规划和设计交叉口时，应力求减少相交道路的条数，尽量避免五条或五条以上道路相交，尽量将多路交叉变为四路交叉或三路交叉，使交通简化。

（2）产生冲突点最多的是左转弯车辆。如图9-1b）、c）所示，四路交叉口若没有左转车流，则冲突点可由16个减至4个，而五路交叉口则从50个减到5个。因此，在交叉口设计中如何正确地处理和组织左转弯车辆，是保证交叉口交通通畅和安全的关键。

减少或消灭冲突点的方法有：

（1）实行交通管制。在交叉口设置交通信号灯或由交警指挥，使发生冲突的车流从通行时间上错开。如四路交叉口交通管制后，冲突点由16个减至2个，分、合流点分别由8个减至4个。若禁止车流左转可完全消灭冲突点。

（2）采用渠化交通。在交叉口内合理布置交通岛、交通标志标线或增设车道等，引导各方向车流沿一定路径行驶,减少车辆之间的相互干扰,如组织环形交叉、远引掉头等。

(3)修建立体交叉。将相互冲突的车流从通行空间上分开,使其互不干扰,这是交叉口交通冲突问题最彻底的解决办法。

三、交叉口的设计依据

交叉口的设计依据包括设计速度、设计车辆、规划交通量、通行能力等。

1. 设计速度

交叉口的交通岛、附加车道和转角曲线等各部分几何尺寸均取决于设计速度。交叉口的设计速度与路段设计速度密切相关,二者速差大时会因减速过大而影响行车安全,速差小而路段车速又高时仍有行车危险,对环形交叉又存在用地过大和左转绕行过长等问题。

交叉口范围直行交通的设计速度,原则上应与路段设计速度相同。两相交道路等级相同或交通量相近时,平面交叉口范围内直行交通的设计速度可适当降低,但不得低于路段的70%。当主要公路与次要公路相交时,次要公路为保证交叉正交等原因而需要在交叉范围内改线,或不得已而采用较低的线形指标时,可适当降低设计速度。

转弯车道的设计速度应根据路段设计速度、交通量、交叉类型、交通管理方式和用地情况等因素综合确定。

在交叉口进行渠化设计,需要对交叉口上下游路段进行拓宽;车道偏移设计时,根据道路的设计车速和加(减)速值作为设计指标。交叉范围车辆变速的加(减)速度参考值见表9-2a)。

加(减)速度值　　　　表9-2a)

道路类别		加速度(m/s²)	减速度(m/s²)
城市道路		1.5	3.0
公路	主要公路	1.0	2.5
	次要公路	1.5	3.0

平面交叉口机动车设计车速应按不同部位确定,应符合表9-2b)的规定,表中V_d为道路设计速度。

平面交叉口机动车设计车速(km/h)　　　　表9-2b)

交叉口类型	部位	交叉口设计车速
平面交叉口	进口道直行车道	$0.7V_d$
	进口道左转车道	$0.5V_d$
	进口道右转车道	无转角岛式渠化不大于20km/h,转角岛式渠化不大于30km/h

2. 设计车辆

平面交叉转弯曲线的线形和路幅宽度,应以设计车辆转弯时的行驶轨迹作为设计控制关键,其转弯时的行迹与行驶速度有关。

各级公路的平面交叉口应以16m总长的鞍式列车进行控制设计,以5~15km/h转向速度行驶的鞍式列车转弯行迹如图9-2所示。左转弯曲线采用5~15km/h行驶速度的鞍式列车控制设计;大型车比例很小的公路,可采用5km/h行驶速度的鞍式列车控制设计,条件受限制时,可采用载重汽车低速行驶时的行迹控制。公路等级低、交通量不大的情况下,右转弯不设专门的行车道,鞍式列车控制设计的速度可与左转弯的相同或略高一些;右转弯行车道设置分隔的情况下,转弯速度不宜大于40km/h;当主要公路设计速度较低时,右转弯速度不宜低于主要公路设计速度的50%。

城市道路的平面交叉口应根据道路与交通的性质、交通组成等情况,选择合适的设计车辆的转弯行迹作为设计控制。

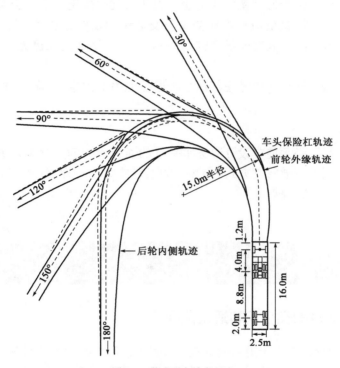

图9-2 鞍式列车转弯行迹

公路交叉口几何设计采用的设计车辆外廓尺寸参考值见表9-3。

设计车辆外廓尺寸(单位:m)   表9-3

车辆类型	总长	宽度	总高	前悬	轴距	后悬
小客车	6	1.8	2	0.8	3.8	1.4
大型客车	13.7	2.55	4	2.6	6.5+1.5	3.1
铰接客车	18	2.5	4	1.7	5.8+6.7	3.8

续上表

车辆类型	总长(m)	宽度(m)	总高(m)	前悬(m)	轴距(m)	后悬(m)
载重汽车	12	2.5	4	1.5	6.5	4
铰接列车	18.1	2.55	4	1.5	3.3+11	2.3

注:铰接列车的轴距"3.3+11"中的"3.3m"为第一轴至铰接点的距离,"11m"为铰接点至最后轴的距离。
本表引用自《公路路线设计规范》(JTG D20—2017)。

3. 规划交通量

在平面交叉口设计中,多数情况下采用相交道路设计小时交通量作为规划交通量,并根据实测的转弯车辆比率决定各路口的左转、右转和直行交通量。对缺乏观测资料和新建的交叉口,可参照条件相似交叉口的交通量观测值类推确定。平面交叉口设计年限不一定等于道路设计年限,其值应根据相交道路交通量的发展趋势和交通组织方式决定。有时道路未达到设计年限,其交通量已较大,一般形式的平面交叉已无法适应,这时就需做特殊处理或修立体交叉。

在决定规划交通量时,还应考虑其他影响通行能力的因素,如车辆种类、自行车及行人交通等。

4. 通行能力

平面交叉口设计,必须使其设计服务水平下的通行能力满足交叉口的规划交通量的要求,而且采取不同的交通管制方式,交叉口的通行能力不一样,计算方法也不同。相关内容参见交通工程有关文献。

第二节 交叉口规划

一、平面交叉口的类型及其适用范围

平面交叉口的形式取决于道路网的规划,周围建筑情况,以及设计速度、交通量、交通性质和交通组织等道路交通情况。常见的形式有十字形、T字形及其演变而来的X形、Y形、多路交叉等。这些交叉口在平面上的几何图形,由规划道路网和街坊建筑的位置形态决定,一般不轻易改变。但在具体设计中,常因交通量、交通性质以及不同的交通组织方式,把交叉口设计成各具交通特点的不同形式,可归纳为加铺转角式、分道转弯式、扩宽路口式及环形交叉四类。

1. 加铺转角式

加铺转角式交叉口用适当半径的单圆曲线或复曲线平顺连接相交道路的路基和路面,如图9-3所示。此类交叉口形式简单,占地少,造价低,设计方便,但行车速度低,通行

能力小,适用于交通量小、车速低且转弯车辆少的三、四级公路或地方道路;若斜交不大时,也可用于转弯交通量较小的主要道路与次要道路交叉。设计时主要注意合适的转角曲线半径和足够视距问题。

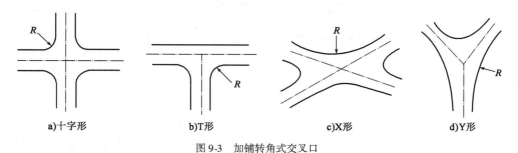

图 9-3 加铺转角式交叉口

2. 分道转弯式

通过设置导流岛、分隔岛及划分车道等措施,使单向右转或双向左、右转车流以较大半径分道行驶的平面交叉,为分道转弯式交叉口,如图 9-4 所示。此类交叉口处的转弯车辆,尤其是右转弯车辆行驶速度和通行能力都较高,适用于车速较高、转弯车辆较多的一般道路。设计时主要注意分道转弯半径、保证足够的视距和满足导流岛端部半径的要求。

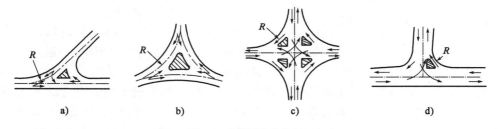

图 9-4 分道转弯式交叉口

3. 扩宽路口式

扩宽路口式平面交叉,是为使转弯车辆不影响其他车辆的正常行驶,在交叉口连接部增设变速车道和转弯车道的平面交叉,这种交叉可以单增右转或左转车道,也可以同时增设左、右转弯车道,如图 9-5 所示。此类交叉口可减少转弯交通对直行交通的干扰,车速较高,事故率低,通行能力大,但占地多、投资较大,适用于交通量较大、转弯车辆较多的二级公路和城市主干路。设计时需注意解决扩宽的车道数和位置问题,同时也要满足视距和转角曲线半径的要求。

4. 环形交叉

环形交叉,即在交叉口中央设置中心岛,用环道组织渠化交通,使进入环道的所有车辆一律按逆时针方向绕岛单向行驶,直至所要去的路口离岛驶出,俗称转盘,如图 9-6 所示。

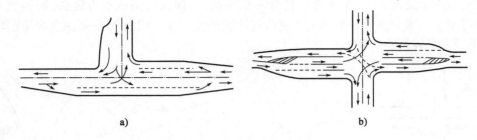

图 9-5 扩宽路口式交叉口

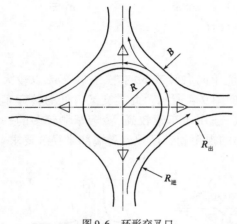

图 9-6 环形交叉口

(1) 环形交叉口的优点

驶入交叉口的各种车辆可连续不断地单向运行，没有停滞，减少了车辆在交叉口的延误时间；环道上行车只有分流与合流，消灭了冲突点，提高了行车的安全性；交通组织简便，不需信号管制；对多路交叉和畸形交叉，用环道组织渠化交通更为有效；中心岛绿化可美化环境。

(2) 环形交叉口的缺点

占地面积大，城区改建困难；增加了车辆绕行距离，特别是左转弯车辆；一般造价高于其他平面交叉。

环形交叉口适用于多条道路相交或转弯车辆较多、且地形较平坦的交叉口；在快速道路、交通量大的干线道路上，有大量非机动车和行人交通、位于斜坡较大地形以及桥头引道上均不宜采用；按规划需修建立体交叉处，近期可采用环形平面交叉作为过渡形式，并预留远期改建为立交的可能性。

采用"入口让路"的环形交叉口，驶入车辆要等候环形车流出现间隙时才插入行驶。一般适用于一条四车道公路和一条双车道公路相交，或两条高峰小时不明显的四车道公路相交且行人和机动车较小的交叉。

环形交叉口设计时主要注意解决中心岛的形状和半径、环道的布置和宽度、交织段长度、交织角、进出口曲线半径和视距要求等问题。

二、交叉口之间的合理间距

平面交叉口间距是道路设计中的重要指标，它不仅会影响通行效率，而且对道路的交通安全也会产生非常显著的影响。国内外现有研究成果均表明，平面交叉间距过小、数量过多，是引发交通事故的主要原因之一。

1. 交叉口间距影响因素

对特定功能等级的道路主线而言,每增加一个新的接入点都会与主线交通流产生冲突。冲突数的增加会导致交通事故发生概率提高,同时会导致主线车辆通行时间延误。以交叉口最小间距来规范相关道路的接入,可在通行效率与交通安全之间达到有效平衡。交叉口间距的主要影响因素包括:

(1)道路功能等级

功能等级越高的道路,其传送功能越强(如主干线道路),相对于功能等级低的道路(如集散道路)而言,其接入道路应更少,相应的接入间距应更长。

(2)区域

就公路所穿越的地区而言,包括乡村地区、城市郊区两类。在这两类地区,交通量大小、主路与路侧环境的相互干扰情况、驾驶人行为特征及土地利用规划等均有很大不同,因此,在这两类地区交叉口间距标准也不相同。

(3)行驶速度

车速是评价主路交通冲突、延误及安全性的主要指标。不同的驾驶操作会导致车辆运行距离随车速的变化而变化,如变换车道、制动等,道路几何要素的设计、视距的确定等都直接受其影响。

(4)交叉口功能区的需求

机动车进入交叉口要进行一系列复杂的操作,如反应、减速、排队等待、转向或穿越、加速等,功能区则是实施这一系列复杂操作的面积范围。交叉口间距必须满足车辆在交叉口功能区的需求,保证交叉口交通运行的机动性和安全性。

(5)交叉口的车辆排队长度的要求

当交叉口间距过短,交叉口交通量处于过饱和状态时,由于排队的周期累积,会使排队上溯到上游交叉口,形成交通流锁死,导致车辆排队"多米诺"效应的发生。

(6)识别距离

汽车驶近平面交叉口时,驾驶人应能看清整个交叉道路上车辆的行驶情况,以便能顺利地驶过交叉口或及时停车,避免发生碰撞。这段距离必须大于或等于停车视距。视距三角形一般以最不利情况绘制,在三角形范围内,不准有任何妨碍视线的障碍物。

2. 合理间距的确定

(1)信号(灯)控制交叉口间距

信号交叉口最优间距的确定依赖于主线运行车速、信号周期长度及交通流量等。就目前普遍状况而言,信号周期长度的代表取值为:

①90s:城市郊区干线型公路,典型车速为 60~80km/h;

②60s:乡村地区干线型公路,典型车速为 70~100km/h。

表9-4总结了与主线车速、信号周期长度相关的最优信号间距,此表具有参考作用。

与车速、信号周期长度相关的最优信号间距　　　　　表9-4

信号周期长度（s）	车速（km/h）						
	40	48	56	64	72	80	88
	间距（m）						
60	330	400	470	530	600	670	730
70	390	470	540	620	700	780	860
80	440	530	620	710	800	890	980
90	500	600	710	800	900	1000	1100
100	560	670	780	890	1000	1110	1220
110	610	730	860	980	1100	1220	1340
120	670	800	930	1070	1200	1330	1470

（2）中间带类型及间距

对于公路中间带设计而言，可选择的控制方式包括：

①完全控制：限制左转或U形回转；

②部分控制：中间带开口进行选择性的定向渠化处理；

③无控制或NA：完全开放，无转向限制。

设置中间带开口时，应基于工程分析及设计确定，尽可能采用统一的处置方案。决策时需考虑的因素包括现行相关管理规划条文、公路设计相关标准、成本效益分析、公路的功能等级等。

（3）接入道路类型及间距

接入道路的间距及设计标准，需考虑主路运行车速、进入/驶离交通量、潜在的重叠影响区域、交通安全视距、对主路交通流的影响等因素。接入道路应设置在中间带开口处，并同交叉口转向限制相适应。就工程应用而言，有多种指标可以确定接入道路间距标准，包括最小停车视距、右转冲突区域重叠、最大出口通行能力等。

①最小停车视距

停车视距指标为路线设计中最基础的设计指标之一，我国现行规范中亦以此指标作为重要的设计指标。不同设计车速条件下的停车视距参考值见表9-5。

安全交叉停车视距　　　　　表9-5

设计车速（km/h）	100	80	60	40	30	20
停车视距（m）	160	110	75	40	30	20
安全交叉停车视距（m）	250	175	115	70	55	35

注：本表引用自《公路路线设计规范》（JTG D20—2017）。

接入道路的间距标准，可依据停车视距指标来确定。当满足最小停车视距时，接入道路间距可满足最小紧急制动距离。

②交叉口功能区长度

交叉口物理区,指交叉口路缘从直线改为圆弧段以内的部分。

交叉口功能区,对于交叉口上游来车,指驾车者从感知到进入交叉口的实际排队部分;对交叉口下游离开的车辆来说,指驾车者驶离交叉口恢复到正常行驶车速的部分。一般而言,交叉口功能区面积大于物理区,如图 9-7 所示。

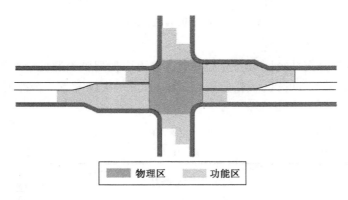

图 9-7　物理区和功能区

功能区最重要的指标是上游功能区长度,这是决定支路和交叉口间距的关键。上游功能区长度包括三个部分,如图 9-8 所示。

$d1$:驾车者进入交叉口的"感知—反应"时间内行驶的距离,对于乡村公路,可取 2.5s,对于城市和城郊结合部,可取 1.5s;

$d2$:驾车者减速段距离(制动距离);

$d3$:交叉口进口道车辆最大排队长度。

接入道路交叉口间距,应满足上游交叉口出口道功能区与下游交叉口进口道功能区不重叠,即:$S_3 \geqslant F_上 + F_下$,如图 9-9 所示。

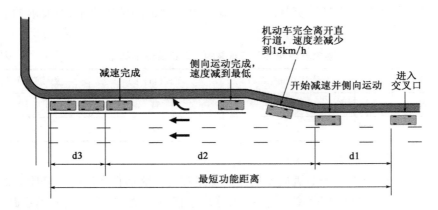

图 9-8　功能区长度计算

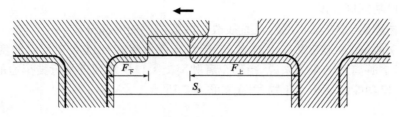

图9-9　交叉口间距与功能区长度关系

③避免右转冲突区域重叠

本部分实质是分离冲突区域。分离冲突区域可以使驾驶人避免应对冲突区域重叠的复杂情形，理想状况下，冲突区域相分离后，驾驶人可每次仅考虑一个冲突区域，如图9-10所示。

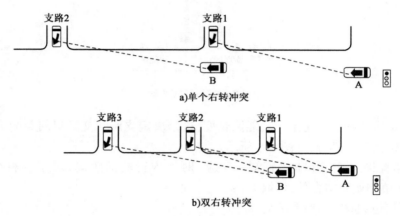

图9-10　右转冲突区域重叠

右转冲突距离等同于由特定的感知—反应时间及加速度所确定的停车视距。一般而言，若接入道路可见，则右转冲突不会对主路直行车辆车速造成很大的影响。表9-6所示为当接入道路处于单个右转冲突状况时，为减少潜在碰撞的发生概率，所要求的最小接入道路间距。

避免右转冲突区域重叠的接入道路最小间距　　　　表9-6

车速(km/h)	接入道路间距(m)	车速(km/h)	接入道路间距(m)
48	30	64	60
56	45	72	90

④最大出口通行能力

当接入道路间距不小于车辆从零加速到主路直行车辆运行车速时所需距离的1.5倍时，可减小延误，提高间隙接受率，能使接入道路车辆更安全、有效地汇入到主路交通流。表9-7给出了基于最大出口通行能力的接入道路最小间距。

特定车速条件下的最小接入道路间距　　　表9-7

车速(km/h)	接入道路间距(m)	车速(km/h)	接入道路间距(m)
32	37	64	189
40	58	72	250
48	98	80	343
56	137	88	457

（4）决策视距

决策视距可用以保障主路交通流平稳、安全的运营。同样车速条件下，决策视距长度大于停车视距，决策视距有助于驾驶人提前对突发事件做出判断，从而进行相应的停车或车道变换操作，有助于驾驶人安全、平稳地驾驶车辆。表9-8给出了典型车速条件下的决策视距。

停车、加速或车道变换所需的决策视距　　　表9-8

地　区	车速(km/h)	停车(m)	加速/车道变换(m)
高度城市化地区	56	189	216
其他(城市地区)	72	195	247
乡村地区	88	180	265

（5）交叉口间距的确定方法

对于主要干线公路，推荐通行能力与交通安全同时兼顾，故应以出口通行能力及决策视距来确定接入道路间距。对次要干线公路而言，应优先考虑交通安全，故应利用决策视距来确定接入道路间距。对于集散型及地方公路而言，应采用右转冲突区域重叠判定方法，同时着重于考虑保障最小停车视距。对于所有功能等级的公路，其接入道路间距都应满足交叉口功能区长度相关规定的要求。

交叉口标准间距的选用，应针对不同的应用环境进行具体的分析。接入道路间距的确定及交叉口的预选位，应综合考虑道路临近土地利用类型、相关地界范围的中长期土地利用规划、交通量增长、允许左转道路的接入频率、各种车型大小及比例等。

3.平面交叉的最小间距

表9-9给出了不同等级、不同功能道路平面交叉的最小间距参考值。

道路平面交叉最小间距　　　表9-9

道路等级	一级公路			二级公路		城市道路	
道路功能	干线公路		集散公路	干线公路	集散公路	主干道	次干道
	一般值	最小值					
间距(m)	2 000	1 000	500	500	300	600	300

注：本表引用自《公路路线设计规范》(JTG D20—2017)。

三、交叉口的选位与开口

交叉口选位,指针对交叉口在主线上的布设位置,考虑线形、车速、地形、土地利用类型等因素,给出定性或定量的布置依据。交叉口选位应满足上述交叉口间距要求但不局限于此,交叉口选位主要影响因素包括道路功能等级、中间带类型、土地利用类型、平面交叉口类型(十字形、T形、其他)、控制方式(信号控制、无信号控制)等。

1. 交叉口选位的原则

平面交叉位置的选择应综合考虑公路网现状和规划、地形和地物等因素。总体来说,交叉口选位应遵循以下原则:
(1)保证安全,即保证一定的识别距离,同时保持行车的平顺;
(2)保证通行能力;
(3)满足排水要求;
(4)美观。

2. 交叉口位置的平纵线形

(1)平面
①平面线形宜为直线或大半径圆曲线,不宜采用需设超高的圆曲线;
②避免将交叉口位置选在同(反)向曲线、断背曲线、复曲线和小半径曲线上;
③平面交叉范围内两相交公路应正交或接近正交,交角宜大于或等于70°。

(2)纵断面
①平面交叉范围内,两相交公路的纵坡宜平缓。纵面线形应满足停车视距的要求,避免将交叉口选在大坡道或者长大坡道上;
②主要公路在交叉范围内的纵坡应在0.15%~3%的范围内;次要公路紧接交叉的引道部分应以0.5%~2.0%的上坡通往交叉口;
③主要公路在交叉范围内的圆曲线设置超高时,次要公路的纵坡应服从主要公路的横坡;
④避免在凸曲线或者凹曲线上设置交叉口;
⑤主路平纵组合不利的路段,应该避免其他道路与之相交。

3. 交叉口位置与中间带的关系

主路中央分隔带的开口对支路的定位和交通管理影响很大,在设计支路时,必须仔细考虑支路位置和中央分隔带开口的关系,一般有以下几个原则需要把握。

(1)当主路有右转专用道进入支路时,应避免主路另一个方向的车流通过主路中央分隔带的开口左转直接进入支路,因为主路的直行车流会遮蔽右转车道上车辆,使得右转车道的车辆和左转车辆发生碰撞,如图9-11所示。

(2)当主路允许车辆通过中央分隔带左转或掉头时,应避免支路开口正对中央分隔带开口,因为主路另一个方向左转进入支路的车辆容易和左转车辆发生碰撞,如图9-12所示。

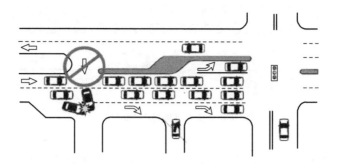

图 9-11 避免中央分隔带的开口和右转专用道冲突

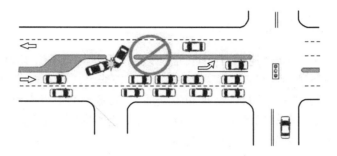

图 9-12 避免中央分隔带开口与左转车道的冲突

(3)对于左转进入支路的情况来说,支路的开口应正对着中央分隔带开口或者在中央分隔带的下游。如果支路开口在中央分隔带的上游,那么距离应至少在30m以上,以防止驾车者逆向行驶,如图9-13所示。

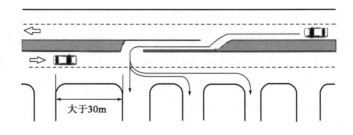

图 9-13 接入道路应在中央分隔带的开口正对面或下游

(4)对于双向四车道允许主路车辆通过中央分隔带掉头的情况,考虑到主路往往运行车速较高,需要较大的掉头半径,那么,如果有支路正对着中央分隔带开口,可以考虑扩大支路的开口面积,便于主路车辆的掉头操作,如图9-14所示。

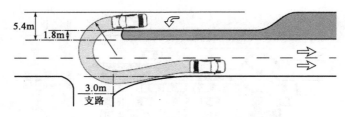

图 9-14　接入道路交叉口面积扩大

第三节　交叉口交通组织设计

一、车辆交通组织方法

交叉口的通行能力小、车速低、行车安全性差,因此车辆交通组织的目的就是保证交叉口上车辆行驶安全、畅通,尽可能提高交叉口的通行能力。归纳起来就是,正确组织不同去向的车流,设置必需的车道数,合理布置交通岛、交通信号灯及各种地面交通标志等,使车辆在交叉口能按渠化交通的原则组织起来,按一定顺序安全顺畅地通过交叉口。

交叉口车辆交通组织的方法有以下几种:

1. 设置专用车道

组织不同车型和不同行驶方向的车辆在各自的车道上分道行驶、互不干扰,如图 9-15 所示,根据行车道宽度和左转、直行、右转车辆的交通量大小可作出多种车道组合。

左转弯车辆是引起交叉口车流冲突点增多的主要原因,合理地组织左转弯车辆的交通流,是保证交通安全、提高交叉口通行能力的有效方法。左转弯车辆的交通组织方法主要有以下几种:

(1)设置专用左转车道

在行车道宽度内紧靠中线画一条车道供左转车辆专用,以免妨碍直行交通,如图 9-15a)所示;若原有车道宽度不够,可向中线左侧适当扩宽设置专用左转车道,如图 9-15b)和图 9-15c)所示。设置专用左转车道后可避免阻碍直行车辆的通行,左转车辆则在左转车道上等待对向车流间隙或寻机通过。

(2)实行交通管制

通过信号灯控制或交通警察手势指挥,在规定时间内禁止或准许左转。

(3)变左转为右转

①环形交通。如图 9-16a)所示,利用环道车辆逆时针单向交通,变左转为右转,使冲突车流变为分流与合流。

②街坊绕行。如图 9-16b)所示,使左转车辆环绕邻近街坊道路右行以实现左转。这

种方法行程增加很多,通常仅用于左转车辆所占比例不大、旧城道路扩宽困难,或在桥头引道坡度大的十字形交叉口。

③远引绕行。如图9-16c)所示,利用中间带开口绕行左转。

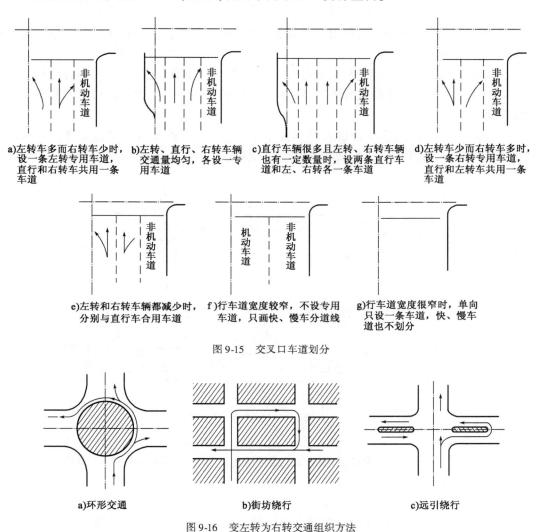

图 9-15　交叉口车道划分

图 9-16　变左转为右转交通组织方法

2. 组织渠化交通

通过车道画线,或用绿带和交通岛分隔车流,使各种不同类型和不同速度的车辆能像渠道内的水流那样,沿规定的方向互不干扰地行驶,这种交通组织方式称为渠化交通。

渠化交通在一定条件下可以有效地提高道路的通行能力,减少交通事故,它对解决畸形交叉口的交通问题尤为有效。

(1) 渠化交通的具体做法

①如图9-17a)所示,利用分车线或分隔带、交通岛等,把不同方向和速度的车辆划分车道行驶,使驾驶人或行人很容易看清互相行驶的方向,避免车辆相互侵占车道,因而可减少车辆相互碰撞的机会,增加行车安全;

②如图9-17b)和c)所示,利用交通岛的布置,限制车辆行驶方向,使斜交对冲车流变为直角交叉或锐角交叉;

③如图9-17d)和e)所示,利用交通岛的布置,限制车道宽度,控制车速,防止超车;

④可利用设置的交通岛或分隔带,设置各种交通标志,并可作为行人过街时避让车辆的安全岛;

⑤如图9-17f)所示,在交通量大、车速较高的交叉口,还需要考虑设置变速车道和候驶车道,以利左转弯车辆转向行驶和变速行驶的需要。

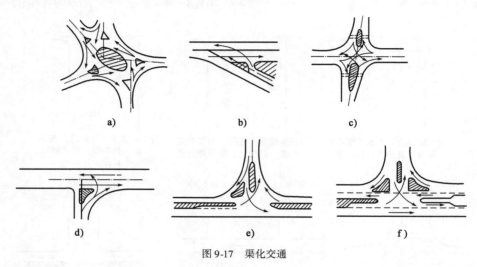

图9-17 渠化交通

(2) 交通岛

在渠化交通中,最常用的是高出路面的交通岛,按其作用不同可分为方向岛、分隔岛、中心岛和安全岛等。

①方向岛(导向岛)

用以指引行车方向,它在渠化交通中起着很大的作用,许多复杂的交叉口往往只需用几个简单的方向岛,就能组织好交通,减少或消灭冲突点。方向岛还可用于约束车道,使车辆减速转弯,保证行车安全。

②分隔岛

分隔岛是用来分隔机动车和非机动车、快速车和慢速车,以及对向行驶的车流,保证行车速度和交通安全的长条形交通岛。有时也可通过路面上画线来代替分隔岛。

③中心岛

中心岛是设在交叉口中央,用来组织左转弯车辆和分隔对向车流的交通岛。

④安全岛

安全岛供行人过街时避让车辆之用。在宽阔、交通繁忙的交叉口,宜在人行横道线中央设置安全岛,以保证行人过街的安全。

交通岛的形状通常为直线与圆曲线的组合图形。不同用途条件下分隔带的宽度取值规定见表9-10。交通岛边缘的线形取决于相邻车道的路缘线形,直行车道边缘的导缘线应根据缘石构造不同有所偏移,迎车流端线形应偏移且圆滑化。转角导流岛边缘的形状和岛端后退量规定如图9-18所示。导流岛端部内移距在主要道路一侧按通行路段长度的1/10~1/20过渡,次要道路一侧为1/5~1/10。

分 隔 带 的 宽 度　　　　表9-10

用　　途	宽度(m)	用　　途	宽度(m)
设置标志	1.2	左转弯车道及剩余分隔带	4.3~5.5
个别行人避险以及今后可能设信号	1.8	标线式左转弯分隔带	至少为车道宽度
多车道公路的信号交叉中较多行人的越路避险	2.4	二次等候左转或穿越	7m或设计车辆长度

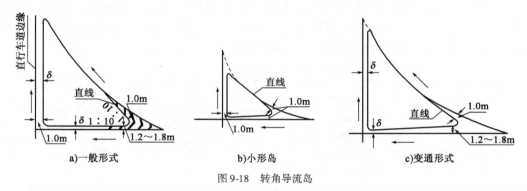

图9-18　转角导流岛

分隔岛的具体形式根据交叉口的位置、分隔岛的功能定位以及交通流等情况决定。图9-19a)、b)分隔岛主要起导流作用;图9-19c)、d)、e)分隔岛面积较大,除导流作用,还可能有绿化功能以及起到行人过街安全岛的作用;图9-19a)、c)、d)拓宽了左转车道,适用于左转交通量较大的主路。

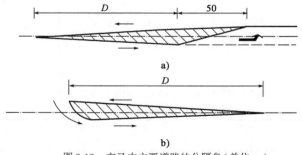

图9-19　交叉中主要道路的分隔岛(单位:m)

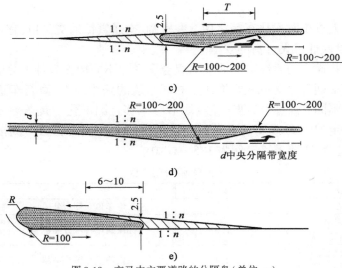

图 9-19 交叉中主要道路的分隔岛(单位:m)

交叉中主要道路的分隔岛如图 9-19 所示,设计参数见表 9-11。次要道路或支路上的分隔岛如图 9-20 所示,设计参数见表 9-12。图中 R_2 一般等于 R_1,但有时需变动,以保证岛端至主要公路行车道边缘底距离为 2~4m,岛底宽度为 2~5m。

主要道路上分隔岛的设计参数　　　　　　　　　　表 9-11

设计速度(km/h)	40	50	60	80
n	15	20	25	30
D(m)	40	50	60	80
T(m)	40	45	55	70

注:n 为渐变参数,指渐变段竖直方向与水平方向的长度之比;D 为分隔岛直线边在水平方向上的长度(m);T 为分隔岛两圆曲线段中点在水平方向上的长度(m)。

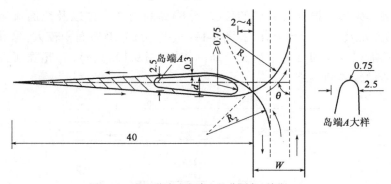

图 9-20 次要道路或支路上的分隔岛(单位:m)

支路上分隔岛的设计参数　　　　　　　　　　表 9-12

θ(°)	70	80	90	100	110	W(m)	≤10	11	≥14
d(m)	1.5	2.0	2.5	2.0	1.5	R_1(m)	12	14	20

注:θ 为分隔岛与道路中心线的夹角(°);W 为道路宽度(m);d 为岛端 A 开口处宽度(m);R_1 为路面转角半径(m)。

3. 调整交通组织

当旧城区道路改建困难时,可采取改变交通路线、限制车辆行驶、控制行驶方向、组织单向交通,以及适当封闭一些主要干道上的支路等措施,减少或简化交叉口的交通,以提高整个道路网的通行能力。

4. 实行信号管制

采用自动控制的交通信号指挥系统,提高交叉口行车速度和通行能力。

二、行人及非机动车交通组织

公路设计中往往不考虑行人和非机动车交通。但城市道路有大量行人和非机动车的存在,合理组织行人和非机动车交通,是消除交叉口交通堵塞,保证交通安全的有效方法。

1. 行人交通组织

行人交通组织的主要任务是组织行人在人行道上行走,在人行横道线上安全过街,使人、车分离,干扰最小。

(1) 人行道

人行道通常布置在车行道两侧,在交叉口处相邻道路的人行道互相连通,并应将转角处人行道加宽,以适应人流集中转向的需要。

交叉口处人行道的宽度原则上不小于路段人行道的宽度,同时还应为过街行人提供等待场地;若因设置附加车道不得已压缩人行道时,应根据人流量决定最小宽度;当采用人行天桥或人行地道时,人行道宽度还应考虑梯道或坡道出入口的宽度;在人行道上除了必要的道路标志、交通信号、照明及栏杆等外,不允许布置其他设施,以保证人行道的有效宽度满足要求。

(2) 人行横道

为使行人安全、有序地横穿车行道,应在交叉口设置人行横道,人行横道两端应设置信号灯。人行道和人行横道相互连接,共同组成"步行道网",保证行人能到达任何地点。

人行横道应设置在驾驶人容易看清的位置,标线应醒目。人行横道可布置在交叉口人行道延续方向后退 4~5m 的地方,如图 9-21a) 所示;当转角半径较大时,可将人行横道设在圆弧段内,如图 9-21b) 所示。原则上人行横道应垂直于道路设置,这样可使行人过街距离最短;但如道路斜交时,人行横道可与相交道路平行,如图 9-21c) 所示。T 形和 Y 形交叉口的人行横道可按图 9-21d) 和图 9-21e) 设置。

人行横道的宽度主要取决于过街人流量的大小,一般应比路段人行道宽些,其最小宽度为 4m;当过街人流量较大时,可适当加宽,但不宜超过 8m。

人行横道的长度应有所限制。当一次横穿距离较长时,会使过街行人思想紧张,感到很不安全。因此,当机动车车道数大于或等于6条、或人行横道长度大于30m时,应在道路中线附近设置安全岛,其宽度不小于1m。

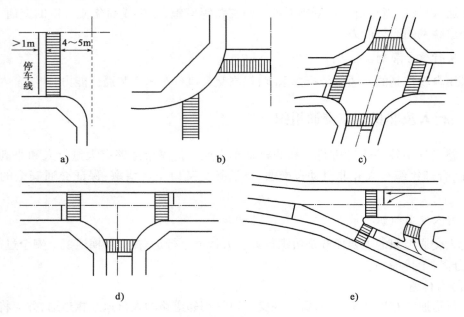

图 9-21 人行横道的布置

在设置信号灯或设置停车标志的交叉口,应在路面上标绘停车线,指明停车位置。当有人行横道时,停车线应布置在人行横道线后至少1m处,如图9-21所示,并应与人行道平行。对无人行横道的交叉口,停车线应尽量靠近交叉口,以减少交叉口的范围,提高通行能力,但不得影响相交道路的交通。

(3)人行地道与人行天桥

当交叉口宽阔、人流量多、车流量大且车速高时,可考虑设置人行地道或人行天桥,这是解决行人交通安全最彻底、最有效的办法。

2. 非机动车交通组织

在交叉路口,非机动车道通常布置在机动车道与人行道之间。当车流量不大时,非机动车随机动车按交通规则在右侧行驶,不设分离设施;当车流量较大时,可采用分隔带或墩将机动车与非机动车分离行驶,减少相互干扰。上述两种情况,非机动车的交通组织均与机动车共同考虑。

当车流量很大、机动车与非机动车之间干扰十分严重时,可考虑采用立体非机动车交通组织形式,与人行天桥或人行地道一起考虑。一般行人宜采用梯道型升降方式;非机动车宜采用坡道型;当因地形或其他原因受限制时,可采用梯道带坡道的混合型升降方式。

第四节　交叉口视距与转弯设计

一、交叉口的视距

1. 视距三角形

为了保证交叉口处的行车安全,驾驶人在进入交叉口前的一段距离内,应能看到相交道路上的行车情况,以便能及时采取措施顺利驶过或安全停车,这段必要的距离应大于或等于停车视距 S_T。如图 9-22 所示,由相交道路上的停车视距所构成的三角形称为视距三角形,在其范围内不能有任何阻挡驾驶人视线的障碍物。

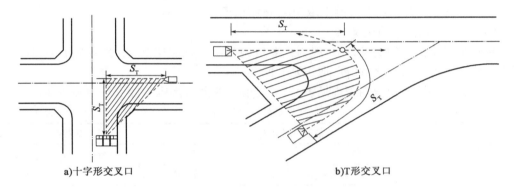

a)十字形交叉口　　　　b)T形交叉口

图 9-22　视距三角形

视距三角形绘制的方法与步骤为:

(1)确定停车视距 S_T。停车视距可用前述计算公式计算,或根据相交道路的设计车速查表确定。

(2)找出行车最危险的冲突点。对于不同形式的交叉口,其最危险冲突点的位置不尽相同。对于十字形交叉口,如图 9-22a)所示,最靠右侧第一条直行机动车道的轴线与相交道路最靠中心线的第一条直行车道的轴线所构成的交叉点为最危险的冲突点。对于 T 形或 Y 形交叉口,如图 9-22b)所示,直行道路最靠右侧第一条直行车道的轴线与相交道路最靠中心线的一条左转车道的轴线所构成的交叉点为最危险的冲突点。

(3)从最危险的冲突点向后沿行车轨迹线量取停车视距 S_T。

(4)连接末端构成视距三角形。

2. 识别距离

为保证车辆安全顺利通过交叉口,应使驾驶人在交叉口之前的一定距离处能识别交叉口的存在及交通信号和交通标志,这一距离称为识别距离。该识别距离随交通管制条件而异。

(1) 无信号控制的交叉口

对无任何信号控制的交叉口,通常都是低等级、交通量小且车速不高的次要交叉口,识别距离可采用各相交道路的停车视距。

(2) 有信号控制的交叉口

对有信号控制的交叉口,识别距离应保证驾驶人能看清交通信号和显示内容,并有足够的时间制动减速直至停车,但这种制动停车绝非紧急制动。因此,有信号控制的交叉口的识别距离可按式(9-3)计算。

$$S_\mathrm{S} = \frac{V}{3.6}t + \frac{V^2}{26a} \qquad (9\text{-}3)$$

式中:S_S——交叉口的识别距离,m;

V——路段计算行车速度,km/h;

a——减速度,m/s²,取 $a=2\mathrm{m/s^2}$;

t——识别时间,s,在公路上取 10s,在城市道路上取 6s。

(3) 停车标志控制的交叉口

对停车标志控制的交叉口,一般为主要道路与次要道路交叉,主次关系明确,其识别距离的计算仍可按式(9-3)计算,取识别时间 $t=2\mathrm{s}$。

按上述方法计算的识别距离见表9-13。同样,在此范围内不能有任何障碍物。

交叉口的识别距离 表9-13

设计速度 (km/h)	信号控制交叉口				停车标志控制交叉口	
	公路		城市道路		计算值 (m)	采用值 (m)
	计算值(m)	采用值(m)	计算值(m)	采用值(m)		
80	348	350	—	—	—	—
60	237	240	171	170	104	105
40	143	140	99	100	54	55
30	102	100	68	70	35	35
20	64	60	42	40	19	20

二、交叉口的转弯设计

为了保证各种右转车辆能以一定速度顺利转弯,交叉口处的缘石或行车道边缘线形应做成圆曲线或复曲线,圆曲线的半径 R_1 称为转角半径,如图9-23所示。

在未考虑机动车道加宽的情况下,转角半径 R_1 可按式(9-4)和式(9-5)计算。

$$R_1 = R - \left(\frac{B}{2} + F\right) \qquad (9\text{-}4)$$

$$R = \frac{V^2}{127(\mu \pm i_\mathrm{h})} \qquad (9\text{-}5)$$

式中：B——机动车道宽度，m，一般采用 3.5m；

F——非机动车道宽度，m；

R——右转车道中心线半径，m。据观测，右转车速一般在 $10 \sim 25 km/h$ 之间，横向力系数 $\mu = 0.15 \sim 0.20$，横向坡度 $i_h = 2\%$。

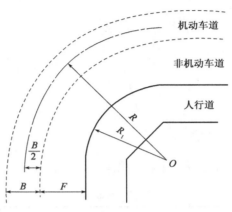

图 9-23 转角半径计算图式

城市道路交叉口的缘石最小转角半径规定见表 9-14。在条件允许时应尽量采用较大转角半径，有利于行车和以后交通发展的需要。

城市道路交叉口缘石最小转角半径　　　表 9-14

右转弯计算车速(km/h)		30	25	20	15
路缘石转弯半径（m）	无非机动车道	25	20	15	10
	有非机动车道	20	15	10	5

注：本表引用自《城市道路交叉口规划规范》(GB 50647—2011)。

各级公路平面交叉口的转弯设计以 16m 总长的鞍式列车进行控制设计。鞍式列车在各种转弯速度情况下，转角曲线路面内缘的最小半径见表 9-15。

公路平面交叉口转角曲线路面内缘的最小半径　　　表 9-15

速度(km/h)	≤15	20	25	30	40	50	60	70
最小半径(m)	15	15~20	20~25	30	45	60	75	90
最小超高(%)	2	2	2	2	3	4	5	6
最大超高(%)	一般值：6，绝对值：8							

注：本表引用自《公路路线设计规范》(JTG D20—2017)。

公路交叉口转角曲线路面内缘的线形应符合车辆转弯时的行迹。简单的非渠化交叉口中，在半挂车比例很小（小于 10%）的情况下，可在相交的路面边缘设一半径不小于 15m 的圆曲线或带有缓和曲线的圆曲线；以鞍式列车控制设计时，相交路面的边缘应采用如图 9-24 所示的复曲线，相应半径 R_1、R_2 的取值见表 9-16。渠化的右转弯车道，其转角曲线路面边缘的线形应采用复曲线,详细设计见下节。

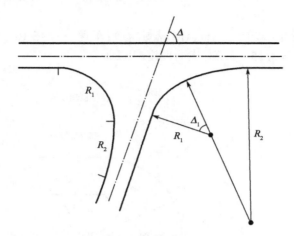

图 9-24 以鞍式列车控制设计时交叉口的转弯设计

R_1、R_2 的取值　　　　　　　　　表 9-16

$\Delta(°)$	$R_1(m)$	$R_2(m)$	Δ_1
70~74	18	80	53°30′~58°50′
75~84	17	80	58°55′~68°00′
85~91	16	80	69°00′~75°00′
92~99	15	80	76°00′~83°00′
100~110	14	90	84°00′~95°00′

第五节　交叉口拓宽设计

当相交道路的交通量较大、转弯车辆较多而车速又高时,若交叉口进口道仍然采用与路段相同的车道数,会导致转弯车辆和直行车辆受阻,分流与合流困难,且易发生交通事故。此时可向进口道的一侧或两侧拓宽车道,以改善交叉口的通行条件,提高交叉口的通行能力。

拓宽的车道数主要取决于进口道的各向交通量、交通组织方式和车道的通行能力等,一般应比路段单向车道数多增加一至二条车道。

进口道车道的宽度,应尽量与路段保持一致。如因占地等条件限制,需要将车道变窄时,最窄不得小于 3m,一般在 3~3.5m 之间。

交叉口的拓宽设计主要解决拓宽车道的设置条件、设置方法以及长度计算三个问题。

一、设置条件

1. 右转专用车道的设置条件

(1) 公路平面交叉口

①两条一级公路相交,或一级公路与交通量大的二级公路相交时,应对所有右转弯车辆运行设置渠化的右转车道。

②二级公路与一级公路的交叉凡有下列情况时,应设置右转车道:

a) 平面交叉角≤75°;

b) 交通量较大的交叉中,车辆右转会引起不合理的交通延误;

c) 右转车辆所需车速较高时(大于30 km/h);

d) 右转弯车流中重车的比例较高;

e) 与高速公路集散路(通往高速公路互通式立交的连接线)相交时。

(2) 城市道路平面交叉口

高峰小时一个信号周期进入交叉口的右转车多于4辆时,应增设右转专用车道。

2. 左转专用车道的设置条件

(1) 公路平面交叉口

①四车道公路除左转交通量很小的情况外,均应在平面交叉范围内设置左转车道。

②二级公路遇到下列情况时,应设置左转车道:

a) 左转弯交通会引起明显的交通阻塞或交通事故;

b) 非机动车较多且无专门的非机动车道的交叉口;

c) 与高速公路集散路(通往高速公路互通式立交的连接线)相交时。

③交叉口有以下情况时,宜设置左转车道:

a) 道路交通量很小,通行能力有富余时;

b) 相交道路设计速度在40km/h以下,设计小时交通量小于200辆时;

c) 无对向直行交通,且进口道车道数较路段多一条时。

(2) 城市道路平面交叉口

高峰小时一个信号周期进入交叉口的左转车辆多于3辆或4辆(小交叉口为3辆,大交叉口为4辆)时,应增设左转专用车道。

二、设置方法

1. 右转专用车道设置方法

如图9-25所示,一般在进口道的右侧或同时在出口道

图9-25 拓宽右转车道

的右侧拓宽右转车道。

2. 左转专用车道设置方法

左转车道是向进口道左侧拓宽的,依据相交道路是否设置中间带和中间带的宽窄,可分别采取不同的方法实现左转车道拓宽。

(1) 宽型中间带

当设有较宽中间带(一般不小于 4.5m)时,如图 9-26a)所示,将道口一定长度的中间带压缩宽度,由此增辟出左转车道。

(2) 窄型中间带

当设有较窄中间带(一般小于 4.5m)时,如图 9-26b)所示,压缩中间带后宽度仍不够,此时可将道口单向或双向车道线向外侧偏移,增加不足部分宽度。

(3) 无中间带

当相交道路不设中间带时,可通过两种途径增辟左转车道。一是向进口道的一侧或两侧拓宽,增加进口道路幅总宽度,以便在进口道中心线附近辟出左转车道,如图 9-26c)所示;二是不扩宽进口道,占用靠近中心线的对向车道作为左转车道。

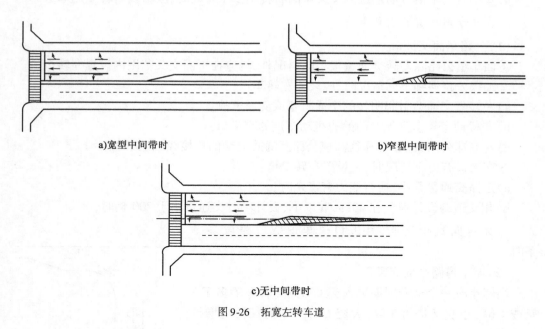

a) 宽型中间带时　　　　　　　　　　b) 窄型中间带时

c) 无中间带时

图 9-26　拓宽左转车道

三、拓宽车道的长度

1. 右转车道的长度

(1) 车道等宽的右转车道的长度

如图 9-27 所示,交叉口的进口道设置了右转车道后,为不影响横向相交道路上的直行车流,在横向相交道路的出口道应设加速车道,且其长度应保证加速所需长度;进口道处右转车道的长度应能满足右转车辆减速所需长度,同时应保证右转车不受相邻等候车队长度的影响。

①渐变段长度 l_d

渐变段长度可按右转弯车辆以路段平均速度 V_A 行驶时每秒钟横移 1.0m 计算,见式(9-6)。

$$l_d = \frac{V_A}{3.6J}B \qquad (9-6)$$

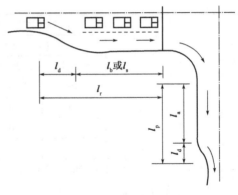

图 9-27　与车道等宽的右转车道长度

式中:V_A——路段平均行驶速度,km/h;
　　　B——右转车道宽度,m;
　　　J——车辆行驶时变换车道的侧移率,m/s,一般取 $J=1.0$ m/s。

最小渐变段长度可按表9-17选用。

最小渐变段长度　　　　　　表 9-17

设计速度(km/h)	100	80	60	40
最小渐变段长度(m)	60	50	40	30

注:本表引用自《公路路线设计规范》(JTG D20—2017)。

②减速所需长度 l_b 和加速所需长度 l_a

进口道减速所需长度 l_b 和出口道加速所需长度 l_a 可由式(9-7)计算。

$$l_b(\text{或}\,l_a) = \frac{V_A^2 - V_R^2}{26a} \qquad (9-7)$$

式中:V_A——路段平均行驶速度,km/h;
　　　V_R——减速后的末速度或加速前的初速度,km/h;
　　　a——减速度或加速度,m/s²。

一般,进口道减速所需长度 l_b 和出口道加速所需长度 l_a 可采用表9-18所列数值。

变速车道长度　　　　　　表 9-18

类别	设计速度(km/h)	减速所需长度 l_b(m) ($a=-2.5$ m/s²)			加速所需长度 l_a(m) ($a=1.0$ m/s²)		
		到停车	到20km/h	到40km/h	从停车	从20km/h	从40km/h
主要道路	100	100	95	70	250	230	190
	80	60	50	32	140	120	80
	60	40	30	20	100	80	40
	40	20	10	—	40	20	—

续上表

类别	设计速度 (km/h)	减速所需长度 l_b(m) ($a = -2.5$ m/s²)			加速所需长度 l_a(m) ($a = 1.0$ m/s²)		
		到停车	到20km/h	到40 km/h	从停车	从20km/h	从40 km/h
次要道路	80	45	40	25	90	80	50
	60	30	20	10	60	55	25
	40	15	10	—	25	15	—
	30	10	—	—	10	—	—

注:本表引用自《公路路线设计规范》(JTG D20—2017)。

③等候车队长度 l_s

右转车道长度应保证使右转车辆从直行车道最长的等候车队的尾车后驶入拓宽的车道,见式(9-8),其长度为:

$$l_s = n l_n \tag{9-8}$$

式中:l_n——直行等候车辆所占长度,m,一般取 6~12m,小型车取低值,大型车取高值;

n——一次红灯受阻的直行车辆数,可用式(9-9)计算。

$$n = \frac{每条直行车道通行能力 \times (1 - 右转车比例)}{每小时周期数该项红灯占周期长的比例} \tag{9-9}$$

所以,进口道右转车道长度 l_r 为:

$$l_r = l_d + \max(l_b, l_s) \tag{9-10}$$

出口道加速车道长度 l_p 为:

$$l_p = l_d + l_a \tag{9-11}$$

(2)车道变宽的右转车道的长度

车道变宽的右转车道由渠化的右转弯车道和两端的变速车道组成,如图9-28所示。此类右转车道的变速车道为一渐变段,其长度可按图9-28中车辆行驶时变换车道的侧移率根据式(9-6)进行计算。图中右转弯车道的参数见表9-19。

渠化右转弯车道参数(单位:m)　　　　表9-19

R_1	12	14	16	18~22	24~28	30	45	90~135	150
W_1	6.4	6.1	6.1	5.5	5.2	5.2	4.9	4.6	4.6
W_2	7.7	7.7	7.4	7.1	6.8	6.4	6.1	5.8	5.8
S	1.5	1.5	1.5	1.2	1.2	1.2	0.9	0.9	0.9
R_2	1.5 R_1						2 R_1		
R_3	3 R_1						2 R_1		

注:W_1 为单车道宽度;W_2 能绕越停放车辆的单车道宽度。

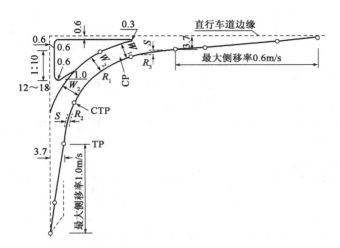
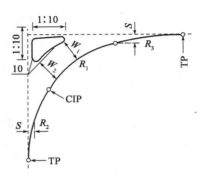

a) 常规处理　　　　　　　　　b) 不考虑绕越停靠的车辆时的处理

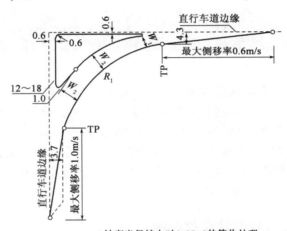

c) 转弯半径较大时(>45m)的简化处理

图 9-28　车道变宽的右转车道的设置(单位:m)

2. 左转车道的长度

左转车道长度仍采用公式(9-10)计算。式中的 l_s 分如下两种情况确定:

(1) 有信号控制的交叉口

$$l_s = n' l_n \tag{9-12}$$

式中:n'——左转等候车辆数,可按式(9-13)计算。

$$n' = \frac{\text{一条车道的通行能力} \times \text{车道数} \times \text{左转车比例}}{\text{每小时的周期数}} \tag{9-13}$$

(2) 无信号控制的交叉口

对于无信号控制的交叉口,考虑到车辆到达的随机性,可按平均每分钟左转弯车辆数的 2 倍计算,即

$$l_s = 2n'l_n \qquad (9\text{-}14)$$

四、拓宽车道的宽度

当右转车道为等宽车道时,其宽度应尽量与路段车道宽度保持一致。如因占地等限制,需要变窄车道宽度时,最窄不得小于3m,一般在3~3.5m之间。

当右转车道为变宽车道时,应按图9-28所示的宽度及渐变率设置。左转弯车道的宽度规定见表9-20。

左转弯车道宽度(单位:m)　　表9-20

分隔带类型	车道分划线	宽度大于0.5m的标线带	实体岛	
左转弯车道宽度	3.5	3.25	3.0	3.25
左路缘带宽度	0	0	0.5	0.3

第六节　交叉口渠化设计

渠化就是用交通安全岛或标线来分离或管理有冲突的交通,使车辆或行人能在明确的车道内有序行驶和通过。合理的渠化可以增大通行能力,提供最佳的驾驶舒适度;不合理的渠化则会产生反作用,有时甚至不如渠化前的效果来得好。设计时应尽量避免过度的渠化,因为它会给驾驶人带来疑惑。在某些情况下,一个简单的渠化改善可以大大提高运行效率,大多数这些案例都和左转改善有关,交叉口设置左转专用车道可有效减少追尾事故的发生并使左转变得更加方便。

一、交叉口渠化设计的优点及原则

1. 交叉口渠化的优点

(1)车辆的行驶轨迹被渠化所限制,所以在某一点不会有两条行驶轨迹相交;
(2)车辆合流、分流、交叉的角度和地点可以被控制;
(3)可供行驶的区域减小使得车辆间的冲突区域减小;
(4)为合理的行驶路径提供了清楚的指示;
(5)为重要交通提供优先权;
(6)为行人提供专门的空间;
(7)分开的转弯等候车道允许转弯车辆等待直行车辆的间隙;
(8)为交通控制设施提供空间使得其更易于被看到;
(9)可以控制不允许的转弯;
(10)车辆行驶速度被限制在一定的范围内。

交叉口的渠化设计通常和以下的设计指标有关：设计车辆的种类，交叉道路的相交部分，和通行能力有关的交通容量、行人数量、车速、必需的公交站点的位置、交通控制设备的位置等。此外，优先权和地形等物理控制也对经济合理地进行渠化有影响。

2. 交叉口渠化设计的原则

在进行交叉口渠化设计的时候应该遵守一定的原则，但是这些原则的使用取决于整个设计方案的特点。这些原则有：

(1) 机动车在同一时间应该有多个选择；
(2) 应该尽量避免超过90°的急转弯和不寻常的曲线的使用；
(3) 在允许的范围内尽可能地减少车辆冲突的区域，但是合流和交织区域应该因地制宜；渠化应该把车辆限制在合理路径内，以尽可能地减小冲突区域；
(4) 不需要合流和交织的相交交通流应该看情况以合理的角度交叉(60°～120°)；
(5) 合流交通应该保证合理的角度以提供足够的视距；
(6) 应该仔细研究相交点或冲突点，合理判断到底应该分离冲突点还是为了简化设计而增加控制设施来保证有效运行；
(7) 转弯车辆的安全区不能影响直行车辆的安全行驶；
(8) 用于渠化的安全岛不能干扰或阻塞非机动车道；
(9) 被禁止的转向在可行的情况下应该被阻止；
(10) 应该在交叉口渠化设计中确定重要的控制设施的位置；
(11) 渠化可能会要求在多相位信号控制的交叉口分离交通流运动。

根据我国《公路路线设计规范》(JTG D20—2017)，平面交叉渠化设计一般有如下的规定：

① 四车道及其以上的多车道公路的平面交叉，必须作渠化设计；
② 二级及二级以上公路的平面交叉必须进行渠化设计；
③ 三级公路的平面交叉应作渠化设计。四级公路的平面交叉宜进行渠化设计。

二、交叉口渠化设计示例

图9-29为不同类型的交叉口渠化前后的对比。

在进行交叉口渠化设计时，应注意以下问题：

(1) 尽量减少交叉口车辆可能发生冲突的路面面积。
(2) 增大相交交通流的交叉角度。
(3) 减少车流的分流、合流角度，一般该角度应控制在10°～15°的范围内。
(4) 曲线上的交叉口的渠化，应促使次要道路上的车流进入交叉口时减速慢行。
(5) 渠化设计应有利于车流进入交叉口时减速和驶出交叉口时加速。
(6) 交通岛位置和形状应配合交通组织设计，或强制车辆按正确路径行驶。
(7) 确保车辆及行人横穿对方交通流时的安全。

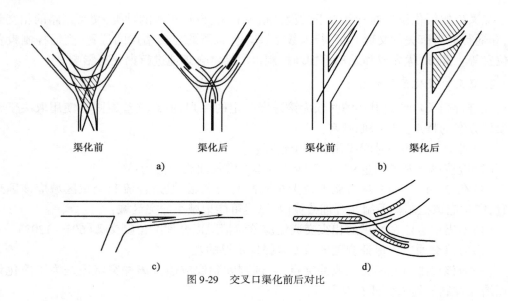

图 9-29 交叉口渠化前后对比

第七节 环行交叉口设计

一、环形交叉口的形式

采用环形交叉的目的,是为了避免在交叉口产生周期性的阻滞,并消灭交叉口上的冲突点,从而提高行车安全性并减小车辆在交叉口的延误。

环形交叉口的组成如图 9-30 所示。环形交叉口根据中心岛的大小和交通组织原则等因素的不同,可分为三种形式:

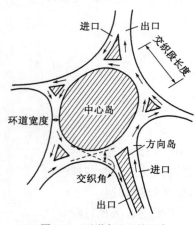

图 9-30 环形交叉口的组成

(1) 普通环形交叉口。具有单向环形车道,其中包括交织路段,中心岛直径大于 25m。

(2) 小型环形交叉口。具有单向环形车道,中心岛直径为 5~25m。

(3) 微型环形交叉口。具有单向环形车道,中心岛直径小于 5m。

二、普通环形交叉口设计的基本要素

1. 中心岛的形状与半径

(1) 中心岛的形状

中心岛的形状应根据交通流特性、相交道路的等级和地形地物等条件确定。原则上应在满足交叉所在地的地形、地物和用地条件限制的前提下,保证车辆能以一定速度顺利完成交织运行,有利于主要道路方向车辆行驶方便。

中心岛的形状主要有：
①圆形:采用居多;
②圆角方形或菱形:有时采用;
③椭圆形:适用于主、次道路相交的交叉口;
④复合曲线形:适用于交角不等的畸形交叉;
⑤其他形状:可视地形、地物和交角等采用其他规则或不规则的几何形状。

（2）中心岛半径

下面以圆形中心岛为例,介绍中心岛半径的计算方法。

①按设计速度的要求计算,得出中心岛半径：

$$R = \frac{V^2}{127(\mu \pm i_h)} - \frac{b}{2} \tag{9-15}$$

式中：R——中心岛半径,m;

b——紧靠中心岛的车道宽度,m;

μ——横向力系数,大客车 $\mu = 0.1 \sim 0.15$,小客车 $\mu = 0.15 \sim 0.2$;

i_h——环道横坡度,%,一般采用1.5%;

V——环道设计速度,km/h;国外一般采用路段设计速度的0.7倍;我国实测资料, 公共汽车为0.5倍,载重汽车为0.6倍,小客车为0.65倍。

②按交织段长度的要求计算。

所谓交织就是两条车流汇合交换位置后又分离的过程。交织长度是指进环和出环的两辆车辆,在环道上行驶时相互交织,交换一次车道位置所行驶的距离。交织长度的大小主要取决于车辆在环道上的行驶速度,应能满足汽车以一定车速相互交织并连续行驶,最小应不小于4s的行驶距离。如图9-31所示,当两个路口之间有足够的距离,此时在该环道上行驶的车辆,均可在合适的时机互相交织,该段距离即为交织段长度,其位置大致可取相邻道路机动车道外侧边缘延长线与环道中心线交叉点之间的弧长。

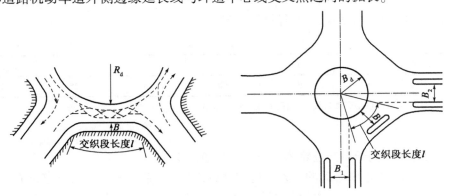

图9-31 交织段长度

中心岛半径必须满足两个路口之间最小交织段长度的要求,否则,在环道上行驶中需要互相交织的车辆,就要停车等候,这是绝对不允许的。环道上所需的最小交织段长度要求见表9-21。

最小交织段长度　　　　　　　表9-21

环道设计速度(km/h)	40	35	30	25	20
最小交织段长度(m)	45	40	35	30	25

注:本表引用自《城市道路交叉口设计规程》(CJJ 152—2010)。

按交织段长度所要求的中心岛半径为:

$$R_d = \frac{n(l + B_p)}{2\pi} - \frac{B}{2} \tag{9-16}$$

式中:n——相交道路的条数;

　　　l——相邻路口之间的交织段长度,m,可查表9-21;

　　　B——环道宽度,m;

　　　B_p——相交道路的平均路宽,m。

由上式可以看出,交叉口相交道路的条数越多,为保证最小交织段长度的要求,中心岛的半径就需越大,将会大大增加交叉口的用地面积和车辆在环道上的绕行距离,这样既不经济也不合理。因此,环形交叉口的相交道路以不多于六条为宜。

对四路相交的环形交叉口,可用式(9-15)和式(9-16)分别计算中心岛半径,然后选取较大者。

对中心线夹角差别较大或多路交叉口,也可以先按式(9-15)和式(9-16)确定中心岛半径,然后再按式(9-17)验算其交织段长度是否符合要求。

$$l = \frac{2\pi}{n}\left(R + \frac{B}{2}\right) - B_p \quad 或 \quad l = \frac{\pi\alpha}{180}\left(R + \frac{B}{2}\right) - B_p \tag{9-17}$$

式中:α——相交道路中心线的最小夹角,(°)。

当用式(9-17)计算的l大于最小交织段长度时,符合要求;否则,需增大R重新验算,直至符合要求为止。

根据实践经验,中心岛最小半径见表9-22。

中心岛最小半径　　　　　　　表9-22

环道设计速度(km/h)	40	35	30	25	20
中心岛最小半径(m)	65	50	35	25	20

注:本表引用自《城市道路交叉口设计规程》(CJJ 152—2010)。

2. 环道的宽度

环道的宽度取决于相交道路的交通量和交通组织。

一般情况下,靠近中心岛的一条车道作绕行之用,最靠外侧的一条车道供右转之用,中间的一至二条车道为交织之用,这样,环道上一般设计三至四条车道。实践证明,车道越多,不仅难以利用,反而易使行车混乱,导致不安全。据观测,当环道车道数从两条增加到三条时,通行能力提高的最为显著;而当车道数增加到四条以上时,通行能力增加的很少。因此,环道的车道数一般采用三条为宜;如交织段长度较大时,环道车道数可布置四条;若相交道路的车行道较窄,也可设两条车道。

如果采用三条机动车道,每条车道宽宜为 3.5~3.75m,并考虑弯道的加宽值。则当中心岛半径为 20~40m 时,环形机动车道的宽度一般为 15~16m。

对非机动车,可与机动车混行或分行。为保证交通安全,减少相互干扰,一般以分行为宜,可采用分隔带(或墩)或标线等分隔。非机动车道宽度应视具体情况而定,一般不小于相交道路中的最小机动车行车道宽度,也不宜超过 8m。

3. 交织角

如图 9-32 所示,交织角是进环车辆与出环车辆轨迹的平均相交角度,以距右转机动车道外缘 1.5m 和中心岛外缘 1.5m 的两条切线交角来表示。

交织角的大小取决于环道的宽度和交织段的长度。环道宽度越窄,交织段长度越大,则交织角越小,行车就越安全。但交织角越小,需要的交织段长度就越大,中心岛半径也就越大,占地要相应增加。所以,交织角要有一个合适的值,一般控制在 20°~30° 之间为宜。

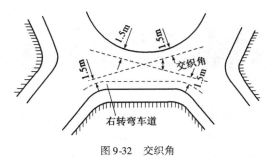

图 9-32 交织角

4. 环道外缘线形及进出口曲线半径

(1) 环道外缘线形

从满足交通需要和工程节约考虑,环道外缘平面线形不宜设计成反向曲线形状(如图 9-33 中虚线)。据观测,这种反向曲线环道的外侧约有 20% 的路面(图 9-33 中的阴影部分)无车行驶,这既不合理,也不经济。实践证明,环道外缘平面线形宜采用直线圆角形(如图 9-33 中的实线所示)或三心复曲线形状。

(2) 环道进、出口曲线半径

环道进、出口曲线半径取决于环道的计算行车速度。为使进环车辆的车速与环道车速相适应,应对进环车辆的车速加以限制,一般环道进口曲线半径宜接近或小于中心岛的半径,且各相交道路的进口曲线半径不宜相差太大。环道出口曲线半径可较进口曲线半径大一些,以便车辆加速驶出环道。

5. 环道的横断面

环道的横断面形状对行车的平稳和路面排水有很大的影响,而横断面的形状又取决于路脊线的选择。通常情况下,环道横断面的路脊线设在交织车道的中间;若机动车道与非机动车道之间设有分隔带时,其路脊线也可设在分隔带上。如图 9-34 所示,图中虚线为路脊线,箭头指向为排水方向。同时,中心岛的周围应设置雨水口,以保证环道内不产生积水。另外,进、出环道处的横坡度宜缓一些。

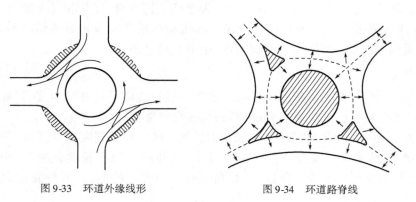

图 9-33　环道外缘线形　　　　图 9-34　环道路脊线

第八节　交叉口立面设计

交叉口立面设计也称竖向设计,其目的是要统一解决相交道路之间、交叉口和周围建筑物之间在立面上的行车、排水和建筑艺术三方面的要求,使相交道路在交叉口内能有一个平顺的共同面,便于车辆和行人的通行;使交叉口范围内的地面水能迅速排除;使车行道和人行道的各点高程能与建筑物的地面高程相协调而具有良好的空间观感。

一、交叉口立面设计的原则和要求

立面设计主要取决于相交道路的等级、交通量、横断面形状、纵坡的大小和方向以及周围地形等。交叉口立面设计的基本要求是:首先应满足主要道路的行车方便,在不影响主要道路行车平顺的前提下,适当变动主要道路的纵坡和横坡,以照顾次要道路的行车需要。交叉口立面设计的一般原则为:

(1)相同等级道路相交时,一般维持各自的纵坡不变,而改变它们的横坡度。通常是改变纵坡较小道路的横断面形状,使其横断面的横坡坡度与纵坡较大道路的纵坡一致。

(2)主要道路与次要道路相交时,主要道路的纵、横断面均维持不变,而将次要道路由双坡横断面逐渐过渡到与主要道路纵坡相一致的单坡横断面,以保证主要道路的交通便利。

（3）设计时至少有一条道路的纵坡方向背离交叉口，以利于排水。如遇特殊地形，所有道路纵坡方向都向着交叉口时，必须在交叉口内设置雨水口和排水管道，以保证排水要求。

（4）在交叉口范围内布置雨水口时，应不使地面水流经交叉口的人行横道，也不应使地面水在交叉口内汇积或流入另一条道路。所以，雨水口应设在人行横道之前或低洼处。

（5）交叉口范围内横坡要平缓些，一般不大于路段的横坡，以利于行车。纵坡度宜不大于2%，困难情况下应不大于3%。

（6）交叉口立面设计高程应与周围建筑物的地坪高程协调一致。

二、交叉口立面设计的基本类型

交叉口立面设计的形式，主要取决于交叉范围相交道路的纵、横坡及地形。以十字形交叉口为例，按其所处地形及相交道路纵坡方向，可划分为六种基本类型，如图9-35所示。

（1）如图9-35a)所示，凸形地形上，相交道路的纵坡方向均背离交叉口。设计时应使交叉口的纵坡与相交道路的纵坡一致，适当调整一下接近交叉口的路段横坡，让雨水流向交叉口四个转角的街沟或路基外，交叉口内不需设置雨水口。

（2）如图9-35b)所示，凹形地形上，相交道路的纵坡方向都指向交叉口。这种形式地面水都向交叉口集中，排水比较困难，应尽量避免。若因地形限制，不得已时应设置地下排水管道排水。为防止雨水汇集到交叉口中心，应适当改变相交道路的纵坡，以抬高交叉口中心高程，并在转角设置雨水口。

（3）如图9-35c)所示，分水线地形上，有三条道路纵坡方向背离而一条指向交叉口。设计时相交道路的横断面不变，并在纵坡指向交叉口道路的人行横道线外设雨水口，防止雨水流入交叉口内。

（4）如图9-35d)所示，谷线地形上，有三条道路纵坡方向指向交叉口而一条背离。设计时，与谷线相交的道路进入交叉口之前，在纵断面上产生转折而形成过街横沟，不利于行车，应尽量使纵坡转折点离交叉口远一些。另外，在三条纵坡指向交叉口道路的人行横道线外设雨水口。

（5）如图9-35e)所示，斜坡地形上，相邻两条道路纵坡指向交叉口而两条背离。设计时，所有道路的纵坡均不变，将指向交叉口的两条道路的横坡在进入交叉口前，逐渐向相交道路的纵坡方向变化，使交叉口上形成一个单向倾斜面，并在纵坡指向交叉口道路的人行横道线外设雨水口。

（6）如图9-35f)所示，马鞍形地形上，相对两条道路纵坡指向交叉口而另两条背离。设计时，相交道路纵、横坡都可按自然地形在交叉口内适当调整，并在纵坡指向交叉口的道路两侧设置雨水口。

以上为几个十字形交叉口立面设计典型形式，对于其他不同形式的交叉口，立面设计的要求和原则是一样的。

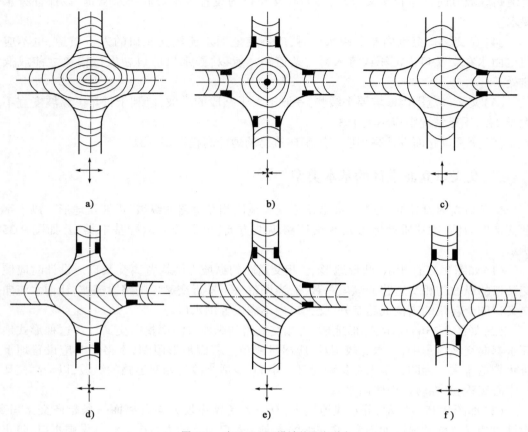

图 9-35　交叉口立面设计的基本形式

三、交叉口立面设计的方法

交叉口立面设计方法主要有四种，分别是：特征断面法、方格网法、设计等高线法和方格网设计等高线法。

(1) 特征断面法

采用特征断面法设计竖向高程，先确定特征断面，再确定特征断面的定位里程、尺寸和设计高程，由此构成交叉口高程控制。交叉口的特征断面与选定的路脊线密切相关。路脊线应根据相交道路的等级和交叉角度等因素确定，既要考虑行车平顺，又要考虑整个交叉口的均衡美观。

(2) 方格网法

在交叉口范围内，以相交道路中心线为坐标基线打方格网，测出方格点上的地面高程，求出其设计高程，标出相应的施工高度。

(3)设计等高线法

在交叉口范围内,选定路脊线和高程计算线网,并计算其上各点的设计高程,勾绘交叉口设计等高线,最后标出各点的施工高度。

(4)方格网设计等高线法

比较上述两种方法,其中设计等高线法比方格网法更能清晰地反映出交叉口的立面设计形状,但等高线上的高程点在施工放样时不如方格网方便。为此,通常把上述两种方法结合使用,称之为方格网设计等高线法,它可以取长补短,既能直观地看出交叉口的立面形状,又能满足施工放样方便的要求。

对于普通的柔性路面交叉口,一般采用特征断面法设计竖向高程,而对于刚性路面交叉口和大型、复杂的柔性路面交叉口,采用简单的特征断面法不能详细的反映交叉口的立面布置情况,必须加密交叉口范围内的设计高程,增加计算辅助线,采用高程计算线网。方格网法分块明确,精细,对于刚性路面交叉口来说比较适合;设计等高线法计算方法灵活,高程变化连续,对于柔性路面交叉口来说比较适合;方格网设计等高线法能结合方格网法和设计等高线法的优点,对于大型、复杂的交叉口或广场的立面设计比较实用。在实际工作中,若采用方格网法,则不需勾绘设计等高线,而采用设计等高线法时,可不打方格。所以,下面以方格网设计等高线法为例,来介绍交叉口立面设计的方法与步骤。

四、交叉口立面设计的步骤

1. 收集资料

(1)测量资料:包括交叉口的控制高程和控制坐标,收集或实测1:500或1:200的地形图,详细标注附近地坪及建筑物高程;

(2)道路资料:相交道路的等级、宽度、半径、纵坡、横坡等平纵横断面设计资料和规划资料;

(3)交通资料:交通量及交通组成;

(4)排水资料:区域排水方式,已建或拟建地下排水管道或地上排水沟渠的位置与尺寸。

2. 绘制交叉口平面图

按比例绘出道路中心线、车行道、人行道及分隔带的宽度、转角曲线和交通岛等。以相交道路中心线为坐标基线打方格网,方格网的尺寸一般采用$5 \times 5 \sim 10 \times 10 m^2$,并测量方格点的地面高程。

3. 确定交叉口的设计范围

交叉口的设计范围一般为转角圆曲线的切点以外5~10m(相当于一个方格网的距离),主要用于过渡处理,如横坡的过渡、高程的过渡等。

4. 确定立面设计的基本类型和等高距

根据相交道路的等级、纵坡方向、地形情况以及排水要求等,确定所采用的立面设计图式(图 9-35)。根据纵坡度的大小和精度要求选定等高线间距 h,一般为 $0.02 \sim 0.1\mathrm{m}$,为便于计算,取偶数为宜。

5. 勾绘设计等高线

(1) 路段设计等高线的计算和画法

当道路的纵坡、横断面形式及路拱横坡度确定以后,可按照所需要的等高线间距,计算路段上设计等高线的水平距离。

如图 9-36 所示,图中 i_1 和 i_3 分别为车行道中心线和边线的设计纵坡(通常情况下 $i_1 = i_3$);i_2 为车行道的路拱横坡度;B 为车行道的宽度;h_1 为车行道的路拱高度。

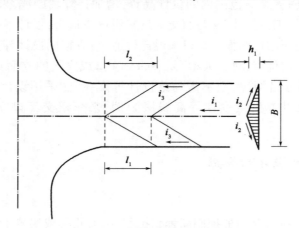

图 9-36　路段设计等高线的绘制

中心线上相邻等高线的水平距离 l_1 为:

$$l_1 = \frac{h}{i_1} \tag{9-18}$$

设置路拱以后,等高线在车行道边线上的位置沿纵向方向偏移的水平距离 l_2 为:

$$l_2 = \frac{h_1}{i_3} = \frac{B}{2} \cdot \frac{i_2}{i_3} \tag{9-19}$$

计算出 l_1 和 l_2 后,由 l_1 定出中心线上其余等高线的位置,再由 l_2 定出边线上相应等高线的位置,最后连接相应等高点,即得用设计等高线表示的路段立面设计图。实际上,如路拱形式为抛物线时,等高线应以曲线勾绘;只有直线形路拱可用折线连成等高线,为简化起见,一般用图 9-36 中的折线表示。

(2) 交叉口上设计等高线的计算与画法

① 选定路脊线和控制高程

选定路脊线时,既要考虑行车平顺,又要考虑整个交叉口的均衡美观。路脊线通常是对向行车轨迹的分界线,即行车道的中心线。在交叉口上,路脊线的交点就是控制高程的位置。

对于斜交过大的 T 形交叉口,如图 9-37 所示,其路中心线 AB 不宜作为路脊线,应加以调整,如图中的 AB′。调整后路脊线的起点 A 一般为转角曲线切点的断面处,而 B′ 的位置原则上应选在双向车流的中间位置。

交叉口的控制高程应以整个道路系统的立面规划高程为依据,并综合考虑相交道路的纵坡、交叉口周围地形、路面厚度和建筑物的布置等来确定。在定控制高程时,不宜使相交道路的纵坡相差太大,一般要求差值不大于 0.5%,可能时尽量使纵坡大致相等,以利于立面设计处理。

② 确定高程计算线网

交叉口立面设计的关键是正确选择路脊线和确定高程计算线网,如果妥善解决了这两个问题,则各点的高程计算也就迎刃而解了。确定交叉口的控制高程以后,路脊线上的设计高程就基本确定了。高程计算线网主要有四种绘制方法,分别为:方格网法、圆心法、等分法和平行线法。

a) 方格网法

如图 9-38 所示,方格网法高程计算线网就是前述打了方格的交叉口平面图,该法应用于道路正交的交叉口。

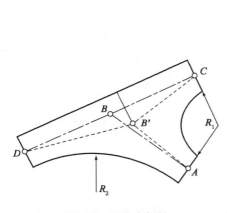

图 9-37 调整路脊线

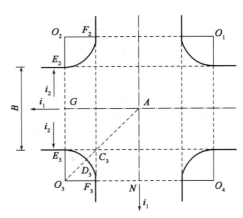

图 9-38 方格网法

转角曲线切点横断面上的三点高程为:

$$h_G = h_A - AG \cdot i_1 \tag{9-20}$$

$$h_{E_3}(\text{或 } h_{E_2}) = h_G - \frac{B}{2} \cdot i_2 \tag{9-21}$$

同理,可求得其余三个切点横断面上的三点高程。

由 E_3 或 F_3 的高程可推算出车行道边线延长线交叉点 C_3 的高程,即:

$$h_{C_3} = \frac{(h_{E_3} + Ri_1) + (h_{F_3} + Ri_1)}{2} \tag{9-22}$$

过 C_3 的 A、O_3 连线与转角曲线半径相交于 D_3,则 D_3 点的高程为:

$$h_{D_3} = h_A - \frac{h_A - h_{C_3}}{A_{C_3}} AD_3 \tag{9-23}$$

对于其他各点的高程,可根据上述已算出的特征点高程,用补插法求得。

b) 圆心法

如图 9-39 所示,在路脊线上,按施工要求每隔一定距离等分定出若干份,并与转角曲线的圆心连成直线(只连到转角曲线上),即得圆心法高程计算线网。

c) 等分法

如图 9-40 所示,将路脊线等分为若干份,相应地把转角曲线也等分为相同份数,连接对应点,即得等分法高程计算线网。

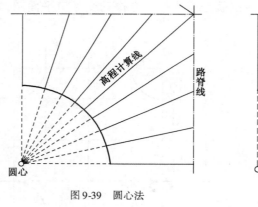

图 9-39 圆心法

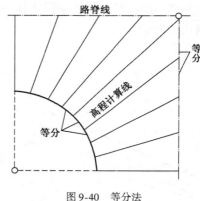

图 9-40 等分法

d) 平行线法

如图 9-41 所示,先将路脊线的交叉点与各转角曲线的圆心连成直线,然后按施工要求在路脊线上分若干点,过这些点作该直线的平行线交于行车道边线,即得平行线法高程计算线网。

以上四种方法中,对于正交的十字形或 T 形交叉口,各种方法都可采用;而对斜交的交叉口宜采用圆心法和等分法。

当主要道路与次要道路相交而主要道路在交叉口的横坡不变时,如图 9-42 所示,应将路脊线的交点 A 移到次要道路路脊线与主要道路行车道边线的交点 A' 处。此时,无论采用哪一种高程计算线网,都必须以位移后的交点 A' 为准。

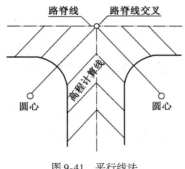

图 9-41 平行线法　　　　　图 9-42 路脊线交叉点位移

③计算"高程计算线"上的设计高程

每条高程计算线上高程点的数目,可根据路面宽度、施工需要以及等高距来确定。如图 9-43 和图 9-44 所示,对于路宽、坡陡、施工精度要求高的路线,高程点可多些;反之,则少些。

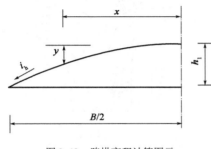
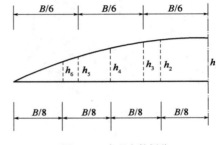

图 9-43 路拱高程计算图示　　　　图 9-44 高程点数划分

高程计算线上高程点的计算与所选用的路拱形式有关,当采用抛物线形路拱时,可用式(9-24)和式(9-25)计算:

$$y = \frac{h_1}{B}x + \frac{2h_1}{B^2}x^2 \tag{9-24}$$

或

$$y = \frac{h_1}{B}x + \frac{4h_1}{B^3}x^3 \tag{9-25}$$

式中:h_1——路拱高度,m,$h_1 = Bi_h/2$;

B——行车道宽度,m;

i_h——路拱横坡,%。

以上两式可根据路面类型来选用,一般宽 14m 以下的次高级路面和中级路面可用式(9-24)计算;宽 14m 以上的高级路面采用式(9-25)计算。

(3)勾绘和调整等高线

根据所选立面设计图式和等高距,把各等高点连接起来,就得到初步的设计等高线图。该设计等高线图应满足行车平顺和路面排水畅通的要求,可通过调整等高线的疏密(一般中间部分疏一些,而边沟处密一些),使纵、横坡度变化均匀,调整个别不合适的高程点,并合理布置雨水口。

6.计算施工高度

根据设计等高线图,用内插法求出方格点上的设计高程,则施工高度等于设计高程减去地面高程。

图9-45a)、b)所示为交叉口立面设计示例。

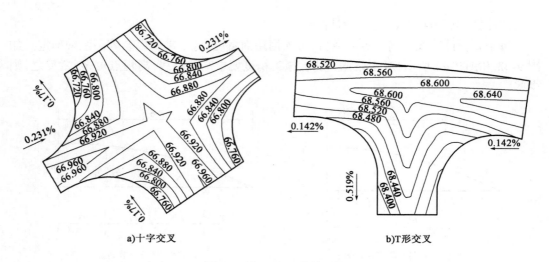

a)十字交叉　　　　　　　　b)T形交叉

图9-45　交叉口立面设计示例

第九节　平面交叉口设计步骤与算例

一、平面交叉口的设计步骤

1.收集资料

(1)测量资料:收集或现场实测交叉口及其周围区域的大比例尺地形图(1:200～1:1 000),详细标注附近地坪及建筑物高程。收集交叉口的控制高程和控制坐标。

(2)交通资料:包括规划交通量及通行能力。当为交叉口改建设计时,还应收集交通现状资料(直行、右转、左转交通量)及交通事故发生的情况。

(3)道路资料:与交叉口相连道路的道路等级、宽度、纵坡、横坡等平纵横设计或规划资料。

(4)用地资料:可供交叉口使用的用地范围及条件。

(5)水文资料:区域排水方式,已建或拟建地下、地上排水管渠的位置和尺寸。

2. 交叉口方案设计或形式的确定

对于大型复杂的平面交叉口或改建的平面交叉口,可根据上述收集的有关设计资料及要解决的主要交通问题,拟定交叉口的位置、形式及交通管理方式,并用不同道路条件与交通管理方式组合成多种设计方案。对每一种方案都应进行概略计算与设计,然后绘制草图,并进行方案比较,决定最优方案。

对于简单或方案明了的平面交叉口,可不进行方案比选,直接选择平面交叉口的形式,进行详细设计。

3. 详细设计

根据推荐的方案或选定的形式作细部设计。其设计内容有:

(1)决定交通管理方式。对于设置信号控制的平面交叉口,根据初步拟定的道路条件,设计计算交通管制的具体方法和控制参数。

(2)根据规划交通量及交通管理方式检验交叉口通行能力,计算车道数,确定各部分几何尺寸和平面设计参数,根据交通组织布置附加车道、交通岛等(城市道路的交叉口还需布设停车线和人行横道等)。

(3)绘制平面设计图。将上述设计成果绘制在交叉口的大比例尺地形图上,构成平面交叉口设计详图。交叉口的设计范围一般为转角圆曲线的切点以外 5~30m,用于过渡处理。平面设计完成后,还需要检查交叉口的视距和用地条件是否满足要求。

(4)进行立面设计,并计算工程数量。

(5)编制工程概(预)算。

通过详细设计,提出全部工程实施的设计文件和设计图纸资料。通常一个平面交叉口施工图包括交叉口的平面设计图与立面设计图。如果设计调整了被交道路的纵坡,则还应提供被交道路的纵断面图。

二、平面交叉口设计算例

设计交叉口的主要道路为某市双向四车道的环城东路,设计速度 60km/h;被交道路为地方城镇道路,设计速度 30km/h。交叉口处左转和右转的交通量均很小,交叉口形式采用加铺转角式交叉口。

1. 基本资料

(1)交叉点主要道路上的里程:K5 + 706.00。

交叉点坐标:$X = 2\,769.254$m,$Y = 3\,756.504$m。

(2)主要道路的平面设计资料

①交叉口处于主要道路的圆曲线段,该曲线的交点坐标为:$X = 2\,689.818$m,$Y = 3\,623.397$m,交点桩号 K5+859.816,转角值 $a = 22°11'37''$(右偏),半径 $R = 1\,950$m,缓和曲线长度 $L_s = 200$m,直缓点 ZH 的方位角为 $244°27'0''$。

②主要道路路幅宽:22.00m;行车道宽:19.00m;绿化带宽:2.0m。

(3)被交道路的平面设计资料

①交叉口处于被交道路的直线段。被交道路中线上交叉点前后两点的坐标分别为:$X_1 = 2\,679.263$m,$Y_1 = 3\,755.269$m,$X_2 = 2\,689.262$m,$Y_2 = 3\,757.60$m。

②被交线路幅宽:10.00m;行车道宽:7.00m;硬路肩宽:1.50m。

(4)主要道路纵断面资料和横坡值

①主要道路处于直坡段上,纵坡值为 +0.032%。交叉点的设计高程为 59.274m。

②主要道路路拱横坡:2%;绿化带横坡:3%。圆曲线上不设超高,横坡取 2%。

③主要道路的设计高程在中线。

(5)被交道路纵坡和横坡

被交道路一纵坡:-1.894%;被交道路二纵坡:-1.874%;方向均背离交叉点。路拱横坡:2%;路肩横坡:3%。

2. 平面设计

(1)交通管理方式:确定为不设信号的平面交叉口。

(2)转角曲线半径的确定:转角曲线的右转车速均选用 20km/h,路面的转角曲线半径选用 $R_A = 10.00$m、$R_C = 10.00$m。为了交叉口平面线形整齐美观,选用 $R_B = 23.33$m、$R_D = 23.83$m。相应的路基转角曲线半径等于路面转角曲线半径减去 $(2+1.5)/2 = 1.75$m。

3. 立面设计

相交道路为主要道路与次要道路相交,在交叉口范围内,主要道路的纵坡、横坡都不变,次要道路纵坡、横坡改变,此时,路脊线的交点移到了次要道路路脊线与主要道路行车道边线的交点处。交叉口特征断面的确定和"高程计算线网"上设计高程的计算可根据上节讲述的方法进行。加密设计高程时,高程计算线网采用圆心法。

4. 设计成果

根据以上的原始资料和设计内容,绘制出的交叉口平面设计图如图 9-46 所示,图中为显示清楚,未给出交叉口处的地形图。当立面设计采用高程图法时,如图 9-47 所示;当立面设计采用特征断面法时,如图 9-48 所示。

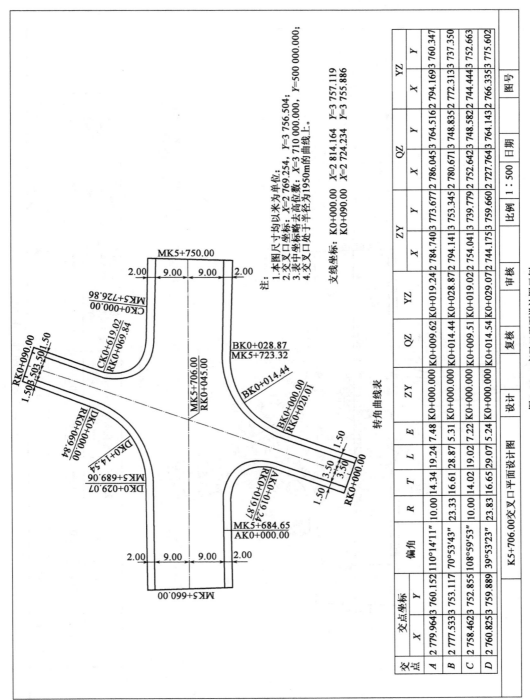

图 9-46 交叉口平面设计图示例

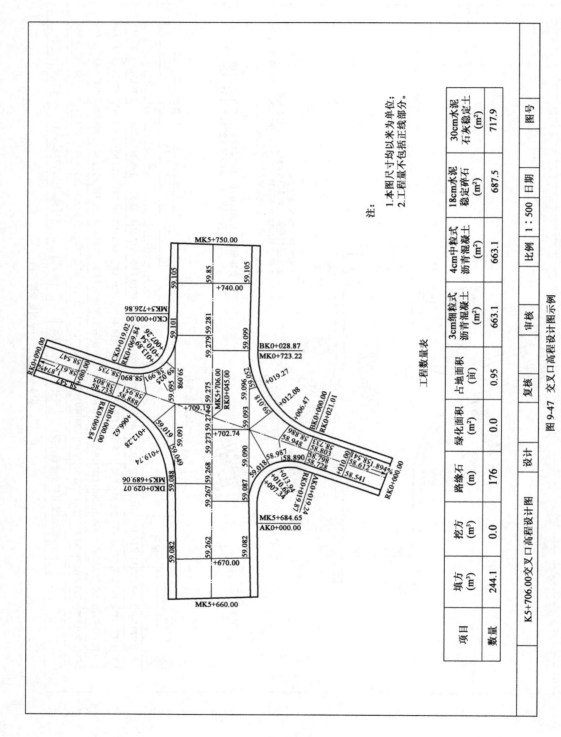

图 9-47 交叉口高程设计图示例

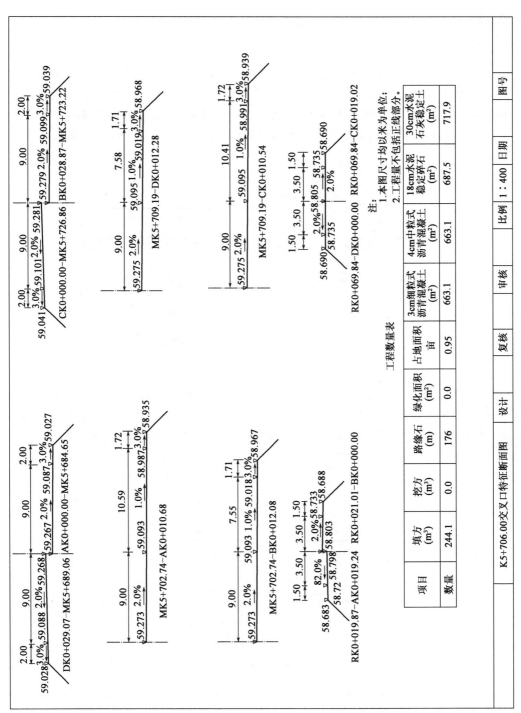

图 9-48 交叉口特征断面图示例

习题与思考题

9-1 下图为某四路相交的交叉口,在 A、B、C 路段均设有中间带(其中 A、B 方向宽为 4.5m,C 方向宽为 2.0m),A 方向为双向六车道,B、C 方向为双向四车道,D 为双向车道,每条车道宽 3.5m,人行道宽 4.0m。拟渠化解决的问题是:改善 C 往 B 的右转行驶条件;压缩交叉面积;明确各向通过交叉口的路径;解决行人过街问题。试拟定渠化方案。

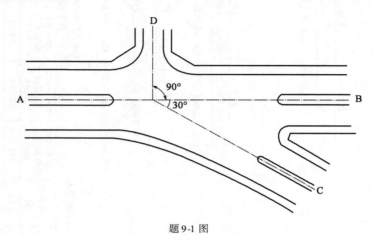

题 9-1 图

9-2 下图为正交的十字形交叉口,相交道路设计速度为 60km/h,双向六车道,每条车道宽 4.0m,人行道宽 4.0m,进口道右侧车道供直行、右转方向行驶,转角曲线半径为 15.0m。从视距的要求考虑,试问位于转角人行道外边缘的建筑物 A 是否应拆除?试分别采用圆心法、等分法绘制高程计算线网。

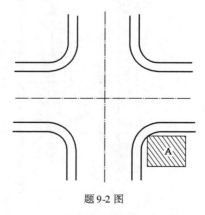

题 9-2 图

9-3 某五路交叉的道口,拟修建普通环形交叉,各道口的相交角度如下图。已知路段设计速度为 50km/h,行车道宽度均为 14m。若环道宽度为 15m,内侧车道宽为 6m,试确定中心岛半径(取 $\mu=0.15$，$i_h=2\%$，不考虑非机动车)。

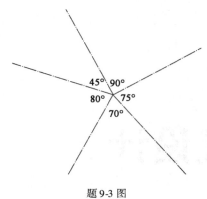

题 9-3 图

第十章

立体交叉设计

本章主要介绍道路立体交叉的组成、类型及使用条件,互通式立交的通行能力,高速公路立交的规划布置和方案设计,立交主线及匝道几何设计,匝道端部设计等内容。

第一节 概述

交叉口车辆间的冲突源于车辆在时间和空间上的重合。早期的公路交叉口均采用平面交叉的形式,车辆间的冲突依靠时间的错位加以解决,这种方式在车速不高、交通量不大的普通道路应用较多。但对于交通量大、车速很高的高速公路或城市快速路,平面交叉口就会给整个道路的安全、通畅、快速带来极大的挑战,如在高速公路上采用信号控制交叉口,暂且不说公路上设置信号灯在供电、控制、维护上的困难,即使是实现了信号控制,停车等候也会极大地影响高速公路行车连续、快速和安全的要求。因此,立体交叉便应运而生了。

立体交叉简称立交,是利用跨线构造物使道路与道路或道路与其他线性工程,在不同高程相互交叉的连接方式。立体交叉是高速公路和城市快速路必不可少的组成部分。

立交可使相交道路的各方向车流在不同高程的平面上行驶,消除或减少冲突点;车流可连续稳定地行驶,提高车速和通行能力;控制相交道路的车辆出入,车辆各行其道,互不干扰,保证行车安全和畅通。

一、立体交叉的组成

一个完整的立体交叉,通常由跨线桥(或地道)、引道、匝道、出入口、变速车道、集散车道、辅助车道等部分组成,如图 10-1 所示。

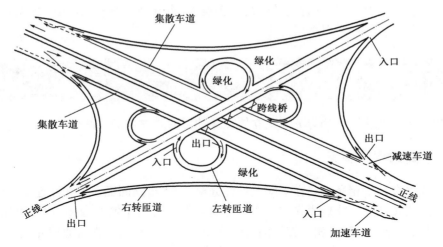

图 10-1 立交的组成

(1) 跨线桥（或地道）。跨线桥（或地道）是分隔主线和相交道路的直行车流的主体结构物，主线相交道路可选择以桥梁上跨或以地道下穿的方式实现两者分离。

(2) 引道。引道是跨线桥（或地道）主体结构至正常道路之间的路段。

(3) 匝道。匝道是为连接上下交叉的道路或两条不同高度的道路而设置的车行道，在立交中，车辆转向通常是用专用或合用的匝道来解决。

(4) 出入口。出入口是匝道与主线的连接部。相对主线而言，驶离匝道与主线连接处为出口，驶入匝道与主线连接处为入口。

(5) 变速车道。变速车道是在匝道与主线之间的附加车道，供驶离或驶入主线的车辆变速，以调节主线与匝道上的车速差。出口处应为减速车道，入口处应为加速车道。

(6) 集散车道。集散车道是为了减少主线上出入车辆对直行车辆的干扰而设置的平行于主线的附加车道。

(7) 辅助车道。辅助车道是在出入口附近为了保持主线和匝道的车道平衡要求和基本车道数要求所增设的附加车道。

二、公路立体交叉与城市道路立体交叉的主要特征

各类立交在高速公路和城市道路中都可使用，其作用、主要组成部分和设计方法大致是相同的。但由于受地形、地物、用地、交通组成和管制、收费制式等环境条件的影响，二者设计的主导思想有所不同。

我国大多数高速公路立交附设收费口；高速公路所经地区一般建筑物较稀少，用地限制不大，土地价格也相对较低；占地较大，以两层为主；立交匝道的设计速度也较高；各项设计要求均很高，通常要求在立交范围内，高速公路主线平纵线形尽可能不变或少变。

城市道路立交一般不收费；相邻立体交叉的间距较小，须考虑非机动车和行人交通，

用地较紧，受地上和地下各种管线及建筑物影响大，拆迁费用高；常作为一种城市景观来设计，立交形式复杂多样，以多层为主。

第二节　立交的常用形式

立体交叉按其功能可分为分离式立体交叉和互通式立体交叉两类。

一、分离式立体交叉

分离式立交是指相交道路在空间上彼此分离，上下道路间无匝道相互连接，交通不能组织转向的交叉形式。分离式立交的作用主要是保证直行车辆的通畅运行，可用于高速公路与铁路的立交、与等级相对较低的公路立交以及与拖拉机和人行通道立交。

根据跨越方式的不同可分为上跨式分离式立交和下穿式分离式立交，如图10-2所示。分离式立交形式的选用，应综合考虑以下因素，经技术、经济论证后确定。

(1) 两相交道路的平面线形和纵坡设计的组合，应使整个工程的造价最低、占地和拆除最少；

(2) 不良地基条件下，主要公路宜下穿；

(3) 交叉附近需与既有公路设置平面交叉或为路旁用户提供出入口的公路宜下穿；

(4) 交通量大的道路宜下穿；

(5) 同已城镇化的道路相交时，新建道路宜上跨；

(6) 结合地形、已建工程现状或发展规划，使之与周围环境相协调。

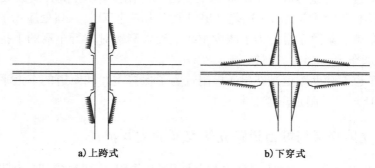

a) 上跨式　　　　　　　　b) 下穿式

图10-2　分离式立交

二、互通式立体交叉

互通式立交是指相交道路在空间上彼此分离，上下道路间之间相互连通的交叉方式。这种类型的立体交叉可组织车辆转弯行驶，全部或部分消灭了冲突点，各方向行车相互干扰小，行车安全、迅速，通行能力大，但立体交叉结构复杂，占地多，造价高。

1. 按主线与相交道路的跨越方式分类

互通式立交的基本形式,根据主线与相交道路的跨越方式不同,可分为上跨式互通立交和下穿式互通立交。

(1)上跨式互通立交

上跨式互通立交,即以跨线桥从被交道路上方跨过的交叉方式,如图 10-3a)所示。上跨式立体交叉的主线高出地表面,施工比较方便,造价较低,因下挖较小排水容易处理,与地面管线干扰小。其主要缺点是占地较大,跨线桥影响视线和周围景观,引道较长或纵坡较大,不利于非机动车交通行驶。

(2)下穿式互通立交

下穿式互通立交,即以地道(或路堑)从相交道路下方穿过的交叉方式,如图 10-3b)所示。下穿式立体交叉的主线低于地表面,占地较少,立交构造物对视线和周围景观影响小。其主要缺点是施工时地下管线干扰较大,排水困难,施工工期较长,造价较高,养护管理费用大。

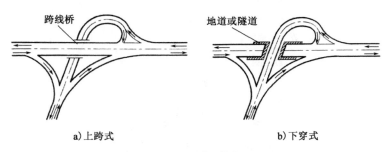

图 10-3 互通式立体交叉

对于上跨式或下穿式立体交叉的选用,要根据地形、地质、经济、排水、施工及与周围环境的协调等各种条件来决定。一般来说,上跨式立体交叉宜用于乡村及城郊用地较宽裕、地面建筑物干扰较少的凹形地带,而下穿式立体交叉多用于城市地区用地较紧、地面建筑物干扰较大的凸形地带。公路立交的主线上跨或下穿,还应考虑填挖方数量和工程造价等因素综合确定。

2. 按交叉车流轨迹线的交叉方式和几何形状分类

互通式立体交叉根据交叉车流轨迹线的交叉方式和几何形状的不同,可分为完全互通式、部分互通式和交织式立交三种类型。

(1)完全互通式立体交叉

完全互通式立体交叉指相交道路的车流轨迹线全部在空间分离的交叉。它是一种比较完善的高级立交形式,代表形式有喇叭形、全苜蓿叶形、Y 形、X 形、组合型等。其特点是匝道数与转弯方向数相等,各转弯方向都有专用匝道,无冲突点,行车安全,通行能力大,但立交占地面积大、造价高,适用于高速道路之间及高速道路与其他等级较高的道路相交。布设时应考虑相交道路的等级、实用性质和任务,结合交通量和地形条件,在满足交通功能的条件下,合理选择立交的形式和布置立交的匝道,尽量减少占地,降低造价。

① 喇叭形立交

喇叭形立体交叉是三路立交的代表形式,如图10-4所示,它是通过一个环形匝道(转向约270°)和一个半定向匝道来实现车辆左转弯的全互通式立体交叉。喇叭形立体交叉可分为 A 形和 B 形,经环形左转匝道驶入主线(或被交线)为 A 形,驶出为 B 形。

喇叭形立体交叉适用于高速公路与地方道路相交的 T 形交叉口。环形匝道一般适应的交通量较小,计算行车速度小于等于50km/h。布设时应将环形匝道设置在交通量小的方向上,主线转弯交通量大时宜采用 A 形,反之可采用 B 形,但双车道匝道不应布置为环形匝道。通常情况下,道路上跨时对转弯交通视野有利,下穿时宜斜交或弯穿。当次要道路交通量较大或转向交通量较大使得平面交叉不能满足交通需求时,可在次要道路一侧也设置喇叭形立交,形成双喇叭互通式立体交叉,如图10-4c)所示。

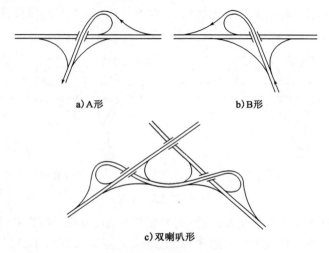

a) A形　　　　　　　　b) B形

c) 双喇叭形

图10-4　喇叭形立体交叉

② 苜蓿叶形立交

苜蓿叶形立交是四路立交的代表形式,如图10-5所示,它是通过四个对称的环形左转弯匝道来实现各方向左转弯车辆运行的全互通式立体交叉。

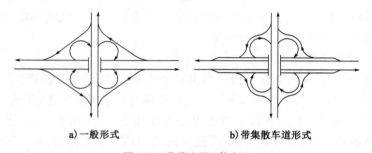

a) 一般形式　　　　　　　　b) 带集散车道形式

图10-5　苜蓿叶形立体交叉

苜蓿叶形立体交叉最大的优点是造价较低,只需一座跨线构造物就能实现左转弯运行,成为全互通式立体交叉。但因用地的限制,环形左转匝道的曲线半径不能太大,因而行车速度和通行能力受到影响;另外,因跨线桥上、下存在交织路段,限制了通行能力,多用于高速道路与一般道路,或等级较高的道路之间相互交叉,而在城市内因受用地限制很难采用。因其形式美观,如果在城市外围的环路上采用,加之适当的绿化,也是较为合适的。布设时视具体条件,环形匝道可采用单曲线、多心复曲线、方形或压扁形等不同形式。

为了消除主线及被交线上的交织,避免双重出口而使标志简化,提高立交的通行能力和行车安全,常在主线或被交线外侧加设集散车道,成为带集散车道的苜蓿叶形立交,如图 10-5b)所示。这种形式的立交,可避免转弯车流的交织对直行车流的干扰,但交织依然存在,因而枢纽互通式立交应尽量避免采用这种类型。

③Y 形立交

Y 形立体交叉是通过定向匝道或半定向匝道来实现车辆左转弯的全互通式立体交叉,相应地可分为定向 Y 形和半定向 Y 形两种。

a)定向 Y 形立体交叉

定向 Y 形立体交叉是左转车辆经定向匝道,由一条高速道路直行方向车道的左侧驶出,由左侧进入另一高速道路直行方向车道的立交方式。适用于右转弯速度高,且交通量大的枢纽互通式立体交叉,特别是主线双向为分离式断面,且相距一定宽度时较为适宜;当主线外侧有障碍物时最为适宜。设计定向型立体交叉时,主线双向行车道之间的交叉范围所拉开的距离,必须满足左转匝道纵坡和桥下净空要求,在主线设计时就应充分考虑立交布置的要求。

这种立交形式能为转弯车辆提供直接、无阻的定向运行,行车速度高,通行能力大;转弯行驶路径短捷,运行流畅,方向明确;且主线外侧不需要占用过多土地。但需要跨线构造物多,造价较高。适用于各方向交通量都很大的三路互通式立体交叉,如图 10-6 所示。

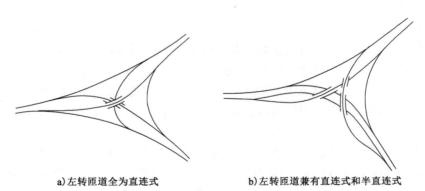

a)左转匝道全为直连式　　　　b)左转匝道兼有直连式和半直连式

图 10-6　Y 形立体交叉

b) 半定向 Y 形立体交叉

半定向 Y 形立体交叉是对定向 Y 形立体交叉的改进,将定向左转匝道改为半定向匝道,即左转弯车辆由行车道的右侧分离,汇入主线或被交线,如图 10-7 所示。

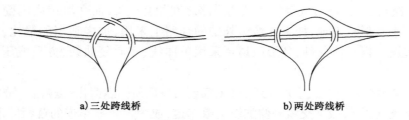

a) 三处跨线桥　　　　　　　　　b) 两处跨线桥

图 10-7　半定向 Y 形立体交叉

半定向 Y 形立交的适用性与定向 Y 形基本相同,一般用于主线双向交通量相对比较大,且双向行车道之间的交叉范围不必拉开或难以拉开的情况。因主线外侧相对占地较少,更适宜于主线外侧有平行于路线的铁路、河流、房屋等障碍物的情况。

④四肢半定向立体交叉

四肢半定向式立交,如图 10-8 所示,它是由半定向左转匝道组成的一种高级的全互通式立体交叉。

a) X 形立体交叉

X 形立体交叉是四肢半定向立交中线形指标较高的一种,如图 10-8a) 所示,是将对向左转匝道对角靠拢布置的一种 X 形交叉形式。X 形立交各转弯方向车辆运行都有专用匝道,自由流畅,转向明确;设置单一的出口或入口,便于车辆运行和简化标志;无交织,无冲突点,行车安全。

X 形立体交叉的转弯匝道线形更为流畅,转弯半径更大,适应的车速更高,跨线桥总建筑长度缩短,但总的建筑高度增加,匝道桥与跨线桥集中布设使结构更复杂。X 形立交适用于高速公路之间各左转弯交通量均较大的枢纽互通式立体交叉,在市区等用地和建筑物限制较严的地区很难设置。布设时,宜将直行车道布置在较低层次,而将对角左转匝道布置在高层。

b) 涡轮形立体交叉

涡轮形立交是四肢半定向式立交中左转弯匝道平面指标较低的一种交叉形式,适用于转弯速度较低的枢纽互通式立体交叉,如图 10-8b)、c) 所示。这种立交匝道平曲线半径较大,纵坡和缓,适应车速较高;车辆进出主线安全顺畅;无交织,无冲突,通行能力较大。但左转弯车辆绕行距离较长,营运费用较大;且需建多座二层式跨线构造物,造价较高。

⑤混合式立交

混合式立交是根据交通量并结合地形、地物限制条件,采用两种或两种以上不同形式左转匝道组合而成的立体交叉,一般只具有一个轴向或斜线对称性。这种立交主线及被交线双向行车道在立体交叉范围内不分开过大距离,左转车道多为环形和半定向式匝道,如图 10-9 所示。它适用于一个或两个方向左转弯交通量较小,或者其中一个方向左转弯交通量较大、其余三个方向交通量比较小的情况。布设时应合理设置环形左转匝道,尽量使结构紧凑,减少占地。

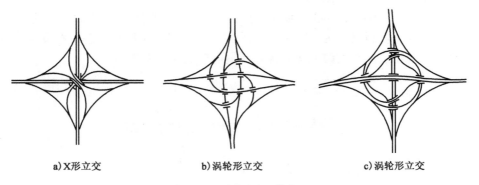

a) X形立交　　　　　b) 涡轮形立交　　　　　c) 涡轮形立交

图 10-8　四肢半定向立体交叉

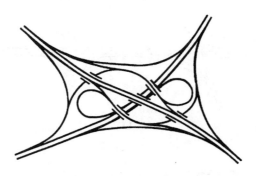

图 10-9　混合式立交

⑥复合式立交

当两处互通式立体交叉相距很近而无法保证应有的立交间距时,可将它们复合成一个立交,即在被复合的立交直行车道旁设置分隔的集散车道,将出入口串联起来,使主线一个行驶方向上只保留一对出入口或减少某些出入口,如图 10-10 中 a) 所示。对于出入交通量较大的复合立交(如其中一个为枢纽立交时),应采用匝道间的立体分离等措施来避免任何交织或高速公路间主交通流方向匝道上的交织,如图 10-10b) 所示。

复合式互通立体交叉在集散车道上依然存在交织。若被复合的两个互通式立体交叉或其中之一位于高速公路上,则交织运行会影响高速公路间转弯运行应有的流态。此外,复合式互通立交中存在标志设置困难的缺点。因此,"复合"是在不得已情况下的一种权宜措施,设计中遇到这种情况时,首先应从路网结点配置着手,解决交通转换,而不应轻易采用复合式互通立交。

由于道路网的错综复杂和实地环境的千变万化,互通式立交的设计也变幻莫测,如图 10-11a)、b) 所示是互通式立交的两个实例。

图 10-11a) 所示为大昌口枢纽互通式立交,是连接沈海高速公路和包茂高速公路的重要立交枢纽,设有 8 条匝道,匝道总长约 6km,其中主线桥洞高 5.5m,从各个方向过往的车辆都可经由 8 条匝道连接,实现大互通。

图 10-11b) 所示为林屋枢纽互通式立交,是连接沈海高速公路和汕湛高速公路的重要立交枢纽。林屋枢纽立交为"高接高"混合式枢纽互通,除主线外还有 8 条匝道。林屋枢纽立交主线及匝道共 5 次跨越沈海高速,纵横交错,十分壮观。

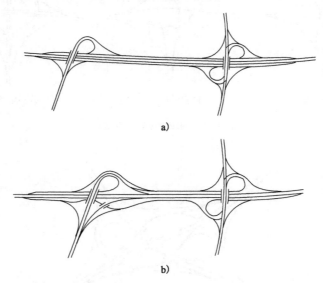

图 10-10 复合式立交

a) 大昌口枢纽

b) 林屋枢纽

图 10-11 互通式立交实例

(2) 部分互通式立体交叉

部分互通式立交指相交道路的车流轨迹线之间至少有一个平面冲突点的交叉形式。这是一种低级的互通式立体交叉,代表形式有部分苜蓿叶形立交和菱形立交等。其特点是形式简单,仅需一座跨线构造物,占地小、造价低,但存在平面交叉,对行车干扰大。适用于高速道路与次要道路相交的交叉,个别方向的交通量很小或分期修建时,或者存在用地和地形等条件限制时可采用部分互通式立体交叉。布设时应将平面交叉设在次要道路上。

①菱形立交

菱形立体交叉只设右转和左转公用匝道,使主要道路与次要道路连接,在跨线构造物两侧的次要道路上为平面交叉口,如图 10-12 所示。这种立交能保证主要道路直行车辆快速畅通,构造形式简单,仅需一座跨线构造物,用地和工程费用均较小。

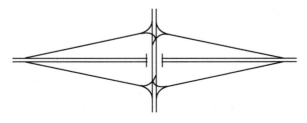

图 10-12 菱形立交

菱形立体交叉多用于城市道路的主要道路与次要道路相交且用地困难的情况;而公路上多为收费立交,一般不采用菱形立交。主要道路采用上跨式或下穿式应视地形和排水条件而定,一般以下穿为宜。次要道路上可通过渠化或设置信号等措施组织交通。

②半苜蓿叶形立交

半苜蓿叶形立体交叉是相对于全苜蓿叶形立体交叉而言,在部分左转弯方向不设环圈左转匝道,而在次要道路上以平面交叉的方式实现左转弯运行的立体交叉,如图 10-13 所示,可以根据转弯交通量的大小或场地的限制,采用图示中任一形式或其他变形形式。半苜蓿叶形立交可保证主要道路直行车辆快速通畅;单一的驶出方式简化了主要道路上的交通标志;消除了主要道路上的交织;仅需一座跨线构造物,用地和工程费用较小。但次要道路上存在平面冲突点,可能有停车等待和错路运行现象,影响通行能力和行车安全。当次要道路平面交叉口设置信号控制,若出口匝道存储能力不足时,往往会影响主要道路的交通。

半苜蓿叶形立体交叉可在主要道路与次要道路相交时采用。布设时注意使转弯车辆的出入尽可能少妨碍主要道路的交通,平面交叉口应布设在次要道路上,必要时,在次要道路上组织渠化交通或设置信号控制。当跨线构造物前后有两个连续出口或入口时,宜在主要道路外侧设置集散车道以简化出入口。

图 10-13 中,A、B 两种形式的选择主要取决于转弯交通的特点和用地条件,转弯交通量不平衡时,应以平面交叉冲突最少作为匝道布设象限选择的原则。A-B 形适用于被交道路依傍铁路、密集建筑群或滨河的情况,如图 10-13c)所示。在不设环形匝道的象限内增加右转弯匝道的半苜蓿叶形立交,适用于不设收费站的一般互通式立体交叉,如图 10-13d)所示。

(3)交织式立体交叉

交织式立交指相交道路的车流轨迹线以交织的方式运行,存在交织路段的交叉形式。

它是由环形平面交叉发展而来的,代表形式有环形立体交叉,如图10-14所示。其特点是能保证主要道路直通,交通组织方便,无冲突点,占地较小;但通行能力受到环道交织能力的限制,车速受到中心岛半径大小的影响,构造物较多,左转车辆绕行距离长。适用于主要道路与一般道路交叉,以五条及五条以上道路相交为宜。当采用环形立体交叉时,必须根据相交道路的性质进行比较研究,注意环道的最大通行能力和所采用的中心岛尺寸是否满足远期交通量和车速的要求。

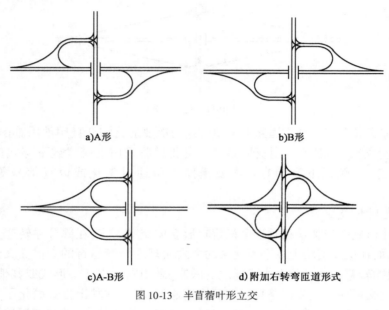

图 10-13 半苜蓿叶形立交

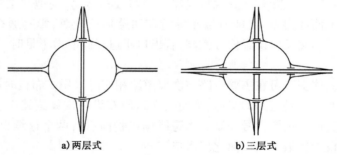

图 10-14 环形立交

环形立交是由平面环形交叉发展而来的,常用形式分两层式和三层式两种,它们的特点是用地较省,但承担的转弯交通量有限,因此只适用于转弯交通量较小的交叉。规模较大的平面环形交叉扩容改建时,可采用两层式环形立交。

环形立体交叉多用于城市道路立交,而公路上由于收费制的影响一般不采用,视具体情况可采用二层、三层或四层式。二层式用于主要道路与次要道路相交,三层和四层式可用于相交道路直行车辆较多、车速较高的快速路、主干路、环城道路之间的交叉,或用于市区机动车与非机动车分离行驶的情况。布设时,应保证主要道路直通,将交织段设在次要道路或匝道上,中心岛可采用圆形、椭圆形或其他形状。当机动车和非机动车分离行驶时,宜将非机动车设在地面一层或邻近地面层,以利于非机动车行驶。

第三节 互通式立交的通行能力

通行能力是立交交通功能的重要体现。互通式立体交叉的通行能力由匝道、匝道出入口端部和交织区的通行能力等确定,互通式立交的总通行能力是所有进入立交的各向通行能力之和。

一、主线和相交道路通行能力

立交主线和相交道路在空间上是完全分离的,其直行交通无冲突,因此,可参照路段通行能力计算,但应适当考虑匝道进出口对直行车的影响。

二、匝道通行能力

互通式立体交叉的匝道设置收费站时,其匝道通行能力由该收费站的通行能力决定。

互通式立体交叉的匝道不设收费站时,其匝道通行能力由匝道与被交道路连接处的平面交叉口的通行能力所决定。匝道通行能力与主线和相交道路的通行能力,和交通量、货车比例、车道数等有关。

匝道通行能力取决于下列三值中的最小值:①匝道入口处的通行能力;②匝道路段的通行能力;③匝道出口处的通行能力。

通常,进出口处的通行能力要比匝道路段的通行能力小得多,故匝道通行能力主要受进出口处的通行能力控制。由于进出口处的车辆运行情况较复杂,通行能力无法用理论方法计算。美国《道路通行能力手册》对不同的主线与匝道情况进行了大量研究,提供了有关经验公式和诺谟图。我国高速公路起步较晚,参考美国《道路通行能力手册》归纳出如下六种情况下的计算图式。

(1)进入单向双车道干道的单车道入口匝道[图10-15a)],采用公式(10-1)计算,取两者中的较小值。

$$\min \begin{cases} V_r = 1.13 \, V_D - 154 - 0.39 \, V_f \\ V_r = 2 \, V_D - V_f \end{cases} \tag{10-1}$$

式中:V_r——匝道出、入口处的通行能力,辆/h;

　　　V_f——干道单向合计交通量,辆/h;

　　　V_D——干道每一车道的设计通行能力,辆/h。

(2) 离开单向双车道干道的单车道出口匝道[图 10-15b)]。

$$V_r = 1.02 V_D - 317 - 0.66 V_f \tag{10-2}$$

(3) 进入单向三车道干道的单车道入口匝道[图 10-15c)]，采用公式(10-3)计算，取两者中的较小值。

$$\min \begin{cases} V_r = V_D + 120 - 0.244 V_f \\ V_r = 3 V_D - V_f \end{cases} \tag{10-3}$$

(4) 离开单向三车道干道的单车道出口匝道[图 10-15d)]。

$$V_r = 2.11 V_D - 203 - 0.488 V_f \tag{10-4}$$

(5) 进入单向三车道干道的双车道入口匝道[图 10-15e)]，采用公式(10-5)计算，取两者中的较小值。

$$\min \begin{cases} V_r = 1.739 V_D + 357 - 0.499 V_f \\ V_r = 3 V_D - V_f \end{cases} \tag{10-5}$$

(6) 离开单向三车道干道的双车道出口匝道[图 10-15f)]。

$$V_r = 1.76 V_D + 279 - 0.062 V_f \tag{10-6}$$

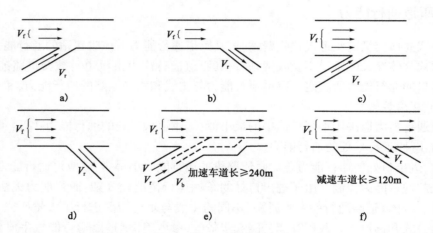

图 10-15　匝道与干道连接部分通行能力计算图式

三、交织区段的通行能力

互通式立体交叉的交织区段通行能力，应根据主线设计速度、车道数、交织类型、交织流量比和交织段长度等确定。参考美国《道路通行能力手册》所推荐的交织区段长度与交织交通量的关系图(图 10-16)，可以查得一定设计速度和交织段长度下的交织区段通行能力。

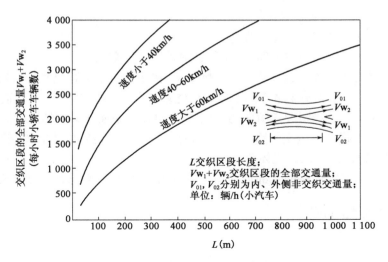

图 10-16　交织区段长度与交织交通量的关系图

第四节　立交的规划布置和方案设计

立交在路网中起到交通枢纽的作用,是路网重要组成部分。因此,在路网规划时就应考虑立交的布置,对其修建的位置、数目、间距、形式及条件等按照路网总体规划要求作出合理的布设。

一、立交设置的条件

立交使经过交叉口范围的车辆在空间上分隔开来,车辆经过交叉口时可以不停车地连续行驶。同时,立交叉是一个大型构造物,与平面交叉相比,立交的占地、造价和对环境的影响都要大得多,立交一旦建成,改造的难度也远比平面交叉口大。因此,在公路规划设计中对立交的设置及其形式的选择都应慎重考虑。通常,立交设置应考虑的因素包括相交道路的类别和等级、设计速度、交通流量和流向、周边土地利用现状与规划、工程技术与经济、交通安全、环境与生态等。

1. 公路上设置立交的条件

(1) 高速公路与其他公路相交,必须采用立体交叉。高速公路间、高速公路与一级公路相交,应采用互通式立体交叉。高速公路与其他各级公路交叉,除因交通转换需设置互通式立体交叉外,均必须设置分离式立体交叉。

(2) 一级公路同交通量大的其他公路交叉,宜采用立体交叉。

(3) 二、三级公路间的交叉,在交通条件需要或有条件的地点,可采用立体交叉。

2. 城市道路上设置立交的条件

(1) 立体交叉应按规划道路网设置。

(2) 城市各级道路与高速公路交叉时,必须采用立体交叉。

(3) 快速路与快速路交叉必须采用立体交叉;快速路与主干路交叉应采用立体交叉。

(4) 根据交叉口实际运行情况,在对平面交叉口采取改善措施、调整交通组织均难以收效时,宜设置立交,并要求妥善解决设置立交后对邻近平面交叉口的影响。

(5) 两条主干路交叉或主干路与其他道路交叉,当地形适宜修建立体交叉,且经技术经济论证确为合理时,可设置立体交叉。

(6) 道路跨河或跨铁路的端部可利用桥梁边孔,修建道路与道路的立体交叉。

二、立交设置的位置

1. 立交位置选择

确定互通式立体交叉位置时,应综合考虑公路网的现状和规划情况,并设在两相交公路线形指标良好,地形、地质和环境条件有利的位置。与之相连的公路应符合以下条件:

(1) 相连接公路在路网中不应低于次要干道或集散路的功能,不应有较大的横向干扰。

(2) 通行能力应满足过境和集散交通量的要求。

(3) 与主要交通源的连接应短捷。

(4) 分配到路网中附近公路的交通量应适当,不应使某些道路或路段负荷过重。

(5) 根据路网布局等条件而选定的被交公路,在通行能力和其他方面不能满足需要时,应进行改建设计。

立交位置的选择应满足路网布局和规划要求,力争与周边路网立体交叉、平面交叉口相协调,以提高整个路网的通行能力。

2. 立交间距

确定互通式立体交叉的间距时,主要应考虑以下影响因素:

(1) 满足线形标准,保证驾驶人安全操纵的要求。互通式立体交叉,尤其是多层式立体交叉因其纵断面起伏较大、纵坡较长,立体交叉间距必须满足路线纵坡变化的需要,以保证驾驶人安全操纵。

(2) 满足沿线交通或地区开发的要求。高等级道路的交通影响主要通过互通立交来实现,合适的立交间距能有效地起到均匀交通、带动沿线地区开发的作用。

(3) 满足交织段长度的要求。相邻立体交叉之间,除了要设置必需的加、减速车道以外,在两个立交的出入口之间还要有足够的交织段长度,以保证进出立交车辆的正常交织。交织段指从前一个立体交叉匝道上车辆驶入正线的合流点,到后一个立体交叉正线上车辆驶入匝道的分流点之间的距离。

(4)满足设置交通设施的要求。相邻立体交叉之间的距离,应满足设置标志标线等交通设施的最小间距要求。

我国对于立交间距的有关规定如下:

(1)最小间距

根据我国《公路路线设计规范》(JTG D20—2017)规定,大城市重要工业园区附近的高速公路,其互通式立体交叉的平均间距宜为5~10km,其他地区为15~25km;为避免交织运行影响车流平稳的最小间距不应小于4km,如图10-17a)所示,设置三个出口预告标志。当相邻互通式立交独立设置时,应尽量保证按此要求设计。受地形条件或其他特殊情况限制,经论证相邻互通式立体交叉的间距需适当减小时,两互通立交之间的净间距(即上一互通式立体交叉加速车道终点至下一互通式立体交叉减速车道起点之间的距离)不得小于1 000m[图10-17b)],可设置两个出口预告标志。保持1 000m净交织长度的这种运行会对主线上的流态有明显的影响,尤其是主线交通量较大时,因此应谨慎选择,须经论证后方可采用,且应设置完善醒目的标志标线和视线诱导标等交通安全设施。

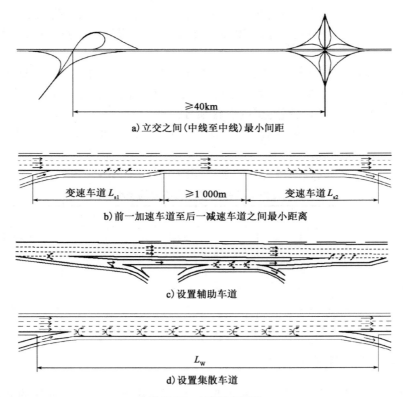

图 10-17 立交最小间距

如果相邻互通式立体交叉的净间距小于上述规定的1 000m最小值,且经论证必须设置时,应将两互通式立体交叉进行整体考虑,通常有三种处理方式:

①将两互通式立体交叉合并为一座互通式立体交叉进行设计;
②考虑设置辅助车道[图 10-17c)]满足车辆之间的交织;
③采用集散车道[图 10-17d)]将两互通式立体交叉直接连接,或将两座互通式立体交叉合并为一座复合式互通立交进行设计。

当采用辅助车道(500~750m)、有交织集散车道或无交织集散车道将两互通式立体交叉直接连接时,在交通流的组织、标志标线的设置等方面应将两互通立交按一座复合式立体交叉进行设计。当多肢交叉辅助车道或集散车道长度不足、设置不下时,通常按多肢立体交叉处理,形成四肢以上交叉,舍弃部分交通流线,同时应尽可能拉开交叉点之间的距离。

(2)最大间距

相邻互通式立体交叉的最大间距不宜大于 30km。在西部荒漠戈壁、草原地区和人烟稀少地区其间距可适当加大,但超过 30km 时,应设置与主线立体分离的 U 形转弯设施。

3. 互通式立交与相邻其他设施之间的距离

(1)互通式立体交叉与服务区、停车区、公共汽车停靠站之间的距离,应能满足设置出口预告标志的需要。条件受限制时,间距可适当减小,但上一入口终点至下一个出口起点间的距离不应小于 1 000m;小于 1 000m 且经论证必须设置时,应按复合式互通立体交叉的方式处理。

(2)隧道出口与前方互通式立体交叉间的距离,应满足设置出口预告标志的需要;条件受限制时,隧道出口至前方互通式立体交叉减速车道渐变段起点的距离不应小于 1 000m,否则应在隧道入口前或隧道内设置预告标志。

(3)互通式立体交叉与前方隧道进口间的距离(以 m 计),以不小于设计速度(以 km/h 计)的 1 倍长度为宜。

互通式立交与相邻的其他设施间的最小间距可参照表 10-1。

互通式立交与相邻的其他设施间的最小间距　　　　　表 10-1

设施名称	最小间距(km)	
	一般值	极限值
互通式立交与服务区	5	3
互通式立交与停车场		
互通式立交与公交停靠站	4	1.5
互通式立交与隧道		

三、立体交叉方案设计

立交方案是立交设计的关键,方案合理与否,不仅影响立体交叉本身的交通功能、技术标准、行车安全和工程经济等,而且还会影响立交周边区域路网及交叉口的交通状况及市容环境等。合理的立交方案,不但可在经济的工程造价下提供交叉口高效、安全、畅通、舒适的交通条件和协调的环境条件,同时也有利于改善周边路网和交叉口的交通状况。

1. 影响立体交叉方案设计的主要因素

(1) 规划因素

规划方面的因素包括规划道路等级、立交等级、规划用地面积及形态、交通网现状及经济发展规划、立交周边的规划土地性质及重大公建设施等。

(2) 道路因素

道路方面因素主要有：①相交道路性质、任务、等级；②相交道路的设计速度；③近远期结合方面的要求；④确定收费体系；⑤投资额及可提供的用地范围。

(3) 交通因素

交通因素包括现状及远景各个方向的交通量、交通组成，交通空间及时间分布特征，交通发展预估，设计通行能力和立交服务水平，交通安全性等。

(4) 自然因素

公路立体交叉选型设计中，自然条件是必须考虑的方面，它包含四方面因素：①地形状况；②地质资料；③水文资料；④气候资料。

(5) 环境因素

互通式立交占地面积较大，一般在 120 000 ~ 200 00/m^2 之间，枢纽互通式立交有时高达 400 002m^2 或更大，用地往往是决定立交形式的关键。因此，在用地和拆迁受限制的情况下，占地、拆迁较少的立交，往往是最佳方案。互通式立交除了提供车辆在路网上的转向和出入高速道路的基本功能外，还应满足地方政府的要求、满足建设单位的利益、农田水利要求，同时应注意文物保护等。归纳起来，互通式立交形式选择的环境条件主要包括：①用地规划；②土地利用现状；③建筑设施现状；④文物古迹保护区。

(6) 经济因素

经济方面的因素主要有立交投资额，主要经济指标如土建工程经济指标、征地拆迁经济指标、环境保护指标等。

(7) 交通美学的要求

互通式立交选型在交通美学上的要求主要有以下两点：①与环境相协调、匹配；②以立交美化环境，进行美的再创造。

通常，在进行城市道路立体交叉设计时美学方面的因素常被考虑进去，而公路中则考虑的很少。但是我们应当看到，随着社会经济的发展，可能修建公路立交的地段也会进入城市规划区，所以，在公路立交选型中考虑到交通美学的要求是非常有必要的。况且，几个优劣难分的立交方案进行比选，造型优美、设计大方、与环境相匹配的立体交叉形式当然是首选的方案。

(8) 其他因素

包括政府部门的批复、主管部门的要求、相关部门的要求和意见等。

2. 立体交叉方案设计的基本原则

互通式立体交叉选型，应综合考虑相交公路的功能、等级，匝道设计速度，地形、地物，用地条件,交通量,造价以及是否设置收费站等因素确定。方案应能适应交通量发展,确保行车安全、通畅和车流的连续。交通量大、设计速度高的行车方向,线形指标应采用高标准,路线应短捷,纵坡应平缓;车辆组成复杂时要考虑个别交通特性的需要。

(1)两条干线或功能类似的高速公路相交时,应采用设计速度较高的、能使转弯车流保持良好自由流的各种直连式匝道;非干线公路间的枢纽互通式立体交叉宜采用直连式。当左转弯交通量较小时,可采用设计速度较低的直连式(或半直连式)匝道或部分环形匝道的涡轮形(或混合式)立体交叉。

(2)高速公路与一级公路相交时,宜采用混合式立交。当转弯交通量不大且不致因交织困难而干扰直行车流时,允许在较次要公路的一方设置相邻象限的环形匝道。

(3)高速公路与一级公路或交通量大的二级公路相交,而且需设置收费站的情况下,宜采用双喇叭形立交。

(4)高速公路与其余公路相交时,宜采用在低等级公路上存在平面交叉的旁置式单喇叭形、半苜蓿叶形立交。匝道上不设收费时,宜采用菱形立交。

(5)因地形有利而设互通式立体交叉时,可采用匝道布置简单、造价低廉的独象限立交或菱形立交等。

(6)在路网密度较高的区域,可通过路网中节点交通转换的合理分配,而将某些立交做成非全互通式的(某些岔路间不相连通,包括平交的转弯在内)。但一旦提供连通,则应使往返匝道成对出现。

(7)立体交叉方案应满足路网布局和规划要求,力争与周边路网立体交叉、平面交叉相协调,以提高整个路网的通行能力。

(8)一条道路或一个区域范围内的立交,其匝道进出口形式应力求统一,并力争采用单出入口形式。

3. 立体交叉方案设计的方法步骤

(1)收集必要的基础资料

首先,收集与立交方案设计有关的基础资料,如区域规划、用地规划、地形地貌、交通量、地质水文、地上地下公用设施、技术经济指标、环境要求等资料,为立交方案设计做准备。

(2)确定立交等级及功能要求

根据相交道路等级及在路网中的作用,确定立交的交通功能和等级。交通功能方面首先确定是分离式立交还是互通式立交,互通式立交是枢纽互通式立交还是一般互通式立交,是收费立交还是不收费立交,有无非机动车和行人的通行要求等。

(3)拟定立交方案的控制条件

根据收集到的资料及要求情况,拟定控制性用地、控制性建筑、控制性公用设施及控制性环境要求等作为立交方案设计的控制性条件。

(4)初拟立交方案

根据确定的立交等级、功能要求、控制性条件,初拟立交方案。立交方案设计可在一般立交形式基础上,结合具体的控制条件进行。

(5)拟定立交结构及其他配套设施方案

在拟定的立交总体布置方案基础上,对立交结构形式、排水设施等进行方案设计,提出满足功能要求、经济合理、施工方便、与环境协调的方案。

(6)通过方案比选,提出推荐方案

经过立体交叉总体设计及结构选择,会产生多个有比较价值的方案。必须对多个方案进行技术、经济及社会效益的比较,选择合理的立体交叉形式和适当的规模,提出满足交通功能要求、适合现场条件、造型美观、投资少并与环境协调的推荐方案。

为了达到立交方案设计的要求和目的,尽管影响立交方案选择的因素很多,但一般只从技术、经济、社会效益及环境影响等方面进行评价和比选,并提出推荐方案。

①交通适用性

立交的交通适用性是立交方案成立的前提和基础,也是立交最重要的内在质量,它一般包含以下一些内容:

a)立交的通行能力和服务水平。立交通行能力大小、服务水平高低是交通适用性最重要的指标。立交通行能力一般分主线、匝道、出入口通行能力几部分,一般情况下,出入口通行能力较小,起控制作用。

b)主线行车速度。立交主线路段行车速度,不仅影响主线的行车效率和通行能力,在某种程度上还影响社会效益。

c)匝道标准。主要评价指标有匝道行车速度、匝道绕行距离等。

d)线形标准。立交平纵线形标准是影响行车安全、舒适性的重要指标,良好的线形指标,不但有利于行车安全和舒适,也有利于减少驾驶人行车疲劳、减少油耗。

②工程经济性

工程经济性一般从两个方面来评价:

a)工程建设费。包括建筑安装费、征地拆迁费等所有建设立交所需要的费用,是影响工程经济性的主体部分。

b)运行管理费。指立交维持日常运行需要的费用,主要有运行费、管理费等。

③施工便易性

施工便易性指标主要包括施工技术难度、施工交通组织及影响程度、工期等内容。施工技术难度包括施工技术力量要求、施工设备要求等。

④环境协调性

环境协调性包括立交对周边自然环境和生态环境的协调与影响、对周边地块的分隔、征地、拆迁影响等。

以上内容的分析评价,可采取对每一指标进行权重评分的方法,计算出每个方案的总分,按分值大小排名推荐方案。该方法比较直观,但权重的分配难度较大。目前,多由专家组通过各指标的综合评定进行方案比选,提出推荐方案。

第五节 立交主线及匝道几何设计

一、立交主线设计

主线线形指标是对立交范围内的视距、视觉、对前方路况的预知性、变速车道的平纵线形及其与主线的衔接、以及匝道关键路段的平纵线形等一系列形态要素的宏观控制,以保证车流顺畅平滑,变速从容,使整个立交具有良好的运行性能。因此,立交范围内主线的平曲线半径、竖曲线半径、最大纵坡值等指标,较主线标准段有更高要求。

1. 平曲线半径

互通式立交范围的主线平曲线半径如果太小,设在曲线外侧的匝道出入口以及加减速车道与主线的横坡值相差较大,将影响驶出驶入车辆的安全,超高过渡设置也有困难。因此,互通式立交的主线横坡应尽量控制在 3% 以下。设计速度比较低时(50~60km/h),可适当放大到 4%~5%,并据此计算平曲线半径的允许值。

2. 竖曲线半径

互通式立交全部设在主线的大半径凹形竖曲线半径之内时,驾驶人可清晰地辨认立交位置,做出操纵判断。当立交设在主线小半径凸形竖曲线之内或之后时,立交可能全部或部分被遮挡。因此,立交范围内凸形竖曲线半径的取值,应保证足够的视距。

3. 最大纵坡

交通事故与主线的纵坡有很大关系,立交范围内主线纵坡过大,会严重影响行车安全。互通式立交下坡坡度较大时,对驶出立交的汽车减速不利,由于车速过大,车辆在驶出主线时易失去控制和稳定性;上坡坡度较大时,驶入主线的汽车不易加速,这不仅要延长加速车道的长度,而且即使加速车道长度得到保证,当大型车车速还未增加到规定速度就与主线汇流,也会造成交通事故,因此主线的最大纵坡应规定在适当范围内。

互通式立交范围内主线技术指标应符合表 10-2 的规定。

互通式立体交叉范围内的主线线形指标　　　　表 10-2

设计速度(km/h)		120	100	80	60
最小圆曲线半径(m)	一般值	2 000	1 500	1 100	500
	极限值	1 500	1 000	700	350
最小竖曲线半径(m)	凸形 一般值	45 000	25 000	12 000	6 000
	凸形 极限值	23 000	15 000	6 000	3 000
	凹形 一般值	16 000	12 000	8 000	4 000
	凹形 极限值	12 000	8 000	4 000	2 000

续上表

设计速度(km/h)		120	100	80	60
最大纵坡（%）	一般值	2	2	3	4.5(4)
	最大值	2	3	4(3.5)	5.5(4.5)

注：当主线以较大的下坡进入互通式立交，且所接的减速车道为下坡，同时后随的匝道线形指标较低时，主线的纵坡不得大于括号内的值。

4. 主线横断面

互通式立交范围内主线横断面应和主线标准段一致，无特殊情况其技术标准可按主线横断面技术标准采用。枢纽形立交范围内主线横断面应和主线一致，保持车道数和硬路肩连续。

二、视距

为使驾驶者及时发现互通式立体交叉的出口，按规定行迹驶离主线，防止误行，避免撞及分流鼻，保证行驶安全，互通式立体交叉的引道长度应保证对出口位置的判断视距（物高为0），这一视距为"识别视距"。互通式立体交叉区域应满足匝道和主线停车视距、出口识别视距等。

1. 停车视距

单向单车道匝道主要要求满足停车视距；单向双车道匝道一般快、慢车分道行驶，可不考虑超车视距；双向双车道匝道一般应设中间隔离设施，也不存在会车和超车问题。所以，匝道全长只需满足停车视距要求即可。匝道停车视距应不小于表10-3的规定。

匝道停车视距　　表10-3

匝道设计速度(km/h)	80	70	60	50	40	35	30
停车视距(m)	110(135)	95(120)	75(100)	65(70)	40(45)	35	30

注：积雪冰冻地区，应不小于括号内的数值。

2. 识别视距

主线上分流鼻之前应保证判断出口所需的识别视距，识别视距一般情况下应符合表10-4要求，条件限制时，应大于1.25倍的主线停车视距。

识别视距　　表10-4

主线设计速度(km/h)	120	100	80	60
识别视距(m)	350～460	290～380	230～300	170～240

注：当驾驶者需接收的信息较多时，宜采用较大（接近高限）值。

判断出口时，驾驶者应能看到分流鼻端的标线，即物高为0。对此，在确定凸形竖曲线半径时应注意。

表 10-4 注中的"驾驶者需接收的信息较多时",是指引道上标志较多或上跨构造物的墩、台净距较小而需要驾驶者时时注意,否则可能会忽略出口的存在或难以估计至出口的距离。

3. 通视三角区

汇流鼻前,匝道与主线间应具有如图 10-18 所示的通视三角区。

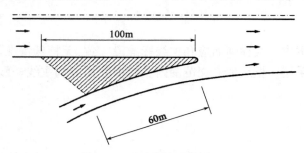

图 10-18 汇流鼻前通视三角区

为保证汇流鼻前的通视三角区,设计中应注意主线为下坡、匝道为上坡的情况下,通视区范围内的匝道纵坡不得与主线纵坡有较大的差别。尤其是当主线为桥梁并采用实体护栏时,护栏有可能完全遮挡匝道方的视线。最理想的通视条件是三角区范围内匝道的路面高于主线的路面。

匝道出口位置应明显,易于识别,宜将出口分流鼻设置在跨线桥前;当设置在跨线桥后时,匝道出口至跨线桥的距离不应小于 150m。但当跨线桥上或桥下的主线在平、纵面上均呈直线形或很大半径的曲线,且墩、台并不压缩桥下主线驾驶者的视野从而不影响驾驶者对出口的判断时,可不受这一规定所限。

三、匝道设计

匝道是互通式立体交叉不可缺少的组成部分,是供上、下相交道路转弯车辆行驶的连接道。匝道设计合理与否直接影响立体交叉的功能、行车安全和工程投资等。因此,匝道设计应根据确定的立交等级、规划交通量及通行能力,采用合适的标准进行合理的布置。

1. 匝道基本形式

互通式立交匝道形式分右转匝道和左转匝道两大类,如图 10-19、图 10-20、图 10-21 所示。

(1) 右转匝道

①直连式右转匝道:直接实施右转(最常用形式),如图 10-19a)所示。

②半直连式右转匝道(迂回定向匝道):为了减少占地沿环形匝道迂回右转,如图 10-19b)所示。

③环形右转匝道:并入环形左转匝道实施右转,如图 10-19c)所示。

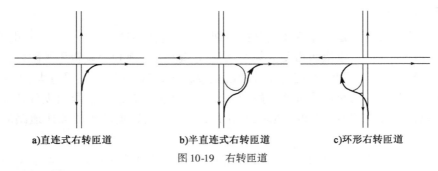

a)直连式右转匝道　　　　b)半直连式右转匝道　　　　c)环形右转匝道

图 10-19　右转匝道

（2）左转匝道

①直连式左转匝道（定向匝道）：为了实施左转，从主线行车道左侧驶离主线，在主线上直接实施左转的匝道形式，如图 10-20a)所示。

②半直连式左转匝道（半定向匝道）：为了实施左转行驶，从主线行车道右侧驶离主线后，前进方向大致不变，跨过相应道路然后从右侧进入主线实现左转的匝道形式，如图 10-20b)所示。

③环形左转匝道：为了实施左转行驶，从主线行车到右侧驶离主线后，大约向右转 270°构成环型左转弯的匝道，如图 10-20c)所示。

a)直连式左转匝道　　　　b)半直连式左转匝道　　　　c)环形左转匝道

图 10-20　左转匝道

④半直连式左转匝道的变形形式：半直连式还有因出入口形式不同而产生的变形，如图 10-21a) 表示左转车辆从主线右侧车道驶出，从相交线左侧车道驶入的情况；图 10-21b) 表示左转车辆从主线左侧车道驶出，从相交线右侧车道驶入的情况。

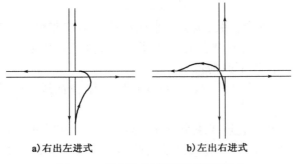

a)右出左进式　　　　b)左出右进式

图 10-21　半直连式左转匝道的变形形式

2. 匝道设计速度

匝道设计速度主要是根据立体交叉的等级、类型、转弯交通量的大小以及用地和建设费用等条件选定。由于匝道布设受立体交叉形式、地形、用地和建设费用等限制，其平、纵线形指标都较正线低，因此，匝道的设计速度也应较正线低，但降低不得过大，以免车辆在离开或进入正线时急剧减速或加速，导致行车危险，降低通行能力。匝道设计速度一般为较低主线设计速度的50%～70%，尤其适用于匝道位于高速道路到较低速道路的上坡道情况。

立交匝道设计速度与立交的形式密切相关，因此通常在方案设计时，对立交匝道设计速度和形式应同时加以研究，尤其是枢纽互通式立交的设计。公路互通式立体交叉匝道设计速度的规定见表10-5。

公路立交匝道设计速度　　　　　　表10-5

匝道类型		直连式	半直连式	环形匝道
匝道设计速度（km/h）	枢纽互通式立交	80、70、60、50	80、70、60、50、40	40
	一般互通式立交	60、50、40	60、50、40	40、35、30

注：本表引用自《公路路线设计规范》(JTG D20—2017)。

选用匝道设计速度时应遵循以下原则：

①右转匝道应尽量采用上限或中间值；

②直连式或半直连左转匝道宜采用上限或中间值；

③汽车在匝道上的行驶过程中客观上存在着变速，因此匝道设计速度实际上应是匝道线形受限制路段所能保证的最大安全速度，其余路段上应以与匝道中必然存在的变速行驶相适应的速度作为设计的控制值。接近自由流出入口附近的匝道部分应有较高的设计速度；接近收费站或平面交叉的匝道端部，设计速度可酌情降低。对此，设计者必须改变以往在确定匝道各部位要素时笼统地以一个固定的设计速度作为设计控制的做法。

3. 匝道平面线形

互通式立交匝道平面线形设计，应根据相交道路的等级和性质确定互通式立体交叉的等级，依据预测的交通量大小、地形、用地条件等因素来确定立交匝道类型及其曲线半径，使其适应行驶速度的变化，保证车辆连续安全地运行。

为了保证车辆连续、安全行驶，匝道的平面线形应适应车辆行驶速度从主线（匝道）进入匝道（主线）的变化规律，并结合地形、地物，力求达到工程及运营的经济性要求。

匝道平面设计应遵循以下原则：

①从出、入口至匝道中平面线形紧迫路段的范围内，圆曲线的半径应与路段车辆通行的速度变化相适应。

②右转弯匝道和左转弯直连式或半直连式匝道应采用较高的平面指标。

③直连式互通式立体交叉中，纵面起伏时凸形竖曲线前后的平面线形应一致，或具备良好的线形诱导。严禁在小半径凸形竖曲线以后紧接反向平曲线。

④匝道平面线形指标应与交通量相适应，交通量大的匝道应具有较高的平面线形指标。

⑤应避免不必要的反弯。

⑥各要素线形的长度不小于3s设计速度行驶长度。

(1)匝道平曲线最小半径

匝道的平面线形对汽车安全顺适行驶具有重要作用，同样包括直线、圆曲线和缓和曲线三要素。匝道的计算行车速度和设计交通量是确定匝道线形指标的主要依据，通常根据汽车在弯道上行驶时的力系平衡分析计算匝道平曲线最小半径。

匝道圆曲线设计容许的最大超高横坡和容许横向力系数决定了匝道圆曲线的最小半径。由于地域、气候的不同，采用不同的最大超高横坡和容许横向力系数，也有不同的圆曲线最小半径限制。表10-6为我国公路立交匝道圆曲线最小半径的相关规定值，最小半径极限值对应采用最大超高横坡和容许横向力系数值时所需的半径；而最小半径一般值对应采用一般容许超高及与之舒适性水平相匹配的横向力系数值时所需的半径；不设超高的最小半径，对应于匝道设计标准横坡时所需的半径值。通常应选用大于一般值的半径，当受地形条件或其他特殊情况限制时，方可采用极限值。冰冻积雪地区不得采用极限值。

公路立交匝道圆曲线最小半径　　　　　　　　　表10-6

匝道设计速度(km/h)		80	70	60	50	40	35	30
圆曲线最小半径(m)	一般值	280	210	150	100	60	40	30
	极限值	230	175	120	80	50	35	25
不设超高的圆曲线最小半径(m)	路拱≤2%	2 500	2 000	1 500	1 000	600	500	350

注：本表引用自《公路路线设计规范》(JTG D20—2017)。

(2)匝道回旋线参数

车辆在匝道上由直线段驶入圆曲线、由圆曲线驶入直线段或大半径圆曲线接小半径圆曲线时应设置缓和曲线，缓和曲线采用回旋线，以满足车辆行驶轨迹和离心力渐变的特性。曲线超高之间或曲线超高与直线双向路拱横坡之间的缓和段，以及曲线平面加宽和直线路段宽度过渡段所需要的缓和段，均应在缓和曲线范围完成。

①匝道回旋线最小长度

确定回旋线最小长度，必须使离心加速度变化率不超过一定限度，且在方向操作上要有合理的时间。匝道回旋线长度、回旋线参数宜不小于表10-7所列值。

匝道回旋线参数及长度　　　　　　　　　表10-7

匝道设计速度(km/h)	80	70	60	50	40	35	30
回旋线参数A(m)	140	100	70	50	35	30	20
回旋线长度(m)	70	60	50	40	35	30	25

注：本表引用自《公路路线设计规范》(JTG D20—2017)。

反向曲线间的两个回旋线,其参数宜相等或相近;相差较大时,大小两参数之比不宜大于2,回旋线长度还应满足超高过渡的需要。

②分流鼻处曲线参数

在主线出口往往有这样的情况,即驾驶者没有遵循"一般可能"减速的规律及时采用发动机制动或采用较小减速度的制动器减速,这种看来是"失误"的驾驶行为是设计时应该考虑到的,应为之提供一定的缓和行驶余地。对于直接式出口,由于强调了变速车道的线形与主线的一致而在分流鼻处不会存在曲率过小的问题;采用平行式出口时务必注意这一问题。在分流鼻处,匝道平曲线的最小曲率半径规定见表10-8。

分流鼻处匝道平曲线的最小曲率半径 表10-8

主线设计速度(km/h)		120	100	80	60
分流鼻处的设计速度(km/h)		80	70	65	60	55
最小曲率半径(m)	一般值	450	350	300	250	200
	极限值	400	300	250	200	150

注:1.一般互通式立体交叉可将上表中分鼻流处的设计速度降低5km/h,取用对应的规定值。
2.本表引用自《公路路线设计规范》(JTG D20—2017)。

③匝道复曲线圆弧长度

匝道中径向连接的复曲线,其大小半径之比不应大于1.5,否则应设回旋线。

4. 匝道纵断面线形

(1)匝道最大纵坡

互通式立交一般交通量大,行驶车种复杂,为保证行车安全,立交匝道最大纵坡值应按互通式立交等级、匝道计算行车速度采用不同标准。匝道受上下线高程的限制,为克服高差、节省用地和减少拆迁,同时考虑匝道上一般车速较低,故匝道纵坡一般比主线纵坡大。

公路互通式立交匝道最大纵坡不应大于表10-9的规定。

公路立体交叉匝道最大纵坡 表10-9

匝道设计速度(km/h)			80	70	60	50	40	35	30
最大纵坡(%)	出口匝道	上坡*	3		4		5		
		下坡	3		3		4		
	入口匝道	上坡*	3		3		4		
		下坡	3		4		5		

注:1.因地形困难或用地紧张时可增大1%。*非冰冻积雪地区在特殊困难情况下可增加2%。
2.本表引用自《公路路线设计规范》(JTG D20—2017)。

(2)匝道竖曲线半径

在匝道纵断面设计中,竖曲线的设计受很多因素制约:其中离心力的影响,在凸形竖曲线中表现为失重,在凹形竖曲线中表现为增重,对驾乘人员及汽车悬挂系统不利;匝道长度及视距是决定竖曲线最小长度和半径的主要因素。匝道不同设计速度对应的竖曲线最小半径及最小长度规定见表10-10。设计时应尽量采用大于或等于一般值的竖曲线半径,特殊困难时可适当减小,但不得低于表10-10所列值。

匝道竖曲线的最小半径及最小长度 表10-10

匝道设计速度(km/h)			80	70	60	50	40	35	30
竖曲线最小半径(m)	凸形	一般值	4500	3500	2000	1600	900	700	500
		极限值	3000	2000	1400	800	450	350	250
	凹形	一般值	3000	2000	1500	1300	900	700	400
		极限值	2000	1500	1000	700	450	350	300
竖曲线最小长度(m)		一般值	100	90	70	60	40	35	30
		最小值	75	60	50	40	35	30	25

注:本表引用自《公路路线设计规范》(JTG D20—2017)。

(3)互通式立交匝道纵断面设计要点

①匝道纵断面线形应平缓,避免不顺适的急剧变化及反坡;为满足匝道上车辆经常变速行驶的行车要求,应尽量避免断背纵坡线(两同向竖曲线间隔一短直线段),特别是凹形地带所造成的不良视觉。

②匝道同主线相连接的部位,其纵断面线形应连续,避免线形的突变。

③出口匝道宜为上坡匝道。

④上坡加速或下坡减速的匝道,应采用较缓的纵坡,并避免采用最大纵坡值。

⑤匝道中设收费站时,邻接收费广场的路段,其纵坡应平缓,不得以较大的下坡紧接收费广场。

⑥匝道端部纵坡变化处应采用较大半径的竖曲线。匝道中间难以避免反坡时,凸形竖曲线应具有较大的半径,尤其在其后不远有反向平曲线或匝道分、汇流的情况下。

5. 匝道横断面及加宽

(1)匝道横断面组成

匝道横断面由车道、路缘带、硬路肩和土路肩(城市道路不设)组成,对向分离的双车道匝道还应包括中央分隔带。各组成部分的尺寸规定如下:

①车道宽度为3.50m;当匝道设计速度大于60km/h时,车道宽度可采用3.75m。

②路缘带宽度为0.50m。

③左侧硬路肩(含路缘带)宽度为1.00m。当单向双车道匝道设供紧急停车用的右侧硬路肩时,左侧硬路肩宽度可采用0.75m。

④右侧硬路肩(含路缘带)宽度:设供紧急停车用硬路肩时,宜采用3.00m,条件受限

制时可采用1.50m,但为对向分隔式双车道时宜采用2.00m;不设供紧急停车用硬路肩时为1.00m。

⑤土路肩的宽度为0.75m;条件受限制时,不设路侧护栏者可采用0.5m。

⑥中央分隔带的宽度应不小于1.00m。

(2)匝道横断面类型及选用原则

匝道类型及车道数的确定一般取决于匝道的通行能力、服务水平、设计交通量及交通组成、设计速度等因素。另外,超车的可能性也会对匝道的通行能力产生很大影响。因此,常用匝道交通量与匝道长度作为选择匝道断面类型的主要依据。

匝道横断面基本可分为单车道匝道、无紧急停车带的双车道匝道、设紧急停车带的双车道匝道、对向分隔式双车道匝道四种,如图10-22所示,适用条件为:

①交通量小于100pcu/h,或交通量大于或等于100pcu/h但小于1 200pcu/h、匝道长度小于或等于500m时,应采用Ⅰ型。

②交通量大于或等于100pcu/h但小于1 200pcu/h、匝道长度大于500m时,应考虑超车之需而采用Ⅱ型,此时采用单车道出入口。

③交通量大于或等于1 200pcu/h但小于1 500Pcu/h时,应采用Ⅱ型。

④交通量大于或等于1 500pcu/h时,应采用Ⅲ型。

⑤对向分隔式双车道匝道,应采用Ⅳ型。当设计速度小于或等于40km/h,且位于非高速公路一方时,可采用对向非分隔式双车道匝道(Ⅱ型)。

⑥环形匝道采用单车道匝道,其设计通行能力为800~1 000pcu/h。国外使用经验表明,双车道环形匝道易发生交通事故,尤其是在半径较小的情况下,因而国外有"环形匝道只用于单车道匝道"的规定。我国土地资源珍贵,环形匝道的半径一般都较小(小于75m),故也作这一规定。环形匝道的设计通行能力为一范围值,即800~1 000pcu/h,设计中可根据环形匝道的半径一般大小而酌情选用。

⑦主线分岔或合流的双(多)车道匝道,其车道和硬路肩的宽度应与主线的相同。T形交叉中,线形连续的两岔(过境路)上的出入口端部可用Ⅲ型断面,在匝道上取一定长度作过渡,至接近"支路"端部的路段渐变到与"支路"相同的车道数和硬路肩的宽度。

(3)匝道圆曲线加宽

匝道圆曲线的加宽值,应根据圆曲线半径按表10-11所示数值采用。曲线加宽的过渡可按照主线加宽过渡的方式进行。

6. 匝道超高及其过渡

(1)超高值

匝道上的圆曲线应根据规定要求设置必要的超高,超高值按表10-12选用,积雪冰冻区超高不得大于6%,合成坡度不得大于8%。

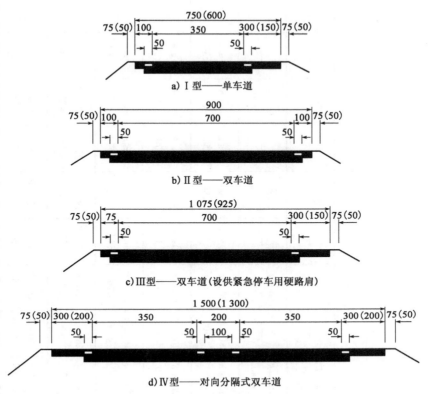

图 10-22 匝道横断面的基本类型(尺寸单位:cm)

匝道圆曲线的加宽值 表 10-11

单车道匝道(Ⅰ型)		单向双车道或双向双车道匝道(Ⅱ型)	
圆曲线半径(m)	加宽值(m)	圆曲线半径(m)	加宽值(m)
25 ~ <27	2.25	25 ~ <26	3.25
27 ~ <29	2.00	26 ~ <27	3.00
29 ~ <32	1.75	27 ~ <28	2.75
32 ~ <35	1.50	28 ~ <30	2.50
35 ~ <38	1.25	30 ~ <31	2.25
38 ~ <43	1.00	31 ~ <33	2.00
43 ~ <50	0.75	33 ~ <35	1.75
50 ~ <58	0.50	35 ~ <37	1.50
58 ~ <70	0.25	37 ~ <39	1.25
≥70	0	39 ~ <42	1.00
—	—	42 ~ <46	0.75
—	—	46 ~ <50	0.50
—	—	50 ~ <55	0.25
—	—	≥55	0

注:1.本表引用自《公路路线设计规范》(JTG D20—2017)。

2.Ⅳ型匝道,可按各自车道的曲线半径所对应的加宽值分别加宽。

3.Ⅲ型匝道的加宽为Ⅱ型的加宽值减去Ⅲ、Ⅱ型两者硬路肩的差值。

表 10-12 圆曲线上的超高值

匝道设计速度 (km/h)	80		70		60		50		40		35		30		超高 (%)
最大超高	8	6	8	6	8	6	8	6	8	6	8	6	8	6	
圆曲线半径 R (m)	230≤R<290	—	175≤R<240	—	120≤R<160	—	80≤R<100	—	50≤R<60	—	35≤R<40	—	25≤R<30	—	8
	290≤R<390	—	240≤R<320	—	160≤R<220	—	100≤R<140	—	60≤R<90	—	40≤R<60	—	30≤R<40	—	7
	390≤R<510	230≤R<290	320≤R<420	175≤R<230	220≤R<300	120≤R<160	140≤R<200	80≤R<100	90≤R<130	50≤R<70	60≤R<90	35≤R<50	40≤R<60	25≤R<30	6
	510≤R<660	290≤R<430	420≤R<560	230≤R<360	300≤R<400	160≤R<250	200≤R<270	100≤R<160	130≤R<180	70≤R<100	90≤R<130	50≤R<70	60≤R<90	30≤R<50	5
	660≤R<900	430≤R<660	560≤R<770	360≤R<560	400≤R<560	250≤R<400	270≤R<380	160≤R<260	180≤R<260	100≤R<170	130≤R<190	70≤R<120	90≤R<130	50≤R<80	4
	900≤R<1330	660≤R<1050	770≤R<1130	560≤R<910	560≤R<830	400≤R<670	380≤R<570	260≤R<460	260≤R<400	170≤R<320	190≤R<290	120≤R<230	130≤R<210	80≤R<160	3
	1330≤R<2500	1050≤R<2500	1130≤R<2000	910≤R<2000	830≤R<1500	670≤R<1500	570≤R<1000	460≤R<1000	400≤R<600	320≤R<600	290≤R<500	230≤R<500	210≤R<350	160≤R<350	2

(2) 超高过渡段

匝道上直线与超高圆曲线间，或两超高不同的圆曲线间，应设置超高过渡段，其长度应根据设计速度、横断面类型、旋转轴的位置以及超高渐变率等因素确定。超高过渡段长度计算公式与主线相同。匝道超高过渡应平顺和缓，不产生扭曲突变。

(3) 超高过渡方式

匝道超高过渡方式与主线相同，即根据实际条件在匝道上以行车道中心线旋转，以路缘带外边线旋转，以及以中央分隔带边缘旋转三种沿超高过渡段逐渐变化，直至达到圆曲线内的全超高。超高过渡方法视匝道平面线形而定，有缓和曲线时，超高过渡在回旋线的全长或部分范围内进行；无缓和曲线时，可将过渡段长度的 $1/3 \sim 1/2$ 设置在圆曲线上，其余设在直线上；两圆曲线径向连接时，可将过渡段各半分别置于两圆曲线内。

7. 匝道平、纵线形组合设计

匝道平、纵线形不但要满足各自的有关规定，同时其平、纵线形组合设计也应满足一定的要求，使匝道立体线形平顺无扭曲，视野开阔，行车安全舒适，视觉美观，并与主线衔接处及周围环境协调配合。

匝道平、纵线形组合设计的原则和要点与主线基本相同，但应注意进出口的平、纵组合处理。在出口处，若是越过凸形竖曲线以下坡驶入匝道时，坡顶之后的平曲线不应突然出现在驾驶人眼前，应使凸形竖曲线加长以增大视距，使驾驶人能及早发现平曲线的起点和方向，并有足够的反应和安全运行时间。在入口处，若由匝道上坡驶入主线时，应使入口附近的匝道纵断面与邻近主线基本一致，以保证驾驶人对主线前后有良好的视距。

第六节　匝道端部设计

匝道端部是匝道两端分别与正线相连接的道口，包括匝道渐变段、变速车道、匝道端部出入口等。

匝道端部，是汽车变速、分流、合流、争夺时间和空间的场所，是互通式立交最易发生交通阻塞和交通事故的部位，故设计时应给予特别注意。匝道端部可以根据端部变速车道的外形分为平行式和直接式，也可根据端部变速车道数分成单车道形和多车道形。端部设计的一般原则是：出入顺适、安全，线形与主线协调一致，出入口标识清晰，主线与匝道间应能相互通视。

一、出入口设计

1. 匝道在主线上的出、入口设置

匝道在主线上的出、入口一般应位于主线行车道的右侧。当匝道从左方出、入主线时,会破坏整条路线上互通式立交出入位置的统一性,尤其是在互通式立交的间距密集、只能在短距离内指示立交出口的情况下,左出口、右出口混用会引起驾驶混乱,引起主线直行车辆行驶迟疑不决。因此互通式立交设计中应尽量避免左侧入口和出口,受条件限制而出入口只能设置在主线行车道左侧时,应把左侧出入口按主线车道分流或合流岔口形式设计并设足够长的辅助车道。

2. 出入口端部位置应明显且易于识别

匝道出入口端部位置应明显,出口匝道端部必须使主线行驶车辆的驾驶人从很远就能识别,预先作出判断;减速车道的路面标线必须明显和主线区分,使驾驶者能清楚区别出减速车道,防止主线车辆误入减速车道。

(1)出口端部宜设置在跨线桥等构造物前,困难地段可把变速车道大部分设置在跨线桥前,目的是防止跨线桥结构的阻碍,使驾驶人看清出口匝道的起点和匝道平曲线方向。

(2)出口端部宜设置在凸形竖曲线上坡道上,当设置在凸形竖曲线下坡道处,应将凸形竖曲线设置得长些,以增大视距使驾驶人能看清出口端部变速车道渐变段的起点和匝道平曲线的方向。

(3)入口端部宜设在主线下坡路段,以利用下坡使车辆加速,并在入口端部保持充分的视距。

二、分流鼻端设计

根据现行《城市道路交叉口设计规程》的定义,渐变段宽度达到"一个车道宽"的断面称为分(汇)流点;变速车道和主线两者的铺面分岔点称为分(汇)流鼻。

与主线分流的出口匝道分流鼻端处,匝道行驶车速较高,必须考虑行车的安全,为了防止汽车对端部撞击,一般推荐采用在分流鼻处主线和匝道铺面偏置加宽,如图10-23所示。在车道边缘留出端点余宽,并在分流鼻端后方的主线侧通过一定渐变率,使误认减速车道的车辆能安全回到主线一边,并在分流鼻端后一定范围设置缘石使其轮廓醒目,易于识别。

偏置加宽值和分流鼻端圆弧半径规定见表10-13。分流鼻处的加宽路面收敛到正常路面的过渡长度 Z_1 和 Z_2 值可根据表10-14 的渐变率计算。

a)硬路肩较窄时

图 10-23

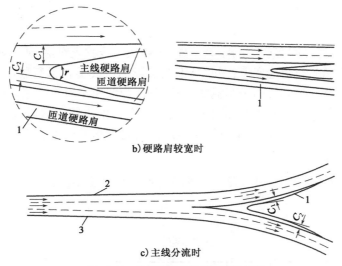

b) 硬路肩较宽时

c) 主线分流时

图 10-23 分流鼻端处的铺面偏置加宽
1-硬路肩；2-左路肩；3-右路肩

分流点处偏置值与端部半径 表 10-13

分流方向	主线偏置值 C_1(m)	匝道偏置值 C_2(m)	鼻端半径 r(m)
驶离主线	≥3.0	0.6~1.0	0.6~1.0
主线相互分岔	1.80		0.6~1.0

注：本表引用自《城市道路交叉口设计规程》(CJJ 152—2010)。

分流鼻端偏置加宽渐变率 表 10-14

设计速度(km/h)	渐变率	设计速度(km/h)	渐变率
120	1/12	60	1/8
100	1/11	≤40	1/7
80	1/10	—	—

注：本表引用自《城市道路交叉口设计规程》(CJJ 152—2010)。

当分流鼻位于桥梁等构造物上时，自分流鼻端处之后应预留安装防撞垫等缓冲设施的位置，即分流鼻端处后方（行驶的前进方向）6~10m 的区域应铺设桥面系统，并安装护栏，作为防撞缓冲设施预留区，如图 10-24 所示。

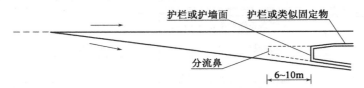

图 10-24 分流鼻端处之后的防撞缓冲设施预留区

当分流鼻位于路基地段时，若设置防撞垫等缓冲设施，应不致影响或改变误行回归区。

三、变速车道

通常主线和匝道之间有较大的车速差异,车辆从主线驶入匝道,或从匝道进入主线都要变速,为了使车辆能安全地变速,同时又不至于影响主线上正常行驶的车辆,在主线和匝道之间应设置一附加车道,用于车辆的加减速,即为变速车道。变速车道有加速车道和减速车道两种,分别用于进入主线和驶离主线的场合。由主线驶入匝道时减速所需的附加车道称为减速车道;反之,由匝道驶入主线所需的附加车道称为加速车道。

1. 变速车道形式

变速车道分为加速车道和减速车道两类,各自分为直接式和平行式两种形式,如图 10-25 所示。

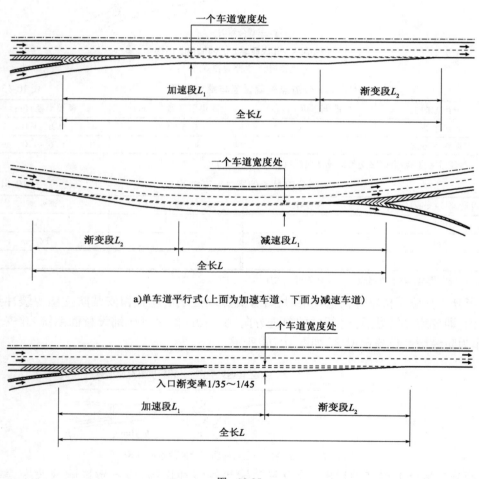

a) 单车道平行式(上面为加速车道、下面为减速车道)

图 10-25

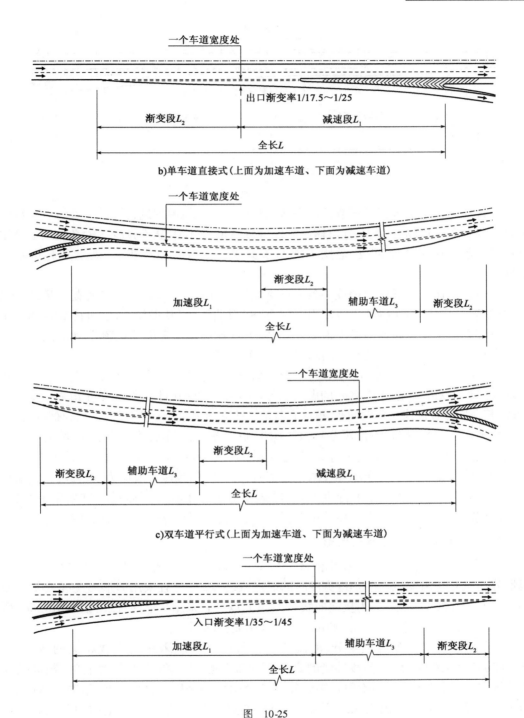

图 10-25

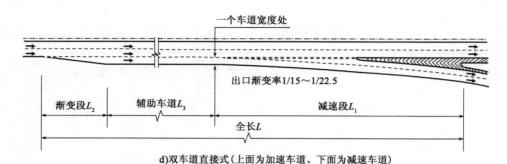

d) 双车道直接式(上面为加速车道、下面为减速车道)

图 10-25 变速车道

直接式变速车道根据车辆直接以平缓的角度出入主线原理进行设计。其特点是线形平顺并与行车轨迹吻合,大部分车辆都能保持较高车速行驶,从而减少车辆在主线上开始减速而引起的追尾碰撞事故,适用于减速车道或双车道的加速车道,缺点是起点不易识别。

平行式变速车道通常以增设一条平行主线的车道的方式构成。其特点是车道划分明确,行车容易辨认,但车辆驶入或驶出有一个"S"形曲线,驾驶操作不便,可能导致减速车道车辆在直行主线上减速而发生追尾冲突,但平行式加速车道能给汇流车辆提供更多的时间和机会去寻找直行交通车流间隙,故加速车道宜采用平行式。

由于两者各有利弊,各国立交设计对出入口形式有各自的偏好和习惯。美国联邦公路管理部门对此无统一的规定,各州的做法也各有不同。德国和日本规定,单车道入口采用平行式,其余均为直接式。澳大利亚、英国和其他一些欧洲国家,则规定出入口均为直接式。

我国现行《公路路线设计规范》(JTG D20)中推荐,变速车道为单车道时,减速车道宜采用直接式,加速车道宜采用平行式;变速车道为双车道时,加减速车道均应采用直接式。主线为左偏并接近圆曲线最小半径的一般值时,其右方的减速车道应为平行式,且应缩短渐变段(将缩短的长度补在平行段上)。减速车道接小半径环形匝道时宜采用平行式。我国的城市快速干道上出入口多采用平行式。总之,采用平行式出口有增多的趋势。

2. 主线为曲线时变速车道线形

(1)平行式变速车道与主线相依部分应采用与主线相同的曲率。当为同向曲线时,线形分岔点 CP(渐变至一个车道宽度时的起点或终点)以外宜采用卵形回旋线或复合回旋线,如图 10-26a)所示;当为反向曲线时,则 CP 以外宜采用 S 形回旋线,如图 10-26c)所示;当主线的圆曲线半径大于 2 000m 时,可采用完整的回旋线。

(2)直接式变速车道直至分、汇流鼻的全长范围内应采用与主线相同的线形,如图 10-26b)、10-26d)所示。曲线外侧的直接式变速车道,当主线为设置大于 3% 超高的左弯曲线时,或因其他原因而不便在接近分、汇流鼻附近采用主线相同的线形时,可在主线边车道外缘线和匝道车道内缘线距离为 3.5m 的点位至分、汇流鼻端范围内采用 S 形回旋线向匝道线形过渡,如图 10-26e)所示。

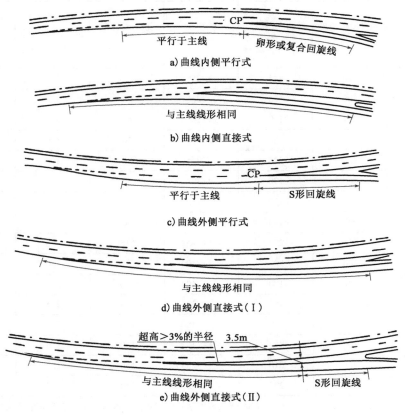

图 10-26 变速车道的线形

3. 变速车道长度

变速车道长度为加速或减速车道长度与渐变段长度之和,在确定变速车道的长度时,主要考虑如下因素:

①满足与主线运行速度相应的分流角和汇流角(即渐变率)的要求;

②在分、汇流鼻处,符合主线硬路肩宽度、分流鼻处主线和硬路肩的路面偏置加宽的要求;

③按以上确定的出、入口长度同时应满足按一般规律变速所需长度的要求;

④加速车道在单车道情况下推荐采用平行式,但不排除直接式,故入口长度仍按汇流角控制。

变速车道长度应根据主线设计速度采用大于表 10-15 所列值。

下坡路段的减速车道和上坡路段的加速车道,其长度应按表 10-16 所列的修正系数予以修正。

变速车道长度及有关参数 表 10-15

变速车道类别		主线设计速度(km/h)	变速车道长度(m)	渐变率(1/m)	渐变段长度(m)	主线硬路肩或其加宽后的宽度 C_1(m)	分流鼻处匝道左侧硬路肩加宽 C_2(m)
出口	单车道	120	145	1/25	100	3.5	0.60
		100	125	1/22.5	90	3.0	0.80
		80	110	1/20	80	3.0	0.80
		60	95	1/17.5	70	3.0	0.70
	双车道	120	225	1/22.5	90	3.5	0.70
		100	190	1/20	80	3.0	0.70
		80	170	1/17.5	70	3.0	0.90
		60	140	1/15	60	3.0	0.60
入口	单车道*	120	230	-(1/45)	90(180)	3.5	—
		100	200	-(1/40)	80(160)	3.0	—
		80	180	-(1/40)	70(160)	2.5	—
		60	155	-(1/35)	60(140)	2.5	—
	双车道	120	400	-(1/45)	180	3.5	—
		100	350	-(1/40)	160	3.0	—
		80	310	-(1/37.5)	150	2.5	—
		60	270	-(1/35)	140	2.5	—

注：*表中单车道入口为平行式的；若为直接式时，采用括号内的数值。入口为单车道的双车道匝道，其加速车道的长度应增加10m或20m。

坡道上变速车道长度的修正系数 表 10-16

主线平均坡度(%)	$i \leq 2$	$2 < i \leq 3$	$3 < i \leq 4$	$i > 4$
下坡减速车道修正系数	1.00	1.10	1.20	1.30
上坡加速车道修正系数	1.00	1.20	1.30	1.40

注：本表引用自《公路路线设计规范》(JTG D20—2017)。

变速车道长度的选用除应符合以上规定的最小长度要求外，还应结合主线和匝道的设计速度、交通量、大型车比例等对变速车道长度进行验算，必要时增加变速车道的长度。符合下列情况时宜增长变速车道：

①主线设计速度小于或等于100km/h，且匝道的线形指标又不高时，宜采用高一个设计速度档次的变速车道长度。

②主线、匝道的预测交通量接近通行能力，或载重车和大型客车比例较高时。

设计中应注意，尽管变速车道比以前增长了，但仍应使邻接变速车道的匝道部分具有较高的线形指标。匝道上没有良好的线形和足够长的过渡情况下，就不应采用过低的匝道设计速度,因为仅靠增大变速车道的长度来满足变速从容的要求未必有效,而且往往是不经济的。

4. 变速车道横断面设置

变速车道横断面由左侧路缘带(与主线行车道共用)、行车道和包括右侧路缘带在内的右路肩组成,如图10-27所示。

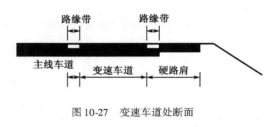

图10-27 变速车道处断面

四、基本车道数和车道数的平衡

在高等级道路的较长路段内,必须保持一定基本车道数。同时在主线与匝道或匝道与匝道的分、合流处必须保持车道数的平衡,二者之间可通过辅助车道来协调。

1. 基本车道连续

基本车道数是道路相当长的路段内根据设计交通量与通行能力分析所必需的车道数。高速公路应在全长范围内或重要结点之间的较长路段内保持固定基本车道数。相邻的两路段间,一个方向行车道上的基本车道数的变化不得大于1。

2. 车道平衡

高速公路上,主线与匝道的分、汇流处应保持车道数的平衡,相邻两段在同一方向上基本车道数每次增减不得多于一条。图10-28所示各部分的车道数,应满足式(10-7)的规定。

$$N_C \geqslant N_F + N_E - 1 \tag{10-7}$$

式中:N_C——分流前或汇流后的主线车道数;

N_F——分流后或汇流前的主线车道数;

N_E——匝道车道数。

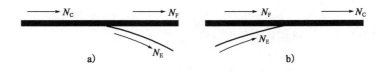

图10-28 分合流车道平衡

3. 辅助车道

在分、合流处,既要保持车道数平衡,又要保持基本车道数的连续,如果二者发生矛盾时,可通过在分流点前与合流点后的主线上增设辅助车道的办法来解决,如图10-29所示。辅助车道的长度规定见表10-17。

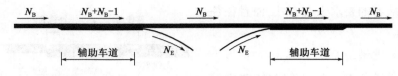

图 10-29 双车道出入口的辅助车道

辅助车道的长度　　　　　表 10-17

主线设计速度(km/h)			120	100	80
辅助车道长度(m)	入口		400	350	300
	出口	一般值	580	510	440
		最小值	300	250	200
渐变段长度(m)	入口		180	160	140
	出口		90	80	70

注：本表引用自《公路路线设计规范》(JTG D20—2017)。

辅助车道的设计应符合下列规定：

(1)当互通式立体交叉入口与下一个互通式立体交叉出口均设有或其中之一设有辅助车道时，若入口终点至出口起点的距离小于 1 000m，则应增长辅助车道的长度，将二者贯通。当交通量大，交织运行比例较高，且增加车道的成本不高时，即使两者间距达 2 000m，也宜考虑设置连续贯通的辅助车道。

(2)辅助车道的宽度与主线车道相同，其与主线车道间可不设路缘带。辅助车道右侧的硬路肩，其宽度一般宜与正常路段的主线硬路肩相同，用地或其他条件受限时可减窄，但不得小于 1.5m。

(3)当两个互通式立交相距很近，不能保证应有的立交间距时，可将它们组成复合立交，对于出入交通量较大的复合立交(其中一个为枢纽互通式立交时)应将辅助车道与主线采用固定隔离，形成集散车道。

五、主线的分岔、合流和匝道间的分流、汇流

一条高速公路的一幅行车道分成两条连接到另一条高速公路上去的多车道匝道的分岔部(图 10-30 中的 A 位置)，或者由一条高速公路分成两条高速公路的分岔部(图 10-30 中的 A' 位置)，应按主线分岔设计。

自一条高速公路引出的两条直连式或半直连式多车道匝道汇合成为另一条高速公路的一幅行车道(图 10-30 中 B)，或者由两条高速公路的同向行车道合并而成一条高速公路的一幅行车道(图 10-30 中的 B')，应按主线合流设计。

主线的分岔与合流设计应符合车道数平衡的规定。

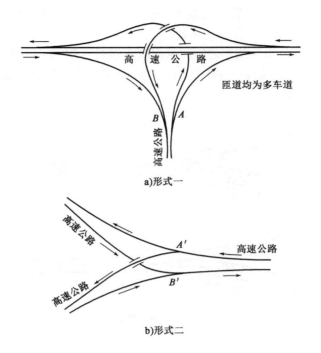

图 10-30　主线分岔与合流

1. 主线的分岔和合流中的渐变段

(1) 自分岔前或合流后的路幅(包括为维持车道数的平衡而增加的辅助车道)至增加或减少一条车道(两幅行车道出现公共路缘带的断面)的渐变段内,路幅宽度应线性变化。

(2) 分岔和合流渐变段的渐变率分别为 1:40 和 1:80。

(3) 渐变段的边线及其邻接的双幅路段的边线,其线形应连续。

2. 匝道间的分流和汇流

(1) 匝道间分流、汇流前后车道数平衡时,可采用直接式分流、汇流的方式,设分流、汇流渐变段。分流、汇流渐变段的最小长度规定见表 10-18。

匝道间分流、汇流渐变段的最小长度　　　　表 10-18

分、汇流速度 (km/h)	渐变段最小长度(m)	
	分流	汇流
40	50	70
60	60	90
80	80	120

注：本表引用自《公路路线设计规范》(JTG D20—2017)。

（2）匝道间的分流、汇流前后车道数不平衡时，应增设一段辅助车道，辅助车道长度不应小于150m，渐变段长度不应小于50m。

（3）汇流前的匝道系仅为超车之需而采用双车道时，宜在汇流前先并流为单车道，其渐变段长度不应小于50m，如图10-31所示。在并流前应设置预告标志，且在并流渐变段内的路面上画有并流标记。

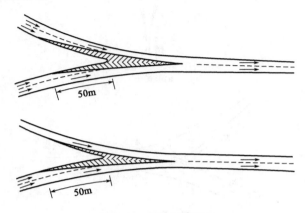

图10-31　汇流前先并流

3. 相邻出入口之间的间距

高速公路上，如图10-32所示的各种相邻出口或入口之间、匝道上相邻出口或入口之间、主线上的出口至前方相邻入口之间的距离应不小于表10-19所列值。

a）主线上的相邻出口或入口　　b）匝道上的相邻出口或入口　　c）主线上的出口至前方相邻入口

图10-32　各种相邻出、入口之间的距离

高速公路相邻出、入口最小间距　　表10-19

间距(m)			主线设计速度(km/h)	120	100	80
	L_1		一般值	400	350	310
			最小值	350	300	260
	L_2	最小值	枢纽互通式立体交叉	240	210	190
			一般互通式立体交叉	180	160	150
	L_3		一般值	200	150	150
			最小值	150	150	120

注：本表引用自《公路路线设计规范》（JTG D20—2017）。

当不能保证主线出入口间的应有距离或遇转弯车流的紧迫交织干扰主线车流时,应采用与主线相分隔的集散车道将出入口串联起来。

4. 集散车道

在互通式立交内使用集散车道可将交织点移出主线道路,并将多出入口形成单一出入口,所有主线出口都在互通立交之前,从而保证统一的出口线形。

集散车道由行车道、硬路肩组成。集散道与主线间应设边分隔带。集散道一般为双车道;交通量较小时,非交织段可为单车道。右侧硬路肩的宽度一般为 2.50m;当双车道的交通量不大于或略大于单车道的通行能力时,硬路肩的宽度可减至 1.0m。

苜蓿叶形互通式立交中两条环形匝道的交通流,就是用集散车道将交织车流和主线车流分离,保证主线大交通量的正常运行(图 10-33)。苜蓿叶形互通式立交的环道在靠近外侧直行车道处构成交织段,在直行车道中产生相当大的加速和减速行驶,使用集散车道,可将多出口形成单一出口,并将交织段转移到集散道路上。苜蓿叶互通立交的第二出口(环道出口)在许多情况下,往往隐蔽在凸形竖曲线之后,视距不易保证,采用单出口设计,出口出现在上坡道上,视距则可得到充分保证。

设置集散车道后,交织运行转移至集散车道,集散车道车速较主线低,交织运行在减速状态下进行,故集散车道宽度仅取决于通行能力需求,对集散车道本身车道平衡原则不作硬性规定;但集散道与主线的连接应按出入口对待,并符合车道数平衡的原则。单车道出入口能满足交通量的需要时,可采用单车道出入口的双车道匝道的布置形式。集散车道上相继入口或出口的间距,应满足匝道出入口间距的规定;入口和后继出口的间距应满足交织的需要。

图 10-33 集散车道

此外,集散车道,特别是运用于一座以上互通式立交的集散车道,往往包含了多个出入口,交通流向复杂,交通标志设置稍有不当,就会出现运行问题,故集散车道的标志设置应给予高度重视。

第七节 立体交叉设计算例

下面以上海市中环线立交为例,介绍立交方案确定的步骤。

一、基础资料

1. 立交现状

现状中环线上跨北翟路和吴淞江;中环线设计车速 80km/h,双向 10 车道布置,将原有的真北路桥进行了加宽改建以满足中环线的技术标准,同时在天山路北侧设置一对上下匝道。

2. 用地情况

立交节点西北象限为新泾堂教堂,规划为绿地;蒲松北路西侧为居住用地;立交的西南象限为蒲松北路与中环之间北侧的规划绿地,蒲松北路与新泾港之间南侧为规划综合用地;立交的东南象限为中环线与哈密路之间的哈密新村,规划为绿地。

二、功能定位

主要功能是将虹桥枢纽和西部地区进城交通快速向南和向北疏解至中环线快速系统,体现中环线交通功能"中心城保护壳"作用,同时通过中环线分担 A9 和武宁路的交通压力,快速疏解出城交通。

三、交通流量分析

根据预测交通流量,立交西北流向流量为第一等级,西南流向流量为第二等级。流量预测符合北翟路高架作为虹桥枢纽与中心城北部快速集散通道定位,同时中环线起到环线交通功能,城市保护壳作用。

中环线主线计算行车速度均为80km/h,北翟路该段主线计算行车速度为60km/h,匝道设计车速为40km/h。根据《道路通行能力手册》HCM,设计车速40km/h匝道,单车道匝道通行能力为1 900pcu/h,双车道匝道通行能力为3 500pcu/h。中环立交匝道预测交通量和服务水平见表10-20,分合流区服务水平见表10-21。

中环立交匝道预测交通量和服务水平 表10-20

匝道转向	2030 年交通流量（pcu/h）	匝道设计车速（km/h）	匝道车道数	匝道通行能力
WS	1 139	40	2	3 500
SW	1 138	40	2	3 500
WN	1 722	40	2	3 500
NW	1 713	40	2	3 500

中环立交分合流区服务水平 表10-21

位置	匝道转向	V_f	V_r	P_{fd}/P_{fm}	V_{12}	D_r	LOS
中环分流点	SW	5 719	1 138	0.26	2 329	13	C
	NW	5 774	1 713	0.26	2 769	15	C
WS/WN 分流点		2 861	—	—	—	10	B
中环合流点	WS	4 581	1 722	0.21	957	13	C
	WN	4 061	1 139	0.21	849	10	B

综合以上分析,匝道车道数按表设置服务水平均达到 C 级,主线分合流点服务水平为 B~C 级,基本可以满足交通需求。

四、总体设计思路

1. 北翟路高架与中环形成丁字互通式立交

根据流量预测,若北翟路高架跨中环落地,落地匝道双向流量规模将达到 1.8 万 pcu 左右,对远期主线流量增幅达到 15%~18%,明显增加主线压力,同时对地面长宁路影响将更大。若采取地道方案,主线由地面与中环形成立交,但立交层次较高,若再向东延伸,对吴淞江景观影响更大,也较不合适。

2. 中环线主辅分离,解决地面道路交通过江

中环线真北路地面道路过江交通可通过周边地区路网来解决,主要为淞虹路—祁连山路桥、剑河路—真光路桥、威宁路桥以及古北路桥。上述桥梁的间距均在 800m 左右,中环线真北路过江交通可通过上述道路有效分流,减少本段过江交通压力,因此建议尽快完善周边地面过江道路。

3. 完善非机动车过江交通

为解决现状非机动车过江困难及安全问题,针对现有非机动车道桥宽度过窄(双向通行 5m)情况,在现有非机动车道桥东侧再新建一座非机动车过江桥梁,增加过江桥梁宽度,以提高通行安全。立交主线设计车速为 60km/h,主线净空为 5.2m,主线最小半径为 1 000m;匝道净空为 4.5m,匝道最小半径为 55m;主线最大纵坡为 4.16%,匝道最大纵坡为 5.5%。

五、方案比选

1. 方案一

立交节点形式采用双"Y"形立交形式,如图 10-34 所示,北翟路主线由地面起坡跨过北渔路后接中环设置立交,其中西向北左转为定向匝道,位于第四层;南向西左转为定向匝道,位于第三层。西北向两个匝道在跨过吴淞江之后与中环主线合并。西南向两个匝道在满足天山路匝道净空要求后与中环主线合并。在中环东侧新建人行和非机动车桥。

优点:立交匝道线形标准高。符合本节点功能要求,能快速疏解交通。

缺点:新泾堂教堂需拆移。西北向两个匝道需要两次跨越吴淞江。两个定向匝道与中环斜交角度大、跨径大,桥梁需设置钢梁。立交层次为 4 层。

2. 方案二

新泾堂教堂不拆迁,避让教堂 15m,立交形式采用"单喇叭"形立交。北翟路主线由地面起坡跨过北渔路后接中环线设置立交,其中西向北匝道采用环形匝道,如图 10-35 所示。

道路规划与几何设计

图 10-34　中环立交方案一示意图

图 10-35　中环立交方案二示意图

优点:教堂无需搬迁;立交层次为 3 层。

缺点:立交形式与预测交通流量不相符,西向北预测流量 1 841pcu/h 采用苜蓿叶环形匝道,线形标准低,通行能力低,交通功能差。立交占地面积大。增加哈密路东侧小区的拆迁量。

3. 方案比选分析

中环立交方案比选见表 10-22。

中环立交方案比选表　　　　　　表 10-22

项　　目	方　案　一	方　案　二
交通功能	符合立交功能定位,解决环外交通与中环的连接,体现中环环线交通功能、中心城保护壳作用	不符合交通流量需求
对苏州河景观影响	影响较小,长度约 700m(包括剑河路至中环段)	影响较小,长度约 700m(包括剑河路至中环段)
中环—金沙江路进口距离	南向北:730m 北向南:640m 满足交织要求	南向北:1130m 北向南:970m 满足交织要求
线形标准	高	低
立交层次	层次为四层	层次为三层
立交景观	立交布置均称,线形流畅,景观较好	立交线形差,景观一般
立交用地	210.5 亩	215 亩
结构工程费用	41 306m^2	35 153m^2
立交总投资	较大	大

综合分析,考虑北翟路快速路及中环功能定位,设计建议采用方案一,即采用双"Y"形立交方案。

习题与思考题

10-1　一个完整的立体交叉通常包括哪些组成部分?

10-2　简述苜蓿叶形互通式立交和喇叭形互通式立交的特点和适用条件,如何避免苜蓿叶形互通式立交主线的交织。

10-3　变速车道有哪几种形式?其对应的适用情况如何?

10-4　简述设计互通式立交需要收集的基础资料和设计步骤。

10-5　匝道的平面线形有哪几种?其平纵线形组合应满足什么要求?

10-6　匝道端部设计内容及其设计要点有哪些？

10-7　下图所示 T 形路口，相交道路均为双向三车道。如 A—C 为主要左转交通方向，且用地不受限制，试规划一喇叭形立体交叉。假定匝道采用两车道，试分析说明分、合流处的车道数。

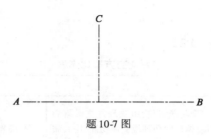

题 10-7 图

第十一章
不同类型道路设计案例

为使学生进一步了解不同类型道路的设计步骤、需要解决的关键问题和主要成果等，本章介绍了三个不同道路项目的方案设计案例，分别为新建山区高速公路、改建干线公路和改建城市道路，可以作为参考阅读，增加对道路工程实际应用的理解。

第一节　山区高速公路设计案例——邢汾高速公路

一、项目概况与路线布设控制因素

邢汾高速公路路线走廊内丘陵起伏、峰峦叠嶂、旅游景点和厂矿较多，路线跨越的河流水系多，山岭地区地质条件复杂，对道路勘测设计提出较高要求，涉及工程建设问题较为全面，故选取邢汾高速公路项目作为案例进行分析。

邢台市地处河北省南部，太行山脉南段东麓，华北平原西部边缘，位于北纬36°50′~37°47′，东经113°45′~115°49′之间，东以卫运河为界与山东省相望，西依太行山和山西省毗邻，南与邯郸市相连，北及东北分别与石家庄市、衡水市接壤。

邢汾高速公路位于邢台市西南部，大部分路段在邢台县境内，起点位于邢临高速公路与京港澳高速相交的邢台南互通，终点在山西省许村乡与河北省白岸乡之间。公路大致为正东、正西走向，延伸范围地理坐标大致为北纬36°51′~37°18′，东经113°52′~114°33′，项目地理位置如图11-1所示。

道路规划与几何设计

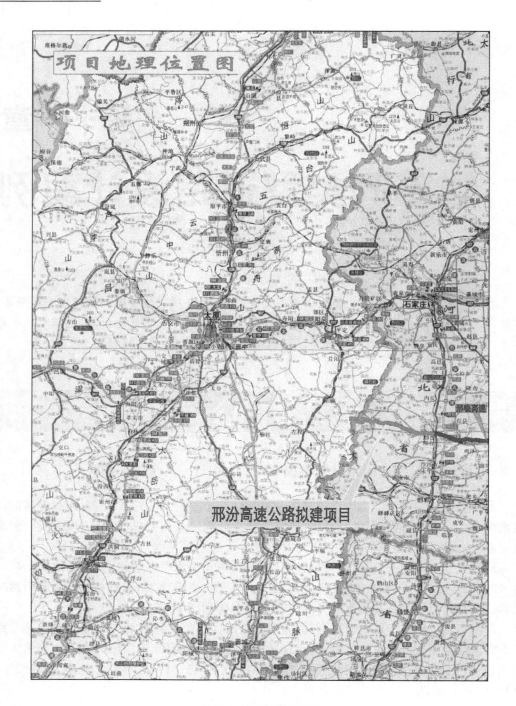

图 11-1　项目地理位置图

在具体的路线布设中,控制因素主要包括:
(1)沿线自然条件;
(2)沿线城镇规划,产业布局及建筑物;
(3)路网布局;
(4)电力设施;
(5)产业布局、文物古迹;
(6)征地拆迁;
(7)与其他交通的衔接。

二、技术指标

1. 交通量预测

项目初步拟定八个路线方案,分别为 A1、B、C、A、A2、A3、C1、C2 方案。根据社会经济发展预测及路网发展规划,分别对每个方案的交通量进行预测。由于篇幅有限,仅显示部分方案预测结果,其中 A1、C 是进行最终方案比选的两个方案,其交通量预测结果分别见表 11-1 和表 11-2。

拟建高速公路(A1 方案)交通量预测结果(单位:pcu/d)　　表 11-1

路　段	2012 年	2015 年	2020 年	2025 年	2031 年
留村—沙河	13 482	17 862	27 767	36 508	44 602
沙河—羊范	12 145	16 433	26 210	34 560	42 662
羊范—邢台西	14 683	19 265	28 420	37 168	45 143
邢台西—太子井	14 683	19 265	27 453	35 896	43 501
太子井—龙泉寺	14 481	18 691	25 743	33 945	42 559
龙泉寺—路罗	13 070	16 855	23 421	31 491	39 754
路罗—终点	12 327	15 586	22 245	30 344	37 686
平均	13 147	17 041	24 608	32 848	40 833

拟建高速公路(C 方案)交通量预测结果(单位:pcu/d)　　表 11-2

路　段	2012 年	2015 年	2020 年	2025 年	2031 年
西周—G107	14 239	18 043	26 008	34 770	43 513
G107—邢昔路	12 870	16 886	24 693	33 340	41 446
邢昔路—西黄村	13 602	17 323	25 210	33 874	42 539
西黄村—浆水	12 520	16 207	23 082	31 193	39 170
浆水—终点	11 068	13 997	20 696	28 173	35 425
平均	12 643	16 221	23 535	31 769	39 829

2. 公路等级的确定

交通量预测结果表明:远景设计年限(2031 年)各路段交通量均大于 25 000pcu/d,

平均交通量达到 40 833pcu/d。由于一至三级公路均不能满足未来交通量需求,综合考虑邢汾公路在路网中的功能、布局以及沿线经济发展的需要等因素,确定采用全封闭、全立交的高速公路标准。

3. 设计速度与路基宽度的确定

邢汾高速地处河北省西南部,大部分处于邢台县,此区域属太行山脉和华北平原交汇处,地形复杂,地势西高东低,坡度较大,从西到东可分为山区、丘陵区、平原三种地形,东西部平均高差 530m。由于设计速度直接影响到路基宽度,并且两者对项目工程量、总投资影响均较大,直接影响着项目的建设成本与效益,因此本案例宜结合交通量和地形情况来确定设计速度。同时,路线经过的局部路段布线走廊单一而狭窄,结合近年来山岭地区高速公路的建设经验与教训,其技术标准的选择应兼顾长远的交通发展与需求,进行全面比较后合理选定。

根据交通运输部《公路工程技术标准》(JTG B01—2014)(以下简称《标准》)的规定,高速公路一般选用 120km/h、100km/h 或 80km/h 的设计速度。对特殊困难的局部路段,经技术经济论证合理后,允许采用 60km/h 的设计速度。同时规定,按不同设计速度设计的路段最小长度不宜短于 15km。本项目地形条件相对平缓的路段主要集中在起点至邢台西互通段,该段距离较短(约 24km),且兼具城市外环高速公路功能,互通密度较大,构造物多,如采用 120km/h 的设计速度将显著增加造价,为避免频繁过渡推荐采用 100km/h 的设计速度;邢台西互通至终点段为山岭重丘区,采用 80km/h 的设计速度。

根据《标准》有关规定,高速公路远景设计年限的年平均日设计交通量范围见表 11-3。

高速公路远景年限的年平均设计日交通量(单位:pcu/d)　　表 11-3

设计速度	四车道	六车道	八车道
120km/h	40 000~55 000	55 000~80 000	80 000~100 000
100km/h	35 000~50 000	50 000~70 000	70 000~90 000
80km/h	25 000~45 000	45 000~60 000	60 000~80 000

交通量预测结果表明,本项目远景设计年限各方案各路段交通量均大于 25 000pcu/d,最大交通量为 44 602pcu/d,推荐采用四车道高速公路标准。各方案采用情况见表11-4。

各方案设计速度和路基宽度采用一览表　　表 11-4

采用情况	四车道高速公路	
	设计速度 100km/h,路基宽度 26m	设计速度 80km/h,路基宽度 24.5m
A、A1、A2 方案	起点至邢台西互通段	邢台西互通至终点段
B 方案	起点至羊范互通段	羊范互通至终点段
C 方案	起点至邢昔路互通段	邢昔路互通至终点段
C1 方案	起点至南石门互通段	南石门互通至终点段
A3、C2 方案	—	比较线全线

4. 主要技术指标的确定

项目主要技术指标见表 11-5。

主要技术指标表　　　　表 11-5

技术指标名称		单位	指标值	
适用段落		—	起点至邢台西互通段	邢台西互通至终点段
公路等级		—	高速公路	高速公路
设计速度		km/h	100	80
路基宽度		m	26	24.5
桥梁宽度		m	与路基同宽	与路基同宽
隧道建筑限界净宽		m	—	9.75
停车视距		m	160	110
平曲线	极限最小半径	m	400	250
	一般最小半径	m	700	400
	不设超高最小半径	m	4 000	2 500
	缓和曲线最小长度	m	85	70
最大纵坡		%	4	5
最小坡长		m	250	200
一般竖曲线最小半径	凸形	m	10 000	4 500
	凹形	m	4 500	3 000
设计洪水频率		—	特大桥 1/300,大、中桥和路基 1/100	
设计荷载等级		—	公路-I级	

三、方案比选

1. 路线方案拟定的方法

根据河北、山西两省高速公路网远期规划和路网现状,对 1:50 000 地形图资料作初步研究后,首先选定了路线的起点及邢台市区过境方案,再根据起、终点位置,确定路线方案可能经过的区域,对区域内的地形、路网、矿产资源分布、主要控制点的情况做具体的研究分析。通过分析确定路线需要穿过太行山脉,海拔在 200～1 200m 之间,地形起伏较大,总体走向主要受山脉的控制。针对这一特点,在路线方案研究时,采用"大面积数字高程模型技术"进行选线,建立了整个研究区域的数字高程模型。另外还收集了区域内的 1:10 000～1:200 000 地形图、1:50 000 卫星遥感图和 1:200 000 区域工程地质图。

建立数字高程模型后,生成整个区域的三维模型图,直观地表达区域内的地形情况,对山脉走向、河谷、盆地等主要地形特征进行研究。在三维模型图的引导下,结合卫星遥感图和区域工程地质图,初步拟定可能的路线方案。初拉纵坡后,确定各方案的主要工程数量。然后结合路网、主要控制点和主要工程规模等情况，对路线方案进行筛选和调整，排除不可行的方案，确定外业踏勘的路线方案。进入实地进行调查踏勘，首先就初步拟定的路线方案向邢台市政府进行汇报，征求其意见，然后与沿线各区县（市）人民政府、交通局、公路局、水务局、发改局、建设局、统计局、规划局、环保局、国土资源局、旅游局、交警队及河北金牛能源股份有限公司、河北兴泰电厂等有关部门进行座谈访问和资料调查，对区域的地形条件、地质条件等自然环境和社会环境进行了实地调查，收集了沿线社会经济发展状况和发展规划及公路、水运、铁路、水利、航道等方面的资料，对初拟方案中的主要工程如长大隧道、特大桥、特殊高架桥、主要的互通式立交位置等，在现场进行重点核实和研究，并进行反复的调整。经过实地调查并听取地方政府的意见后，综合分析收集到的各方面资料，利用数字高程模型对路线方案进行调整优化，确定各路线方案的工程数量，经过比选后，筛选出有研究价值的路线方案，并再次向邢台市政府和沿线各区县（市）政府及有关部门进行汇报，取得书面意见后，作为预可行性报告的比选方案。在报告编制阶段，对各方案从路线走向、里程、路网布局、自然条件、社会环境、工程规模、实施条件等多方面进行详细的比选，结合地方政府的意见，经综合比选后，确定推荐方案，并对下一步需要研究的路线方案提出建议。

2. 路线方案选择的主要控制因素

（1）路线规划总体走向。邢汾高速公路规划起点为邢台市邢临高速公路（2005年12月建成通车）起点，中间经邢台市、晋中市到达汾阳市。由于邢汾高速公路跨越河北、山西两省，为使路线总体走向符合规划要求，应将两省的两个项目的路线方案通盘考虑。

（2）主要经济中心。本项目选线区域内主要政治、经济和文化中心有邢台市、沙河市、邢台县、内丘县。路线方案拟定时，需要尽可能地将经济中心乡镇连接起来，带动地方经济的发展。同时，应适当考虑邢台县西部山区经济相对落后的具体情况，公路建设应适当照顾山区的经济发展。

（3）地形。路线由东向西从平原区过渡到山岭重丘区，地形条件复杂，路线走向应与沿线自然条件相适应，尽量降低工程的建设难度和建设投资。

（4）越岭线的长大隧道。选线区域西段属典型的山岭区地形，本项目路线走向主要受地形的控制，多处需要翻越山岭，修建越岭隧道。由于长大隧道不仅建设费用高，后期营运期间的通风、照明和管理费用也大，同时建设工期长，往往成为项目建设的关键性工程，隧道内如出现交通事故有可能造成灾难性的后果，因此选线时要力争缩短越岭隧道的长度，降低建设规模。

（5）地质条件。选线区最大的不良地质条件是煤矿采空区，主要分布在邢台市区南侧以及北侧。选线时，宜尽量避开采空区，无法避让时，应尽量缩短采空区路段的长度，减少不良地质条件对路线的影响。

3. 起讫点论证

(1) 起点

据河北省高速公路规划及《邢台市交通十一五规划》,具体位置考虑如下:该起点未来属于一个交通枢纽,起点位置应有利于各个方向的交通出行。故结合邢台市城市总体发展规划,通过现场踏勘,综合考虑地形地物、枢纽互通的布设,京广高速铁路项目规划,以及邢临高速公路建设方案,拟定了三个接线位置进行比选。自北向南依次为:邢台北方案(接京港澳高速公路,本案例 C、C1 方案,位于京港澳高速邢台北互通向北 7.5km 处)、接邢临高速公路方案(接京港澳及邢临高速公路,本案例 A1、A2 及 A 方案)、邢台南方案(接京港澳高速公路,本案例 B 方案,位于京港澳高速邢台南互通向南 4km 处),起点方案平面示意如图 11-2 所示。由于规划京广高速铁路项目线路位于京港澳高速公路东侧,在本案例规划设计阶段尚没有明确线位,故暂不考虑规划京广高速铁路的影响。

经比选,起点接邢临高速公路方案(A1、A2 及 A 方案)为推荐方案。

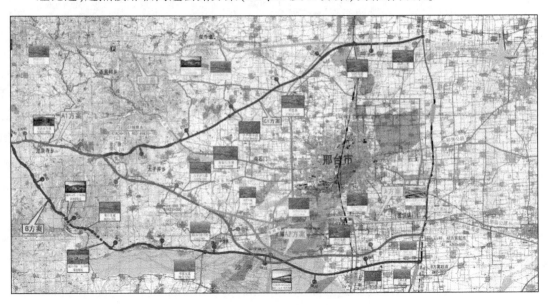

图 11-2 起点方案平面示意图

(2) 终点

按照本案例高速公路的使用功能,邢汾高速公路是西连东接、晋煤东运的快速通道,其接线位置的确定应以快速、短捷为原则。

本项目终点为冀晋交界处,向西与山西省汾阳—邢台高速公路榆社至晋冀界段项目顺接。终点处路线需穿越太行山脉山岭区,地形地质条件复杂,考虑沿线地形、城镇分布等情况及路线总体走向,拟定了三个终点接线方案,均以隧道穿越省界,由北向南分别为:西坪隧道方案(C2 方案,跨省界后向西经松烟镇至和顺县城南经过)、小南坪隧道方案

(C方案,跨省界后向西经松烟镇至左权县城北经过)、黄岩子隧道方案(A1、A3方案,跨省界后向西经拐儿镇至左权县城北经过),终点接线位置如图11-3所示。

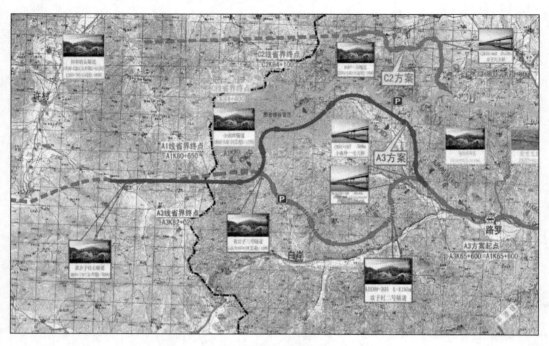

图11-3 终点方案平面示意图

根据三个终点方案的分析对比,推荐黄岩子隧道方案(A1、A3方案),即项目终点位于许村乡与白岸乡之间白崖套北侧约1.8km处的黄岩子隧道内省界处。

4. 路线走向方案

通过对路线起、终点方案位置进行论证,并结合沿线地形、邢台市总体规划、矿产分布等控制因素和地方政府的意见,本案例确定了A1、C两个路线走向大方案。

(1) A1方案

A1方案起点位于京港澳高速公路邢台南互通南侧1.5km处,向西接山西汾阳—邢台高速公路榆社至晋冀界段。A1方案全线长82.808km,路线经过邢台市高新区、沙河市、桥西区、邢台县。主要控制点为:邢临高速、京港澳高速、G107、京广铁路、邢台矿、伍仲煤矿、葛泉矿、邢峰线、邢左线、龙泉寺、城计头、路罗、晋冀省界。

(2) C方案

C方案起点位于京港澳高速公路邢台北互通北侧约7km处,终点位于小南坪隧道长度约8.3km处,其中河北境内约1.4km,山西境内约6.9km。C方案全长73.333km,路线经过邢台市邢台县、内丘县。主要控制点为:京港澳高速、G107、京广铁路、邢左线、邢和线、浆水、晋冀省界。

5. 方案综合比选

针对所选定的 A1、C 路线方案,从路网布局、社会经济、工程技术、经济效益等诸多方面进行同等深度的综合比选。

(1)路网布局

①与河北省、山西省高速公路网规划符合程度

根据河北省、山西省高速公路网布局规划,路线 A1、C 方案均基本符合两省高速公路网规划。

②与周边高等级公路协调情况

A1、C 方案都能较好的连接京港澳高速公路、邢临高速公路,其中 C 方案需要通过京港澳高速公路连接邢临高速公路。A1、C 两个方案均接拟建的山西汾邢高速公路。A1 路线方案丰富和完善了本区域的路网结构,特别是顺接邢临高速公路,使邢汾高速公路地区东西走向路网骨架更加顺直。C 方案需结合京港澳高速公路拓宽改造规划综合考虑,使得晋煤东运交通绕行,运营里程增加。此外 C 方案东接规划的邢德高速公路,总体走向稍偏离了本项目的规划。

③对过境交通吸引情况

A1、C 两个方案都能较好地解决过境交通及本区域东西走向的双向快速运输,对吸引外地交通有很大的作用,但 C 方案对过境车辆来说绕行距离较长。

④与通道内重要城镇、控制点连接情况

A1、C 方案均考虑了沿线各市县的城镇规划,没有严重穿越规划区,并在路线经过的主要城镇通过设置互通式立交加以连接。

两方案都能较好解决本区域的交通出行。从与规划符合程度、与周边高等级公路协调情况、对过境交通吸引情况、与通道内重要城镇连接情况四个方面看,A1 方案是更为合理的路线方案,符合河北、山西两省高速公路网规划、与周边高等级公路协调,并形成完善的高速公路网,能最大程度发挥该高速公路的骨架作用。

(2)社会经济

①对沿线重要城镇经济发展的影响程度

A1、C 两个方案都能直接影响邢台市、邢台县、沙河市的交通出行,从而能较好地带动地方经济发展。

②环境影响

A1、C 两个方案均采用隧道穿山、高架桥跨深谷,尽量避免了深挖高填路基,减少了对山地植被的破坏,避开了对旅游资源的破坏。总的来说,A1、C 两个方案对环境的影响均较小。

③土地资源耗用情况

土地是人类赖以生存和社会发展最基本的资源,《中华人民共和国土地管理法》明确指出:"十分珍惜,合理利用每寸土地和切实保护耕地是我国的基本国策"。珍惜土地、保护耕地是公路建设中需要十分重视的问题。从 A1、C 方案占地情况分析,A1 方案占地总量稍多,C 方案占用耕地较多。

从对沿线重要城镇经济发展的影响程度、环境影响、土地资源耗用情况看,两个方案各有特点,A1方案更利于连接乡镇。

(3) 工程技术

①工程规模

A1、C方案工程规模见表11-6。

路线方案工程规模比较表　　　　　　　表11-6

序号	指标名称	单位	A1 方案	C 方案
1	起讫桩号	—	A1K0+000～A1K24+158.264 A1K22+000～A1K80+650 (断链 A1K24+158.264 = A1K22+000)	CK0+000～CK25+932.887 CK37+000～CK84+400 (断链 CK25+932.887 = CK37+000)
2	路线长度	km	82.808 264	73.332 887
3	土石方总量	万 m^3	1 963.66	2 125.7
4	2031年预测平均交通量	pcu/d	40 833	39 829
5	压覆煤炭资源	m	300	0
6	隧道	m/座	8 085/20	14 537/16
7	特大桥	m/座	4 170/2	0
8	大桥	m/座	11 683/65	9 091/30
9	中桥	m/座	1 219/13	490/6
10	小桥	m/座	291/13	304/8
11	防护排水工程	m^3	510 088	437 132
12	互通式立交	处	6	5
13	人行天桥及通道	处	35	26
14	分离式立体交叉	处	13	11
15	占地	亩	9 955.8	9 120.9
16	路面	km^2	1 111.015	1 026.003
17	造价估算	万元	617 236.4	589 937.9(不含相关京港澳高速拓宽改造工程费用)
18	平均每公里造价	万元	7 453.8	8 044.6

②建设条件

本项目沿线地形以平原、山前台地、山地为主,地势起伏变化较大,地形比较复杂,两个方案均设计有多座特长隧道、大桥及特大桥。A1方案在邢台南环段沙河河漫滩需修建桥梁;C方案终点隧道长8.3km(含山西段部分隧道),且穿越晋获断裂带,地下水丰富。

因此,从工程规模、施工难易程度、运输条件比较,A1方案优,C方案较差。

(4)经济评价

①建设费用

A1 方案造价估算总金额为 617236.4 万元,平均每公里造价为 7453.8 万元;C 方案造价估算总金额为 589937.9 万元,平均每公里造价为 8044.6 万元。

②国民经济效益

本案例中的 A1、C 方案国民经济内部收益率均高于 10% 的社会折现率,说明两个路线方案从国民经济评价的角度都可行。对比路线方案可知,A1 方案的国民经济评价指标相对较好。

③财务效益

A1、C 方案财务评价指标显示 A1 方案较好,C 方案较差。

综合造价、国民经济评价和财务效益评价来看,A1 方案优于 C 方案。

(5)综合比选结论

通过公路网布局、社会经济、工程技术、经济效益等多方面的对比分析,A1 方案更符合河北、山西两省高速公路总体规划布局和邢台市总体规划及路网规划,对环境影响较小,社会经济效益好,能较好地带动地方经济发展,造价较低。

综合以上对比结果,A1 方案优势相对较大,故作为本项目的推荐方案。

第二节 干线公路设计案例——浙江省 S23 省道改建工程

浙江省 S23 省道(现 S305,以下简称 S23 省道)是连接杭州、衢州两大城市的重要干线公路,贯穿建德市东西,沿线村镇繁多。由于 S23 省道与四省通衢的衢州接壤,加之建成时间较长,在道路两侧已经形成了较多集镇,交通流量较大,且该路段道路线形差、路面窄,交通安全隐患日益严重。随着当地引进的大型企业相继落户,运输不便的矛盾越来越突出,对道路的通行安全造成了较大影响,故 2015 年对其进行改建。该改建工程项目较为典型,故选取其作为本书案例进行介绍。

一、项目概况与主要控制要素

本案例为旧路改建工程,项目基本沿原路线进行改建,局部路段采用新线位。根据上位规划与区域路网现状情况,起终点均位于旧路位置。项目起点位于建德市航头镇 S23 省道与 G320 国道交叉口(G320 国道桩号 K370+627 处),S23 省道桩号 K127+500。项目终点位于建德市李家镇 S23 省道杭州与衢州交界处。

具体项目建设中需要考虑项目沿线城镇,经过的主要交通要道,地形、地质、水文、气候条件,地方政府和人民群众的态度,征地、拆迁工程等各方面因素。

其中主要控制点是：

(1) 杭新景高速公路

本项目的路线走向与杭新景高速公路龙游支线以及建德寿昌至开化白沙关段有密切的联系，项目起点附近需要穿越龙游支线，路线中段与建德寿昌至开化白沙关段设置互通相连，因此，本项目线位布设应充分考虑与杭新景高速公路的关系。

(2) 岘岭

岘岭是本项目需要穿越的主要山岭，S23省道二级公路旧路桩号K132+800岘岭处有一座495m隧道（满足半幅路基要求，对该段道路进行路面及附属设施改造），改建成一级公路后需要增加半幅，因此，岘岭是本项目选线的另一重要控制点。

(3) 大同镇

大同镇是本项目沿线经过的最大乡镇，随着S23省道的开通，沿线周边开发程度日益增强，老路两侧已建造了众多房屋，镇中心路段城镇化程度非常高，项目如果按照原路进行拓宽，必将给大同镇中心带来大量的拆迁。同时考虑到建德市西部区域城镇化的发展要求、大同镇未来的城市化发展程度，项目改建的选线需综合考虑大同镇用地规划情况。

二、技术指标

1. 交通量预测结果

S23省道未来各特征年的交通量预测结果见表11-7。

年平均日交通量预测表（单位：pcu/d） 表11-7

路段	年份				
	2015年	2020年	2025年	2030年	2034年
航头至潘村	9 570	12 340	15 748	18 625	20 695
潘村至终点	5 620	7 637	9 747	11 528	12 811

2. 技术标准验证

根据项目的功能、地位，拟定项目起点至潘村段按设计速度80km/h的一级公路标准进行建设；潘村至终点段按设计速度80km/h的二级公路标准进行建设。通过设计通行能力分析、车道数计算论证和公路服务水平评价，确定建设标准选用的符合性，具体计算方法可以参考相关教材和资料。

3. 技术标准

根据本项目在当地公路网中的地位、功能及交通量预测结果，结合通行能力分析及服务水平分析结果，建议本项目航头至潘村段按设计速度80km/h四车道一级公路标准建设，路基宽度为24.5m。其中起点AK127+500至AK129+350段路线穿越航头镇区，在保障机动车通行的同时考虑非机动车等慢行交通通行，采用设计速度80km/h四车道一级公路兼顾城市道路功能标准建设，路基宽度为34m。潘村至终点段按设计速度80km/h

二级公路标准建设(K142+100—K143+400 段为利用建成段,考虑该路段的地形条件及改建难度,维持现状60km/h 的技术标准),路基宽12m。主要技术经济指标见表11-8。

主要技术指标表　　　　　　　　　　　　　　　　　　　　　　表11-8

序号	技术指标			
1	公路等级		一级公路	二级公路
2	设计速度(km/h)		80	80
3	路线长度(km)		14.6	12.374(含利用段1.3)
	极限最小平曲线半径(m)		250	250
	一般最小平曲线半径(m)		400	400
	不设超高小曲线半径(m)	路拱≤2.0%	2 500	2 500
		路拱>2.0%	3 350	3 350
	停车视距(m)		110	110
	会车视距(m)		—	—
	超车视距(m)		550	550
	最大纵坡(%)		5	5
4	路基			
	路基宽度(m)		34/24.5	12
	行车道宽度(m)		3.75×2×2	3.75×2
	硬路肩宽度(m)		0/2.50×2	1.5×2
	土路肩宽度(m)		0.75×2	0.75×2
5	路面			
	路面结构类型		沥青混凝土	沥青混凝土
6	桥涵			
	桥涵设计荷载		公路—Ⅰ级	公路—Ⅱ级
	桥涵宽度(m)		33.5/24	11.5
7	设计洪水频率			
	路基设计洪水频率		1/100	1/50
	桥梁设计洪水频率	大中桥	1/100	1/100
		小桥	1/100	1/50
8	交通工程沿线设施			配置完善的标志标线视线诱导标及必需的隔栅防护网;设置部分服务区、停车区、公共汽车停靠站;设置基本的信息采集、交通监视、简易信息处理及发布等监控设施,及时疏导交通,保障行车安全

三、方案比选

1. 路线走向及控制点

通过对拟建项目所在地的踏勘和调查，充分听取当地政府和群众的意见，综合考虑沿线的道路情况、起终点连接线情况、筑路材料、征地拆迁等多方面因素，确定路线的一个基本线位 A 线，同时根据路线沿线地形条件及区域交通走廊带情况，分别在起点航头镇路段布设 B 线，路线中段大同镇布设 C 线、D 线，与 A 线方案进行比选。

(1) A 线

A 线起于 S23 省道与 G320 国道交叉处，起点桩号 AK127+500，在航头镇段沿旧路改建，局部路段旧路线形指标不足处，路线略有偏移。路线往西经过李家镇、长林口、长林源等村后到达界头村终点（建德与衢州交界处）。

(2) B 线

B 线起于 S23 省道与 G320 国道交叉处，路线整体处于 A 线北部，全部为新线位。路线从起点开始沿正西方向布设新线避开航头镇镇区，在桩号 BK129+100 处布设 24×30m 预应力混凝土箱梁跨线桥跨越杭新景高速公路龙游支线，此后路线继续往西，穿越一片山丘后折向西南方向与 A 线相接。

(3) C 线

C 线起于大同镇石岘村，路线整体处于 A 线南侧，基本紧沿原 S23 省道旧路改建的线位。路线起点段由于旧路线形指标无法满足改建需要，在旧路北侧新布线位，直线穿越屋基顶山脚后至桩号 CK134+600 与旧路相接，此后路线一直沿旧路改建，终点至桩号 CK140+930.258 与 A、D 线位相重叠。

(4) D 线

D 线起于大同镇石岘村，起点与 C 线一致。路线位于 A、C 线的南部，基本为新线位。路线从起点开始先沿旧路改建，至桩号 DK134+300 处布设新桥位跨越寿昌江，此后路线向西南方向布设，经翁家、江北蓬到达塘下南部，此后路线折向西，向西偏北方向布设，在郎家西北桩号 DK137+500 处再度跨越寿昌江，此后路线继续沿直线向西北至桩号 DK139+850 回到旧路，最后路线沿旧路改建至终点与 A、C 线位重叠。

2. 主要技术指标和规模

(1) A 线

A 线起点桩号 AK127+500，终点桩号 AK154+474，全长 26.974km，其中航头镇段长 5.264km，大同镇段长 10.212km，李家镇段长 11.498km。路线在 AK128+835 处设 4×16m 中桥 1 座，在中心桩号 AK132+728 处设 495m 岘岭隧道（利用单洞）一处，在 AK139+805 处设 5×20m 大桥 1 座，在 AK149+990 处设 1×20m 中桥 1 座。

(2) B 线

B 线起点桩号 BK127+500，终点桩号 BK131+771.636，对应 A 线桩号 AK131+600。

B线全长4.272km,比A线方案长171.636m。该方案需设置1座24×30m的桥梁跨越杭新景高速。根据工可评审专家组意见,B线方案穿越杭新景高速可采用上跨或下穿的方式进行处理。根据现场条件以及线位布设的特点,穿越杭新景高速采用上跨方案。

(3) C线

C线起点桩号CK133+500,终点桩号CK140+930.258,对应A线桩号AK141+000,C线全长5.549km,比A线方案短70m。路线在中心桩号AK134+325处设450m长石岘隧道一处,在CK135+250处设1×16m小桥1座,在CK135+775处设3×16m中桥1座。

(4) D线

D线起点桩号DK133+500,终点桩号DK141+789.645,对应A线桩号AK141+000,D线全长8.289 6km,比A线方案长789.645m。在DK134+430处设5×20m大桥1座,在DK135+475处设1×16m小桥1座,在DK137+723处设3×16m中桥1座。

3. 方案比选

列举各个线位方案的优缺点,经过对公路线形指标、建设工程量、工程投资、施工难度、施工工期、对生态环境的影响、对经济发展的作用等多方面综合分析后,确定A线方案为本项目的推荐线位方案。

第三节 城市道路设计案例——上海市黄石路改建工程

上海黄浦江沿岸是城市重要的发展轴线,在城市经济和社会生活中发挥着巨大的作用。黄浦江两岸综合开发是上海市委、市政府在世纪之交做出的重大战略决策。徐汇滨江是上海中心城区内唯一可大规模、成片规划开发的区域,黄石路位于该规划区域内,是东西向重要的综合型城市支路,是徐汇滨江西进工程的重要通道,沿线涵盖商办、居住、学校等多种功能业态。

一、项目概况与主要控制因素

1. 项目概况

黄石路(龙吴路—天钥桥南路)位于徐汇区,西起龙吴路,东至天钥桥南路,全长约480m,规划道路等级为城市支路,红线宽度为24m。现状车行道宽度14m,为沥青混凝土路面,路面情况一般。人行道原规划宽度5m,但因用地与沿线小区或商铺重合,未能按规划实施,部分人行道宽度不足0.5m。工程沿线主要以住宅小区为主,喜泰路以西沿街店面丰富。

2. 横向相交道路

与黄石路横向相交的道路情况见表11-9。

相交道路汇总表　　　　　　　　表11-9

序号	路名	道路等级	红线宽度(m)	现状	备注
1	龙吴路	主干路	50	已建	
2	喜泰北路	支路	20	已建	
3	天钥桥南路	支路	24	已建,规划道路	

3. 道路沿线建筑

道路沿线建筑多为已建成小区。

4. 公共交通

(1) 轨道交通

轨道交通11号线北段二期,途径长宁、徐汇、浦东新区、南汇等四个行政区,线路长约20.67km,设站13座。其中地下站12座,高架站1座,最大站间距3.513km,最小站间距0.870km,具体走向为:华山路—恭城路—漕溪路—龙华路—龙华西路—云锦路—下穿黄浦江—华夏西路—下穿杨思港防汛墙—三林路—御桥路转至罗山路西侧绿化带中至罗山路站。

(2) 公交

从现场情况来看,暂无公交车通行。本工程附近区域现状:云锦路现有公交222路,未来滨江核心商务区西南侧规划公交枢纽一个,规划云锦路设港湾式公交车站。

二、主要技术指标

1. 主要技术标准

(1) 道路等级:城市支路。
(2) 设计速度:30km/h。
(3) 路面计算荷载:BZZ—100标准轴载。
(4) 净空高度:机动车道≥4.5m,自行车及人行道≥2.5m。
(5) 路面结构设计使用年限15年。
(6) 机动车道宽度:

路段上:本工程为双向两车道,1条机动车道最小宽度取3.5m。
交叉口:进口车道最小宽度3.25m,出口车道宽度3.5m。

(7) 非机动车车道宽度:1.0m。
(8) 路缘带宽度:0.25m。

2. 路线平面设计

(1) 平面设计标准

黄石路的道路等级为城市支路,道路线形按设计速度30km/h标准取用,具体线形标准见表11-10。

平面线形设计标准　　　　　　　　　　　表 11-10

设计行车速度(km/h)	30
不设超高圆曲线最小半径(m)	150
设超高圆曲线推荐半径(m)	85
设超高圆曲线最小半径(m)	40
平曲线最小长度(m)	50
圆曲线最小长度(m)	25
转角 α≤7°平曲线最小长度(αm)	350
缓和曲线最小长度(m)	25

(2) 平面线形

黄石路本次设计道路线位由于受两侧地块实际限制，设计中心线较规划中心线向北偏移 0.7m，如图 11-4 所示。

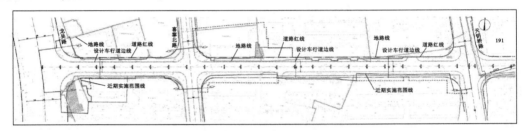

图 11-4　黄石路总平面图

3. 纵断面设计

(1) 纵断面设计原则

①以服从两侧地块规划高程为原则，在满足沿线各类控制因素及纵断面设计指标要求的前提下，尽可能与规划高程一致。

②注意与横向现状或设计道路高程的平顺衔接。

(2) 纵断面设计标准

黄石路的道路等级为城市支路，道路纵断面按计算行车速度 30km/h 标准取用，纵断面设计具体线形标准见表 11-11。

纵断面设计标准　　　　　　　　　　　表 11-11

设计行车速度(km/h)	30
机非同行最大纵坡(%)	3.5
纵坡坡段最小坡长(m)	85
凸形竖曲线极限最小半径(m)	250
凸形竖曲线一般最小半径(m)	400

续上表

凹形竖曲线极限最小半径(m)	250
凹形竖曲线一般最小半径(m)	400
竖曲线最小长度(m)	25

(3)纵断面设计

东西两端起终点根据现状龙吴路和天钥桥南路高程进行控制。

4.标准横断面设计

黄石路的道路等级为城市支路,红线宽度为24m,本工程结合周边现状、地块功能及用地现状,并结合建筑退界空间,设计了两种道路横断面方案如下。具体布设如图11-5、图11-6所示。

(1)方案一:

退界空间+3.5~7.0m人行道+12.0m车行道+3.5~7.0m人行道+退界空间

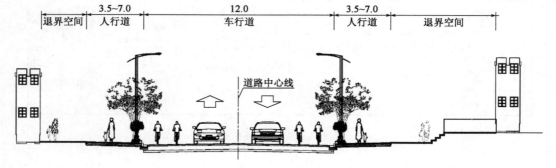

图11-5 黄石路断面图(方案一)

(2)方案二(现状断面):

0.5~5.0m人行道+14.0m车行道+0.5~5.0m人行道≤24m道路规划红线

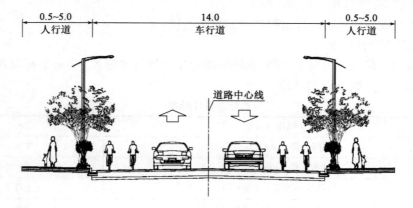

图11-6 黄石路断面图(方案二)

(3)方案比选(表11-12)。

方案比选表 表11-12

方　案	交 通 功 能	景 观 要 求	推 荐 方 案
方案一	车行道满足交通需求； 人行道宽阔,慢行舒适,能解决部分路段人行道过窄限制	满足区域景观要求,并可结合两侧退界,形成较好的活动区域	既满足交通功能要求又符合景观退界要求
方案二	车行道满足交通需求； 现状人行道受条件限制,不满足要求,空间感较差	景观效果差	

两个方案布置均为双向两机两非,交通功能基本一致。方案一设置较宽人行道,方案二采用较宽车行道,均采用机非混行方式。根据《上海市街道设计导则》,富有活力的街道应优先为行人创造安全的通行及停留空间。方案一设置较宽人行道,满足区域景观要求,并可结合两侧退界,形成较好的活动区域,因此推荐方案一为本次黄石路改造断面。

5. 交叉口设计

在城市交通中,交叉口是道路网的联结点,城市交通的咽喉,其设计对各方向道路的连通与畅通是非常重要的。在本工程中,须对交叉口的设计予以充分的重视。考虑到本工程的规划等级,为减少工程投资,交叉口均采用平面交叉,采用信号灯控制交叉口形式。

6. 公交停靠站设计

道路沿线的公交线路根据交通发展、客流需求等因素进行布置。本道路红线宽度只有24m,宜采用路抛式公交停靠站,公交站点宜设在交叉口出口道的下游,利用人行道作为公交站台。本工程公交站具体布设位置有待下阶段明确。

第十二章 面向未来的道路规划与几何设计新概念

本章主要从理论研究和技术应用多个方面介绍道路规划设计新方法、新概念、新技术。通过本章学习,学生将了解公路灵活性设计思想、可靠性设计方法、驾驶韵律机理和多视角融合的道路设计内容;掌握超高速公路曲线超高设计的具体内容;了解道路勘测新技术、道路计算机辅助设计的新方法。

第一节 驾驶韵律特征

一、概述

人们常说的"车感"一词就是指驾驶机动车的韵律。驾驶人会根据感知的视觉道路环境有意识或者无意识地寻求一种自己感觉安全和舒适的节奏,这种韵律体现了驾驶人的行车状态,可以称为驾驶韵律。驾驶韵律反映了驾驶人视觉信息感知和行为响应之间的关系,体现了视觉道路信息(行车环境视觉空间)与物理道路条件(道路设计物理空间)之间的异步作用。本章将基于自然驾驶实验数据对驾驶韵律进行深入研究,建立其数学表达和特征指标,分析其产生机理,探讨其与行车质量的关系。

二、驾驶韵律模型

1. 驾驶韵律的数学表达

驾驶韵律即行车的节奏与状态,体现了驾驶人的行为与其所处道路环境之间的相互作用。可以将驾驶韵律类比成音乐对其加以深入研究：在没有紧急情况的时候，每辆机动车可以设想为整体车流中一个和谐的音符，车流共同谱写出动人的乐章；如果出现紧急情况，比如有人突然紧急制动、危险变道等，整体的韵律就会被打破，容易带来行车风险。对驾驶人个体来说，美好旋律的中断，势必会引起驾驶行为变化，甚至情绪的波动，大家关注的"路怒族"也许就与驾驶韵律被打断有关。因此，借助音乐中的某些理念和形式，研究驾驶韵律的数学表达模型，分析它与行车安全性和舒适性的关系，通过它揭示出道路条件影响行车风险的机理，对道路设计起到改善提高作用，这样关于驾驶韵律的研究就显得很有意义。

事实上，目前国内外对驾驶韵律均开展了一些研究。比如，中交一公院刘建蓓等指出，运行车速的变化应该要处于合理的范围，速度梯度越大事故率越高，而速度的合理变化需要通过保证道路线形的一致性来实现，同时驾驶人生理和心理负荷过高会对行车安全产生隐患。同济大学马莹莹等研究了自由车速与车道宽度的关系，得出了交叉口以及路段车速随着车道宽度变化的趋势。美国心理学会 Recarte 和 Nunes 等人的研究表明，当行车环境过于简单、单调的情形下，驾驶人容易产生分心并不由自主地提高行车速度；南澳大利亚大学的 Baulk 等人研究指出，当驾驶任务复杂繁重时驾驶容易进入疲劳状态，同时会通过降低行车速度来增加处理任务的时间；Schmidt-Daffy 关于交通心理与行为的相关研究指出，许多关于驾驶行为机理研究的模型都表明，行车过程中产生的威胁感是引导驾驶人选择降低速度的一个重要原因，而道路条件以及行车环境的改变对威胁感的产生有极大影响。不过，纵观这些研究，基本上还只是一些相对独立或者单一的研究，主要关注的是某个影响因素和实际的道路条件等，并没有把感知的道路环境与驾驶行为以及行车风险等因素有机结合起来，更没有以此作为指标应用于道路设计的评价与优化。

因此，借助音乐中对于韵律节奏的表达形式，在行车速度的基础上对驾驶韵律的表达方式进行探讨是非常必要且有意义的。驾驶韵律是行车速度大小、变化、持续时间等的综合表征，即驾驶韵律不仅仅是对该时刻车速的描述，同时是整个行车过程中车速的变化过程、连续性的体现。根据音乐的有关理论，节奏是规律性的重复，其中强弱有规律地循环形成节拍，韵律是节奏的变化形式，同时也包含了力度的大小。驾驶韵律可以理解为驾驶人的行车节奏和规律性变化。构成音乐韵律的基本元素是音符，那么在驾驶韵律里面，某时刻的行车速度就可以看作单个的音符。同时音乐中有强弱变化、音高变化、节奏组合等来体现音乐的特征，因此需要以行车速度为基础进行驾驶韵律表达形式的设计，将行车过程进行单元划分并从中提取特征指标进行表征。驾驶韵律的具体表达形式中，车速与音符密切相关，各种特征音符的不同组合便形成了韵律，整个行车过程根据音符的变化划分为不同的特征单元。驾驶韵律表达方式很好地体现了车速变化的特征与规律性，也从一方面反映了行车节奏感的客观存在。

2. 驾驶韵律的特征指标

由于驾驶韵律的定义是根据音乐韵律的概念衍生出来的，因此对照音乐韵律的特征，基于行车速度可以将驾驶韵律的基本构成要素分解成特征参数。驾驶韵律中有三个重要的特征,即速度的大小、速度保持时间、速度的变化,这些特征可以对驾驶韵律进行很好地描述,将每一个时刻的行车速度视作音符,那么对应的特征可以用音乐韵律中的"音高大小""时值长度""音程变化"来表示。因此借助音乐韵律的理念,将驾驶韵律特征参数表示为"音高大小""时值长度""音程变化"。下面将具体介绍如何通过行车速度计算得到驾驶韵律的三个基本特征参数。

(1) 音高大小

音高大小指音乐中每个音的高度,这是由振动频率所决定的,频率越高音高越高,这对应了驾驶韵律中行车速度的大小,可以理解为行车速度越快驾驶韵律的音高越高。采用字母 H 作为驾驶韵律音高大小的表示,将行车速度根据其数值的大小划分为不同的音高,构成了三个音高区域,包括低音区 $\{1,2,3,4,5,6,7\}$、中音区 $\{1,2,3,4,5,6,7\}$ 和高音区 $\{1,2,3,4,5,6,7\}$。具体来说,低音区 $\{1,2,3,4,5,6,7\}$ 包含了行车速度小于或等于 55km/h 的范围,中音区 $\{1,2,3,4,5,6,7\}$ 为行车速度大于 55km/h 且小于或等于 90km/h 的范围,而高音区 $\{1,2,3,4,5,6,7\}$ 为行车速度高于 90km/h 的范围,借助音高的形式以及音符的简记完成对行车速度取值范围的全覆盖。

(2) 时值长度

时值长度在乐谱中表示各个音符的相对持续时间的长度,比如有的音符是 1/4 个全音符的时值长度,而有的音符只有 1/8 个全音符的时值长度等。在驾驶韵律中,时值长度用来表征各行车速度的保持时间,记为字母 T。具体来说,先将行车速度根据音高大小进行换算得到音符,然后根据每个音符保持的时间将行车过程(即道路长度)划分为各个特征单元,而各个单元的时间长度则为其时值长度。需要说明的是,由于人短时记忆的保持时间是有限的,大约为 18s,因此时值长度的最大值取 18s,如果一个音符(即某个音高)持续时间超过 18s,则会在 18s 后被划分到第二个特征单元。特征单元最短时间设置为 3s,这个时间选择符合驾驶人反应时间的要求,在道路几何设计中很多指标都和 3s 有关,因此若某单元长度小于 3s 则会被并入下一特征单元。

(3) 音程变化

音程变化是指两个音之间音高的差异大小,音程单位是度,相同的两个音高之间的音程变化为 1 度,这是音程变化的最低度数,相邻音高之间的音程变化为 2 度,以此类推。比如音高为 1(Do)和 4(Fa)之间的音程变化为 4 度。驾驶韵律中音程变化用来表示相邻特征单元之间的行车速度的变化大小,采用字母 C 表示。与音乐韵律不同的是,为了更加简单易懂地表达行车速度之间的差异,驾驶韵律中相同音高的音程变化定义为 0 度,相邻音高之间的音程变化为 1 度,即驾驶韵律中的音程变化值是从 0 开始计算的。

具体来说,音程变化的计算过程如下:首先根据行车速度计算音高,然后基于音高时值长度的变化将行车过程(即道路长度)划分为不同的特征单元,最后计算后一特征单元与前一特征单元之间音高的差异即为音程变化。

3. 典型驾驶韵律特征

驾驶韵律是基于视觉道路信息与物理道路条件之间的耦合作用产生的,反映了驾驶人感知视觉道路环境信息并与实际道路设计供给之间相互作用的动态过程,因此,驾驶韵律可以作为视觉道路环境设计好坏的表征。良好的驾驶韵律可以保证驾驶人的行车安全舒适性,在条件良好的路段提供高效驾驶,在条件限制的路段做到提前预警,帮助驾驶人平稳行驶;不良的驾驶韵律不仅会增大驾驶人的工作负荷,影响行车舒适,无法帮助驾驶人及时察觉潜在的危险,无法预留充足的时间进行驾驶行为的变换,甚至会导致驾驶人产生错误的视觉感知,与实际道路供给发生巨大偏差,进而采取错误的驾驶行为,威胁驾驶安全。良好驾驶韵律道路特征单元可以定义为保证道路几何设计的一致性(即85%的驾驶人行为符合要求),同时不产生危险驾驶行为(不超速、不超过最大加速度、不产生过大横向加速度等);反之则定义为不良驾驶韵律道路特征单元。

(1) 限速100km/h高速公路典型驾驶韵律

表12-1中展示了限速100km/h高速公路中最常出现的10种驾驶韵律特征参数组合情况以及出现频率。

限速100km/h高速公路典型驾驶韵律组合　　　　表12-1

排序	良好驾驶韵律				排序	良好驾驶韵律			
	音高	时值	音程	频率		音高	时值	音程	频率
1	$\dot{1}$	4	1	0.0460	1	$\dot{3}$	5	1	0.0380
2	7	3	1	0.0420	2	$\dot{3}$	3	-1	0.0353
3	$\dot{2}$	5	1	0.0353	2	$\dot{3}$	18	0	0.0353
4	7	6	1	0.0313	4	$\dot{3}$	3	1	0.0260
4	$\dot{1}$	3	1	0.0313	4	$\dot{3}$	5	-1	0.0260
4	$\dot{1}$	7	1	0.0313	4	$\dot{4}$	4	1	0.0260
7	$\dot{2}$	4	1	0.0280	4	$\dot{5}$	5	1	0.0260
7	$\dot{2}$	5	1	0.0280	8	$\dot{2}$	4	1	0.0227
7	$\dot{1}$	5	1	0.0280	8	$\dot{3}$	4	-1	0.0227
7	$\dot{1}$	6	1	0.0280	8	$\dot{3}$	4	1	0.0227

(2) 限速60km/h低等级公路典型驾驶韵律

表12-2中展示了限速60km/h低等级公路中最常出现的10种驾驶韵律特征参数组合情况以及出现频率。

限速 60km/h 高速公路典型驾驶韵律组合　　　　表 12-2

排序	良好驾驶韵律				排序	良好驾驶韵律			
	音高	时值	音程	频率		音高	时值	音程	频率
1	1	3	1	0.0507	1	7̇	6	1	0.0240
2	6̇	3	1	0.0360	2	6̇	9	1	0.0207
2	7̇	5	1	0.0360	2	3	3	1	0.0207
4	7̇	3	1	0.0327	2	4	5	1	0.0207
5	7̇	3	1	0.0287	5	5̇	7	1	0.0187
5	7̇	4	1	0.0287	5	7̇	9	1	0.0187
5	1	4	1	0.0287	5	3	4	1	0.0187
8	5̇	3	1	0.0213	5	3	5	1	0.0187
8	1	6	1	0.0213	5	3	6	1	0.0187
10	7̇	3	-1	0.0180	5	3	7	1	0.0187

三、驾驶韵律与几何设计质量

好的道路设计能够形成合理的驾驶韵律,保证驾驶人高速行驶时的安全舒适,同时也能够在危险状态时为驾驶人提供暗示预警,使驾驶人降低速度。体现了如下的视觉道路环境设计理念:"好的视觉道路环境应该为驾驶人高速驾驶时提供可靠必要的技术保障;在存在行车风险的地方,能够明确暗示或者抑制驾驶人高速行驶的愿望;在道路条件变化的地方能够圆润平顺,既有很高的安全性又不失必要的舒适性"。因此本节将行车质量分为安全性和舒适性两个方面,分别以高速公路行车安全性和低等级公路行车舒适性为例,研究驾驶韵律与行车质量的关系。

1. 驾驶韵律与行车安全性

驾驶韵律基于驾驶人感知道路环境信息并产生行为响应而形成,这个过程中包含了驾驶人对道路环境的理解,同时也显示了其行为判断与决策,因此道路环境设计的好坏可以直接体现在驾驶韵律中。事故多发点,也称事故黑点,顾名思义是指事故发生高度集中的道路单元,在事故多发点处驾驶人的行车安全存在着威胁,而这样的风险也会表现在其视觉感知与行为响应的特征中。事故多发点的事故发生并非偶然现象,这些事故之间存在着内在的联系,并受到视觉道路环境的影响从而反映在驾驶行为中。驾驶韵律特征指标在事故多发点与非事故多发点的差异性可以很好地描述驾驶人视觉感知与行为响应的特性与行车安全之间的关系,通过 Z-test 和 Kolmogorov-Smirnov(KS)test 分别检验驾驶韵律"音高大小""时值长度""音程变化"指标在事故多发点与非事故多发点的均值以及分布的差异性,见表 12-3。

驾驶韵律特征指标在事故多发点与非事故多发点的差异性   表12-3

道路单元	韵律特征指标		
	音高大小均值(COV)	时值长度均值(COV)	音程变化均值(COV)
AP	18.05 (12.6%)	8.69 (52.5%)	-0.22 (-569%)
AF	17.36⁵ (9.28%)	7.76 (53.9%)	0.26 (453%)
$\frac{AP-AF}{AF}$	3.97% (35.3%)	11.98% (-2.70%)	-184% (-226%)
AP与AF对比 (Z-test)	sig.** ($p<0.001$)	sig.** ($p=0.026$)	sig.** ($p<0.001$)
AP与AF对比 (KS test)	sig.** ($p=0.002$)	sig.** ($p=0.044$)	sig.** ($p=0.002$)

注:**表示在置信水平95%下具有显著性(即$p<0.05$);COV(coefficient of variation)表示变异系数;AP(accident-prone)表示事故多发点,AF(accident-free)表示非事故路段。

2. 驾驶韵律与行车舒适性

随着近年来对道路和汽车功能需求的不断提升,行车舒适性受到越来越多的关注。由于低等级公路的平纵横线形设计指标要求相对较低,同时存在着许多三维线形组合不协调、视距不足等情况,导致低等级公路上行车速度变化特征相比于高速公路更为复杂,在低等级公路上,行车舒适性有着重要的意义。由于实际与感知的道路环境存在差异,导致驾驶人在某些情况下不能获取正确的道路环境信息从而采取了不恰当的驾驶行为,进而影响了行车舒适性甚至导致交通事故的发生。驾驶韵律包含了行车过程中的大量信息,行车舒适性低的地方就像驾驶韵律中的"噪声",和音乐中的韵律类似,可以利用小波变换来提取音频信号中的噪声并实现降噪。采用多贝西小波(Daubechies)作为小波基本函数,对驾驶韵律进行5层的小波变换(d_5),各类别行车舒适性中小波d_5取值的概率密度分布如图12-1所示。

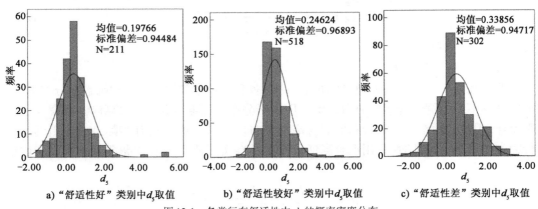

图12-1 各类行车舒适性中d_5的概率密度分布

第二节　运行速度概率分布特征

一、概述

运行速度是指车辆运行自由流状态且天气良好时,驾驶人在实际驾驶过程中依据公路线形、车辆动力性能、驾驶人自身特性等因素所采取的行驶速度。不同于设计速度这一固定值,运行速度往往是不断变化的。运行速度的波动性一方面表现在道路的不同位置上,另一方面表现为同一位置上不同驾驶人也会采取不同的运行速度。驾驶人的行为与年龄、性别、驾龄、驾驶风格等因素都有关系,其行为特征也因人而异。一般对驾驶人的行为采用统计学的方法进行描述,比如《公路项目安全性评价规范》(JTG B05—2015)中,以统计量85%的驾驶人都不超过的速度值作为运行车速。运行速度统计量能够大致反映出驾驶人总体在某点位或路段处的速度状态,但是无法对速度的总体分布情况进行细致的描述。研究发现,道路交通事故率并非简单随着平均速度的增加而增加,还与某一位置速度的方差存在关联,速度波动性越大,道路安全隐患越大。采用概率分布的形式对驾驶人行为进行描述,能更全面地反映驾驶人的行为特征。

二、高斯混合概率分布

行车速度概率分布有一定的规律性,可以通过大量实际观测,以最合适的概率分布进行描述和拟合。常见的分布包括二项分布、伯努利分布、威布尔分布、正态分布等。高斯分布是一种在自然界大量存在的、最为常见的分布形式,其特点是95%的数据分布在均值周围1.95个标准差范围之间,99%的数据分布在均值周围2.58个标准差范围之间。高斯分布密度函数公式如下:

$$f(x \mid \mu, \sigma^2) = \frac{1}{\sqrt{2\sigma^2\pi}} e^{-\frac{(x-\mu)^2}{2\sigma^2}} \tag{12-1}$$

式中:μ——分布均值;

σ——分布标准差。

混合高斯模型是对高斯模型的扩展,使用多个高斯分布的组合来刻画数据分布形态,可以描述不同数据组合下的分布。例如用高斯分布描述某年级学生的身高,考虑学生性别差异,用包含两个子高斯分布的混合高斯分布模型来表达更具有实际意义。当驾驶人行为表现出不同特征时,采用混合高斯分布更具有实际意义。混合高斯分布密度函数公式如下:

$$p(x) = \sum_{i=1}^{K} \phi_i \frac{1}{\sqrt{2\sigma_i^2\pi}} e^{-\frac{(x-\mu_i)^2}{2\sigma_i^2}} \tag{12-2}$$

式中： K —— 高斯概率密度函数的个数；

μ_i、σ_i、ϕ_i —— 第 i 个高斯密度函数的均值、标准差、权重。

理论上来说，当 K 无限增加时，混合高斯模型可以完美地表达任何一种统计分布的情况。在概率密度函数形态中，K 的数目即为密度函数的峰数。

研究表明，低等级公路行车速度分布主要表现为单峰高斯分布或双峰高斯分布，统计不同行车环境下运行速度分布参数见表12-4，行车速度混合高斯分布如图12-2所示。当单个高斯分布权重小于0.95时，整体运行速度分布可以用单峰高斯分布较好地描述。总体而言，"平直路段"和"路面平整"环境下运行速度符合单峰高斯分布，驾驶行为较为统一；而"弯道路段"和"经过村镇"等环境下，运行速度表现出明显的双峰混合高斯分布，运行车速离散性大，驾驶状态不稳定。

不同行车环境下运行速度高斯分布参数　　　　表12-4

行车环境	权重		均值		方差	
	ϕ_1	ϕ_2	μ_1	μ_2	σ_1	σ_2
平直路段	0.977 8	0.022 2	67.644 4	91.000 0	15.774 9	0.000 0
弯道路段	0.829 9	0.170 1	71.732 8	42.729 3	8.389 2	7.510 4
经过村镇	0.436 3	0.563 7	78.645 3	50.185 0	5.764 8	16.647 4
有标志线	0.880 9	0.119 1	66.946 8	36.014 5	11.142 8	4.247 6
无标志线	0.301 3	0.698 7	51.921 9	75.266 1	15.132 6	9.252 8
路面平整	0.024 9	0.975 1	90.512 5	69.111 5	0.585 8	14.491 7
路面破损	0.745 1	0.254 9	75.105 0	53.683 1	9.003 7	16.378 2

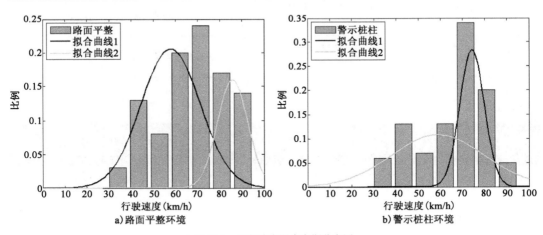

图12-2　运行速度混合高斯分布图

三、考虑运行速度分布的行车环境协调性

低等级公路行车环境组成比较复杂，总体上会导致驾驶人行车速度分布不一致，离

散较大,而且不同行车环境对驾驶人行车速度分布的影响并不相同,尤其是不同的组合会产生不同效果的影响,因此就有一个协调问题。所谓行车环境协调性好,本质上就是参与其中的驾驶人行车速度总体容易保持稳定,整个低等级公路系统处于一种相对稳定的行车状态,显然此时安全性比较高,发生事故的概率降低,表现在行车速度分布上就是一个比较明确的单峰正态分布。如果行车环境协调性差,表明构成行车环境的各因素对驾驶人行车速度影响不一致,或者说驾驶人在这种低等级公路系统中行车状态不稳定,此时行车速度的离散性比较大,整体安全风险提高,发生事故的概率会大大增加,表现在行车速度分布上就会比较凌乱,可能会形成双峰或多峰正态分布,甚至毫无规律可言。

根据对各个环境条件下行车速度分布特征的分析,可以将分布情况分为三类:

(1)存在一个较为明显的分布;

(2)存在一个较为平缓的低速分布和一个较为集中的高速分布特征,体现了两种不同的驾驶状态,但行车速度从总体上看保持稳定;

(3)行车速度分布表现不稳定,行车环境相互之间存在不协调。

如表 12-5 所示,总结出三种不同的行车速度分布形态特征,可作为分析低等级公路行车环境协调性的参考依据。

运行速度分布特征分级　　　　　　　　　　　　　　　　表 12-5

协调性	权重差绝对值	主峰分布均值
好	大于 0.90,为单峰分布	主峰分布均值约等于整体分布均值
较好	在 0.39~0.90 之间,两分布形态稳定,其中一个分布占主导地位	主峰分布均值接近整体分布均值
差	小于 0.39,两分布形态不稳定,不出现单峰占主导地位的情形	主峰分布均值无规律

第三节　道路规划设计中的可靠性评价方法

一、概述

可靠性方法是一种基于概率的不确定性设计和评价方法,常见于结构工程、机械工程、电子电器等行业。可靠度引入交通系统中,被赋予了不同的含义。在实际的道路条件中,由于驾驶人会产生不确定性的驾驶行为,设计速度并不代表真实的运行速度,驾驶人会根据道路条件的实际情况,结合自身的驾驶风格选择其驾驶行为;其次,在实际应用场景中,除速度以外,其余的如驾驶人反应时间、路面附着系数等要素也都不是定值;同时,可靠度计算中所牵涉的道路条件变量如超高、平曲线半径等要素也随道路条件的变化而产生变化,导致了道路条件可靠性即使在同一路段也不一定完全相同。道路可靠性评价主要集中于宏观层面与微观层面,宏观层面从公路路网层面计算可靠度,包括行程时间可靠度和安全可靠度,其中安全可靠度的描述指标多采用基于时间间隔的事故率;微观层面的可靠度主要指道路设计各线形指标的安全程度。

结构工程中,当结构失效时,则被视为已达到极限状态。结构的极限状态包含两种形式:一是最大承载能力极限状态,即结构系统失效或不能符合设计规定;一是正常使用极限状态,则指系统功能受损,无法满足正常使用。道路设计中,系统失效的表现形式主要理解为道路线形连续性和协调性差,行车安全性不佳,交通事故高发。道路安全性的量化,一般具体为衡量诱发交通事故或体现线形连续协调的道路设计指标的供给值与满足驾驶人安全行车需求值的相对大小。表征道路设计的供给值与需求值关系的功能函数为:

$$Z = g(X_1, X_2, \cdots, X_n) = S - D \tag{12-3}$$

式中:X_i——影响道路设计的随机变量;
　　　S——完成设计后道路能提供的供给值;
　　　D——驾驶人实际行车的需求值。

需求值与供给值的大小关系可以表征结构的设计可靠状态。结构工程中认为,极限状态、设计可靠与设计失效的界定如图12-3所示。

(1)当 $Z>0$ 时,供给值能够满足需求值,此时系统处于可靠状态,即结构为安全可靠的;

(2)当 $Z=0$ 时,供给值恰好能满足需求值,此时系统处于极限状态,即结构刚好达到安全需求,是供需平衡状态;

(3)当 $Z<0$ 时,供给值无法达到需求值,此时系统处于失效状态,即结构难以保障安全性,设计失效。

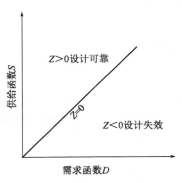

图12-3　结构工程可靠状态示意图

道路设计不同于结构工程,在道路上行车是"人—车—路"不断协调适应的过程,道路设计值与驾驶人安全行车的需求值或期望值之间不能简单要求满足 $Z>0$,就认为道路设计是安全可靠的。道路设计安全可靠的本质要求是驾驶人期望与道路设计实际供给相吻合,并不是供给值超出期望值就是最佳的,而应合理控制需求与供给差值,在做到宽容性设计的同时应避免过度设计。过大的设计值反而会给驾驶人带来错觉,易出现不良的冒险激进型驾驶行为。以运行速度为例,实际道路设计线形和安全设施组合后的运行速度应与设计速度(或限速)相差不大,若线形设计指标选用值过大,一是会导致驾驶人期望速度过高,从而采取较大的运行速度,出现超速行驶,安全性反而会降低;二是浪费用于道路建设的土地资源,违背了"绿色、节约"的设计理念。道路设计中的设计

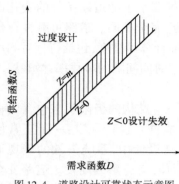

图 12-4 道路设计可靠状态示意图

可靠状态应理解为 $Z \in [0, m]$ 的合理区间,即道路设计值处于合理范围内,如图 12-4 所示。

结合上述道路设计可靠状态的含义,可将公路总体安全可靠度定义为:公路在线形指标与安全设施综合作用下能够满足驾驶人行车过程中依期望保持车辆连续协调运行的概率。另外,道路的设计失效并不代表道路一定会发生事故,驾驶人依然能够能动性地控制车辆运行,避免严重的安全事故。道路设计失效主要表现为设计值或实际值超过临界值进入设计失效状态后,道路的安全系数明显降低,道路设计与驾驶人期望偏差较大,由于线形不连续导致车辆无法安全平稳运行,致使事故发生率呈现快速增长。

二、可靠性分析方法

1. 可靠度指标

可靠度是对车辆在道路线形和安全设施综合影响下运行协调性和安全性的一种度量。在可靠性理论中,表征可靠度的指标主要有两个:可靠指标 β 和失效概率 P_f,二者存在一一对应的关系。计算可靠度指标需要构建极限状态方程,当 $Z<0$ 时产品失效,失效概率为:

$$P_f = P(Z<0) = \int_{-\infty}^{0} f(Z) \mathrm{d}Z = \iint_{S<D} f_s(S) f_d(D) \mathrm{d}s \mathrm{d}d \tag{12-4}$$

式中:f_s——结构抗力供给的概率密度函数;
f_d——荷载需求水平的概率密度函数。

则产品可靠度为:

$$R = 1 - P_f \tag{12-5}$$

特殊情况下,当 S 和 D 都服从正态分布时,功能函数也符合正态分布,则失效概率可以表示为:

$$P_f = \int_{-\infty}^{0} \frac{1}{\sqrt{2\pi}\,\sigma_z} e^{\left[-\frac{(Z-\mu_z)^2}{2\sigma_z^2}\right]} \mathrm{d}Z \tag{12-6}$$

对其进行标准正态变换,令 $\mu = \dfrac{Z-\mu_Z}{\sigma_Z}$,则:

$$P_f = \frac{1}{\sqrt{2\pi}} \int_{-\infty}^{\frac{\mu_z}{\sigma_z}} \exp\left(-\frac{\mu^2}{2}\right) \mathrm{d}\mu = \phi\left(-\frac{\mu_z}{\sigma_z}\right) \tag{12-7}$$

式中:ϕ——标准正态分布概率密度函数。

令 $\beta = \dfrac{\mu_Z}{\sigma_Z} = \dfrac{\mu_S - \mu_D}{\sqrt{\sigma_S^2 + \sigma_D^2}}$,则:

$$P_f = \phi(-\beta) \tag{12-8}$$

β 称为可靠指标。由于可靠指标统一了变量分布中的均值和标准差,且表达式较为简单,在实际应用中,有时采用可靠指标代替失效概率作为衡量系统可靠度的标准。然而,可靠指标是在功能函数服从正态分布的条件下定义的,当功能函数不服从正态分布时,需根据实际情况计算可靠指标的表达式。

2. 可靠性计算方法

由于影响道路工程可靠性的因素非常复杂,驾驶需求水平 D 和道路实际供给 S 都受到多个自变量的影响,而这些自变量的分布在实践中往往难以全部获得,对于大部分的参数都只能了解其均值和方差或变量之间的对应关系。同时,由于功能函数的形式多种多样,采用直接积分的方法对失效概率进行求解的难度可能会比较大。在应用中,常用一些近似的数值解析或模拟的方法对可靠度进行求解,常见计算方法见表12-6。

失效概率计算方法　　　　表12-6

划分标准	一 类	二 类	
显式函数	基本方法	解析法	一次二阶矩法
			二次二阶矩法
		模拟法	蒙特卡洛法
隐式函数	响应面法	多项式响应面法	
		神经网络响应面法	
		支持向量回归响应面法	
		改进响应面法	

根据功能函数是否可以显式表达可以划分为基本计算方法和响应面法两大类。基本计算方法中又包括解析法和模拟法,解析法主要指一次二阶矩法、二次二阶矩法,模拟法则主要指蒙特卡洛法。一次二阶矩法可以求解线性函数关系的精确解,但是对于非线性的极限状态临界面的计算精度不如二次二阶矩法;二次二阶矩法则主要应用于变量服从正态分布时的函数关系。

3. 可靠度模型

想要分析一个系统的可靠性特征,就必须了解系统和它所有子系统之间的关系,可靠度模型就是一种显示对象系统与其子系统之间关系的逻辑模型,通过该模型能够建立系统与底层单元之间的关系函数。可靠性框图(Reliability Block Diagrams,RBD)是一种具有代表性的图形和计算工具,利用互相连接的方框来显示系统的失效逻辑,分析系统中每一个成分失效概率对系统的影响,以帮助评估系统的整体可靠性,其结构定义了系统中各单元的逻辑交互作用,用于为系统可靠性建模。其中,每个方框代表系统中的一个元件,每个元件只有两种状态:工作或失效。系统失效与否取决于元件之间的逻辑关系。可靠度模型包括串联模型、并联模型、表决模型、非工作储备模型、桥联模型以及基于上述基础模型的混合模型等,如图12-5所示。

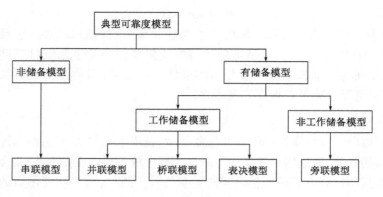

图 12-5 可靠度模型

串联模型中,只有所有单元都正常工作,系统才能正常工作;只要有一个单元失效,系统即失效。串联模型可靠度计算公式见式(12-9)。

$$R = \prod_{i=1}^{n} R_i \tag{12-9}$$

式中:R——系统可靠度;
R_i——每个单元的可靠度。

与非储备模型相比,若单元数相同且每个单元可靠度均相同,则有储备模型的可靠度必然大于非储备模型的可靠度。例如,并联模型中,只有所有单元都失效,系统才会失效;只要有一个单元正常工作,系统即可正常工作。并联模型可靠度计算公式见式(12-10)。

$$R = \prod_{i=1}^{n}(1 - R_i) \tag{12-10}$$

式中:R——系统可靠度;
R_i——每个单元的可靠度。

由于实际问题较为复杂,所以实际应用中的系统往往根据实际问题情况或工程需求,对模型进行组合或嵌套而形成混合模型。

三、道路条件可靠性

道路条件是一个复杂的系统,组成道路条件的各个要素都以不同的形式影响驾驶安全性,且各要素之间相互联系、相互配合。道路条件系统可靠度各个单元所包含的变量可以根据其特征分为三类见表 12-7:

(1)随道路条件变化而产生变化的随机变量,变量服从确定道路条件下的某种分布;
(2)不随道路条件变化而产生变化的随机变量,变量服从确定道路条件下的某种分布;
(3)随道路条件变化而产生变化的确定变量,变量为确定道路条件下的某个定值。

道路条件系统可靠度变量分类 表 12-7

类别	定 义	道路条件系统可靠度变量
第一类	随道路条件变化而产生变化的随机变量	速度 v_0, v_1, v_{in}, v_{out}
第二类	不随道路条件变化而产生变化的随机变量	驾驶人反应时间 t, 路面摩擦系数 f
第三类	随道路条件变化而产生变化的确定变量	超高 i, 平曲线半径 R, 道路三维视距 ASD, 设计速度 $v_{设}$

1. 车辆稳定的可靠性

道路条件包括道路线形、路侧设施、景观绿化、桥梁隧道等很多要素,但直接限制驾驶行为极限状态的仍然是道路线形条件,其设计也是基于车辆动力学原理而进行的。从力学角度出发,在道路线形设计中失效形式一般无法为道路提供足够的附着力,导致车辆失去操作稳定性。而车辆失去操纵稳定性的极限状态一般表现为失去横向稳定性,有横向滑移失稳和侧翻倾覆两种情况。横向滑移失稳指汽车沿其行驶方向的垂向在道路横断面上产生驾驶人操纵行为以外的位移,使行驶轨迹偏离驾驶人驾驶意图的一种侧翻运动;侧翻倾覆指车辆在行驶过程中沿其纵轴线转动 90°或更大的角度,导致车身与地面相接触的一种侧翻运动;其产生原因往往是由于汽车在有单向横坡的平曲线上行驶时,由于汽车的侧向加速度超过一定限值,使得汽车内侧车轮的垂直反力为零而引起侧翻。由于现代汽车的设计多为宽轮距低重心的设计,横向滑移往往先于侧翻倾覆发生,故只要限制车辆不出现横向滑移,则横向倾覆现象就不会出现。道路线形设计中的最小平曲线半径和超高设置要求,都是为了防止出现力学上的滑移。

车辆稳定性在其横向力大于零时被破坏,即当 $F_x > 0$ 时,车辆产生横向滑移失效。所以车辆稳定的可靠性可定义为:车辆运动所需的横向力不超过道路所能提供的最大横向力。横向力平衡被破坏时受力状态可表示为式(12-11)。

$$F_x = \frac{G v^2}{Rg} \tag{12-11}$$

极限状态方程为:

$$f(v,f) = \frac{G v^2}{g} \pm i - f = 0 \tag{12-12}$$

失效概率为:

$$P_f = P[f(v,f) > 0] \tag{12-13}$$

对于一段确定的平曲线而言,其横坡坡度 i、平曲线半径 R 都为定值,车辆速度 v 和横向摩擦系数 f 都为服从某种分布的变量。横向摩擦系数往往不随道路线形和设施条件的变化而发生变化。但根据前述分析,车辆速度 v 受到道路条件的影响,其分布各不相同,这就导致了道路条件的可靠度处处不同。

2. 速度协调的可靠性

从驾驶过程的连续性角度出发,良好的线形设计应该能够保障驾驶行为在纵向上的连续性,其评价方式一般采用运行速度协调性的方法进行。尤其对于设计速度 80km/h

及以下的公路,由于线形指标较低,可能会导致运行速度在连续断面上的协调性较差,宜根据《公路项目安全性评价规范》(JTG B05—2015)对运行速度协调性进行评价。

运行速度协调性评价,包括相邻路段运行速度协调性评价和同一路段运行速度与设计速度协调性评价。所以,速度协调性的可靠性可定义为:相邻路段运行速度协调性或同一路段运行速度与设计速度协调性满足需求。

(1)相邻路段运行速度协调性

相邻路段运行速度协调性评价体系见表12-8。

公路速度协调性评价方法 表12-8

相邻路段运行速度协调性	评价标准	对策与建议
好	相邻路段速度差小于10km/h;运行速度梯度绝对值小于或等于10km/h·100m	
较好	相邻路段速度差大于或等于10km/h且小于20km/h;运行速度梯度绝对值小于或等于10km/h·100m	相邻路段为减速时,宜对相邻路段平纵面设计进行优化,或采取安全改善措施
不良	相邻路段速度差大于或等于20km/h;运行速度梯度绝对值大于10km/h·100m	相邻路段为减速时,应调整相邻路段平纵面设计;当调整困难时,应采取安全改善措施

注:本表引自《公路项目安全性评价规范》(JTG B05—2015)。

采用道路几何特征作为相邻路段分析单元的划分依据,结合山区高速公路具体道路条件,当道路平面或纵断面几何条件中有任意一项产生变化时,即在变化点划分路段评价单元,将公路划分为平直路段、平曲线路段、纵坡路段、弯坡组合路段、隧道路段、桥梁路段等单元,具体见表12-9。当路线中出现桥梁或隧道时,也将其划分为独立的评价单元。

路段评价单元划分标准 表12-9

纵断面	平面	
	圆曲线半径>600m	圆曲线半径≤600m
坡度<3%	平直路段	平曲线路段
坡度≥3%	纵坡路段	弯坡组合路段

注:本表引自《公路项目安全性评价规范》(JTG B05—2015)。

则相邻路段速度差的功能函数为:

$$\Delta v = v_{in} - v_{out} \tag{12-14}$$

失效概率为:

$$P_f = P(\Delta v = v_{in} - v_{out}) \geqslant 20 \tag{12-15}$$

式中:v_{in}——当前道路单元所在路段入口处速度;

v_{out}——当前道路单元所在路段出口处速度。

(2)运行速度梯度协调性

运行速度梯度指一定长度(一般取100m)路段的速度变化值,体现了驾驶行为在一定长度区间内的变化敏感程度,是对相邻路段运行速度协调性评价指标的补充。考虑运行速度梯度指标后,运行速度评价方法更加贴近实际情况,有助于找出对交通安全不利的路段。根据规范,当相邻路段运行速度梯度为加速时,一般认为对安全的影响不大;而相邻路段运行速度梯度为减速且短距离内减速幅度过大时,一般认为影响驾驶安全,需要进行分析。运行速度梯度计算公式见式(12-16)。

$$|\Delta I_v| = \frac{|\Delta v|}{L} \times 100 \qquad (12\text{-}16)$$

式中:$|\Delta I_v|$——运行速度梯度绝对值,km/(h·m);

$|\Delta v|$——分析单元起点、终点运行速度差值的绝对值,km/h;

L——分析单元路段长度,m。

速度预测模型中道路单元长度选为100m,则关于速度梯度的功能函数为:

$$\Delta I_v = v_0 - v_1 \qquad (12\text{-}17)$$

极限状态方程为:

$$P_f = P(\Delta I_v = v_0 - v_1) \geq 10 \qquad (12\text{-}18)$$

式中:v_1——当前道路单元速度;

v_0——100m 之前的道路单元速度。

(3)运行速度与设计速度协调性

运行速度与设计速度协调性评价中,采用同一路段运行速度与设计速度的差值进行评价。当差值大于20km/h 时,认为运行速度与设计速度协调性不良。

则关于运行速度与设计速度协调性的功能函数为:

$$\Delta v_{设} = |v_1 - v_{设}| \qquad (12\text{-}19)$$

失效概率为:

$$P_f = P(\Delta v_{设} = |v_1 - v_{设}|) \geq 20 \qquad (12\text{-}20)$$

综上所述,对任一道路单元,其速度协调性包括了三个方面,即相邻路段速度协调性、运行速度梯度协调性、运行速度与设计速度协调性。牵涉到四个变量,即当前道路单元速度、100m 之前的道路单元速度、当前道路单元所在路段入口处速度、当前道路单元所在路段出口处速度。考虑到运行速度梯度协调性是相邻路段速度协调性的补充,故采用冷储备模型对这两方面的可靠度进行组合。而运行速度与设计速度协调性和相邻路段速度协调性为需要同时满足的可靠性需求,采用串联模型对这两方面可靠度进行组合。

3. 视距保障可靠性

从视距保障角度出发,为保证行车安全,驾驶人应能随时看到汽车前方的一段距离,一旦发现前方路面上有障碍物,能够及时采取措施,这一必须的距离称为停车视距。在山区高速公路的线形设计中,由于空间几何位置关系限制,在道路平曲线、竖曲线、平纵组合等位置都有可能出现视距不足的情况,同时,路侧的边坡和树木绿化等条件也会影响视距的供给,对实际道路的视距进行检查是十分必要的。

视距分为驾驶人需求的视距和道路所能提供的视距。

(1) 驾驶人需求的视距定义为:驾驶人在车辆行驶过程中,从发现前方障碍物起至驾驶人通过制动使车辆完全停止这段过程的最短行车距离,见式(12-21)。

$$\text{SSD} = \frac{vt}{3.6} + \frac{v^2}{254f} \tag{12-21}$$

式中:SSD——停车视距;
v——车辆行驶速度;
t——驾驶人反应时间;
f——路面摩擦系数。

(2) 道路提供的视距定义为:在车辆正常行驶中,驾驶人从正常驾驶位置能连续看到公路前方行车道范围内路面上一定高度障碍物,或者看到道路前方道路附属设施、道路标线等的最远距离。

为了保障交通安全,应使道路能提供的视距始终大于驾驶人需求的视距。视距失效可定义为:道路能提供的视距小于驾驶人需求的视距。于是,可以得出道路上任意一点处的视距可靠度功能函数:

$$f(v,t,f) = \text{ASD} - \text{SSD} = \text{ASD} - \left(\frac{vt}{3.6} + \frac{v^2}{254f}\right) \tag{12-22}$$

其中,速度、路面附着系数、驾驶人反应时间等都为变量,所以驾驶人需求的视距是一个变量而不是一个定值。

则极限状态方程为:

$$P_f = P[f(v,t,f) > 0] \tag{12-23}$$

4. 道路条件系统安全可靠性

道路条件各子系统的可靠度需求各不相同,其参加可靠度计算的参数也互有重叠,各要素之间并不完全独立。速度作为主要变量,参与所有道路条件需求下的可靠度评价与计算。一般来说,车辆稳定性可靠度是一种较为客观但要求水平也较低的定义,计算出的道路条件系统安全可靠性数值较高。在各类事故统计资料中,由于道路设计本身出现问题而直接导致的事故仅占很小一部分,相当一部分事故是由于驾驶人因素而导致的。驾驶人在驾驶过程中,其驾驶行为是基于对道路条件和周边环境信息的综合感知和理解而产生的,通常与速度协调性、驾驶视距等因素有关。当驾驶人所采取的驾驶行为与道路条件的供给不匹配时,虽然不一定产生事故,但是会使产生事故的风险大大增加。道路条件各子系统的可靠性需同时得到满足,因而适用于串联模型,即任一方面出现可靠度不满足需求的情况都可以认为系统失效,这才能较好地满足道路交通安全的需求。

目前我国现行的道路路线设计规范中,采用了确定性的设计方法,给出了极限条件下的数据值,但是其约束与可靠度方法中的约束是相同的,其计算方式与可靠度方法中的计算方式也是一致的,只不过现行规范中采用确定值对极限情况下的需求进行计算,而可靠度方法采用不确定变量对极限情况下的需求进行计算。当确定性方法中的确定性变量值按照工程需求等效处理为服从某种分布的随机变量后,按照现行规范中的约束计算方法也可以计算出对应的可靠度值,即规范中隐含的目标可靠度。

第四节　多视角融合的道路几何设计方法

一、概述

道路几何设计要求设计者在已有的地形地物条件下,确定出一条可供车辆以及其他道路使用者行驶的空间三维连续曲面。在二十世纪,道路路线设计研究更多地考虑设计方法、设计效率、以及道路自身的要求,如以计算机辅助道路设计等为代表的实用设计方法,体现了当时高等级公路建设"量"的要求;而进入21世纪之后,随着"以人为本""安全、舒适、环保、生态"等设计新理念的逐步深化,道路路线设计更多地考虑"人—车—路—环境"的相互影响,要求在设计阶段即考虑安全、舒适、效率等运营效果,并反馈修正、优化路线设计,体现了对道路路线设计"质"的追求。

20世纪初,工程人员根据投影原理将道路分解为平面、纵断面和横断面,采用手工绘图方式进行设计。经过大量的工程实践和应用,最终形成了以直线段、缓和曲线段和圆曲线段为平面线形基本单元,以直坡段和竖曲线为纵断面线形基本单元的平、纵分离式线形设计方法,这些基本线形单元都有简洁的数学表达式,使原本难以用几何描述和调控的三维空间曲线变得易于理解和操作。随着电子计算机开始应用于公路设计中,设计工作逐渐由完成单一的设计计算拓展到公路线形设计、优化、绘图、三维可视化显示等全过程集成发展,形成了诸多成熟的公路线形设计软件。然而传统的设计思路并未随着技术的进步而变化,仍然按照线形的平、纵、横三方面单独进行处理,不涉及三维问题,其三维透视图及动画功能只是将平、纵、横三方面结合显示,成果不能继续用于其他设计计算。公路几何本质是三维连续的,传统设计思想则将这一连续的道路中心线分解成平面、纵断面考虑,进一步把各断面的曲线简化成离散的要素来设计,最终将各个要素组合形成三维空间设计方案,设计方法简单易操作,但是线形组合存在多种安全隐患。

在实际工程中,平、纵分离设计方法并不能完全表达真实的三维道路,设计者很难对组合线形的质量进行控制。为了避免设计上的不足,研究者们不断探究新的数学模型描述道路中心线,从三维空间角度分析道路路线几何设计是新的研究热点。有研究者利用有理三次样条曲线描述公路线形,通过样条曲线参数值的变化,可准确表达线形中的直线段、圆弧段、缓和曲线段;有人建立公路线形的三维空间曲率、挠率的定量计算模型,以曲线几何连续性作为评价指标,对公路线形的三维空间连续性特征进行定量分析;有人从线形本身的几何特性、计算需求和信息传递三个方面采用五次PH曲线进行公路三维几何线形设计和构造,所设计的三维 PH 曲线是一条曲率连续且能保证行车安全的可行驶路径,实现了三维道路中心线统一的数学表达形式;有人提出了一种分段多项式的方法来表示一个三维公路线形,避免平曲线定位工作和平纵组合问题,利用遗传算法对三维路线的几何要素进行优化,通过实际案例证明该方法的可行性。

传统平纵分离路线设计方法与新的三维空间整体设计方法各有优势也各有缺陷。平纵分离的方法简单直接,但是对三维状态的控制能力弱;而采用空间三维概念,理论上是可行的,对三维组合不恰当方面有较好效果,但实际操作起来比较困难,很难对平纵指标进行清晰的控制。因此理想的方法是能够把这两种思路融合起来,既能与传统设计模式保持一致,同时又能够实现对三维状态的控制,实现平纵横组合设计,这便是多视觉融合的设计思路,和平面、纵断面设计一样,在平纵组合状态下同样有参数值和控制指标,这是一种 2.5 维的设计技术。

二、多视角下的道路路线几何特性参数

1. 三维线形特征参数

根据微分几何,三维空间曲线采用 Frenet 标架、空间曲率(简称曲率)和挠率可以唯一确定一条空间曲线的走向和形态。Frenet 标架正交系统由空间上任意一点的单位切线(T)、单位主法线(N)和单位副法线(B)构成。车辆在三维线形上移动,每一点有唯一的坐标和 Frenet 标架,标架的 T 代表车辆速度方向,N 代表车辆转弯方向,B 代表车辆上下坡方向,空间曲线 Frenet 标架、曲率和挠率如图 12-6 所示。

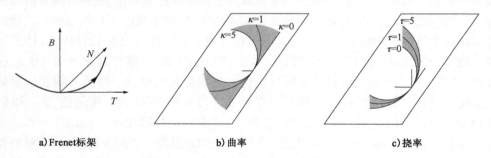

a) Frenet 标架　　　　b) 曲率　　　　c) 挠率

图 12-6　Frenet 标架、曲率、挠率示意图

曲率的定义:

$$\kappa = \lim_{\Delta s \to 0} \left| \frac{\Delta \theta}{\Delta s} \right| = \frac{\mathrm{d}T}{\mathrm{d}s} \tag{12-24}$$

挠率的定义:

$$\tau = \frac{\mathrm{d}B}{\mathrm{d}s} \tag{12-25}$$

曲率度量切线沿三维曲线变化快慢,从几何形态上看,即曲线弯曲程度。曲率为零代

表为直线,曲率值越大的曲线弯曲越厉害,曲率无穷大则代表尖角。汽车行驶的真实轨迹是曲率连续的轨迹,曲率连续又称 G^2 连续,即某点左右相邻位置不发生曲率突变。平面线形设计中的缓和曲线正是满足平面曲率连续这一需求而设定的,然而现有研究发现,传统设计虽然能分别保证平面线形和纵断面线形的曲率连续,但平纵组合设计的空间曲线依然存在大量曲率不连续的情况。空间曲率变化与事故率存在指数相关关系。因而,空间曲率图被用来作为评估传统设计线形连续性的有效工具。不同于平曲线曲率存在正负之分,空间曲线有无限个弯曲方向,因此空间曲率采用正值,曲率方向为主法线向量变化方向。

挠率度量副法线矢量沿曲线变化快慢,反映曲线偏离切平面的趋势,是空间弯曲度的另一个描述量。挠率为零代表二维曲线,挠率有正负之分,挠率绝对值越大,曲线偏离切平面越远,曲线弯曲度越大。挠率连续为 G^3 连续,即某点左右相邻位置曲率变化率相等。理想的道路线形应达到挠率连续,以保障车辆行驶轨迹的平顺,然而越高阶的连续性,对设计、施工的要求越高。在实际行车环境中,由于车道有一定宽度,往往通过驾驶人适当调节行车位置,避免线形变化、视觉干扰等,保证车辆行驶轨迹的连续性。

研究表明,挠率突变与事故率也存在显著关联,但相比而言,曲率连续性对行车安全的影响起主导作用,因此三维空间线形应保证曲率连续性,并尽量控制挠率变化。平纵组合线形的空间曲率和挠率见表 12-10。

平纵组合线形的空间曲率和挠率　　　　表 12-10

纵断面	平面		
	直 线 段	缓和曲线段	圆曲线段
直坡段	$\kappa = 0$	$\kappa = \dfrac{k_p}{1+i^2}$	$\kappa = \dfrac{k_p}{1+i^2} = \text{const}$
	$\tau = 0$	$\tau = \kappa \cdot i$	$\tau = \kappa \cdot i = \text{const}$
竖曲线	$\kappa = \dfrac{\sqrt{(i')^2}}{(1+i^2)^{3/2}}$	$\kappa = \dfrac{\sqrt{(i')^2 + (1+i^2) \cdot k_p^2}}{(1+i^2)^{3/2}}$	$\kappa = \dfrac{\sqrt{(i')^2 + (1+i^2) \cdot k_p^2}}{(1+i^2)^{3/2}}$
	$\tau = 0$	$\tau = \dfrac{k_p^3 \cdot i - k_p' \cdot i'}{(i')^2 + (1+i^2) \cdot k_p^2}$	$\tau = \dfrac{k_p^3 \cdot i}{(i')^2 + (1+i^2) \cdot k_p^2}$

注:k_p 为平曲线曲率;k_p' 为平曲线曲率变化率;i 为纵坡大小;i' 为纵坡变化率。

2. 驾驶人视角线形特征参数

驾驶人视角的线形是透视的几何形态,物体距驾驶人越远形状越小,车道宽度由近及远逐渐变窄,左右车道线在远处形成灭点。常用来描述透视车道线的几何模型,主要包括二次曲线和三次曲线。二次曲线包含一个拐点,适用于直线段或包含一个弯道的透视线形,当遇到复杂透视线形时存在局限性。二次曲线模型包括抛物线模型、直线—抛物线模型、双曲线模型、二次样条曲线模型等。三次曲线存在两个拐点,对各种透视线形形态具有普适性,然而相比于二次曲线,三次曲线的计算复杂度也大幅提高了。三次曲线主要包括三次 B 样条曲线、三次贝塞尔曲线 Bezier 和 CatMull-Rom 样条曲线。现有研究表明,用 CatMull-Rom 样条曲线描述各种道路几何透视图,相比于前两种模型残差更小。

CatMull-Rom 样条曲线是一种分段平滑曲线,包含四个控制点,任一控制点处的切线与前后两临近控制点间的连线平行,基于 CatMull-Rom 样条曲线拟合的道路透视中心线如图 12-7 所示。

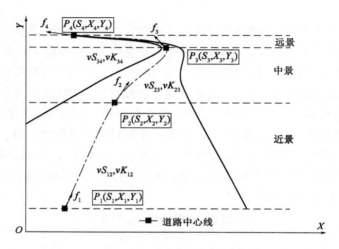

图 12-7 CatMull-Rom 样条曲线描述道路透视中心线

采用 CatMull-Rom 曲线模拟左右车道线分别得到左右线形的控制点,将左右车道线对应的控制点连接,透视车道划分为三个区域,分别为近景、中景、远景。陈雨人等对透视车道几何做了深入的研究,相关论文基于该模型提出了多种透视线形参数,并分析了参数物理意义。

(1)透视车道特征点

如图 12-8 所示,近景、中景、远景的特征点分别为 O_1、O_2、O_3,以近景为例,左侧车道线控制点 P_{L1}、P_{L2} 的连线与右侧车道线控制点 P_{R1}、P_{R2} 的连线的交点为 O_1,同理可得中景和远景的控制点,如果为平直路段,O_1、O_2、O_3 交于同一点 O。

以点 O 为基准,分别计算控制点的水平偏移和竖向偏移。发现近、中、远景控制点的水平偏移与道路平曲率存在显著线形相关性,平曲线曲率越大,曲线长越长,特征点横向偏移越大。中景特征点水平偏移与平曲率相关系数大于相应近景和远景的相关系数。近、中、远景控制点的竖向偏移与道路平均坡度存在显著线形相关性,坡度绝对值越大,特征点纵向偏移越大。近、中、远景对应的坡度与控制点竖向偏移相关系数无显著差异。本质上,特征点的横向分布描述了驾驶人感知的平面线形,纵向分布则表达了视觉感知的纵断面线形。

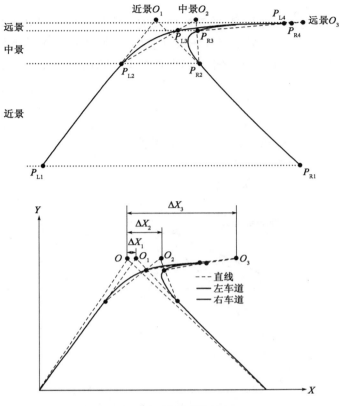

图 12-8 透视车道特征点

(2) 透视形状参数指标

驾驶人视角车道线形状参数用视曲率 vK 和视曲线长 vS 表达。

$$vS_{i(i+1)} = S_{i+1} - S_i \tag{12-26}$$

$$vK_{i(i+1)} = \left|\frac{f_{i+1} - f_i}{vS_{i(i+1)}}\right| \tag{12-27}$$

式中：$i = 1,2,3\cdots n$；

$vS_{i(i+1)}$ ——控制点 P_i 与 P_{i+1} 间的视曲线长，像素；

f_i —— P_i 点处的切线方向角。

通过相关性分析发现，视曲线长 $vS_{i(i+1)}$ 与运行速度存在相关性，视曲线长增加，运行速度增大。近景和远景对应的视曲线长与运行速度的相关性比中景高，说明近处和远处的透视车道线长对运行车速影响比中间影响大。本质上视曲线长与视距存在紧密联系，当视距受限时，尤其表现在远景的视曲线不足时，驾驶人会提高警惕以减小速度。视曲率 $vK_{i(i+1)}$ 与行车速度也存在相关性，随着视曲率增加，行车速度有下降趋势。视曲率与行车速度相关性大小表现为中景＞近景＞远景，这说明透视图中间位置的视觉弯曲程度对行车速度影响最大，这与驾驶人视线集中点在中景位置相符。

(3) 水平视曲率指数

透视几何包含一定的三维信息,将透视曲线进行水平投影可得到视觉线形在水平分量的形态,如图12-9所示。如果不存在纵坡和竖曲线,则水平分量的透视曲线与实际透视曲线相同,因此以水平视曲率分量指数来表达视觉感知偏差情况,计算式如下:

$$H_{i(i+1)} = \frac{P_{k\_i(i+1)}}{V_{k\_i(i+1)}} \tag{12-28}$$

式中:$i = 1,2,3\cdots n$;

$P_{k\_i(i+1)}$——近景、中景和远景的水平分量视曲率;

$V_{k\_i(i+1)}$——近景、中景和远景的视曲率;

$H_{i(i+1)}$——水平视曲率分量指数。

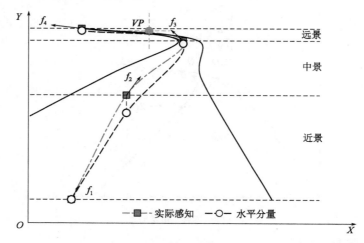

图 12-9 透视曲线水平分量示意图

采用水平视曲率分量指数用于平纵组合视觉感知偏差分析可发现,相同平曲线设计、不同纵断面影响下,驾驶人感知的水平曲率偏差有 10% ~ 25% 的变化;相同纵断面、不同平曲线影响下,驾驶人感知的水平曲率偏差存在 5% ~ 15% 的差异。凹竖曲线的存在使驾驶人对水平曲率的感知比实际情况大,凸竖曲线的存在使驾驶人对水平曲率的感知比实际情况小。水平视曲率分量指数结合视曲线长参数应用于山区道路平纵组合协调性分析已得到相关研究验证。

三、多视角下的道路路线几何设计

1. 设计要点

(1) 线形应符合驾驶人行为期望

通过运行速度分布来指导透视线形设计,使设计指标与驾驶人的期望相适应。驾驶人视觉感知与行为响应密切相关,线形要素的任何突变,都会导致驾驶人速度的不连续。

反之,运行速度的不协调,同样反映了视觉线形设计的不适宜。多视角下的路线几何设计应首先确定期望的运行速度分布,由期望速度指导透视线形,然后通过预设的平面设计要素,确定适宜的纵断面设计要素,使最终线形既符合平、纵设计的基本原则和要求,又满足驾驶人的行为期望。

(2)通过驾驶人视角线形实现量化设计和评估

驾驶人视角的线形不是采用简单的视觉效果评估,而是采用量化指标分析,综合反映透视线形的特征。驾驶行为与透视线形参数存在密切关联,由期望的驾驶行为可确定对应的透视线形参数。透视线形参数应符合期望速度,保证线形平顺、均匀、连续和安全。

2. 设计原则

多视角道路几何设计一般原则如下:

(1)应满足现行《公路路线设计规范》对平纵线形的各项规定,如平曲线最小半径、平曲线最小长度、最大超高、缓和曲线最小长度、最大纵坡、最小坡长、竖曲线最小半径及竖曲线最小长度等。

(2)线形与地形及环境相适应,整体上流畅、平顺,不片面强调以直为主或以曲为主,顺应地形地物设置线形要素。

(3)线形视觉效果连续,满足驾驶视觉需求,没有视线遮挡、不形成视觉盲区、不导致视线中断。

(4)视觉线形应符合驾驶人期望,能引导安全的运行速度(运行速度分布)。

3. 设计方法

多视角下道路几何设计基本思想为从平、纵分离的视角和驾驶人视角共同对线形进行设计,使设计成果不仅符合现有平、纵分离式设计的原则,而且符合驾驶人视觉感知需求,满足运行速度分布期望。

多视角下路线几何优化设计流程如图 12-10 所示。

(1)收集背景资料

采用航测、野外测量等方法获取地形、地质、水文等自然条件的基本数据,以及沿线城镇、工矿企业等资源分布情况。通过勘察和分析,考虑工程规划和建设成本,确定设计时需绕避的地区,如不良地质、水文地段,环境及文物保护区域,以确定公路空间受限图(即线形设计的环境约束)。在该空间受限图上选择冲突最小的区域作为线形设计的走廊带,以简化后续线形控制点的选择和缩小线形设计操作的空间范围。

(2)设计约束条件

根据公路功能,结合预测交通量拟定公路等级,结合几何地形、交通等因素确定设计速度。根据拟建公路远景预测交通量,综合考虑服务水平、投资力量确定横断面宽度。

(3)确定平面线形方案

确定路线起、终点,如果有中间必经点也应进行考虑,按地形、地质、水文、地物等条件确定路线走廊带。根据线形技术标准,确定平面线形路线方案。

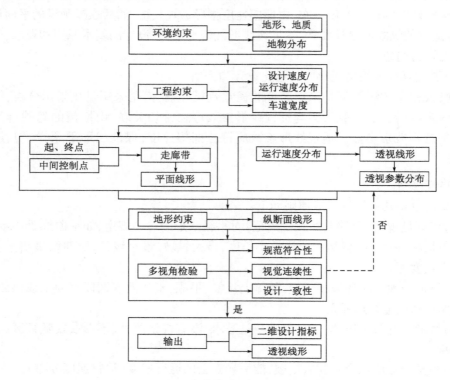

图 12-10 多视角下路线几何优化设计流程图

(4) 透视几何设计

根据设计需求确定期望的运行速度分布,结合平面线形设计方案,确定运行速度需求下的典型透视线形参数分布情况,获得符合驾驶人行为需求的透视线形预选方案。

(5) 纵断面线形设计

给定平面线形、透视线形分布参数,确定纵断面分布参数,依据纵断面设计与地形相协调的原则确定最终的纵断面线形。

(6) 多维线形检查

从多视角检查线形设计质量。根据设计速度,检验线形二维指标是否符合规范要求;检查三维线形的连续性、视觉条件是否满足安全性要求;核验透视视角线形是否满足驾驶人信息感知需求。如检查不通过,对相应设计进行调整,直到满足要求为止。从多视角综合评估线形设计质量,有助于提高线形整体安全水平。

(7) 设计资料输出

完成设计后,为了与现行设计经验一致,需输出传统二维线形指标。输出驾驶人视角几何线形,以助于设计人员或专家更直观地了解设计效果。另外,透视特征参数和三维线形参数也可同时输出,为方案审查提供依据。

第五节 面向超高速公路的曲线段超高设计

一、概述

高速公路作为公路网重要的组成部分,大大缩短了省际之间、重要城市之间的时空距离,加快了区域间人员、商品、技术、信息的交流速度,有效降低了生产运输成本,为我国经济发展做出了巨大的贡献。新中国成立以来,中国公路建设突飞猛进,高速公路从无到有,70 余年间,总里程数翻了 60 余倍,居世界第一。相比较,在需求的驱使和技术的支持下,除了体量的增加,我国铁路在二十年完成了六次大提速,最高时速达 486km,而高速公路行车速度的限制仍为 120km/h。高速公路限速对行车安全起到了重要作用,但却牺牲了高速公路"高速"的优越特性。

很长时间以来,我国普通高速公路的最高行车速度限制为 120km/h,而市场上销售的普通汽车设计车速大多在 160km/h 左右,部分赛车的设计车速甚至高达 350km/h,均远大于普通高速公路限速。在汽车安全技术、辅助驾驶技术、自动驾驶技术以及能源动力技术的不断发展下,汽车的设计行驶速度在不断提高,现行的高速公路车速限制已经影响了车辆性能的发挥,设计车速大于 120km/h 的超高速公路是今后一个重要的研究领域。

目前国内已有关于"超高速公路"的表述,但对其的研究主要集中在可行性和必要性的论证上,对于满足超高速要求的道路几何设计研究甚少。根据实际试车结果可知,当汽车行驶速度达到 140km/h 时,在弯道行驶过程中驾驶人将感受到明显的横向震动和摆动,故超高速道路线形设计对汽车行驶安全性和乘客的舒适性有着非常重要的影响。因此,如何设计出使高速行驶的汽车安全、舒适过弯的超高速公路超高横断面,是一个值得探讨的问题。"超高速公路"可以定义为计算行车速度超过 120km/h 的高速公路,目前的分级情况见表 12-11。

高 速 公 路 分 级　　　　　表 12-11

公路等级	超高速公路			普通高速公路
	超三	超二	超一	
设计车速(km/h)	240/220/200/180	200/180/160/140	160/140/120/100	120/100/80/60

数据来源:何永明,裴玉龙.超高速公路发展可行性论证与必要性研究[J].公路,2016,61(01):158-162。

超一级高速公路最高设计车速为 160km/h,服务对象是乘用车,允许混入少量时速约为 130km 的货车,车辆由驾驶人控制,驾驶特性与普通高速公路基本相同。我国平原地区既有高速公路大部分平曲线半径能够满足 160km/h 设计车速要求,故只需进行少量平纵曲线和超高横断面改造,其中有关超高部分是最关键的内容。超二级高速公路最高设计车速为 200km/h,服务对象是具有辅助驾驶或自动驾驶功能的小汽车。超二级高速公路采用人—车—路协同技术和辅助驾驶或自动驾驶技术,驾驶人能够随意切换自动驾驶模式和人工驾驶模式,改造现有公路实现的可能性不高,需要新建专用超高速公路,其中超高横断面的设计仍然是重点。超三级高速公路最高设计车速为 240km/h,目前只有跑车和赛车可以达到,超三级高速公路属于自动驾驶汽车专用通道,通过在路面、路侧安装大量传感器,形成虚拟导轨,车辆沿虚拟导轨高速行驶。超三级高速公路的实现不仅依赖于汽车技术条件,还取决于超一级、超二级高速公路发展情况,其实现还需较长时间。

二、现有高速公路超高与横向力系数的分配模型

我国《公路路线设计规范》(JTG D20—2017)规定了不同等级高速公路对应的最大超高值,并提出"一般地区高速公路、一级公路最大超高值为 8% 及 10%,正常情况下采用 8%。对设计速度高、或经验算运行速度高的路段可采用 10%"。这种超高值的取值方法,为国内外普遍采用的方法,即基于质点模型,建立横向力系数(其极限值为横向摩擦系数)、超高和平曲线半径三者之间的关系:

$$i_h = \frac{v^2}{127r} - \mu \tag{12-29}$$

式中:i_h——超高值,%;

v——行驶速度,km/h;

r——平曲线半径,m;

μ——横向力系数。

极限最小半径与最大超高值相对应,横向力系数 μ 与燃料消耗、轮胎磨损、驾驶人舒适性、行车安全性密切相关。式中,右侧第一项是汽车行驶在圆曲线上所产生的离心力,合理设置超高,可全部或部分抵消离心力,提高行驶稳定性和舒适性。汽车在曲线上行驶时,横向力系数 μ 与乘客感觉的关系如下:

①当 μ < 0.10 时,不会感到有曲线存在,很平稳,A 级;

②当 μ 在 0.10 ~ 0.20 间时,稍感到有曲线存在,但尚平稳,B 级;

③当 μ 在 0.20 ~ 0.35 间时,已感到有曲线存在,稍感不稳定,C 级;

④当 μ 在 0.35 ~ 0.40 间时,感到有曲线存在,不稳定,D 级;

⑤当 μ > 0.40 时,非常不稳定,有倾覆的危险,E 级。

μ 值越大,驾驶人感知的安全性和舒适性越差,其中 B 级是乘客感受到曲线存在,略微不舒适,行车尚平稳的分界点。根据美国 AASHTO 的研究,v = 70km/h,μ = 0.16 时,v = 80km/h,μ = 0.12 时,是比较舒服的界限。

为应对不同的圆曲线半径合理地设置超高,需要在超高和横向力系数之间进行分配。如图 12-11 所示是几种超高分配模型。方式一和方式二分别优先选择横向力系数和超高平衡离心力。方式三的整体思路是当车辆以较高速度行驶时,利用全部的超高值和少许的横向力系数进行离心力的平衡;当以较低速度行驶时,利用超高分配模型的二次抛物线

来分配横向力系数和超高值。总体设计理念上是行车速度越大,希望产生的横向力系数越小,舒适性越好,此时超高值相对比较大;而当速度较低时,可以适当提高横向力系数分担的水平,这样也有助于适当降低超高值,因此总体上超高值和横向力系数值与设计速度呈现正相关的关系,同时横向力系数和超高值又满足离心力平衡的要求。国际上一般采用方式三对 i_h 与 μ 进行分配。

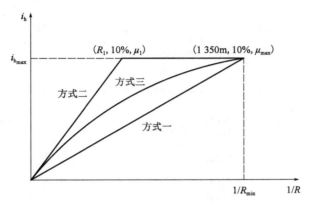

图 12-11 超高分配模型

方式三对应的超高分配曲线是一个二次抛物线,其标准方程为:

$$x^2 = \frac{a^2}{h}(h - y) \tag{12-30}$$

式中,a、h 分别为 x、y 轴截距,自变量为曲率 $1/R$,定义域为 $(1/R_{max}, 1/R_{min})$(R_{max} 为不设超高最小半径);因变量为超高 i_h,值域范围为 $(0, i_{h_{max}})$,故超高与曲率的函数关系式为:

$$(1/R)^2 = \frac{(1/R_{min} - 1/R_{max})^2}{i_{h_{max}}}(i_{h_{max}} - i_h) \tag{12-31}$$

经过整理得到超高分配模型为:

$$i_h = i_{h_{max}}\left[1 - \left(\frac{1 - R_{min}/R}{1 - R_{min}/R_{max}}\right)^2\right] \tag{12-32}$$

确定好各级超高速公路不同设计速度下的圆曲线极限最小半径、不设超高最小半径,最大超高后,根据式(12-32)可计算不同圆曲线半径下推荐的超高取值,以及相应的横向力系数。以超一级高速公路为例,相关设计参数如表 12-12 和图 12-12、图 12-13、图 12-14 所示。

超一级高速公路设计参数表　　　　表 12-12

设计速度 V(km/h)		100	110	120	130	140	150	160
极限最小半径	极限最小半径(m)	400	500	650	800	1 000	1 150	1 250
	最大超高值	10%	10%	10%	12%	12%	12%	12%
	横向力系数 μ	0.10	0.10	0.08	0.06	0.06	0.04	0.04
横向力系数 μ		0.035~0.040						
不设超高最小半径(m)		4 000	4 800	5 600	6 700	7 700	8 800	10 000

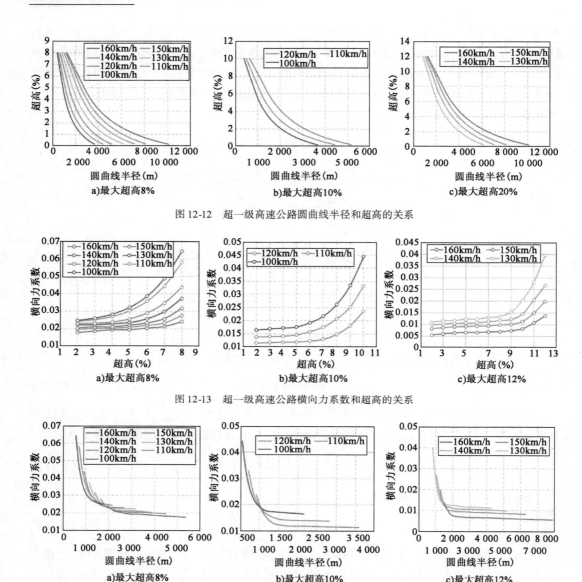

图 12-12 超一级高速公路圆曲线半径和超高的关系

图 12-13 超一级高速公路横向力系数和超高的关系

图 12-14 超一级高速公路横向力系数和圆曲线半径的关系

三、曲线形超高横断面设计

曲线形超高横断面常用于汽车试验场高速环道的设计中(图 12-15),其横断面设计原理为:希望通过横断面的特殊设计使得车辆在弯道上行驶的离心力全部由路面的横向超高来平衡。与直线形横断面比较,曲线型超高横断面的优异性体现在其可以使横坡连续变化,适应各种不同的车速平衡要求。此时,在弯道上行驶的汽车无须借助轮胎与地面的横向摩擦便能自动达到平衡,驾驶人不操纵转向盘,汽车也能沿着与其车速匹配的轨道行驶。该设计方法通过在横断面设置连续的超高值,削弱横向力系数对行车稳定性的影响,从而提高行车安全性,改善汽车高速行驶时的稳定性和驾驶人的舒适性。

图 12-15　某汽车试验场高速环道

曲线形超高横断面有单曲线、复合曲线和积分曲线几种类型。复合曲线由多条曲线共同组成,其优点在于能更好地适应平衡车速的分配,但计算十分复杂,在曲线衔接点处容易出现拐点,不利于行车安全。单曲线是指在路幅宽度内,横断面为统一形式的简单抛物线。根据研究可知,二次抛物线低速车道向低处分布的较密,组合二次抛物线可以增加断面车速分布,降低填土高度,但衔接处曲率不连续,行驶舒适性不高。四次抛物线高速车道向高处分布较密,造成最大超高角较大。三次抛物线中和了上述两者的优缺点,车速分布均匀,故一般曲线形超高横断面均选用三次抛物线。

1. 力学模型

车辆驶过超高圆曲线时,假设汽车处于平衡状态,不受摩擦力影响,对车辆进行力学分析,如图 12-16 所示。

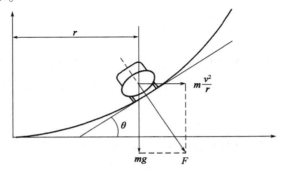

图 12-16　车辆在弯道上行驶时的受力分析图

汽车在圆曲线上行驶时会产生离心力,其作用点在汽车的中心,方向水平背离圆心。相同质量的汽车其离心力的大小与行驶速度平方成正比,与圆曲线半径成反比,表达式如下:

$$F_c = \frac{Gv^2}{gr} \tag{12-33}$$

式中:F_c——离心力,kN;
　　G——重力,kN;
　　g——重力加速度,取 9.8m/s^2;
　　r——设计车道中心线半径,m,一般取最外侧车道为设计车道。

将重力 G 和离心力 F_c 分解成平行于路面的横向力 X 和垂直于路面的法向力 Y,即:

$$X = F_c\cos\theta - G\sin\theta \tag{12-34}$$

$$Y = F_c\sin\theta + G\cos\theta \tag{12-35}$$

式中:θ——设计车道中心线超高倾角。

基于汽车运动平衡方程,以人体对 6 个运动自由度的感知阈值作为设计标准,可对超高速公路曲线超高横断面进行进一步计算。

2. 理论计算与设计方法

(1)法向加速度 a 与半径 r

假设汽车在平衡车速下通过设置超高的圆曲线弯道时,离心力与重力将产生垂直于路面的合力,各车轮受力相等且均垂直于路面,此时横向力为零,驾驶人没有侧移的趋势。根据受力分析图可求得超高角:

$$\tan\theta = i_h = \frac{F_c}{mg} = \frac{v^2}{gr} \tag{12-36}$$

法向平衡方程为:

$$ma = Y - mg = mg\sin\theta\tan\theta + mg\cos\theta - mg \tag{12-37}$$

即:

$$\tan\theta = \sqrt{\left(\frac{a}{g}+1\right)^2 - 1} \tag{12-38}$$

式中:a——法向加速度,m/s^2。

人体对法向加速度的感觉极限为 1.2m/s^2,代入上式可得,由法向加速度限制的公路横断面最大超高角 $\theta_{\max} = 28°$。以设计车速 180km/h 为例,最大超高下,对应的极限最小半径 $r_{\min} = 500\text{m}$。

(2)偏向角速度 ω 与半径 r

由基本力学知识可知,圆周运动中刚体线速度与角速度的关系如下:

$$\omega = \frac{v}{r} \times \frac{180}{\pi} \tag{12-39}$$

式中:ω——汽车运动的角速度,°/s。

人体对偏向角速度 ω 的感觉极限值为 $5°/s$，在实际设计中，往往取该值的 1.5~2 倍计算。假设偏向角速度 ω 为 $7°/s$，设计车速为 180km/h 时，代入上式得到 $r_{min} = 410m$。

综上，结合人体对法向加速度与偏向角速度的感知极限，对于曲线形超高横断面，设计车速为 180km/h 时，超高速公路圆曲线最小半径 $r_{min} = 500m$，最大超高角 $\theta_{max} = 28°$。

(3) 侧摆运动与超高过渡段长度

假设超高过渡段长度为 S，计算点距离过渡段起点长度为 l，根据麦克康奈尔曲线假设：侧摆角加速度从缓和曲线起点的零值逐渐增加到 $S/4$ 处，然后以同样大小的变化率减小到 $3S/4$ 处，最后均匀增加至终点处回到零值，推导出相应的计算公式，汇总于表 12-13。

侧摆特性值计算公式　　　　　　　　　　　表 12-13

L	侧摆角加速度变化率 J	侧摆角加速度 α	侧摆角速度 ω	侧摆角 φ
$\left(0 \sim \frac{1}{4}\right)S$	$C \cdot v^3$	$C \cdot v^2 \cdot l$	$\frac{1}{2} \cdot C \cdot v \cdot l^2$	$\frac{1}{6} \cdot C \cdot l^3$
$\left(\frac{1}{4} \sim \frac{3}{4}\right)S$	$-C \cdot v^3$	$C \cdot v^2 \cdot \left(\frac{S}{2} - l\right)$	$\frac{1}{2} \cdot C \cdot v \cdot \left(-l^2 + S \cdot l - \frac{S^2}{8}\right)$	$C \cdot \left(-\frac{l^2}{6} + \frac{S \cdot l^2}{4} - \frac{S^2 \cdot l}{16} + \frac{S^3}{192}\right)$
$\left(\frac{3}{4} \sim 1\right)S$	$C \cdot v^3$	$C \cdot v^2 \cdot (1-S)$	$\frac{1}{2} \cdot C \cdot v \cdot (l^2 - 2S \cdot l + S^2)$	$C \cdot \left(\frac{l^2}{6} - \frac{S \cdot l^2}{2} + \frac{S^2 \cdot l}{2} - \frac{13S^3}{96}\right)$

注：$C = \frac{32 \times \varphi_{max}}{S^3}$，$\varphi_{max}$ 为圆曲线上的侧摆角，$\varphi_{max} = \varphi_1 = \frac{C \times S^3}{32}$。

根据以上公式，可得缓和曲线上侧摆运动特征值的极限值如下：

$$J_{max} = C \times v^3 \tag{12-40}$$

$$|a_{max}| = |a_{\frac{s}{4}}| = |a_{\frac{3s}{4}}| = \frac{1}{4} \times C \times v^2 \times S \tag{12-41}$$

$$\omega_{max} = \omega_{s/2} = \frac{1}{16} \times C \times S^2 \times v \tag{12-42}$$

侧摆加速度变化率 J 小于 $4°/s^3$，是人体可以接受的，将 J 的阈值作为设计指标，由此可以反算超高过渡段 S 的最小长度。

已知在满足法向加速度、偏向角速度感觉极限的前提下，设计车速为 180km/h 的超高速公路圆曲线段最大超高角为 28°，圆曲线最小半径为 500m。取超高速公路直线段单向横坡坡度为 2%（$\tan\theta_0 = 0.02$），半径 $r = 550m$，记侧摆角为 φ，则超高过渡段上任一点汽车倾角为 $\theta = \theta_0 + \varphi$。

$l = \frac{S}{2}$ 时，$\varphi = \frac{\Delta\theta}{2}$。其中，$\Delta\theta$ 为从直线段到圆曲线段倾角的变化总值。

直线段 $\tan\theta_0 = -0.02$，得 $\theta_0 = -1.1458°$

曲线段 $\tan\theta = \frac{v^2}{gr} = 0.463822$，得 $\theta = 24.8829°$，$\Delta\theta = 23.7371°$，$\varphi = \frac{\Delta\theta}{2} = 11.8686°$

侧摆角 $\varphi = C \times \left(-\dfrac{S^3}{48} + \dfrac{S^3}{16} - \dfrac{S^3}{32} + \dfrac{S^3}{192}\right) = 11.8686°$，得 $C = \dfrac{64}{S^3} \times 11.8686°$

要求 $J_{max} = C \times v^3 \leqslant 2°/s^3$，代入可得 $S_{min} = 362\text{m}$

取 $S = 400\text{m}$，对其侧摆运动特征的极限值进行验算：

$C = \dfrac{64}{S^3} \times 11.8686° = 1.18686 \times 10^{-5}°/\text{m}^3$

$|a_{max}| = |a_{1 = \frac{S}{4}}| = \dfrac{1}{4} \times C \times v^2 \times S = 2.97 \leqslant 4°/s^2$，小于人体感知阈值；

$\omega_{max} = \omega_{1 = S/2} = \dfrac{1}{16} \times C \times S^2 \times v = 5.93 \leqslant 8°/s$，小于人体感知阈值；

故超高过渡段长度取 400m，能使得汽车侧摆运动各项运动参数满足人体感觉极限。

第六节　道路勘测新技术

一、概述

道路勘测的关键是快速、准确、有效地获取设计所需的各种地形原始数据。现代道路测设技术在我国道路建设中得到广泛应用,新技术将设计人员从艰苦的外业测量和繁杂的内业设计工作中解脱出来,对加快工程测设进度、提高设计效率和质量、实现道路交通的现代化、适应全面建设小康社会需求等方面,具有重要意义。道路测设的新技术发展主要源于 3S 技术(即遥感技术 RS、全球定位系统 GNSS、地理信息系统 GIS)以及数字摄影测量技术等的发展与支持。

遥感技术(Remote Sensing,简称 RS)是从人造卫星、飞机或其他飞行器上收集地物目标的电磁辐射信息,判认地球环境和资源的技术,通过非接触传感器获得所摄目标的影像并提取各种几何与属性信息。在道路勘测中,通过遥感技术可直接或间接获得大量有关工程地质及水文地质资料,如同把勘测现场搬到室内,减少了外业劳动强度,提高了勘测设计的质量和速度。目前广泛采用航天遥感资料进行计算机图像处理和信息提供,大量遥感信息已进入自动识别和自动处理成图阶段,为道路工程地质判释提供了准确可靠的信息来源。

全球定位系统(Global Navigation Satellite,简称 GNSS)是一种以人造地球卫星为基础的高精度无线电导航定位系统。GNSS 定位技术具有观测点之间无须通视、定位精度高、观测时间短、提供三维坐标、操作简单和全天候作业等特点。目前 GNSS 定位技术在地球科学研究、大地测量、摄影测量的野外控制、航摄机载 GNSS 定位、普通及精密工程测量以及道路控制测量和放样测量等领域已得到广泛应用。

航空摄影测量和摄影图像处理为大规模采集地形数据提供了快捷的手段。在国外，航空摄影测量已广泛应用于道路测设中。利用航空摄影测量方法采集数据能直观地确定地表形态，工作环境好，可随意和方便地控制地形点的分布和密度，获取的地形信息可靠、精度高。随着航测仪器的发展，目前较大范围的各种比例尺地形图都是由航测成图的。数字摄影测量是在解析法测图基础上发展起来的更为先进的摄影测量方法。数字摄影测量的测图过程是先将像片影像的灰度数字化，然后在计算机上进行数字处理。这种全数字化、自动化测图方法代表了航空摄影测量学科的发展方向，通过其在理论上的不断完善，在技术上的不断创新，它将成为道路测设地形数据采集的理想方法。

航测等新技术在我国道路勘察中已得到普遍应用，大比例尺地形图的测绘工作多采用航测手段完成。利用航测地形数据建立数字地面模型（DTM）；利用全站仪采集地形原始数据，建立数字地面模型，自动绘制大比例尺地形图；利用 GPS 定位技术进行路线导线网的控制测量、航测外控测量及各类桥隧控制测量，已成为现今道路勘测设计的普遍应用。道路勘测数据的采集与处理，是构成道路测设一体化的重要基础。在采用的测量设备及手段方面，我国与国际先进水平基本同步。

二、道路勘测新技术

1. 实时 GPS 测量技术

（1）原理

实时 GPS 测量（Real-Time Kinematic，RTK）是基于载波相位测量的一种实时动态定位技术，能实时提供观测点在坐标系中的三维定位结果并达到厘米级精度。这是一种新的常用卫星定位测量方法，以前的静态、快速静态、动态测量都需要事后进行解算才能获得厘米级的精度，而 RTK 定位技术是能够在野外实时得到厘米级定位精度的测量方法。RTK 定位技术需在两台 GNSS 接收机之间增加一套无线数字通信系统，将两个相对独立的 GNSS 信号接收系统联成有机整体，分别为基准站和流动站。

在 RTK 作业模式下，基准站通过数据链将其观测值和测站坐标信息一起传送给流动站。流动站不仅通过数据链接收来自基准站的数据，还要采集 GNSS 观测数据，并在系统内组成差分观测值进行实时处理，同时给出厘米级定位结果，历时不足一秒钟。流动站可处于静止状态，也可处于运动状态；可在固定点上先进行初始化后再进入动态作业，也可在动态条件下直接开机，并在动态环境下完成整周模糊度的搜索求解。在整周未知数解固定后，即可进行每个历元的实时处理，只要能保持四颗以上卫星相位观测值的跟踪和必要的几何图形，则流动站可随时给出厘米级定位结果。实时 GNSS 系统通常由 GNSS 信号接收系统、数据实时传输系统、数据实时处理系统组成。

（2）RTK 系统组成

RTK 系统由基准站子系统、管理控制中心子系统、数据通信子系统、用户数据中心子系统、用户应用子系统组成。

①基准站子系统

基准站子系统是网络 RTK 系统的数据源,该子系统的稳定性和可靠性将直接影响到整个 RTK 系统的性能。

②管理控制中心子系统

系统管理控制中心是整个网络 RTK 系统的核心,网络 RTK 体系是以管理控制中心子系统为中心节点的星形网络,其中各基准站是网络 RTK 系统网络的子节点,管理控制中心子系统是系统的中心节点,主要由内部网络、数据处理软件、服务器等组成,通过 ADSL、SDH 专网等网络通信方式实现与基准站间的连接。管理控制中心子系统具有基准站管理、数据处理、系统运行监控、信息服务、网络管理、用户管理等功能。

③数据通信子系统

数据通信子系统由多个基准站与管理控制中心的网络连接,以及管理控制中心与用户的网络连接共同组成。网络 RTK 系统运行需要大量的数据交换,因此需要一个高速、稳定的网络平台即数据通信子系统。数据通信子系统建设包括两方面:一是选择合理的网络通信方式,实现管理控制中心对基准站的有效管理和快速可靠的数据传输;二是对基准站资源的集中管理,为用户提供一个覆盖本地区所有基准站资源的管理方案,实现各基准站、管理中心不同网络节点之间的系统互访和资源共享。

④用户数据中心子系统

用户数据中心子系统一般安置于管理中心,其功能包括实时网络数据服务和事后数据服务。用户数据中心所处理的数据可分为实时数据和事后数据两类。实时数据包括 RTK 定位需要的改正数据、系统的完备性信息和用户授权信息;事后数据包括各基准站采集的数据结果,供用户事后精密差分使用;其他应用类包括坐标系转换、海拔高程计算、控制点坐标等。

⑤用户应用子系统

网络 RTK 系统用户设备主要配置有 GNSS 接收机及天线、GNSS 接收机手簿或 PDA、GPRS/CDMA 通信设备。其应用领域十分广泛,如测绘、国土资源调查、导航等。此外,网络 RTK 技术还可以用于地籍和房地产的测量。

(3)RTK 在道路建设中的应用

RTK 具有高精度、高效率的优点,在控制测量领域得到广泛应用。RTK 依赖于卫星信号实现测量,为电台模式与网络模式,两台主机间通信需要使用无线电信号或者网络信号,通过基准站的外挂电台和插入手机卡来实现。RTK 的测量距离一般都在 10km 左右,搭载的电台功率越大距离越远。在常规测量的时候,只需要架设一次基准站,就可以完成测量工作。随着 GNSS 接收机性能和数据处理技术的逐渐完善,GNSS 应用领域也在不断拓宽,RTK 在道路工程中可完成如下多种工作。

①工程控制测量

对大型结构物,如特大桥、隧道、互通式立交等进行控制,宜用静态测量;而一般道路工程的控制测量,则可采用 RTK 技术。该法在测量过程中能实时获得精度定位,当达到要求的点位精度,即可停止观测,显著提高作业效率。因点与点之间不要求通视,使测量简便易行。

②制作大比例尺地形图

道路选线多是在大比例尺带状地形图上进行,用传统方法测图,需先建立控制网,再进行碎部测量,然后绘制成大比例尺地形图,其工作量大、速度慢、花费时间长。采用 RTK 测量技术在每个碎部点上仅需短暂时间即可获得测点坐标,结合输入的点特征编码及属性信息,构成碎部点的数据,可在室内由绘图软件成图。RTK 只需采集碎部点的坐标和输入其属性信息,采集速度快,降低了测图的难度,既省时又省力。当基准站设置完成后,整个测量系统可由一人持流动站接收机操作,也可设置几个流动站,利用同一基准站观测信息各自独立操作。

③道路中线测设

传统道路中线测设在纸上定线后需将道路中线在地面上放线标定。采用 RTK 只需将中线桩点的坐标输入 GPS 接收机,移动接收机就会定出放样点位,且每个点的测量独立完成,不会产生累积误差,各点放样精度一致。

④道路纵、横断面测量

道路中线确定后,利用中线桩点坐标,通过绘图软件,即可绘出路线纵断面和各桩点的横断面。所用数据是测绘地形图时采集的,不需再到现场进行纵、横断面测量,减少了外业工作。如需进行现场断面测量时也可采用 RTK。

⑤施工测量

RTK 有良好的硬件,也有丰富的软件可供选择,施工中可对点、线、面以及坡度等进行快速、便捷放样。

2. 数字摄影测量技术

(1)原理

数字摄影测量是指基于摄影测量的基本原理,应用计算机技术提取所摄对象,用数字方式表达几何与物理信息的测量方法。随着摄影测量技术的发展,摄影测量经历了模拟摄影测量、解析摄影测量与数字摄影测量三个发展阶段,其中数字摄影测量是目前最先进、应用最广泛的摄影测量技术。

数字摄影测量(也称全数字化测图)是在解析法测图基础上发展起来的一种摄影测量方法,它与解析法测图的主要区别是利用相关扫描技术将相片影像数字化,无须人眼进行观测便可得到被测区域的地表三维数据。数字摄影测量从概念上、手段上、视觉上及最终成果等方面,与传统方法均有较大区别。数字摄影测量的主要设备是扫描仪和具有图形图像处理功能的计算机。

数字摄影测量的测图程序是先将相片影像的灰度数字化,然后在计算机上进行数据处理。具体做法是通过扫描技术将相片上影像的灰度转换成电信号或数字信号,形成"数字影像",用相关技术代替人眼自动地立体照准(寻找)同名像点。目前自动化的相关技术还不能完全代替人眼的立体观测,在隐蔽地区、陡峭地形、影像质量极差或云层遮盖地区,对地物的处理等仍需人工协助,解决这些问题。如何克服这一问题,也是目前摄影测量研究的主攻方向。自动化测图系统速度快、无须人工量测、测量数据点密集,利于中、小比例尺的测图,特别是正射影像图的制作。这种全数字化、自动化测图方法代表了航空摄影测量学科的发展方向,世界各国都在对其开展深入研究。随着相关技术的创新、数据采集精度的提高,数字摄影测量将成为道路地形数据采集最理想的方法。

(2)无人机数字摄影测量

无人机具有机动、灵活、快速、经济等特点,以无人机作为航空摄影平台能够快速高效地获取高质量、高分辨率的影像。无人机在摄影测量中的优势是传统卫星遥感无法比拟的,越来越受到研究者和生产者的青睐,大大地扩大了数字摄影测量技术的应用范围和用户群,具有广阔的应用前景。无人机倾斜摄影测量已经成为未来航空摄影测量的重要手段和国家航空遥感监测体系的重要补充,逐步从研究开发阶段发展到了实际应用阶段。

无人机倾斜摄影测量技术通过在同一飞行平台上搭载五台传感器,同时从一个垂直、四个倾斜的五个不同角度采集影像,拍摄相片时,同时记录航高、航速、航向和旁向重叠、坐标等参数,然后对拍摄的影像进行分析和整理。在一个时段,飞机连续拍摄几组影像重叠的照片,同一地物最多能够在三张相片上被找到,这样内业人员可以比较轻松地进行建筑物结构分析,并且能选择最为清晰的一张照片进行纹理制作。影像数据不仅能够真实地反映地物情况,而且可通过先进的定位技术,嵌入地理信息、影像信息,获得更高的用户体验,极大地拓展了遥感影像的应用范围。

采用无人机影像恢复被摄物体三维信息,具有自动化程度高、成本低廉的特点。密集匹配技术是基于二维影像恢复三维信息的关键技术之一,同时也是摄影测量和计算机视觉领域的热点和难点问题。无人机影像相对于传统航摄影像,具有影像分辨率高、重叠度大的优势,同时也存在基高比小、影像姿态不稳定等问题。因此,如何在影像匹配过程中充分考虑冗余信息,快速准确获取多视影像上的同名点坐标,进而获取地物的三维信息,是多视影像匹配的关键。由于单独使用一种基元或匹配策略往往难以获取建模需要的同名点,因此,近年来随着计算机视觉技术发展起来的多基元、多视影像匹配,逐渐成为人们研究的焦点。目前,在该领域的研究已取得了很大进展,例如建筑物侧面的自动识别与提取等。

(3)数字摄影测量在道路工程中的应用

数字摄影测量的主要产品都可应用于道路路线设计,并可作为道路 CAD 的基础数据。

①建立数字地面模型 DTM。DTM 是地理信息系统(GIS)、道路 CAD 系统以及道路虚拟仿真系统的基础平台。

②自动生成等高线地形图。等高线地形图是道路选线和定线的基本资料。

③制作正射影像图、景观图、DTM 透视图及立体模型等。

④提供各种工程设计需要的工程信息,各种信息系统、数据库所需的定向信息。

3. 遥感测量技术

(1) 原理

遥感技术是指非接触的、远距离的探测技术。广义上,泛指一切无接触的远距离探测,包括对电磁场、力场、机械波(声波、地震波)等的探测。其中,重力、磁力、地震波等的探测被划为物探(物理探测)的范畴,只有电磁波探测属于遥感的范畴。狭义上是指应用探测仪器,不与探测目标相接触,从远处记录目标的电磁波特性,通过分析揭示物体的特性及其变化的综合性探测技术。遥感与航测的区别在于,前者确定实体的物质成分,后者确定实体的几何形态。

遥感按工作方式分主动遥感和被动遥感两种。主动遥感由探测器主动发射一定电磁波能量并接收目标的反向散射信号;被动遥感的传感器不向目标发射电磁波,仅被动接收目标物的自身发射和自然辐射源的反射能量。

(2) 系统组成

①空间信息采集系统

空间信息采集系统主要包括遥感平台和传感器两部分。遥感平台是运载遥感器并为其提供工作条件的工具。传感器是收集、记录被测目标的特征信息,并发送至地面接收站的设备。

②地面接收和预处理系统

航空遥感获取的信息,可直接送回地面进行处理。航天遥感获取的信息一般是以无线电的形式实时或非实时发送,被地面接收站接收和进行预处理(前处理、粗处理)。预处理是对信息所含噪声和误差进行辐射校正或几何校正,图像的分幅和注记(如地理坐标网等),为用户提供信息产品。

③地面实况调查系统

地面实况调查系统主要包括在空间遥感信息获取前后进行的地物波谱特征测量,主要为设计传感器和分析应用遥感信息提供依据;在空间遥感信息获取的同时所进行的与遥感目的有关的各种遥测数据的采集(如区域的环境和气象数据),主要用于遥感信息的校正处理。

④信息分析应用系统

信息分析应用系统是用户为一定目的而应用遥感信息时所采用的各种技术,主要包括遥感信息的选择技术、处理应用技术、专题信息提取技术、制图技术、参数量算和数据统计技术等内容。

(3) 遥感技术在道路工程中的应用

遥感技术获取信息具有视域广,整体感强,影像逼真,信息量丰富、宏观、直接的特点,特别对地形、地貌、植被、地质等信息反映最为直接。因此,遥感技术与地理信息系统相结合,可在路线选线阶段为设计者提供丰富的空间信息支持。目前,遥感技术在道路工程中的应用主要是工程地质勘测方面。

①重点工程的布局。路线走向选择中最主要的问题是沿线重点工程布局是否合理,

各类重点工程的区域地质条件是否稳定。遥感图像能提供宏观的区域地质特征,如断裂构造的分布格局、活动构造和不稳定程度、构造薄弱带的分布规律等,应用于道路勘测中有利于合理考虑重点工程的布局等问题。

②判释区域地质构造薄弱环节。区域地质构造薄弱环节是区域地质构造不稳定的部位,在卫星相片上都有比较明显的反映,可凭借这些特征合理选线。

③借助遥感图片对长隧道、大桥的位置区域进行稳定评价。在道路选线过程中,对长隧道、大桥等重点工程,应特别注意工程的区域稳定情况。对隧道工程除查明一般工程地质、水文地质条件外,尚应注意宏观的区域地质构造问题,应用遥感图像的宏观特征,分析区域地质构造的分布格局,能对隧道布设提供比较科学的依据。在遥感图像上,可分析水系与构造、水系与地貌、水系与岩类之间的相互关系,还可从线性构造、环形构造方面进行综合研究,从而选择稳定的桥址位置。

三、地理信息系统

1. 地理信息系统简介

地理信息系统 GIS 是储存和处理与地理空间分布有关信息的系统,采用各种现代化的方法采集、运算、存储、管理、查询、显示、更新和应用与地理空间分布有关数据的一门综合和集成的信息科学。计算机技术、数据库技术及遥感技术的不断发展,为 GIS 的发展提供了丰富的数据资源,GIS 与相关技术的集成,为路线方案选择及优化设计提供了智能分析与决策的技术平台。

地理信息系统具有以下三个特征:

(1)具有采集、管理、分析和输出多种地理信息的能力,具有空间性和动态性。

(2)由计算机系统支持进行空间地理数据管理,并由计算机程序模拟常规或专门的地理分析方法,利用空间数据,产生有用信息,完成人类难以完成的任务。

(3)计算机系统的支持是地理信息系统的重要特征,使地理信息系统能快速、精确、综合地对复杂地理信息进行空间定位和过程动态分析。

2. 地理信息系统在道路工程中的应用

(1)基础数据信息管理

在道路设计中,会涉及大量基础数据信息,包括图形信息(如地形图、已有规划图、航摄像片、各种道路设计图等)、统计信息(如人口信息、资源信息、就业信息等)、道路及地面附着物(如房屋、各种管线、特殊地物等)及文本信息(如政府文件、规划文件等)。GIS系统能有效地组织和管理上述信息,并在信息之间建立相互关系,使设计人员能对各种信息进行可视化管理,便捷地从一种信息获取与之相关的另一种信息。

(2)道路选线

传统道路选线是在纸质地形图或航测相片上进行的,通过对地物及地形的判释,选出路线,当需了解某些特殊地物(如高压走廊、煤气管线、军事设施等)及地质、水文情况时,不得不手工找寻相关的资料,费工、费时且效率低。GIS 各种图形加载了相应的属性信息,需了解某图形信息的相关信息时,只需鼠标一点即可获取。另外,利用 GIS 的空间分析功能,设计人员在确定路线后,即可方便地获得道路占地拆迁面积、相交道路条数及等级情况。

(3)道路环境影响评估与方案比选

利用 GIS 的专题地图和缓冲区分析、叠加分析功能,可以迅速确定路线走廊带内的最小环境敏感区,确定对环境影响最小的路线方案。

(4)道路自然区划的研究

以 GIS 为平台,进行道路自然区划研究,为道路规划、设计提供宏观决策支持,是地理信息系统在道路工程应用的另一重要领域。利用 GIS 空间分析功能,通过环境要素计算和分析,确定水文、气候、地质、地貌等自然地理要素对道路建设的影响参数,可以获得道路建设困难程度指数分区、道路综合气候不利系数分区、道路施工不利系数分区、道路地质灾害综合灾害分区等分区参数,形成道路地貌区划、道路气候区划、道路岩土区划、道路水文区划、道路水文地质区划、道路地质灾害区划、道路植被生态区划等专题区划,从而最终得到国家道路自然区划。

四、计算机辅助设计

计算机辅助路线设计(Computer Aided Design,CAD)是计算机技术在公路工程中应用最早的领域,从 20 世纪 60 年代到现在,路线 CAD 系统已经成为一套复杂、庞大的系统。特别是随着航空摄影测量与数字地面模型技术在道路设计中的应用,逐渐形成了从数据采集、建立数字地面模型,到路线优化设计以及平纵横设计、土石方调配、透视图生成的全套计算、绘图和表格输出的完整路线 CAD 系统。按单独的路线 CAD 系统来说,则可将其定义为数据采集、优化技术以及计算机设计绘图与制表三位一体的组合体系。

现代路线 CAD 系统,其功能除包括平面线形设计、纵断面线形设计、横断面设计、土石方计算及调配、立交、排水及构造物(小桥涵、支挡结构)等传统设计内容外,还应包含对数字地面模型系统以及地形原始数据的处理。在路线 CAD 系统中,各个专业部分一般以子系统或功能模块进行分散开发,整体集成。各子系统之间高内聚低耦合,以数字地面模型为基础,工程数据库为支撑,实现数据共享、快速传输。

1. 数字地面模型

数字地面模型(简称数模),是指地形表面形态等多种信息的数字表示。它由许多规则或无规则排列的地形点三维坐标组成,是数字化了的地形资料存储于计算机的产物。

数字地面模型一般由以下三部分组成:

(1)用离散的形式将某一区域内一系列采样点的信息,按照一定的规则,存储在计算机中,形成一个有限项的向量序列。通常用 x、y 表示平面坐标系,用 z 表示高程,各种平面地理信息如建筑物、河流等用编码或分层方式表示。

(2) 给定某种数学方法来拟合地表形态。通过它可求得该区域任一平面位置点的高程,或者推算其他地面特征,如坡度、坡向等。

(3) 实用程序块,主要完成坐标系的转换工作。

数字地面模型可应用于道路设计的各个阶段。设计者利用数字地面模型进行路线方案比选,只需输入少量设计参数,计算机即按照编好的程序自动完成设计和分析比较工作,输出比较结果。设计者可方便地对方案进行比较,选择较优方案,而不需重测。数字地面模型还广泛地用于道路初步设计和技术设计中,设计者做一些必要的外业调查和实测之后便可直接利用计算机进行路线设计。数字地面模型也可用于绘制地形图、路线平面图和地形透视图,减轻设计者的工作强度。

2. 路线平面设计

利用计算机进行平面设计,常用做法包括两种:一是在数字地面模型支持下,人机交互完成设计过程;二是由设计者确定路线平面设计参数后,输入计算机,由计算机逐一完成计算和绘图工作。将第一种做法称为交互设计,第二种称为辅助计算和绘图。

交互设计的工作过程为:在路线平面方案确定的基础上,设计者根据地形、地物情况,利用交互设备,确定控制路线线位的控制点,再由控制点分布情况,定出控制线位的线形单元,如圆曲线或直线,形成一个圆弧与圆弧或圆弧与直线组成的具有错位的间断线形;设计者选定两个或多个控制单元,计算机根据给定的连接信息,确定中间连接线元,形成连续的线形;设计者可以根据计算的结果反复调整修改,直到满足设计要求。交互设计只有在数字地面模型的支持下才能进行。

辅助计算和绘图是指设计者根据实际地形在实地或地形图上确定路线平面线形,将平面设计资料输入计算机,这些资料包括交点坐标、圆曲线半径、曲线类型、缓和曲线长度等;系统依据这些资料计算路线里程、平曲线要素、曲线特征点的桩号以及逐桩坐标等;设计者可根据计算的结果,反复调整设计参数,直到满意为止;最后可将设计成果以图表的形式输出。这是在路线平面位置完全确定的情况下进行的,计算机在平面设计过程中,只相当于一个计算和绘图工具,对设计的支持层次较低。

3. 路线纵断面设计

当路线平面设计完成后,就可以进行纵断面设计工作,首先要输入纵断面地面线数据和控制点数据(地面线数据一般在平面设计完成后,由数模内插求得,无数模时可读取通过实测建立的地面线数据文件得到;控制点数据可由人机交互输入或建立数据文件提供),然后设计者可通过交互设备直接在软件生成的纵断面地面线图上进行人机交互拉坡,也可用绘图机输出带控制点的地面线图,在拉好坡后再将拉坡资料输入软件,完成后续计算,输出设计结果。设计者可反复修改,直到满意为止。在纵断面设计时往往要考虑平、纵配合以及横断面地面线的协调,需参照平面设计和横断面地面线的情况反复推敲,从而得到一个平、纵、横互相协调的设计。所以,在纵断面设计时采用交互设计手段尤为重要。纵断面设计的主要内容如下:

(1)纵断面地面高程的获取

道路平面设计完成后,可以实地对道路中线水准测量或根据纸上定线的结果在地形图上人工读取中桩高程,将高程数据输入计算机,以数据文件格式保存在计算机指定位置,得到地面高程资料,这是获取纵断面地面线高程的传统方法。另一种方法就是利用软件建立的数字地面模型,进行数模内插,得到道路中线上任一点的高程值,该数据将以数据文件或工程数据库两种方式保存在计算机指定位置。根据地面高程数据获得纵断面地面线,这是进行纵断面设计的第一步。

(2)纵断面设计线的确定

传统的纵断面设计方法,即在软件输入纵断面地面线资料后,生成 AutoCAD 格式的纵断面图,打印出来后,设计者在上面进行手工拉坡,然后将纵坡设计信息即纵断面设计资料(变坡点桩号、竖曲线半径、变坡点高程)输入计算机指定位置,软件自动完成纵断面设计的计算与输出工作。在生成纵断面设计图的同时,有的 CAD 系统还能够生成竖曲线一览表,自主根据规范指标检查纵断面设计图或竖曲线表,看是否满足规范要求,从而可以反复进行修改,直至满意。

采用交互设计进行纵断面设计,是通过交互设备在软件生成的纵断面地面线图上直接进行交互拉坡的设计方法。采用人机交互拉坡可给设计人员一个自由发挥的空间,在一个近似的三维设计空间中进行拉坡,能实时得到平、纵、横三方面的设计信息,设计方案的修改和调整是在动态可视的环境中进行和完成的,从而得到最为经济、合理的路线纵断面设计方案。

(3)纵断面交互设计功能

①动态拉坡设计和修改。用户在图上用鼠标拖动坡度线进行纵坡设计,坡度线随鼠标移动而驱动,使设计者可以随时看到设计线与地面线的高差变化。用鼠标对修改对象进行拖动时,屏幕上实时显示相应的设计参数(桩号、高程、坡度、坡长、竖曲线半径、切线长、外距等),可以方便地选择拖动步长、拖动比例和拖动方式对修改对象进行高精度的调整。

②多参数控制设计。在纵断面设计和修改中,可以同时对多个参数进行控制和调整,如变坡点桩号、高程、坡度、坡长、竖曲线半径、切线长、外距等。

③多视窗同步显示。纵断面设计时要考虑兼顾平纵配合和横断面填挖情况,采用多视窗同步显示是很有必要的。通常程序可以分割成三个视窗,较大的主视窗显示纵断面设计信息,按思维习惯将平面信息安排在主视窗下面的视窗中显示,在左上角或右上角开启另一个视窗显示横断面填挖信息。在主视窗中进行纵断拉坡时,另两个视窗同步显示拉坡区段内平曲线的位置和鼠标位置处桩号的横断面填挖状态。

④丰富的查询功能。除了可动态查询纵断面设计的各项技术参数和随时查询设计线要素、控制点、断链等信息外,还能进行全线技术指标分析,估算填挖工程量和绘制给定路段的土石方累计曲线。

⑤灵活多变的图表绘图功能。对路线纵断面设计图的图幅大小、绘图范围与比例、图

框样式、栏目内容与栏数、标注顺序、标注文字样式与属性等内容,均可由用户自由选择,并保存备用。

4. 横断面设计

利用计算机进行横断面设计的工作过程为:设计者根据地形、地质、水文、气候等条件,分段确定标准断面形式及构造物布置形式,计算机根据标准横断面自动进行设计;设计成果由计算机逐个显示,设计者在屏幕上交互修改不合理的设计断面;计算机自动存入修改后的数据,完成后续计算,输出横断面设计图。横断面设计的工作繁重、重复,如横断面面积计算、绘图等,利用计算机进行辅助设计,能显著提高设计效率和设计质量。

横断面设计的主要内容包括横断面地面线获取、横断面自动设计、横断面修改设计、横断面面积计算和土石方计算。

(1) 横断面地面线获取

获取横断面地面线的方法包括人工输入实测横断面数据、利用数字化仪输入实测横断面地面线图和通过数字地面模型自动生成。各种方法获取的横断面地面线在计算机内的存储,都是按一定格式、用一系列坐标构成的一条折线。为符合传统设计习惯,每个横断面的坐标原点一般定义在路中线处。

(2) 横断面自动设计

计算机进行横断面设计时,要经过反复计算、判断才能确定。横断面设计程序的编写较平、纵面程序复杂,编程时需要仔细判别,以确定合理的断面形式。横断面自动设计时,先应判定是属于填方断面还是挖方断面,再按填方或挖方分别进行设计。

(3) 横断面面积计算

横断面设计尺寸确定后,由中桩分别向两侧按顺序求出各地面线测点及路基设计线各折点的填挖高度及距中桩距离,按梯形或三角形计算出各块的填挖面积,分别相加得到该断面总的填方和挖方面积。

(4) 土石方数量计算

根据各桩填挖方断面面积,程序中采用平均断面法近似计算土石方数量。计算时按各区段土石分类百分比,分别计算其数量,以便土石方调配与编制工程概预算。

5. 路线仿真与评估

计算机仿真技术是利用系统模型对实际或设想的系统进行试验研究的一门综合性技术,把数字信息变为以图形图像形式表示、随时间和空间变化的直观演示过程,使研究者掌握系统中变量之间、变量与参数之间、变量与外部环境之间的关系,直接获得系统的静态和动态特性。将计算机仿真技术引入道路设计评价,可在项目未开工前对设计方案进行反复虚拟实验,并通过与道路CAD系统的协同作业,对设计进行科学、合理地修改,达到科学设计的目的。

道路路线仿真系统建立及应用方法包括:①汽车系统、道路环境的物理抽象;②获取模型的运动学(几何定位)参数,建立抽象系统的运动部件约束,建立运动学模型;③获得模型的动力学参数,定义模型中的部件、铰链等及外界条件(如道路特性、空气阻力等),建立动力学模型;④选择设计车型,对汽车模型进行仿真验证;⑤建立道路模型,根据道路模型和汽车模型特点,确立驾驶人操纵策略并建立驾驶人模型;⑥进行仿真模拟,获得汽车的速度、加速度、操纵特性等数据;⑦对仿真计算结果进行后处理,评价道路线形设计的合理性。

路线仿真评估的主要应用范围广泛,可有效提高道路设计效率和安全性,相关应用包括:

①自动预测各级公路各路段单元(包括平直路线、曲线路段、纵坡路段、平纵组合路段)节点位置的运行速度和变化,并绘制输出运行速度变化图。

②自动分析、判识并标识相邻路段运行速度的协调性、运行速度与设计速度一致性问题,自动绘制输出速度变化梯度图表,为线形优化、设施设置、速度控制等提供依据。

③根据项目设计速度、平纵指标和运行速度变化,自动检测空间视距,标示出不能满足运行速度要求的相关指标和路段。

④自动根据相关设计要求与原则,对公路项目几何指标取用、规范符合性进行系统分析与检查,并自动输出标准的符合现规范要求的检查表。

⑤通过三维仿真技术进行安全性评价,甄别、发现各类视距不良、视线不连续、标志位置不合理等问题。

五、道路设计 BIM 技术

1. 道路 BIM 技术简介

BIM(Building Information Modeling)即建筑信息模型,以建筑工程项目的各相关信息数据作为基础,通过数字信息仿真模拟建筑所有的真实信息,通过三维建筑模型,实现工程监管、物业管理、设备管理、数字化加工、工程化管理等功能。简单来说,就是最终建立一个包含目标项目所有信息的虚拟三维模型,并利用该模型模拟实现各种目标功能的数字模型应用技术。作为新一代设计理念和技术,它的出现为解决工程信息整合平台的各方面信息存储及传递提供了有效途径。BIM 适用于所有类型的工程项目,在建筑、铁路、公路、市政等各个领域都成为了热点技术。BIM 建筑信息模型的重点在于信息,三维模型作为载体最终要实现的目标是对信息的便捷交互以及运用。

道路建设作为一个系统工程十分复杂,对在其生命周期内不同专业在各个阶段衔接的共同协调合作有很高的要求。而今道路设计的技术更加复杂,周期要求更短,需要众多设计人员频繁交换信息,二维 CAD 设计建立的二维图纸和文字说明已经渐渐不能满足信息传达与沟通的效率要求,BIM 技术作为一个在三维模型上高效进行信息集成与传达的软件工具应运而生。

BIM 技术使用直观的三维模型来表达对象,所有和对象有关的信息都可以作为属性数据存储进对象中,配合数据库后 BIM 模型的信息存储与表达是没有数量和种类的限制的,同时支持检索也大大加快了信息获取速度。BIM 使用一个文件代替数量繁多的二维图纸,解决了不同专业不同阶段图纸收集整理的麻烦。BIM 模型中的对象模拟了真实结构间的拓扑关系,这是普通 CAD 软件无法做到的。此外,BIM 模型作为所有信息的集合载体,还可以根据需求进行二次开发实现各种功能。随着更多拓展功能的出现,BIM 技术相比 CAD 制图的优势也会越来越凸显。

2. BIM 与 GIS 结合

运用 GIS 可以有效管理如地表环境、地质条件、大气环境等具有空间属性的各种二维、三维资源环境信息。BIM 与 GIS 技术存在很好的互补关系,BIM 技术关注工程项目本身的信息数据却难以存储处理所处地理环境中的位置信息,GIS 提供精确的地理位置以及该位置的其他信息数据却无法存储单个建筑的细节信息。总体来看,GIS 可以提供宏观的地理位置与环境信息,BIM 提供和管理微观的建筑本身所有阶段的信息。

智慧公路是道路 BIM 和 GIS 结合应用的一个理想场景,GIS 提供车辆具体的三维位置信息,用于定位到 BIM 模型中的具体位置,道路、车内传感器与行人手持设备获取的信息在 BIM 模型中构成协同综合感知体系,结合 BIM 模型中集成的道路状况、交通流量、信号指示等数据以及 GIS 提供的环境数据可以实现完整的信息交互。综合这些数据结合人工智能技术可完成车辆环境感知和安全预警、协助自动驾驶、交通大数据智能管理等多种功能。基于 BIM 与 GIS 技术相结合的智慧公路有望带来更高速的公路运行速度、更智能的交通管理、更环保的能源消耗、更安全的道路环境。

3. 道路 BIM 系统

(1)道路 BIM 系统数据需求

构建基于 BIM 模型的道路工程数据管理平台对实现道路工程全寿命周期管理有着重要的应用意义。平台的构建对数据有以下需求:

①易于集成管理

道路工程全寿命周期的各个阶段都需要产生和使用大量的数据,数据的横向和纵向集成为项目各参与方提供高效沟通和协作的平台。对于数值信息,BIM 技术采用的主要方法是将数据集成到模型中,在使用模型的过程中能随时方便地获取数值信息。对于非数值信息,采用的方法是将非数值信息文档化,并链接到模型中。

②便于共享和传递

不同专业之间有数据协同的需求(例如在道路工程设计阶段,交通工程设计和给排水设计都依赖于道路工程平纵横几何设计数据),不同工程阶段之间的数据需要有一个好的传递方式(例如将设计施工阶段产生的数据共享给运营养护单位在运营期使用),这要求数据便于共享和传递。

③可扩展

工程数据随时间和环境的变化会发生相应的改变,为了保证在增加数据的同时不破坏数据组织的结构框架,这要求数据组织结构具有可扩展性。

④便于轻量化

不同的数据使用环境对数据精度有不同的要求，平台的数据内容应结合使用场景，提供适当的轻量化数据，以平衡使用过程中的精度和性能。

⑤可以提供特定子模型

数据应该能够按不同专业或用户使用需求提取出特定子集，以满足不同用户的数据需求。

⑥需要定义使用权限

不同数据使用者应该有不同的数据修改和使用权限，以保障数据记录的准确性。

（2）道路领域常见 BIM 软件

目前国内外的公路路线设计系统均已步入了 3D 新时代，注重可视化技术和交互技术，但是基于 BIM 的公路设计软件数量仍然较少，功能也不像建筑行业的软件那么完善。国外道路 BIM 软件主要有 Autodesk Civil 3D 和 PowerCivil。国内 BIM 软件主要有鸿业公司路立得 Roadleader 软件。

Autodesk 公司的 Civil 3D 软件是旨在面向基础建设领域的建筑 BIM 模型解决方案，适用于总图设计、道路设计、水利水电设计等多个专业。该软件所有对象之间都存在动态联系，如果对其中某个参数进行修改，其他存在逻辑关系的对象都会自动进行更新修改，自动保存到设计成果中，可以更加智能地评估多种设计方案，做出更明智的决定。

Bentley 公司的 PowerCivil 是适用于道路、铁路、桥隧、场地等工程设计的专业软件，特别是其桥隧建模功能是目前所有 BIM 软件中最强的，可为土木工程和交通运输基础设施项目的整个生命周期提供支持。该软件提供了包含完整工程信息的三维参数化建模功能，能够与 GIS 工具、CAD 工具完美集成。

国内鸿业公司开发的软件路立得，基于 BIM 理念，以脱离 DWG 图形的独立的 BIM 信息为核心，比较完整地覆盖了市政道路设计和公路设计的各个层面，能够有效地辅助设计人员进行地形处理、平面设计、纵断设计、横断设计、边坡设计、交叉口设计、立交设计、三维漫游和效果图制作等工作，实现了三维模拟、智能化及不同专业间的协同操作。

第七节　国土空间规划背景下的道路规划

道路交通在城市中起到引导和支撑空间结构的重要作用，多年来各大城市已形成将道路规划纳入综合交通规划，与城市总体规划协同编制和管理的工作模式。《中共中央、国务院关于建立国土空间规划体系并监督实施的若干意见》发布后，五级三类国土空间规划编制体系架构基本明确，交通与空间、产业等规划有望实现深度融合与协同。对应国土空间发展与保护新要求、规划编制新体系，有必要进一步认知交通规划的定位，审视道路规划的编制重点和深度要求。

一、传统道路规划存在问题与不足

1. 道路等级体系有待进一步细化

由于历史发展进程中的城乡二元结构情况,我国道路分为公路和城市道路,其对应的服务对象、交通特征、设计理念、实施和主管部门均有所差别,两套道路等级体系也无法衔接。随着城镇化步伐的逐渐加快,尤其北京、上海、广州、深圳等一线城市空间的逐步拓展,部分公路如国道等已承担起城市道路功能。有些公路位于城市行政区划内,却不纳入原城市规划的法定规划范畴。因此,市域道路规划需统筹城市对外、过境和内部全部交通需求,谋划各等级道路网络布局。

道路等级划分的重要依据是其承载交通的特性及与沿线用地的关系。既有道路等级划分一是以机动车行驶速度为标准,随着机动化出行需求的增长和细分,等级体系与沿线用地类别和开发强度难以深入协调;二是本质上是面向机动车,对居民多样化出行需求考虑不足,也使得部分现状道路无法纳入道路体系以统一规划管理;三是未考虑道路的场所功能,街道空间活力逐步下降。

2. 道路发展指标有待进一步深化

传统道路规划中,通常以路网、出行时间、密度和容量作为发展目标,以道路密度作为考核指标。道路指标虽多,但指向性不够强,责任部门不明确,难以全面体现交通与用地的交互协同情况,也无法体现道路对多样化出行需求的适应情况,更难以表达道路各方式出行的品质和体验情况。

3. 对土地效益的激发作用有待进一步加强

以往的道路规划主要强调网络结构与城市空间结构的协同,道路廊道与禁建区、不可移动文物等强制性管控用地的避让,与用地、产业的互动较少。此外,以往规划中道路仅在建设用地层面落实了用地,与城市土地利用的协同研究缺失,动态对接模式的缺乏也导致规划道路与基本农田的矛盾常发,形成了大量规划道路实施推进受限的局面。原主体功能区规划则主要侧重引导产业发展,且市县级层面的规划较为缺乏,其编制过程中与道路规划的互动也较为罕见,使得产业平台难以快速接入高速运输网络,大量生产要素流动需求也对道路运作带来了一定压力。

在经济转入高质量发展阶段的今天,道路作为驱动要素的重要性应进一步体现,通过协同城市功能、土地利用、运输需求、生态景观,体现道路规划的引导和支撑作用,提升单位土地效益;通过与限制性建设管控要求的动态对接,提升规划路网的可实施性,减少对城市生态文明的割裂和影响。

二、国土空间规划体系对道路规划的新要求

新时期国家规划体系形成了发展规划、区域规划、国土空间规划和专项规划四大体

系。针对国土空间规划,自然资源部发布的《市县国土空间规划分区与用途分类指南(试行)》明确了实现国土空间规划基本分区与用途分类的总体原则和基本要求。

1. 五级三类规划体系中对应的道路规划内容

国土空间规划按规划范围分为国家、省、市、区县和乡镇五级,按规划内容和深度分为总体规划、详细规划和相关专项规划三类。对应国土空间规划编制体系的交通规划可分为总体规划、详细规划、建设实施和实施评估四大层次(表12-14),并开展相应的道路专项规划,纳入相应的各类规划中。对应五级规划范围中的市级、区县级、乡镇级的规划重点和深度也应有所区分,其中市级定战略框架和规则标准,区县级应加强片区统筹、承上启下,乡镇级应注重结合地区特色,并强化空间精准落地。

国土空间规划体系中的道路规划体系　　　　　　　　表12-14

类别	国土空间规划	交通规划	交通规划中道路工作内容	道路专项规划
总体规划	城市发展战略研究	城市交通发展战略研究	重点发展方向、目标、策略;重点推进的战略性项目;区域:公路枢纽定位及辐射范围,网络结构及时空、运量目标;市域:路网结构布局、出行时间、密度、容量目标	
	城市总体规划纲要	城市交通发展战略规划		
	国土空间总体规划	城市综合交通规划(含综合交通改善类)	市域:道路发展目标及指标,高快主等级道路布局网络结构,道路等级、走向、起始点;区县:道路发展目标及指标、高快主次支等级道路布局,面向实施的重点道路规划方案;乡镇:道路发展目标及指标、高快主次支及街巷、乡村路布局,交通设施布局	市域路网规划 区县路网规划 乡镇路网规划 单条道路规划
	相关专项规划	交通专项规划	历史城区路网规划、旅游区路网规划、近期建设规划、市域道路用地规划、与周边城市路网衔接规划、大片区的道路交通组织研究	市域层面、立体构面、道路控制规划
详细规划	控制性详细规划	控制交通专项规划	地区骨架路网结构;地块内路网布局(高快主次支、立交);红线控制方案(宽度、车道数、道路横断面)	路网调整动态维护 道路控制规划 地区层面、立体构面
	更深层次规划设计	交通设计	道路详细规划+城市设计=完整街道;道路交通规划设计方案、交叉口形式及渠化设计方案、整体风格设计	单条道路详细设计
建设实施	建设项目	交通影响评价	路网合理性及路段、节点服务水平;道路调整必要性和合理性分析、出入口布局及交通组织分析、路内各要素布局分析	
实施评估	国土空间规划实施评估	交通规划实施评估	年度专项评估:道路网络长度、密度、用地、运作变化、识别交通拥堵点	道路发展年度评估

国土空间总体规划对应的道路规划主要明确了市域高快速路和骨架主干路的布局；各区县国土空间规划在市级规划基础上完善本级范围内主次支路网，并结合规划定位和近期需求制订重点道路规划方案；乡镇（城镇开发边界外的乡村地区）国土空间规划在落实市县（区）规划基础上，完善街巷、乡村路等路网，并提出交通设施布局。

道路专项规划（如衔接历史城区等规划）要求优化特殊片区路网，调整涉及规划矛盾的重要道路方案，对接道路规划建设管控要求，明确市域层面道路用地规划、与周边城市路网衔接规划、重点片区道路交通组织研究等。基于城市近期发展重点，梳理近期道路建设项目。

详细规划完善地区道路控制规划，落实道路等级、坐标、用地、节点方案等并纳入市域道路控制规划及国土空间规划一张图中。同时基于完整街道理念，针对单条道路，在规划方案基础上完善交通设计，明确红线内全要素布局和规模；协同城市设计研究道路整体设计。

此外，还需对应国土规划年度评估要求，建立市域路网年度评估体系，摸清家底，明确发展重点。

2. 道路设施的国土空间控制规划

国土空间总体规划重视"多规合一"和相关专项规划的空间利用和保障。自然资源部发布的《市县国土空间规划分区与用途分类指南（试行）》明确了基于 26 种一级类、86 种二级类和 33 种三级类空间规划用途类别。其中涉及道路的包括：农林用地大类中的其他农用地、建设用地大类中的仓储用地和道路与交通设施用地、其他建设用地大类中的区域基础设施用地、海洋利用大类中的交通运输用海。具体用地类别与道路等级对应情况见表 12-15。

国土空间规划体系中的道路用地类别表 表 12-15

一级分类	具体类别	含　义	道路等级
其他农用地	农村道路	农村范围内，南方宽度≥1.0m 且≤8.0m，北方宽度≥2.0m 且≤8.0m，用于村间、田间交通运输，并在国家公路网络体系之外，以服务于农村农业生产为主要用途的道路（含机耕道）	等外道路
物流仓储用地	城乡建设用地	物资储备、中转、配送等设施用地，包括附属设施、道路、停车场等	次支道路
道路与交通设施用地	城镇道路用地	城镇快速路、主干路、次干路和支路等用地，包括其交叉口用地	快主次支
	村庄道路用地	村庄内的各类道路用地，包括其交叉口用地	快主次支、等外
区域基础设施用地	公路用地	国道、省道、县道和乡道用地及附属设施用地	高快主次支
交通运输用海	路桥用海	指用于连陆、连岛等路桥工程建设的海域	高快主

目前在国土空间规划中落实交通设施用地主要有三种形式,一是对于可初步设计的基础项目,基于用地边线划定预控边界;二是部分省(市、区)如浙江省,针对战略性交通项目开展专门的国土空间控制规划;三是利用已有的道路红线与国土空间规划中的"三区三线"("三区"即城镇、农业、生态空间,"三线"即生态保护红线、永久基本农田保护红线、城镇开发边界)进行核对,并在编制过程中不断协调。

目前在国土空间规划编制阶段落实高等级道路用地是大势所趋,在后续规划深化编制过程中将逐步落实其他等级道路用地。在审批制度改革、城市信息模型(CIM)平台搭建等背景下,国家、各省(市、区)都在研究基于规划审批的道路管控新标准,如何准确界定各级各类国土空间规划中道路设施空间规划的内涵和要素仍需进一步研究思考。

3. 道路设施与"三生"用地的衔接融合

相较以往城市规划,国土空间规划进一步明确,应科学布局生产空间、生活空间和生态空间(简称"三生"),要求"以区域综合交通和基础设施网络为骨架,以重点城镇和综合交通枢纽为节点,加强生态空间、农业空间、城镇空间的有机互动,实现人口、资源、经济等要素优化配置,促进形成国土空间网络化",尤其更多地要求交通网络与"三生"空间要相互支撑。

传统道路规划更多强调对集中建设区的产业引导支撑以及可达性,关注点到点的布局优化和网络化空间组织优化。在国土空间规划背景下,道路交通设施需进一步加强对沿线地区的衔接和服务,并关注道路与"三生"的协同这是从传统的点到点规划向面域规划的提升。

三、道路规划转型的几点思考

针对传统道路规划方法存在的问题与不足,结合国土空间规划体系对道路规划的新要求,对新时期道路规划的编制重点和深度要求进行审视,就如何转型进行思考与探索。

1. 深化研究道路等级体系,助推交通方式转型

我国道路分为公路和城市道路,因其等级划分体系不同而难以衔接。国家《城市综合交通体系规划标准》(GB/T 51328—2018)在既有快主次支四大类等级划分基础上,进一步细化为八小类:快速路划分为Ⅰ级、Ⅱ级快速路,主干路划分为Ⅰ级、Ⅱ级、Ⅲ级主干路,支路划分为Ⅰ级、Ⅱ级支路。而公路则按功能、行政级别、设计速度等有多种等级划分形式,其中按功能划分为高速公路、一级公路、二级公路、三级公路、四级公路。

在城市空间不断拓展、城乡协同发展的大背景下,有必要在国土空间规划中,统筹规划范围内公路和城市道路网络布局;并结合具体需求,从交通功能、出行方式、场所环境等多角度出发深化道路等级体系,调整既有规划道路等级和管控要求。

为发挥规划统筹功能,推进多规合一,应协调国土空间控制规划与村庄规划、历史城区保护规划等长期存在的矛盾,以形成市域规划控制"一张图"。作为推进规划融合的重要抓手,应积极探索城市道路与街道、乡村路的关系,从历史城区保护和城乡统筹发展、地

区出行特征、公交和慢行导向、景观设计等维度深化道路分级体系。

2. 拓宽道路规划视野，推进道路衔接融合

针对区域社会经济发展目标，结合区域国土空间规划，进一步拓宽道路规划视野，强化与区域的辐射和连接，在区域建设空间连绵发展、城市间跨市协作交互愈加密切、通勤时空范围进一步扩大等背景下，推进公路和城市道路的深度融合、无缝衔接，实现交通高质量、品质化的发展。

3. 研究道路发展指标，建立年度评估制度

《中共中央国务院关于进一步加强城市规划建设管理工作的若干意见》提出"到2020年，城市建成区平均道路网密度提高到 $8km/km^2$"，城市中心城区及新建地区路网密度达到该目标相对容易，但对于建设用地分散且生态、农业用地较多的外围地区则非常困难。这就需要结合《城市综合交通体系规划标准》(GB/T 51328—2018)，积极开展相关工作，一是研究道路发展指标体系；二是结合国土空间规划基本分区提出差异化指标要求，如中心城区与外围地区密度指标差异化，居住、商业、工业等不同用地性质地区密度指标差异化；三是统一道路网密度统计标准，以建成区建设用地范围统计路网密度；四是在地区详细规划中落实"窄马路、密路网、开放街区"理念，优化和加密次支路网，提高道路网络运行效率。同时，结合国土空间规划落实用地要求和道路规划管控标准的升级，紧扣城市规划管控需求，探索道路红线闭合、道路用地构面、道路立体化管控等规划实践路径，并将道路面积纳入道路发展指标体系中。

此外，《中共中央国务院关于建立国土空间规划体系并监督实施的若干意见》中明确提出，建立国土空间规划定期评估制度，有必要定期评估道路网络结构布局、等级级别、道路运作、路网密度、人均道路指标等，以支撑各项规划工作的开展。

4. 动态协同道路规划与三区三线，推进"多规合一"

国土空间规划确定了三区三线，道路规划的限制条件更加明确。在道路规划过程中注意与"三区三线"的动态协同，一是通过优化路网形态，强化对山水生态格局的保护；二是注重道路规划、设计、实施、使用过程中的全过程全方位跟进和精细化规划管控，通过道路建设规模和线形设计等优化主动避让三区三线；三是抓住三区三线相关政策调整及动态优化契机，通过动态空间协调，减少战略性道路通道与三区三线的矛盾。

针对各类规划"打架"、落地难等问题，应持续推进"多规合一""一张图"，推动交通等多个专项规划在控规层面协调"合一"。通过协同各级各类城市规划，动态维护道路红线，确保控规红线数据的时效性和准确性，进一步强化道路红线的法定地位，作为道路审批法定依据。同时摸查梳理建设道路与各类规划的矛盾，把关道路设计，制订规划协调方案，以统一的数据共享与信息联动平台为基础，实现跨领域、跨部门、多渠道、多层次、多方式协调，加强规划衔接和空间统筹，保障项目落地。

5. 探索多维复合廊道规划，促进道路空间的高质量发展

传统城市规划的道路、轨道等交通网络为二维布局规划，重点关注畅通可达，与其他

空间要素协同不强。国土空间规划则关注自然资源的保值增值,强调存量发展模式。

当前可基于城市信息模型(CIM)平台的建设,积极探索开展多维交通廊道、立体复合利用等规划建设工作:一是统筹研究道路、轨道两张网的布局优化,规划建设复合走廊,集约节约用地;二是结合地下综合开发,因地制宜发展城市地下道路系统;三是结合道路改扩建,立体上盖开发城市综合体,并利用闲置匝道开发综合社区,盘活存量土地;四是研究老城区内高架道路机动车功能取消后改造方案,促进道路空间高质量发展,减少对沿线用地的切割,优化城市营商和生活环境。

12-1　道路灵活性设计的含义是什么?

12-2　道路可靠性与确定性有哪些差异?

12-3　驾驶韵律的基本含义是什么?

12-4　多视角道路几何设计包含哪些内容?

12-5　道路勘测的新技术有哪些?在道路工程中有哪些用途?

12-6　道路BIM技术与传统计算机辅助设计有何差异?

参 考 文 献

[1] 中华人民共和国交通运输部.公路工程技术标准:JTG B01—2014[S].北京:人民交通出版社股份有限公司,2014.

[2] 中华人民共和国交通运输部.公路路线设计规范:JTG D20—2017[S].北京:人民交通出版社股份有限公司,2017.

[3] 中华人民共和国交通运输部.公路项目安全性评价规范:JTG B0—2015[S].北京:人民交通出版社股份有限公司,2015.

[4] 中华人民共和国住房和城乡建设部.城市道路工程设计规范(2016版):CJJ 37—2012[S].北京:中国建筑工业出版社,2016.

[5] 中华人民共和国住房和城乡建设部.城市道路交叉口设计规程:CJJ 152—2010[S].北京:中国建筑工业出版社,2010.

[6] 中华人民共和国住房和城乡建设部.城市道路路线设计规范:CJJ 193—2012[S].北京:中国建筑工业出版社,2012.

[7] 中华人民共和国住房和城乡建设部.城市道路交叉口规划规范:GB 50647—2011[S].北京:中国计划出版社,2011.

[8] 裴玉龙,程国柱,张倩.道路勘测设计[M].2版.北京:人民交通出版社股份有限公司,2018.

[9] 许金良,等.道路勘测设计[M].5版.北京:人民交通出版社股份有限公司,2019.

[10] 张金水,张廷楷.道路勘测与设计[M].3版.上海:同济大学出版社,2015.

[11] 严作人,陈雨人,张宏超.道路工程[M].2版.北京:人民交通出版社,2011.

[12] 王俊骅,方守恩,陈雨人,等.高速公路特大交通事故预防技术研究及示范:长大下坡路段事故预防技术[M].上海:同济大学出版社,2011.

[13] 徐家钰.城市道路设计[M].北京:中国水利水电出版社,2005.

[14] 杨晓光,等.城市道路交通设计指南[M].北京:人民交通出版社,2003.

[15] 杨少伟,等.道路勘测设计[M].3版.北京:人民交通出版社,2009.

[16] 朱照宏,方守恩,陈雨人.道路规划与几何设计[M].北京:人民交通出版社,2008.

[17] 张雨化.道路勘测设计[M].北京:人民交通出版社,1997.

[18] 张廷楷.道路勘测设计[M].上海:同济大学出版社,1996.

[19] 陈雨人,王瑞云,董永杰.应用CatMull-Rom样条曲线描述道路透视图中心线特征的方法研究[J].重庆交通大学学报(自然科学版),2015,34(4):45-51.

[20] 陈雨人,余博,贺思虹.基于视觉感知偏差的公路几何平纵协调性分析技术[J].同济大学学报(自然科学版),2015,43(09):1347-1354.